“海上丝绸之路断代史研究”丛书

王元林　王美怡　主编

广州市社会科学院　组编

精装版

宋元海上丝绸之路史

HISTORY OF THE MARITIME SILK ROAD

章　深◎著

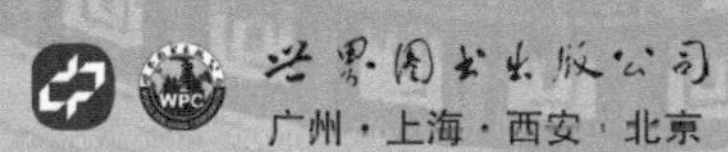

广州·上海·西安·北京

图书在版编目（CIP）数据

宋元海上丝绸之路史 / 章深著．—广州：世界图书出版广东有限公司，2020.7（2022.9重印）
ISBN 978-7-5192-7647-8

Ⅰ．①宋… Ⅱ．①章… Ⅲ．①海上运输—丝绸之路—历史—研究—中国—宋元时期 Ⅳ．①K240.7

中国版本图书馆CIP数据核字（2020）第115108号

书　　名	宋元海上丝绸之路史 精装版 (SONGYUAN HAISHANG SICHOUZHILUSHI JINGZHUANGBAN)
著　　者	章　深
责任编辑	韩海霞
装帧设计	王　勇
责任技编	刘上锦
出版发行	世界图书出版有限公司　世界图书出版广东有限公司
地　　址	广州市海珠区新港西路大江冲25号
邮　　编	510300
电　　话	(020) 84451013
网　　址	http://www.gdst.com.cn
邮　　箱	wpc_gdst@163.com
经　　销	新华书店
印　　刷	广东虎彩云印刷有限公司
开　　本	787mm × 1092mm　1/16
印　　张	21.5
字　　数	369千字
版　　次	2020年7月第1版　2022年9月第2次印刷
国际书号	ISBN 978-7-5192-7647-8
定　　价	98.00元

总 序

“丝绸之路”是人类文明的共同财产。“丝绸之路”是古代东西方之间人员往来、物流运输、文化交流、宗教传播的通道，是中华文明与世界文明之间交流互鉴的重要桥梁和纽带。通过“丝绸之路”，世界文明古国相互联系、交流，文明不断汇聚、碰撞、吸收、作用，形成“人类命运共同体”的历史不断发展、演进。“丝绸之路”对人类文明与社会发展功莫大焉。中国不仅是这一条桥梁联系的重要一端，是“丝绸之路”的开拓者与参与者，而且是这一纽带的重要维护者、奉献者。“丝绸之路”历史延续不断，中国为人类文明的不断发展贡献着聪明才智与力量源泉。2013年秋，习近平总书记提出共建“丝绸之路经济带”和“21世纪海上丝绸之路”的“一带一路”倡议，越来越多的国家积极响应，共建“一带一路”正在成为我国参与全球开放合作、改善全球经济治理体系、促进全球共同发展繁荣、推动构建“人类命运共同体”的中国方案。回顾历史，温故而知新，“一带一路”是联通世界的政治互信、经济互融、人文互通的桥梁，大有可为，大有前途。

一、历史上“丝绸之路”“海上丝绸之路”并驾齐驱，联通中外

我国是世界上最早养蚕织绸的国家。传说远古先祖螺祖就“养蚕取丝”。距今近7000 年浙江余姚河姆渡遗址，曾在出土的牙雕盅上发现刻划蚕纹四条；河北省正定县南杨庄新石器时代遗址出土过两件距今5400年前的陶塑蚕蛹；山西夏县西阴村距今约5000年新石器时代遗址中就出土半个刀切过的蚕茧；浙江湖州钱山漾遗址也出土了距今4700多年前的家蚕丝带、丝线和绢片。可见至少在距今5000年前，我国原始先民已经掌握了养蚕缫丝技术，这是纺织史上的一个重大成就，说明黄帝“淳化鸟兽虫蛾”的传说并非毫无根据。在殷代的甲骨文中，已有“蚕”“桑”“丝”“帛”等字，其中一片甲骨文上还刻有“用三头牛祭蚕神”的内容。这些考古与文献资料足以证明养蚕织绸起源于中国。

公元前4世纪，希腊人克泰夏斯（Ctesias）在其著作中记录有“赛里斯国”与“丝路”。由希腊语和拉丁语演化出来的“赛里斯”即丝绸的意思，来源于中国“丝”字的谐音。印度孔雀王朝考底利耶（Kautilya）的《政事论》（Arthashastra）也提到“产生在Cina（支那）的成捆的丝”到达印度。1世纪，罗马博物学家老普林尼在其《博物志》中提到“赛里斯国”产丝，但提到“林中产丝，闻名世界。丝生于树上”，认识并不准确。但不可否认，先秦时期，连接东西方交流的通道已经存在。

丝绸正式西传始于西汉张骞通西域，故官方一般认为汉武帝时期，联通东西方的贸易道路已经十分清楚，即从长安经河西走廊到达阳关、玉门关以西的西域地区。传统的丝绸之路，起自中国古代都城长安，经河西走廊、中国新疆、中亚国家、阿富汗、伊朗、伊拉克、叙利亚等而达地中海，以罗马为终点，全长1万多里。这条路被认为是联结亚欧大陆的古代东西方文明的交汇之路，而丝绸则是最具代表性的货物。数千年来，游牧部落或民族、商人、教徒、外交家、士兵和冒险家等沿着丝绸之路相互交流，相互影响。

19世纪末，德国地质地理学家李希霍芬（Fendinand Von Richthofen，1833—1925年）在《中国》一书中，把“从前114年至127年，中国与中亚、中国与印度间以丝绸贸易为媒介的这条西域交通道路”命名为“丝绸之路”，这一名词很快被学术界和大众所接受，并正式运用。其后，德国历史学家赫尔曼在20世纪初出版的《中国与叙利亚之间的古代丝绸之路》一书中，根据新发现的文物考古资料，进一步把丝绸之路延伸到地中海西岸和小亚细亚，确定了丝绸之路的基本内涵，即它是中国古代经过中亚通往南亚、西亚以及欧洲、北非的陆上贸易交往的通道。因此，按照所经地区与方向的不同，有西汉张骞开通西域的官方通道“西北丝绸之路”；有北向蒙古高原，再西行天山北麓进入中亚的“草原丝绸之路”；有长安到成都再到印度的山道崎岖的“西南丝绸之路”；有从广州、泉州、杭州、扬州等沿海城市出发，从南洋到阿拉伯海，甚至远达非洲东海岸的海上贸易的“海上丝绸之路”等。海上丝路萌芽于商周，发展于春秋战国，形成于秦汉，兴于唐宋，转变于明清，是已知最为古老的海上航线。中国海上丝路分为东海航线和南海航线两条线路，其中主要以南海为重心。

同样，“海上丝绸之路”雏形可能早在先秦时期已经存在，距今5000至3000年，岭南东江北岸近百千米的惠阳平原，已经形成以陶瓷为纽带的贸易交往圈，并通过水路将其影响扩大到沿海和海外岛屿。通过对海船和出土陶器，以及有肩有段石器、铜鼓和铜钺的分布区域的研究得知，先秦时期的岭南先民已经穿梭于南中国海乃至南太平洋沿岸及其岛屿，其文化间接影响到印度洋沿岸及其岛屿。与此同时，东海丝绸之路也在这一时期萌芽并得以发展。春秋战国时期，齐国在胶东半岛开辟了“循海岸水行”直通辽东半岛、朝鲜半岛、日本列岛的海上通道。越国、吴国也有类似的航线形成。这条由中国向东到达朝鲜半岛和日本列岛的东海航线，在海上丝绸之路中占次要的地位。秦始皇二十八年（前219年），秦始皇为求长生不老药，曾遣方士徐福率童男童女和百工等数千，于琅琊郡古朐港东渡日本，这是有文字记载的中国人首次航海。

官方海上丝绸之路形成于汉武帝之时。从中国出发，向南、向西航行的南海航线，是海上丝绸之路的主线。关于汉代丝绸之路的南海航线，《汉书·地理志》记载汉武帝派遣的使者和应募的商人出海贸易的航程曰：自日南（今越南中部）或徐闻（今属广东）、合浦（今属广西）乘船出海，顺中南半岛东岸南行，经五个月抵达湄公河三角洲的都元（今越南南部的迪石）。复沿中南半岛的西岸北行，经四个月航抵湄南河口的邑卢（今泰国之佛统）。自此南下沿马来半岛东岸，经二十余日驶抵湛离（今泰国之巴蜀），在此弃船登岸，横越地峡，步行十余日，抵达夫首都卢（今缅甸之丹那沙林）。再登船向西航行于印度洋，经两个多月到达黄支国（今印度东南海岸之康契普腊姆）。回国时，由黄支南下至已不程国（今斯里兰卡），然后向东直航，经八个月驶抵马六甲海峡，泊于皮宗（今新加坡西面之皮散岛），最后再航行两个多月，由皮宗驶达日南郡的象林县境（治所在今越南维川县南的茶荞）。

法国著名汉学家沙畹（Edouard Chavannes，1865—1918年）在其《西突厥史料》中言“丝路有陆、海二道，北道出康居，南道为通印度诸港之海道”提出陆、海“丝绸之路”。1936年，瑞典人斯文·赫定编著《丝绸之路》一书出版，除陆上丝绸之路外，他指出：“在楼兰废弃之前，大部分丝绸贸易已开始从海路运往印度、阿拉伯、埃及和地中海沿岸城镇。”1963年，法国学者布尔努瓦夫人（Llice Roulnois）出版专著《丝绸之路》，指出海上丝绸之路“从中国广州湾的南海岸出发，绕过印度支那半岛，穿过马六甲海峡，再逆流而上，直至恒河河口……商品一直运输到西海岸的海港、波斯和阿拉伯地区，后来也运销于欧洲”。1967年日本学者三杉隆敏出版专论“海上丝绸之路”的专著《探索海上的丝绸之路》。随着时代发展，陆海丝绸之路成为古代中国与西方所有政治经济文化往来通道的统称。而海上丝绸之路在唐代后期开始，成为中外贸易交流的主要通道。中国的丝绸制品、瓷器、铁器、蚕丝、茶叶、冶铁术、金银器制作术及其他工艺品，通过波斯、大食等国源源不断地传到西亚及欧洲国家；而西方国家的商品、技术和文化，通过陆海丝绸之路又传入东方的中国，把欧亚大陆联系在一起，极大地促进了文明的交流与发展。

二、我国历代领导人十分重视“丝绸之路”

中国是丝绸之路、海上丝绸之路的发祥地，我国历代领导人十分重视丝绸之路、海上丝绸之路。

1956年毛泽东在修改的《党的八大报告》就明确指出，建设一个独立的、完整的工业体系，“对外也可以满足社会主义阵营各国之间充分有效的国际合作，并且只要有可能，就发展同世界上任何愿意和我们往来的国家的通商贸易关系”。（《建国以来毛泽东文稿》第6册，中央文献出版社，1992，第151页）虽然，当时没有使用“丝绸之路”这一概念，但与“发展同世界上任何愿意和我们往来的国家的通商贸易关系”无疑就是利用丝绸之路发展与各国关系。

改革开放，党的第二代领导集体确定以广东为实验地发展对外贸易。早在1978年10月日本NHK记者铃木肇拿着他起草的拍摄《丝绸之路》的计划书，请时任国务院副总理的邓小平审阅，邓小平在拍摄《丝绸之路》计划书上签下自己的名字，随后，中日双方联合拍摄《丝绸之路》并在1980年播出，1983年《丝绸之路》第二部播出，1988年《海上丝绸之路》播出，其间邓小平的高瞻远瞩与所起的作用不言而喻。1984年10月20日，邓小平在中央顾问委员会第三次全体会议上的讲话中说：“现在任何国家要发达起来，闭关自守都不可能。我们吃过这个苦头。我们的老祖宗吃过这个苦头，恐怕明朝明成祖时候，郑和下西洋还算是开放的。”（《邓小平文集》第3卷，人民出版社，1993，第90页）以邓小平同志为核心的第二代领导人改革开放，为中国经济带来了飞跃发展。

1991年5月21日，江泽民在访问苏联前夕接受苏联记者的采访提到“中国对外交往可以追溯到公元前2世纪的‘丝绸之路’和公元15世纪的郑和下西洋，这些给我留下了深刻印象。这说明，中华民族在历史上就致力于同各国人民的友好往来，进行文化和经济交流，共同创造美好的未来。"（《人民日报》1991年5月21日），随后他在1994年11月13日在会晤马来西亚元首时说："早在明朝时候，中国伟大的航海家郑和七下西洋，其中5次驻跸马六甲，与当地人民结下深厚友谊，构筑了中国向东南亚的'海上丝绸之路'，中马之间这种友好关系一直延续至今。"（《人民日报》1994年11月13日）1999年11月2日，在访问沙特阿拉伯时，对社会各界人士演讲中说："中国人民与阿拉伯人民长久以来相互学习，双方的友好关系源远流长。古老的丝绸之路作为友谊的纽带把我们连结在一起。早在一千多年前，中国的商船就曾抵达吉达港，还到了美加。"（《人民日报》1999年11月2日）2000年4月19日，时任国家主席江泽民会见土耳其总统德米雷尔时说："中土友谊源远流长，举世闻名的'丝绸之路'架起了我们两个民族友好交往的桥梁。"（《人民日报》2000年4月19日）2001年5月25日，江泽民在第三届亚欧外长会议开幕式致辞说："古代的'丝绸之路'，曾经是亚欧文明交流的重要通道，为东西文明的交流发挥了独特作用。"（《人民日报》2001年5月26日）2002年4月18日，江泽民会见伊朗宗教领袖哈梅内伊说："中伊两国人民的友谊源远流长，古老的丝绸之路是中伊两个古老而伟大的民族友好交往的历史见证。"（《人民日报》2002年4月18日）

2001年1月6日，时任国家副主席胡锦涛对伊朗进行友好访问。在与伊朗第一副总统哈比比会见时说："中伊经贸交往历史悠久，2000多年前，两国人民就沿着闻名于世的丝绸之路开展了贸易往来。"（《人民日报》2001年1月6日）2006年4月20日，时任国家主席胡锦涛访问美国，出席美国总统小布什举行的欢迎仪式致辞："中国人民对美国人民一向怀有深厚感情。1784年，美国商船'中国皇后号'跨过海洋，首航中国（广州）打开了两国人民友好交往的序幕。"（《人民日报》2006年4月21日）陆海丝绸之路成为中外联系的历史见证。

2013年秋，中国国家主席习近平分别在哈萨克斯坦、印度尼西亚，先后提出建设"丝绸之路经济带"和"21世纪海上丝绸之路"重大倡议。2013年11月，中国共产党的十八届三中全会审议通过了《中共中央关于全面深化改革若干重大问题的决定》，提出加快沿边开放步伐，加快同周边国家和区域基础设施互联互通建设，推进丝绸之路经济带、海上丝绸之路建设，形成全方位开放新格局。2014年11月8日，习近平主席在亚太经合组织领导人北京会议召开前夕，宣布中国出资400亿美元成立丝路基金，为“一带一路”项目建设提供投融资支持；2015年3月28日，中国对外发布《推动共建丝绸之路经济带和21世纪海上丝绸之路的愿景与行动》；2017年5月14日至15日，首届“一带一路”国际合作高峰论坛在北京举行，包括29个国家的元首和政府首脑在内，140多个国家、80多个国际组织的1600多名代表从世界各地来到北京与会，高峰论坛发布圆桌峰会联合公报，达成270多项成果，形成了各国共建“一带一路”的国际共识；2017年10月24日，中共十九大通过关于《中国共产党章程（修正案）》的决议，推进“一带一路”建设等正式写入党章；2018年8月27日中共中央总书记、国家主席习近平在北京人民大会堂出席推进“一带一路”建设工作5周年座谈会并发表重要讲话强调，共建“一带一路”顺应了全球治理体系变革的内在要求，彰显了同舟共济、权责共担的命运共同体意识，为完善全球治理体系变革提供了新思路新方案。我们要坚持对话协商、共建共享、合作共赢、交流互鉴，同沿线国家谋求合作的最大公约数，推动各国加强政治互信、经济互融、人文互通，一步一个脚印推进实施，一点一滴抓出成果，推动共建“一带一路”走深走实，造福沿线国家人民，推动构建人类命运共同体。

三、中国学者重视“丝绸之路”研究

不仅国家高层重视“丝绸之路”的研究，学者也参与了这一重要领域的研究。早在20世纪，向达先生出版《唐代长安与西域文明》，对丝绸之路有深入研究。1955年，季羡林先生在《中国蚕丝输入印度问题的初步研究》一文中，指出中国蚕丝输入印度有“南海道、西域道、西藏道、缅甸道、安南道”等5条道路，并论证自西汉时中国蚕丝即从南海道的雷州半岛发船输入印度，历魏晋南北朝、隋、唐、宋、元、明等朝代而不衰。1974年，著名学者饶宗颐发表长篇论文《蜀布与Cinapatta——论早期中、印、缅之交通》，其中《海道之丝路与昆仑舶》一节指出：“海道的丝路是以广州为转口中心。近可至交州，远则及印度。南路的合浦，亦是一重要据点……广州自来为众舶所凑。”“北季南饶”相关论述，极大地促进了中国陆、海丝绸之路的研究。

改革开放之后，中国大陆有关陆、海丝绸之路的研究与考察出现热潮，成果不断涌现。1981年7月，由北京大学等16所高校和科研机构组成的24人“丝

绸之路考察队”，以宁可、胡守为分别为正副队长，宿白、王永兴教授为顾问，对陆上丝绸之路进行了长达55天的考察，历经陕西、内蒙古、甘肃、青海、新疆，行程为8000公里，后由考察专家汇编成《丝路访古》。1985年北京大学陈炎教授出版《陆上和海上丝绸之路》《海上丝绸之路与中外文化交流》两本专著。1987年，季羡林先生又发表《中印智慧的汇流》论文。1991年陈高华、吴泰等编写的《海上丝绸之路》，1994年姜伯勤《敦煌吐鲁番文书与丝绸之路》等，陆、海丝绸之路研究日趋活跃。

作为海上丝绸之路发祥地，并一直保持中外贸易繁荣的广东，广东的地方专家也当仁不让，积极开展海上丝绸之路的研究。1990年联合国教科文组织发起“海上丝绸之路”综合考察，1991年2月在广州举行“广州与海上丝绸之路”学术座谈会，出版《广州与海上丝绸之路》论文集和《南海丝绸之路文物图集》。1998年，汕头大学出版了《海上丝绸之路与潮汕文化》；2000年出版《海上丝绸之路与中国南方港论文集》；2003年，黄启臣主编的《广东海上丝绸之路史》由广东经济出版社出版。此后，黄启臣著《海上丝路与广东古港》、李庆新著《中国丝绸之路》、冼庆彬主编《广州海上丝绸之路》、顾涧清等著《广东海上丝绸之路研究》等，以及文物出版社出版《海上丝绸之路——广州文化遗产》等。2007年，以“南海一号”南宋沉船为主体的“广东海上丝绸之路博物馆”建立；2010年开始，在汕头南澳岛发掘“南澳一号”明代古沉船，拟建“南海二号”古沉船博物馆。近年来，有关海上丝绸之路的学术研究更加蓬勃发展。2012年拙著《内联外接的商贸经济：岭南港口与腹地、海外交通关系研究》由中国社会科学出版社出版，2017年由本人主编的《广东海上丝绸之路史料汇编（1—4册）》，由广东经济出版社出版，这些都大大促进了海上丝绸之路研究的开展与深入研究。当然，福建、浙江、江苏、山东等也有一定的海上丝绸之路研究著作出现，诸如张殿臣、白化文、顾涧清主编《连云港与海上丝绸之路》（1990年），廖大珂著《福建海外交通史》（2002年），宁波“海上丝绸之路”申报世界文化遗产办公室等编《宁波与海上丝绸之路》（2006年），耿升、刘凤鸣、张守禄主编《登州与海上丝绸之路》（2009年），徐晓望《中国福建海上丝绸之路发展史》（2017年）等。在目前全国沿海各地都在展开海上丝绸之路研究的大背景下，广东学者再次发声，这部中国“海上丝绸之路断代史研究”丛书（5卷）也正是广东史界学相关学者多年研究的结晶。

四、"海上丝绸之路"通达天下，前景广阔

早在秦汉时期，广州已成为海上丝绸之路重要的节点，在中外交通、贸易中发挥着重要作用。《史记·货殖列传》云："番禺，亦其一都会也。珠玑、犀、玳瑁、果、布之凑。"上述《汉书·地理志》详细地记载了从自日南障塞、徐闻、合浦港口出发到东南亚、南亚的海上航线。东汉时南海航线不断发展，出现了与罗马帝国第一次的往来，中国商人运送丝绸、瓷器经海路由马六甲经苏门答腊来到印度，并且采购香料、染料运回中国，印度商人再把丝绸、瓷器经过红海运往埃及的开罗港或经波斯湾进入两河流域到达安条克，再由希腊、罗马商人从埃及的亚历山大、加沙等港口经地中海海运运往希腊、罗马两大帝国的大小城邦。西晋太康二年（281年），大秦国使臣经广东前来朝贡，"众宝既丽，火布尤奇"。伴随海上丝绸之路的畅通，除商贸繁荣外，中外僧人往来期间，促进了佛教等中外文化交流。西晋时，天竺僧耆域、迦摩罗先后至广州，建有三归寺、王仁寺。东晋时，罽宾僧人昙摩耶舍至广州建造王园寺（即今光孝寺）。梁普通七年（526年），高僧菩提达摩在广州登陆。中国高僧法显游历天竺，循海经广州回国。而东海丝绸之路也不断发展，六朝政权建立了与朝鲜半岛、日本列岛国家的友好往来，形成了以建康（今南京）为起点的东海航线，这为拓展和加强中国与东亚国家之间的文化交流。六朝政权与东亚、东南亚、西亚等外国交往主要通过海路进行，建康都城成为各国文化交流方面的主要城市。佛教经义乃至佛寺建筑就是在此时从建康传入百济（韩国）和倭国（日本）。

隋唐五代时期，中国海上丝绸之路呈现繁盛的局面。隋唐王朝保持开放心态，奉行积极发展海外贸易的政策，其主旨在于：一是通过海外贸易活动加强中外政治经济联系，维护隋唐王朝的国际威望；二是通过海外贸易进口各种海外奇珍异物以满足上层社会的奢侈性需求；三是通过发展海外贸易增加政府的财政收入。据《新唐书·地理志》引贾耽《古今郡国县道四夷述》所载"广州通海夷道""登州海行入高丽、渤海道"两条对外最重要交通海路。后者为山东半岛登州（今山东蓬莱）与朝鲜半岛高丽、百济、新罗三国以及日本和渤海国的主要交往通道。大批遣唐使在此登岸。另外，扬州、明州（今宁波）也是东海丝绸之路前往日本、朝鲜的重要港口。唐宋时，在登州设立"新罗馆""高丽馆"专门接待水路来朝的使节。日本遣唐使先后四次在明州登陆入唐，越窑青瓷远销世界各地。而"广州通海夷道"（南海丝路）自广州出发沿着传统南海海路，穿越南海、马六甲海峡，进入印度洋、波斯湾，至乌剌国，沿波斯湾西海岸航行，出霍尔木

兹海峡后，进入阿曼湾、亚丁湾和东非海岸。这是当时世界最长的远洋航线，也是唐朝重要的海上交通线，途经100多个国家和地区，成为中国与外国贸易往来和文化交流的海上大通道，并推动了沿线各国的共同发展。唐代“海外诸国，日以通商。齿革羽毛之殷，鱼盐蜃蛤之利，上足以备府库之用，下足以赡江淮之求”。黄巢起义后，人称“南海市舶利不赀，贼得益富，而国用屈”。南海贸易利润十分可观。唐代在广州首设专门管理南海邦交贸易的专职使职“市舶使”，成立“市舶使院”，这是中国现代海关的雏形，在唐代对外关系史中占有重要的地位。唐代广州港成为“海上丝绸之路”东方首港，其重要的地位一直延续。南汉高度重视海上贸易，采取一系列促进海上贸易政策，如废除“市舶制”，实行自由贸易；大力“招徕海中蛮夷商贾”，“经营海上通商事业，增辟良港”。

宋元时期，中国海上丝绸之路持续繁荣。造船技术和航海技术均有显著进步。广船一般用铁栗木制造，闽船则用松木或杉木。海船一般分割成10多个船舱，各船舱之间互相密隔，即便个别船舱漏水也不至于全船沉没。船员水手熟练掌握海洋季风，借以出海或返航。熟练的舟师能通过观测天象辨别方向，而指南针等被普遍用于航海。造船技术和航海技术的发展，直接推动海上丝绸之路航线的扩大。中国沿海贸易港口广州、泉州、明州、杭州、福州、潮州、雷州等都是重要的贸易港口。元朝通过发展海外贸易“以损中国无用之赀，易远方难致之物”，从而达到“天子不自有，凡诸蕃辅之”的目的。元人陈大震在《大德南海志》云：“山海为天地之宝藏，珍货从出，有中国之所无。风化既通，梯航交集；以此之有，易彼之无。古人贸易之良法也。”广州海外贸易发展的繁盛图景，在元人笔下多有记载：“岭南诸郡近南海，海外真腊、占城、流求诸国蕃舶岁至，象犀、珠玑、金贝、名香、宝布，诸凡瑰奇珍异之物宝于中州者，咸萃于是。”泉州，西方称之为“刺桐”（zaitun），在海上丝绸之路的高峰期（12—14世纪），也是古代中国在中外贸易中居主导地位的时期，作为东西洋间国际贸易网的东方支撑点，占有重要独特的历史地位。《马可波罗游记》把泉州港誉为东方第一大港，今天留存大量的有关各种伊斯兰、基督教、摩尼教、佛教、道教等宗教石刻印记与陵墓石刻。

明清时期，从广州以及其他港口起航的“海上丝绸之路”，发展到商品贸易全球化阶段，标志着“海上丝绸之路”到了极盛时代。从明初洪武时期到郑和七次下西洋，海上丝绸之路的新旧航线，使得广东与东南亚、非洲、欧洲和拉丁美洲的许多国家和地区进行广泛的贸易活动。到隆庆时期（1567—1572年），广州“几垄断西南海之航线，西洋海舶常泊广州”。清代鸦片战争之前，清代海外贸易政策大体经历了禁海（1656—1682年）—开放（1683—1756年）—关闭（1757—1842年）的过程。在康熙二十四年（1685年）确定以广州、漳州、宁波、云台山为对外贸易港口，设置海关，各海关直属户部，不受地方行政管辖、监督，直接向皇帝和户部负责。四个海关中，粤海关最为重要，是清政府管理对外贸易的重要机构。自乾隆二十二年（1757年），停止厦门、宁波、定海等港口的贸易，限制外国来华商船在广州一口贸易，并规定外商不准和官府直接交往，由公行（十三行）办理一切有关外商的交涉事宜。直到1842年签订《南京条约》，被迫开放五口通商。清王朝海外贸易的政策，不论是开海时期，还是一口通商时期，广州在对外贸易中的地位都是举足轻重的。

现今，中国的“一带一路”倡议得到了世界各国人民的积极支持与参与。2018年8月27日在推进“一带一路”建设工作5周年座谈会上，习近平提出，共建“一带一路”正在成为我国参与全球开放合作、改善全球经济治理体系、促进全球共同发展繁荣、推动构建人类命运共同体的中国方案。5年来，共建“一带一路”大幅提升了我国贸易投资自由化便利化水平，推动我国开放空间从沿海、沿江向内陆、沿边延伸，形成陆海内外联动、东西双向互济的开放新格局；我们同“一带一路”相关国家的货物贸易额累计超过5万亿美元，对外直接投资超过600亿美元，为当地创造了20多万个就业岗位，我国对外投资成为拉动全球对外直接投资增长的重要引擎。接下来我们要继续推动教育、科技、文化、体育、旅游、卫生、考古等领域交流蓬勃开展，努力推进“一带一路”建设工作。

希望这部中国“海上丝绸之路史断代研究”丛书为“一带一路”建设工作做好历史阐释、注脚，以达到“以史为鉴”“经世致用”的目的。

需要说明的是，由于每册作者研究水平和学术观点不一，文责自负。其中可能存在的谬误、错漏之处，请大家不吝指正。

王元林

二〇二〇年三月

（作者：王元林，广州大学人文学院历史系暨广州十三行研究中心教授，中国海外交通史研究会副会长，广东省人民政府参事室特约研究员，博士生导师）

序

中国历史地理学家、广州大学广州十三行研究中心主任王元林教授和广州市社会科学院历史研究所所长王美怡副研究员共同主编了一套中国“海上丝绸之路断代史研究”（5卷）的洋洋160万字左右巨著。现在书稿杀青即将付梓之际，二王教授要我为本书撰写总序言。恭敬不如从命。我不揣谫陋，欣然应允。

本人有幸于1992年2月9日出席外交部与广东省人民政府联合举办的迎接联合国教科文组织实施“1987—1997年丝绸之路：对话之路综合考察”（*Integral Study of the Silk Roads：Roads of Dialogue*）的“广州与海上丝绸之路”学术座谈会，开始涉足“海上丝绸之路史”研究。28年来发表了《阿拉伯沉船的唐代商货文物实证海上丝路繁盛发展》《明代海上丝绸之路的高度发展》和《清代海上丝绸之路的中美贸易》等论文20多篇；主编和撰写出版了《广东海上丝绸之路史》（广东经济出版社2003年），2014年修订再版。因此，对海上丝绸之路的历史有所了解。现将自己的认识整理撰写成文，滥充二王教授主编的中国“海上丝绸之路断代史研究”丛书总序。

恕我孤陋寡闻，就我看到的中外古代典籍，未见有“海上丝绸之路”的名词记录。应该说此名是“舶来语”。它是德国地质地理学家费尔特南·宛·李希霍芬（Fauldnand. Von. Richthofen）于1876年提出命名、创立的一个近代学术名词。

李希霍芬于1856年在柏林大学毕业，后获得1868至1872年加利福亚银行和上海外商会的资助，来中国的华东、华北、华中、东北、西南和西北的陕西省等地进行了7次考察，于1872年回国，1875年出任波恩大学地质学教授，把对中国7次考察的资料，撰写成5卷本的著作，名曰《中国——根据自己的亲身旅行和在此基础上进行研究的结果》（*China：Ergebnisse eigener Reisen and darauf gerundeter studien*，5Vol，1887—1912），简称《中国》。1877年在柏林出版第1卷，全卷共758页。内容分为2编，第1编《中国和中亚》，叙述中亚地区与中国在自然地理学的关系；第2编《有关中国的知识之发展》。在第1编的第10章，专论中国与南方民族以及来自中国的西方民族之间的交通往来之发展。此章是第1卷的重点，共380页，占全卷书篇幅超过一半，叙述古代至1877年的中西交通史，主要是参考玉尔（Yule）著《中国和通往中国之路》，同时论述了2世纪腓尼基地理学家托密勒（Claudius ptolemaeus）和马利努斯（Marinus）提出的“赛里斯路”。在目录和469页处，两次提出了“丝绸之路”，而且把德文的“丝绸”（seiden）和“道路”（strasse）合并成一个新名词“丝绸之路”（seidenstrasse）。同时，在该书的第500—501页夹印李氏于1876年绘制的一幅中亚地图，并在地图说明中提出“海上丝绸之路”名称，只是未加详细论说。《中国》第2、第4卷分别于1882、1883年出版；第5、第3卷分别于1911、1912年出版。1883年，李希霍芬编写的与《中国》一书相配套的两卷本的《中国地图集：山岳形态学和地质学地图》亦于1885年在柏林出版。因为两部巨著的出版，李希霍芬获英国皇家地理学会授予最高金质奖章创建者奖章的奖励，从而成为19世纪西方最伟大的中国地理学专家而倍受称赞，饮誉全球。

此后，欧洲国家有更多的地理学家和历史学家关注和研究“海上丝绸之路”。19世纪末，法国著名汉学家沙畹（Edouard Chavarmos）出版了《西突厥史料》（*Documents Chinois sur les Tures Occiden taur*），书中提出世界有陆、海两条“丝绸之路”，云：

> 丝路有陆、海两道，北道出康居，南道为通印度诸港之海道，以婆庐羯泚（Broach）为要港。又称罗马Julstin Ⅱ，谋与印度诸港通市，而不经由波斯，由于五三一年遣使至阿拉伯西南yemen与Himyarites人约，命其往印度购丝，而转售于罗马人，缘其地常有舟航至印度。[①]

1933年10月21日，李希霍芬于1888—1892年在柏林大学任教时指导的博士研究生、瑞典人斯文·赫定（Sven Anders Hedin）以国民党南京政府铁道部

①沙畹：《西突厥史料》，冯承钧译，中华书局，2004，第167页。

顾问兼西北公路查勘队队长的名义，率领一个考察队从北平出发，向西南下西安，经河西走廊，然后沿着罗布泊北岸和孔雀河直至库尔勒，再北上乌鲁木齐回北平，进行了三年（1933—1935年）的查勘，最后编著了3本探险性著作：《大马的逃亡》《丝绸之路》和《游移的湖》，称为有关“战争”“道路”和“湖泊”三部曲，共70多万字。其中《丝绸之路》一书于1936年在瑞典斯德哥尔摩出瑞典文版；在德国莱比锡出德文版；1938年在美国纽约出英文版；1939年在日本出日文版，向全世界介绍了“海上丝绸之路”：

> 在楼兰被废弃之前，大部分丝绸贸易已开始从海路运往印度、阿拉伯、埃及和地中海沿岸城镇。[①]

1945年，法国近代最大的印度学和梵文学家让·菲利奥札（Jean Filliozat，1906—1982）开始致力于“海上丝绸之路”研究，并于1956年出版《印度的对外关系》和1986年出版辑录《从罗马看有关印度的古代拉丁文文献》（*Inde Uue de Rome，Les documents Latins Sur Linde*）两本著作，把自己研究陆上和海上丝绸之路的见解和文献介绍和阐述出来。

1963年，法国著名汉学家布尔努瓦夫人（Llice Roulnois）出版了科学专著《丝绸之路》（*La Route de La Soie*，1963）。该书法文版在巴黎重版3次，并被译成德文、英文、西班牙文、波兰文、匈牙利文、日文、中文出版发行。该书将“丝绸之路”的时空扩展了，从古代写到现代，从中国写到全世界。她特别肯定1世纪中国丝绸运入印度至罗马有三条道路：第一条途经中亚，即通过大夏国的道路，“这条道路要翻越喜马拉雅山山脉”；第二条是“缅甸之路”；第三条是海路。

> 它从中国广州湾（今湛江市）的南海岸出发，绕过印度支那半岛，穿过马六甲海峡，再逆流而上，直至恒河河口，这条路似乎仅仅由印度商船通航。商人们再从孟加拉湾海岸出发，沿恒河顶风破浪，一直到达“恒河大门”，然后便停止了海航，商品经陆路一直运输到西海岸

①［瑞典］斯文·赫定：《丝绸之路》，江红、李佩娟译，新疆人民出版社，1996，第212页。

的海港、波斯和阿拉伯地区，后来也运销于欧洲……在1世纪末以前，地中海地区所进口的大部分丝绸似乎都是通过海路而运输的，并不经由穿过波斯的陆路。①

1981年，法国学者雅克·布罗斯（Jacques Brosse）在巴黎出版了《发现中国》(*La decouverte La Chine*，1981），在第一章第一节《丝绸之路》中，介绍了陆、海“丝绸之路”，云：

> 1世纪时，中国的丝绸传到了罗马，在贵妇人中风靡一时……
>
> 当时存在着两条通商大道。其一为陆路，由骆驼队跋涉，这就是丝绸之路。它从安都（Antioche）起，穿过了整个安息合帝国（L'Empire Parthe），然后在到达中国之前要越过帕米尔和塔里木盆地的绿洲，最后到达了可能为长安城的首都赛拉（Sera Métropolis，丝都）……
>
> 另一条路就是海路。它就是未来的“香料之路”，经红海和印度洋而抵达马拉巴尔的印度海岸之谬济里斯（Muziris），或者是科罗曼德尔（Coromandel）河岸的本地治里（Pondichéry，Pondonke），然后再经马六甲海峡和印度支那而沿中国海岸北上，一直到达《厄里特利亚海航行记》(Périple de lamer Erythrée）中所说的“特大城”秦那（Thina）。②

有鉴于国际研究“丝绸之路”热潮，1987年联合国教科文组织决定对“丝绸之路”进行国际性的全面研究，并实施“1987—1997年‘丝绸之路’：对话之路综合考察”十年规划大型项目。在制定这项研究考察规划的时候，对以“丝绸之路”命名曾进行过讨论和争论，有些国家的学者提出，“丝绸之路”贸易的商品不仅有丝绸，而且有大量的香料和瓷器等货物，因此，这条东西方国家之间的商路应称为“瓷器之路”或“香料之路”。但更多国家的学者认为，“丝绸之路”更能代表和表达东方，特别是中国出产的丝绸向西方国家输出和包含东西方文化交流的内涵。1990年10月23日，由联合国教科文组织发起“海上丝绸之路”综

①[法] 布尔努瓦：《丝绸之路》，耿昇译，山东画报出版社，2001，第45页。

②[法]雅克·布罗斯：《发现中国》，耿昇译，山东画报出版社，2001，第3—5页。

合考察，由30多个国家的50多位科学家和新闻记者组织而成的海上远征队，乘坐由阿曼苏丹提供的“和平方舟号”（Ship of Peace）考察船，从意大利的威尼斯港起航出发，先后经过亚德里亚海、爱琴海、地中海、苏伊士运河、红海、阿拉伯海、印度洋、马六甲海峡、爪哇海、泰国湾、中国南海、东海和朝鲜海峡，途经意大利、希腊、土耳其、埃及、阿曼、巴基斯坦、印度、斯里兰卡、马来西亚、泰国、文莱、菲律宾、印度尼西亚、中国、韩国和日本16个国家的威尼斯（Venice）、雅典（Athens）、库萨达吉（Kusadas）、亚历山大（Alexandria）、塞拉莱（Salalac）、马斯喀特（Muscat）、卡拉奇（Karachiy）、果阿（Goa）、科伦坡（Colombo）、马德拉斯（Madras）、普吉（Phuked）、马六甲（Malacca）、苏腊巴亚（Surabava）、曼谷（Bangkok）、文莱（Brunei）、马尼拉（Manila）、广州（Guangzhou）、泉州（Quanzhou）、釜山（Pusank）、博多（Kyon-gin）、冈山（Hakaka）、大阪（Osaka）22个港口城市进行考察，历时近4个月，行程2.1万公里。考察船于1991年2月9日到达广州，停留3天，与广东学者在东方宾馆举行了“广州与海上丝绸之路”的学术座谈会，出版了论文集《广州与海上丝绸之路》和《南海丝绸之路文物图集》。然后转赴福建泉州，于2月17—20日举行“中国与海上丝绸之路”学术讨论会，后出版了《中国与海上丝绸之路论文集》。

综上所述，可以看出“海上丝绸之路”是由李希霍芬提出命名、创立的，经欧州国家学者不断研究而成为一门显学，其名实实在在是“舶来语”。

20世纪50年代，中国学者对“海上丝绸之路”进行了研究。如1955年，当代国学大师、北京大学教授季羡林发表了《中国蚕丝输入印度问题的初步研究》的5万字长篇论文。1974年，国学大师、香港学者饶宗颐教授发表了《蜀布与Cinapatta——论早期中、印、缅之交通，附论：海道之丝路与昆仑舶》，专论海道作为丝路运输的航线，指出：

> 海道的丝路是以广州为转口中心。近则及印度，南路的合浦，亦是一重要据点……而广州向来为众舶所凑，至德宗贞元间，海舶珍异，始就安南市场。[1]

① 季文见《历史研究》1955年第4期，饶文见《选堂集文·史林》上册，香港中华书局，1982，第390页。

1978年改革开放以来，中国更多学者研究了“海上丝绸之路”，1978年重版的词典《辞海》、1979出版的郭沫若主编的《中国通史》、1993年出版的《中国大百科全书》、1995年出版的白寿彝主编的《中国通史》等，都添设了“海上丝绸之路”专条、专节或专目进行阐释和论述。其他学者也发表了一些论文和出版了若干专著。

纵观自1876年李希霍芬正式创立“海上丝绸之路”名称至今144年的中外学者研究进程，可以看出这些研究专家都达成共识：自1世纪开始近2000年（实算是1951年）来，全球形成了东西方国家和地区之间的“海上丝绸之路”航线，乘载着全球各国的商品贸易和文化交流。而“海上丝绸之路”的东方始发地是汉武帝平定南越后设置九郡（南海、苍梧、郁林、合浦、交跂、九真、日南、零陵、象）中的北部湾徐闻（今广东徐闻县五里乡二桥村和仕尾村一带）、合浦（今广西合浦县乾江圩三叉港）和日南（汉属中国，今越南中部平治省北部横山一带）；时间是元鼎六年（前111年）。这就是正史《汉书》卷28下《地理志》所记载的海上丝绸之路航线：

> 自日南障塞、徐闻、合浦船行可五月，有都元国；又船行可四月有邑卢没国；又船行可二十余日，有谌离国；步行可十余日，有夫甘都卢国。自夫甘都卢国船行可二月余，有黄支国，民俗略与珠崖相类。其州广大，户口多，多异物，自武帝以来多献见。有译长，属黄门，与应募者俱入海市明珠、壁琉璃，奇石异物，赍黄金杂缯而往。所至国皆禀食为耦，蛮夷贾船，转送致之。亦利交易，剽杀人。又苦逢风波溺死，不者数年来还。大珠至围二寸以下。平帝元始中，王莽辅政，欲耀威德，厚遗黄支王，令遣使献生犀牛。自黄支船行可八月，到皮宗；船行可二月，到日南、象林界云。黄支之南，有已程不国，汉之译使自此还矣。

这条“海上丝绸之路”是一站接一站的陆、河联运航行出海的，即从长安出发南下到汉中的汉水向南流到长江，进入洞庭湖到湘江，经灵渠入漓江到西江，然后逆西江而上到藤县入北流江到达合浦出南海；顺西江下流至德庆入罗定江下鉴江至徐闻出南海，到达东南亚的已程不国（今斯里兰卡），全程3540—5310海里。至唐、宋时期后，广州成为中国对外贸易的第一大港口。贾耽所记的《广州通海夷道》已航达到波斯湾、东非和欧洲的丝绸之路长达14000公里，是16世纪以前世界最长的远洋航线。到了西晋太康二年（281年），大秦（东罗马帝国）使臣经番禺（黄武五年，226年改称广州）北上洛阳朝贡后，一直成为海上丝绸之路的东方第一始发港（1271—1319年次于泉州，屈居第二）。而自明朝永乐三年（1405年）至宣德八年（1433年）郑和七下西洋后，嘉靖元年（1522年）“遂革福建、浙江二市舶司，惟存广东市船司”[①]贸易；嘉靖三十二年（1553年）允准葡萄牙进入和以后租居澳门贸易；以及清康熙二十三年（1684年）实行开海贸易；乾隆二十二年（1757年）撤销闽、浙、江三海关，规定番商“只许在广东收泊交易”的319年（1522—1840年）期间，广州成为中国唯一对外贸易大港，从而开通了广州—澳门—长崎（1554年）、广州—澳门—望加锡—帝汶（旧航线）、广州—澳门—果阿—里斯本—欧洲（1554年）、广州—澳门—马尼拉—墨而哥—秘鲁（1578年）、广州—澳门—费城—纽约—波士顿（1784年）、广州—澳门—温哥华岛（1788年）、广州—澳门—俄罗斯（1803年）、广州—澳门—澳大利亚（1819年）等8条环球海上丝绸之路的网络航线。于是世界五大洲的各个国家和地区的商人都云集广州通过明清政府规定的商人集团“三十六行”和“十三行”同中国各省商人做生意，购买中国价廉物美的商品。顿时广州成为世界贸易的中心市场。城市人口加上佛山共150万人，相当于欧洲城市人口的总和。

但是近年来，国内有被誉为世界新文明史观开拓者的专家推出一种新观点，断定：

> 古代海上丝绸之路源于湖南黔阳，后来其起点转移到广州、泉州等。
>
> 炎黄时期大湘西地区的方雷氏和西陵氏及其后裔……在向西方迁徙中开始将蚕丝制品带到西方，从而开辟了海上丝绸之路。
>
> 今人不应该忘记，黔人和黔阳地区在古希腊和罗马时期开辟海上丝绸之路的历史贡献及其关键作用。[②]

对于此种将“海上丝绸之路”开始时间提前到距今4000年前的“炎黄时

①《明史》卷七十五《职官四》。

② 杜纲建：《文明源头与大同世界》，光明出版社，2017，第455、003、018页。

期”；始发港在“湖南黔阳”的“天在言说”：“其不在于证据，而在于言说本身。即使其言说内容不符合事实，证据无效，并不损害其微言大义的阐发。因为它是一种信仰的表达，一种文化慧命的精神呈现，作为一种希望与理想指向未来，属于信仰史学”①的推测，本人不敢苟同。

“海上丝绸之路”的第一要义，是东西方国家之间的商品贸易之路。而我国在汉、唐、宋、元、明至清代前期（前206—1840年）期间，是世界经济最发达的国家，手工业和农业生产长足发展，从而为当时海上丝绸之路向西方国家输出商品提供充足丰富的货源。据统计，宋代已有生产铁年产量60000吨。明嘉靖年间（1552—1566年），中国生铁年产量亦达45000吨，居世界首位；而英国到1740年生铁年生产量只有20000吨。②乾隆十五年（1750年）中国工业总产量占世界工业总产量的32%，而欧洲的工业总产量仅占23%。③直到1820年，中国的国内生产总值（GDP）仍占世界GDP的32.9%，④居世界各国第一位，“占据全球最大商品生产国宝座。”⑤乾隆四十一年（1776年），被马克思称为“经济学之父”的英国著名经济学家亚当·斯密（Adam Smith）在出版其影响世界历史进程的名著《国富论》(*the Wealth of Nations*）时，亦论述：

> 中国是比欧洲任何国家都富裕得多的国家。
>
> 在马可·波罗时代（他在1275年去过中国）以前，中国就已经到了充分富裕的程度。
>
> 中国的国内市场从规模上也许不逊于欧洲各国市场的总和。⑥

荷兰驻中国台湾第三任长官纳茨（Nuyts）在给其国王的报告也说：

①杜纲建：《文明源头与大同世界》，光明出版社，2017，第464页。

②世界银行：《中国：社会主义经济的发展——主要报告》第7页，1981。

③戴逸：《论康雍乾盛世》，2003年2月23日，在北京图书馆举办的“省部级领导干部历史文化讲座”的讲稿。

④Angus Maddison，*Chinese Economic Performance in the long Rum*，960-2030AD.（见［英］安格斯·麦迪森：《中国经济的长期表现：公元960—2030年（修订版）》，伍晓鹰、马德斌译，上海人民出版社，2016，第39页），亦可参考［德］贡德·弗兰克（Andre Gnuder Frank）：《白银资本：重视经济全球化中的东方》(*ReOrient Global Eeonomy in the Asian Age*)，刘北成译，四川人民出版社，2018，第1、第4章。

⑤《隔百多年重登宝座：中国超美成最大制造国》，载《明报》2011年3月15日，A16版。

⑥［英］亚当·斯密：《国富论》，唐日松等译，华夏出版社，2005，第145、56、484页。

中国是一个物产丰富的国家，能够把某些商品大量供应全世界。[①]

英国经济史专家研究指出：

中国在（1890年）之前近两千年的时间里，一直是世界上最大的经济体，但是到了19世纪90年代，它的这个位置被美国所取代。[②]

确实如此，据《明会典》和《清朝文献通考》等史书记载，16至19世纪初期，中国向世界各国出口的商品达236种之多，其中，生丝、丝织品、瓷器、漆器、茶叶、砂糖、棉布、中药材等商品的总量是英国的8倍，在国际市场上享有很高的声誉，具有独占鳌头的竞争力。其时，中国在世界经济居主导支配地位。

而在18世纪至19世纪前期，欧洲各国由于“价格革命”的冲击，加上战乱、灾荒和黑死病流行，人口大减，经济日益萧条、衰退；美国刚建国不久，经济尚待发展，1830年仅有1500万人口，多数劳动人口均从事农业生产，各类商品极为匮乏。因此，欧美国家根本拿不出什么民生产品（手工业或农业生产品）打入中国市场，只好携带大量银子来中国购买各种货物回国内倾销，所谓夷船“所载货物无几，大半均属番银”。[③]马克思也在其著作中亦记载：

在1830年以前，当中国人在对外贸易上经常是出超的时候，白银不断地从印度、不列颠和美国向中国输出的。[④]

据统计，仅1700至1835年，西方国家到广州与中国贸易而输入中国的白银达到12亿两以上，[⑤]占美洲所产白银的80%和全球所产白银的50%，中国成为最

①厦门大学郑成功历史调查研究组编《郑成功收复台湾史料选编》，福建人民出版社，1989，第119页。

②Angus Maddiso, *Chinses Economic Performance in the long Run*, 960-2030AD.（[英]安格斯·麦迪森：《中国经济的长期表现：公元960—2030年（修订版）》，伍晓鹰、马德斌译，上海人民出版社，2016，第38页）。

③《福建巡抚常赍奏折》，《文献丛辑》第176辑。

④《马克思恩格斯选集》，人民出版社，1975，第2卷第2页。

⑤濑弘：《清代西班牙的流通》，转引自韩毓海：《五百年来谁著史——1500年以来的中国与世界》，中信出版集团，2018，第180页。

大的“秘窖”。因此，当时在海上丝绸之路的贸易商品，中国是遥遥领先于世界各国的。

正是因为上述中国经济发达的优势，所以，在元世祖忽必烈派遣宿卫（皇帝贴身侍卫）亦黑迷失六下西洋（1272—1293年）和明成祖朱棣派遣郑和七下西洋（1405—1433年）拉开了大航海时代序幕之后，西班牙和葡萄牙国王亦派遣船队以寻找经济最发达和商品最多、最好的中国为动力和目标，于1492年8月30日派哥伦布（Cristopher Columbus）从帕罗斯港出发，向西航行去寻找东印度的广州、泉州和杭州。当他于10月12日到达伊斯帕尼奥拉岛（Isponioula，今天的多米尼加）时，就以为此地是亚洲的中国了。于是在此建立一个城堡，留下39名船员驻守。他自己带着其他船员回西班牙向国王报喜。次年（1493年）9月15日，哥伦布又奉国王之命，第二次带领1500名船员乘坐17艘帆船出航，11月3日抵达伊斯帕尼奥拉岛时，发现城堡已荡然无存，留下驻守的39名船员全部死亡了。于是他只好离开此岛，到另外一个名叫伊莎贝拉岛（Isapala，今多米尼加首都圣多明各）另建一个城堡，留他弟弟驻守，自己沿着今古巴方向继续航行，直到今天的牙买加国（Jamaica）国境上岸。本人于2015年3月，携太太庞秀声，儿子海波，儿媳易荣川，孙儿女尧骏、馨仪从美国奥兰度（Orlando）坐邮轮往加勒比海旅游经牙买加上岸游览时，曾在当年哥伦布上岸的口岸参观，并在该口岸拍照留念。（见下图）

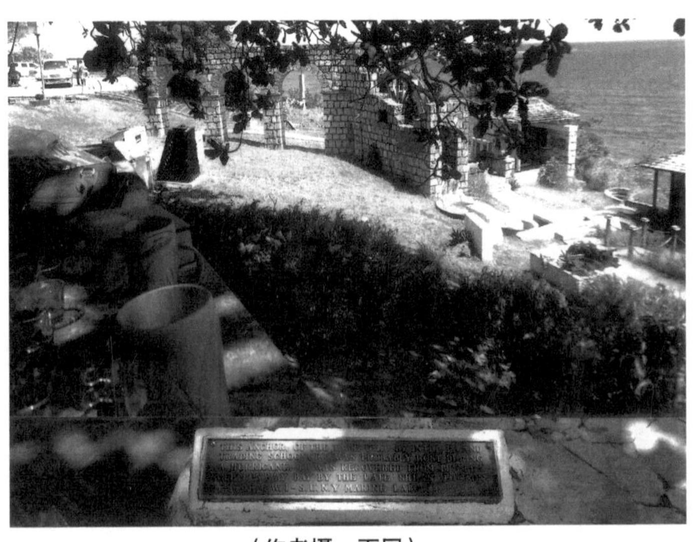

（作者摄，下同）

1506年，哥伦布返回圣多明各的城堡与其弟相住，5月20日病逝，享年55岁。其弟将他的遗体安葬在大教堂内。本人于2009年11月携太太及儿子全家从多伦多到多米尼加共和国（Dominican Republic）度假，曾到圣多明各的哥伦布大教堂参观，当地称塞维利亚大教堂（Catedral de Sevilla）。教堂外观巍峨宏伟，规模仅次于梵蒂冈的圣彼得堡和巴西的巴西利大教堂，誉称为“世界第三大教堂”。教堂建筑属哥特式（见下图）。

教堂内前中央处有一副国王为哥伦布铜棺抬棺的雕像（见下图），以表示尊敬哥伦布发现新大陆带来的西班牙海权黄金时代的功勋。

之后我们步出教堂游览哥伦布公园，举目看去是公园中央矗立一座高大的手指新大陆的哥伦布雕像（见下图）。

有鉴于此，1990年，联合国教科文组织将哥伦布葬地大教堂和哥伦布宫等附近的卡拉斯达马斯（Calle Las Damas）街区列为世界文化遗产，供游人参观凭吊，以纪念哥伦布发现新大陆美洲的功绩。所以马克思说：“欧洲确实创造了历史，但是，是在他们毫不知情的情况下创造的。”正如西班牙人所说“我们本来打算去中国，结果却到了加利福尼亚”。[①]

葡萄牙人华士古·达·伽马（Vasco da Gama）于1497年7月8日指挥四艘船队，从退加斯港Tucase起航向东方航行，到达今天印度的卡里库特（Calicut，旧称古里）。但他认为此地并非是到达东印度的中国，于是他向马六甲方向继续航行，后夺取了马六甲再往北航。他发现的东方航线为此后葡萄牙航海家到达中国澳门打下了极好的基础。为纪念伽马发现东方航线500周年，1998年澳葡政府除修饰原来矗立在水坑尾街附近的伽马雕像之外，还发行一枚邮票作为纪念（见下图）。

①韩毓海：《五百年来谁著史——1500年以来的中国与世界》，中信出版集团，2018，第537页。

伽马发现东方航线后，欧洲人就把哥伦布发现的伊斯帕尼奥拉岛的美洲称为西印度，又称“新大陆”；而把伽马发现东方地域称为“东印度”。东、西印度航线的发现和开通，使“海上丝绸之路”扩展全球，成为人类历史最伟大、最重要的事件，影响了近代以来世界经济的迅速发展。

“海上丝绸之路”的第二要义，是东西方国家之间的文化交流之路。伴随着近2000年海上丝绸之路的发展，东方发祥地的中国和西方国家的文化互相碰撞、互相交流、互相渗透、互相容纳、互相促进。由于在近代以前（1840年以前）时期的“所有文明中，没有一个国家的文明比中国的更先进和更优越”。[1]因此，中国的文化（包括科技文化、思想文化、制度文化等）对西方国家近代文化的涵化更广泛、更强烈、更深入。现仅就科技、思想和制度文化各择一二历史事例阐述如下，以见一斑。

第一，中国科技文化促进欧洲国家科技和经济的空前发展。

孙中山说过：

> 外国现在最重要的东西，都是中国从前发明的。

①［英］保罗·肯尼迪：《大国的兴衰》，蒋葆英译，中国经济出版社，1989，第4页。

经济史专家斯蒂芬·戴维思（Stefen Daivais）也说：

> 中国在1260年所达到的技术与经济的水平，欧洲在18—19世纪之交才超过它。①

根据1943年6月英国驻华大使馆战时科学参赞李约瑟（Joseph Needham）来到搬迁至四川南溪县李庄镇的中央研究院动植物研究所担任通信研究员，后来撰著的《中国科学技术史》(*Science and Civilisation in China*)统计，在2至16世纪，有100多项科技发明包括铁犁、太阳黑子、铸铁、炼钢、罗盘、指南针、造纸、印刷术、火药、历法、火枪、火炮、焰火、造船、数学十进制和种人痘防天花病等，"中国占据着一个强大的支配地位"。②这些先进的科技经由海上丝绸之路向欧洲传播后，开拓了欧洲中世纪的科技前景，点燃了欧洲国家文艺复兴和启蒙运动之火，奠定了欧洲国家的农业革命、工业革命、商业革命、科学革命和军事革命等。特别是造纸、印刷、火药和指南针四大发明传入欧洲，发挥的历史性效用，成为欧洲变革之引擎动力。15世纪，正如马克思在《经济学手稿》一书中所说："火药、罗盘针、印刷术，这是资产阶级社会到来的三大伟大发明。……变成科学复兴的手段、变成精神发展创造必要前提的强大杠杆。"西班牙和葡萄牙吸收了指南针、火药技术，使如前述哥伦布向西航行发现新大陆和伽马由里斯本出发向东行发现东印度中国澳门后，17世纪，英、法、瑞典、丹麦等国家随西、葡两国前往新大陆和东印度。英国先是于1623至1839年前后13次东来中国与葡萄牙争夺澳门被中国政府驱逐后，于1840年发动鸦片战争，1842年割得香港。加上此前于1664年将荷兰人赶出新荷兰（New Netherland）改名为纽约；1756年击败法国人占领13处北美殖民地；1763年又打败法国人占领加拿大；1788年占领澳大利亚；1840年占据新西兰；1858年统治印度；19世纪末打败荷兰人占领南非。从而使英国成为名副其实的日不落帝国。俄国在扩展领

①China's Forgotten Industrial Revolution，JUNE 01，2003 by STEPHN DAVIES，WWW，feel，org\the freeman\dctail\Chines-forgotten-industial-rrevolution#axzz2jXDT3ess.

②Andre Gunder Frank，*ReOrient Global Economy in the Asian Age*,《白银资本：重视经济全球化中的东方》，刘北成译，四川人民出版社，2018，第197页。

土的掠夺中也不甘示弱，自1689年与清朝签订《中俄尼布楚条约》，确定边界已深入西伯利亚外，又通过1858年签订《中俄瑷珲条约》、1860年签订《中俄北京条约》和1881年签订《中俄伊犁条约》，割占了中国黑龙江以北和外兴安岭以南的60多万平方公里领土、乌苏里江以东的40万平方公里和新疆伊犁以南的7万平方公里，合计达到107万平方公里（相当于当时中国十分之一的领土）。这么一来，自17至19世纪末，西、葡、荷、英、法、俄和中欧的城市国霸占世界五大洲的大多数原著居民国家的领土，榨取美洲的白银；以其只占世界二十分之一人口的欧洲国家，却拥占有世界三分之二的财富，为欧洲国家的工业革命和经济发展提供动力支撑，从而大大促进欧洲国家资本主义生产力的空前高速发展，正如马克思和恩格斯在《共产党宣言》指出：

> 资产阶级在它的不到一百年的阶段统治中所创造的生产力，比过去一切时代创造的全部生产力还要多，还要大。

于是打破了1820年中国GDP居世界第一位的经济格局。进而是英国在北美的13处殖民地于1776年7月4日宣布脱离母国（英国）独立建立美国后，立即仿效走英国老路，大力发展对外贸易，于1784年2月22日，派遣由美国大陆会议最高财政监督官罗伯特·摩里斯（Robert Morris）为首的一群纽约商人合资购买一艘定名为“中国皇后号”（the Empress of China）商船，从纽约启航，沿着早于1578年开通了的广州—澳门—马尼拉—黑西哥—秘鲁的海上丝绸之路前来广州贸易，购买中国的丝绸、瓷器、茶叶等商品回国倾销，获利30721美元。后又于1787年、1789年和1790年，有哥伦比亚·华盛顿女士号等3艘商船从波士顿启航经夏威夷前来广州贸易。之后，费城·沙伦和普淮登斯港口相继派商船到广州贸易，进一步促进美国经济的发展。加上1846年发动对墨西哥战争，占领墨西哥的加利福尼亚、德克萨斯州，和1867年与俄国沙皇签订《转让阿拉斯加条约》以720万美元购得俄国的阿拉斯加150万平方公里领土，终于在1860年夺得世界经济GDP第一位的桂冠，称雄至今。可以说，今天欧美国家的发达经济实是中国古代先进科技文化经由海上丝绸之路向欧美国家传播和促进的结果。

第二，中国儒道哲理促进德国古典哲学和英国古典政治经济学的创立。

1553年，葡萄牙人进入和租居澳门后，以利玛窦为代表的天主教耶稣会士纷纷随商船前来澳门并进入内地传教，回国时带回无数中国古代典籍，如1772年法国会士傅圣泽（Joannes Francicus Foaqct）等回国时就带去3900种书籍。同时，以利玛窦为代表的天主教耶稣会士等在内地传教时也把《老子》《孟子》《大学》《中庸》《论语》《易经》《礼记》等中国典籍翻译为拉丁文寄回欧洲国家出版。比利时会士卫方济（Francicus Noel）还撰写了《中国哲学》、法国会士马若瑟（Joe Maris Premare）著《中国经济学研究导言略论》等在欧洲出版，深受欧洲学者欢迎。正是这些典籍，“对于18世纪欧洲哲学的发展起到了决定性作用”（法国汉学家谢和耐语）。①

德国近代著名哲学家莱布尼兹（Gofuried Wilhelm Leibniz）对儒家文化十分感兴趣。他发愤研读耶稣会士翻译的儒家经籍，于1697年编辑出版了著作《中国近事》(*Novissima Sinica Historiam Temporis Iljus-tratura*)，全面向欧洲国家介绍儒家文化，特别赞扬儒家和道家哲学思想，“在实践哲学方面，欧洲人就大不如中国人了”。因此，“我甚至认为，必须请中国派出人员，前来教导我们关于自然神学的目的与实践”。②他特别吸收老子关于“道”的思想精华，创立他的哲学思想中的单子学说（*Monadenlehre*），从而创立德国古典思辨哲学，于1714年发表了《单子论》(*Monadologie*)，肯定中国理学的“理”与“单子”是相通的。他把思辨哲学传授给他的学生沃尔夫（Christian Wolff）。沃尔夫经过努力研究后，于1721年在哈勒大学发表标题为《论中国的实践哲学》(*De Sinarum Philosophica Practic*）的演说，把思辨哲学进一步系统化、理论化，首次将哲学分为本体论、宇宙论、心理学、自然神学、伦理学、经济学、政治学等七部分，认为哲学的一切原理均可以用数学或演绎的方法建立起来。沃尔夫又在玛尔堡（Warburg）大学发表标题为《论哲学与治国哲学》的演讲，把中国的实践哲学与德国的思辨哲学联系在一起。他的哲学思想又为其学生康德（I’m manuel Kant）、谢林（Sehelling）、黑格尔（Hegel）等人所批判接受，进而创立近代德国古典哲学。特别是黑格尔利用老子的“道生一，一生二，二生三，三生万物”的“有”和

①张之联主编《中英通史二百年周年学术讨论会论文集》，中国社会科学出版社，1996，第122页。

②[德]利奇温：《十八世纪中国与欧洲文化的接触》，朱杰勤译，商务印书馆，1991，第71页。

“无”概念约100次，撰写其名著《小逻辑》，作为其创立辩证法的支柱。而马克思又在黑格尔辩证法内核的基础之上，颠覆了传统的“形而上学”，建立了一个现实中得以实践的唯物辩证法思想体系。

与此同时，孔子的“天然自由”和司马迁的“自由经济”思想；“天下熙熙，为利而来；天下攘攘，为利而生”的“自利心”动机；“与时俯仰，获其赢利，以末致财，用本守之”的追求利润；“贫富之道，莫之夺争，而巧者有余，拙者不足”的自由竞争和“物盛则衰，物极而转，一质一文，始终之变”的价格波动（价值规律）等思想精华，直接影响了被马克思称为“经济学之父”的英国著名经济学家亚当·斯密（Aclam Smith）所吸收，从而于1776年写成和出版其政治经济学名著《国民财富的性质和原因的研究》(*An Inquiry into the Nature and Causes of the Wealth of Nations*)，简称《国富论》(the Wealth of Nations)，多次提到“天然自由”和“自由经济”等中国资料24次，创立了英国近代古典政治经济学，为欧美近代资本主义经济迅速发展提供理论支撑。同时，他还接受和吸收了孟子的博爱思想，出版了又一名著《道德情操论》(The Theory of Moral Sentiments)，侧重论述和强调人的“利他性”，指出只有把经济学的“利己性”和道德伦理学的“利他性”有机地结合，才是完整的真实人性。因此，亚当·斯密不仅是超分析力深刻的经济学家，而且是一个悲天悯人的伦理道德哲学家，为世人所敬仰。

第三，中国的人文思想和制度文化奠定欧美国家近代民主思想和文官制度的雏形。

中国典籍《大方广佛华严经》提出的“王以人为本，亿兆同一身”和《列子·天瑞》的“天生万物，唯人为贵”；《周礼》的民主政治、公平，以及明代黄宗羲著《明夷待访录》一书提出“君民非主从尊卑，府为民所设，诸侯自主”等接近民主制度主张等思想，经由海上丝绸之路传至西方国家之后，为欧洲国家的近代思想家如卢梭（Jean Jacques Rousseau）、孟德斯鸠（C.L.S.Montoquieu）和伏尔泰（F.de.Voltaire）等所接受，从而衍生出人权观念，奠定自由、平等、博爱、民主、宪政和三权分立的民主雏形。就是说，是中国儒家民主思想促进欧洲国家的民主化，影响法国大革命的《人权宣言》、1776年7月4日美国的《独立宣言》和1787年9月15日制宪会议通过的《联邦宪法》。因为该宪法第1条第9款第八则规定："合众国不得授予贵族爵位。"为了纪念儒家民主思想对美国建国立法的贡献，美国最高法院的楼檐雕塑孔子的浮象。因此美国建国之初，许多哲贤人士高度赞誉：

> 建国奠定宪政，其信仰与作风，直接摁取于欧洲，间接导源于中国……中国文化实为启发西洋民主政治之源泉，亦为创造西洋民主政治之一动力。①

与儒道家思想西传欧美国家的同时，儒经《礼记·礼运第九》的"大道之行也，天下为公，选贤与能，讲信修睦""学而优则仕"和"朝为田舍郎，暮登天子堂，将相本无种，男儿当自强"的科举制度文化，也经海上丝绸之路向西方国家传播和发生强烈影响，使欧美国家纷纷仿效而建立文官考试制度。先是嘉靖三十五年（1556年），葡萄牙耶稣会士达·克鲁斯（da Clues）经澳门入广州和内地传教，1569年回葡萄牙，次年写了一本共29章的《中国游记》，向欧洲国家介绍中国的科举制度，说：

> 中国的官员，必须有那项功名或头衔。他们奉行学而优则仕。②

该书原以意大利文出版，后由韦尼斯（R. Weinisi）译为英文，改名为《来自中国行省的报告》出版，使英国人于16世纪末得看此书。1596年，英国女皇伊丽莎白写了一封信给万历皇帝朱翊钧，表示对中国的科举考试制有兴趣。1665年，曾在中国传教38年，最后在广州逝世的曾德昭（Alvare de Semedo）所写专著《中国通史》译成英文在伦敦出版，其中第三章专门系统地介绍中国科举制度考试的内容和方法，从而在英、法两国引起强烈和广泛的反响。法国思想家伏尔泰（Voltaire）首先发文赞扬：

①转引陈立夫：《中国文化概论》，台湾正中书局，1987，第112页。

②转引黄启臣：《黄启臣文集》(一)，香港天马图书有限公司，2003，第596页。

在中国的社会制度中，这种在品学兼优的文人中通过科举而选拔官吏的做法，使一种文明——欧洲文明惊得犹如五雷轰顶。[①]

于是法国先于1791年进行文官考试，可惜好景不长，1801年却中断了。后来派人到德国实行文官考试经验后才恢复。

英国在19世纪末完成了工业革命，成为世界最富的强国后，于1829年先在殖民地印度实行文官考试选拔官员，首次突破原来的“赐官制”。1835年7月又在东印度公司实行考试选拔文职官员。1853年12月23日，政府讨论了由查尔斯·特里维廉和斯坦福·诺斯科特两人提出的《关于建立常任文官制度》调查报告，为英国实行文官考试制度奠定基础。1868年格莱斯顿（Gladstone）出任内阁首相，于1870年6月4日，颁布关于文官制度第二号枢密院命令，规定：

一切文官职位的任命，都必须根据文官制度委员会委员们的规定，通过公开竞争考试，委员会在财政部的监督下，有权独立决定被录用文官必须具备的合格重要条件。[②]

这就标志了英国近代文官考试制度的最后正式确立。这种文官考试制度就是源于中国的“科举考试，选贤与能”。正如权威性极高的《大不列颠百科全书》解释说：

在历史上，最早的考试制度出现在中国，先用考试来选拔行政官员，并对已经进入仕途的官员实行定期考核的文官制度。

英国经过4年的争论和试验，然后实行的文官考试制度影响欧美各国和地区的文官制度。

美国后来实行的文官考试制度，基本上是照搬英国的。先是经过3年的争论准备，1868年5月波士顿市市长爱默生（Edmoshen）访问同治皇帝穆宗载淳，

---

①［法］安田朴：《中国文化西传欧洲史》，耿昇译，商务印书馆，2000，第715页。

② D· C· Douglas，*English Historical Documents*，Vol 12，P554，London，1956.

回去高度赞扬中国科举考试制度：

> 是的，在杜绝任意用人方面，中国，还有英国，法国，已走在我们前头。在中国的社会生活中，教育获得高度的重视，这是使中国享誉域外的必不可少的保证。[①]

同年10月，北京同文馆总教习博士丁韪良（William Alexander Parsons Martin）出版专著《中国科举制》，又高度赞扬和介绍中国科举制度。1870年，美国《每月杂志》又发表了A.R.麦克多瑙（A.R. Markdonu）呼吁美国学习中国科举制，建立考试选拔文官：

> 在中国，王位以下的一切政府职位，全部向每一位居民开放……官吏由竞争性考试选拔，其迁谪视忠诚与否而定。[②]

经过一番争论，1883年，美国国会讨论通过调整和改革美国文官制度的法律，即《彭德尔顿法》(*Pendleton Act*)。[③]采纳英国文官考试选拔官员办法，正式确立美国的文官制度。

综上所述，可以看到发源于世界东方中国南端徐闻、合浦和广州港的海上丝绸之路，主宰了东西方国家和地区之间近两千年（前111—1840年）的商品贸易和文化交流的历史事实，充分说明古代中国文明（包括物质文明和非物质文明，用今天的话说是硬实力和软实力）均是超越西方欧美国家和地区的；近代欧美国家和地区的物质文明和非物文明都是源于古代中国文明的。因此，古代中国文明对近代，甚至现代的西方国家文明的促进发展功不可没。而作为沟通中西方国家和地区两大文明载体的海上丝绸之路亦功不可没。

有鉴于古代中国文明的光荣历史传统和发源于中国南海北部湾的海上丝绸之路向西方国家传播两个文明的作用和贡献，1978年改革开放以来，党和国家领导人邓小平、江泽民、胡锦涛和习近平，在不同时期和不同场合均老话重提丝绸

①哈佛《亚洲研究期刊》第7卷。

②哈佛《亚洲研究月刊》第7卷。

③Fredenrick C· Mosher, *Democracy and the Pubile Service*, P68, New york, Oxford University Press, 1982.

之路，[①]作为我国实行对外开放贸易和人文交流的历史借鉴。特别是中共十八大以来，习近平总书记自2013年以来49次论说“丝绸之路”，提出建设“一带一路”倡议，并写入十九大政治报告和党章，以动员全党和全国人民大力实施此倡议，为实现中华民族伟大复兴中国梦和构建人类命运共同体而努力奋斗。这一倡议7年来得到100多个国家和国际组织的积极支持和参与建设，总人口约44亿，占世界总人口的63%；经济总量约21万亿美元，占世界经济总量的29%。同时，2016年11月，第71届联合国大会通过决议，获得193个会员国一致赞同，将“一带一路”建设内容纳入发展纲要；2017年2月，在联合国社会发展委员会第55届会议上，习近平总书记提出的共商、共建、共享，“构建人类命运共同体”理念首次写入联合国决议；2017年5月14至15日，中国在北京举办首届“一带一路”国际合作高峰论坛，有100多个国家元首和国际组织领导人前来出席会议。2019年4月26日，又举行了第二届“一带一路”国际合作高峰论坛，有150多个国家和地区、90多个国际组织近5000名外宾出席论坛。习近平总书记发表主旨演讲，表示愿意同世界各方“共建风清气正丝绸之路、共建数字丝绸之路和创新丝绸之路”。

现在，将要出版的王元林、王美怡教授主编的“海上丝绸之路断代史研究”丛书，包括第一本《秦汉魏晋南北朝海上丝绸之路史》，由周永卫、钟炜教授撰著；第二本《隋唐五代十国海上丝绸之路史》，由孟昭锋、王元林教授撰著；第三本《宋元海上丝绸之路史》，由章深研究员撰著；第四本《明代海上丝绸之路史》，由衷海燕教授撰著；第五本《清代海上丝绸之路史》，由刘正刚教授撰著。他们都是长期在广州各高校和研究机关从事海上丝绸之路研究并出版了有关专著的壮年专家。就我所知，他们编著的5卷本“中国海上丝绸之路断代史研究”丛书是目前国内最系统、最全面、最有分量和高水平的巨著。因此本套书的出版将会助力于我党当下大力实施的“一带一路”倡议，因为“一带一路”与古代丝绸之路有着祖孙基因传承之缘，正如习近平总书记发表重要讲话指出：

> 今天，我们传承古丝绸之路精神，共商“一带一路”建设，是历史潮流的沿续，也是面向未来的正确抉择。

①黄启臣：《邓小平等四代领导人老话重提丝绸之路》，载《岭南文史》2015年第1期。

“一带一路”建设根植于历史，但面向未来。古丝绸之路凝聚了先辈们对美好生活的追求，促进了亚欧大陆各国互联互通，推动了东西方文明交流互鉴，为人类文明发展进步作出了重大贡献。我们完全可以从古丝绸之路中汲取智慧和力量，本着和平合作、开放包容、互学互鉴、互利共赢的丝路精神推进合作，共同开辟更加光明的前景。[①]

谨此是为总序。

黄启臣

二〇二〇年三月

（作者：黄启臣，中山大学历史系教授，广东省政府文史馆馆员，国务院政府特殊津贴专家，曾任中山大学法政学院副院长兼社会学系系主任，广东省文史学会副会长；曾应邀到美国、加拿大和日本讲学和访问；已出版《广东海上丝绸之路史》等共31部书）

①《习近平谈“一带一路”》，中央文献出版社，2018，第190、第193页。

目　录

CONTENTS

下编

绪　论

宋元两朝（960—1367年），大致存在于10世纪中叶到14世纪中叶。

这期间，当时世界最长的海上通道横贯东亚、西亚、北非，把沿途最为活跃繁荣、大小不一的经济体联系在一起。中国出产的丝绸、陶瓷等，少数向东亚流动，多数向西而去；海外国家出产的香料、象犀、珠宝等产品，则分成东西两路，向东一路的大部分进入中国。这是一条国际交通贸易大动脉，中国则是为它供血输氧最大的发动机，本书将这条通道称为“中西海上丝绸之路”。

在中外海上丝绸之路史上，宋元两朝这四百多年是中国远洋贸易的一段好时光。中国商人驾驶的船舶乘风破浪，频繁穿梭往来于东亚、东南亚、印度洋及西亚、北非各国各地区之间，通过贸易关系把分散孤立的部落和民族连接起来。他们的船舶成群结队，送出中国产品，带回海外货物，创造了大量财富，一再刷新中外贸易额的历史最高纪录。他们取代阿拉伯商人，成为中外贸易的主力。中外海上丝绸之路于此进入一个新境界：大道宽广、波澜壮阔，一些僻远岛屿也被纳入其中；船舶体量渐大、航海技术更新，运载量和安全性都在提高。这是中国商人参与并逐渐主导中西海上丝绸之路的时期，在历史上独一无二，绝无仅有。

一

从秦汉到清前期，一千多年时间，中外海路贸易的发展大致经历了三个阶段：唐中叶以前是蕃舶贸易阶段，以外国商人带来海外奇珍异宝，运出中国商品为主。唐中叶到明中叶是市舶贸易阶段，中国官私远洋船舶越来越多地走向世界，运出中国丝绸、陶瓷器，输入海外商品。明中叶到鸦片战争前夕是欧洲各国对华贸易阶段。随着大航海时代的帷幕拉开，资本主义经济把全世界连成一片，欧洲列强主导中外贸易，中国官私远洋船舶全面退缩失势。

首先是蕃舶贸易阶段。大致从公元1世纪开始，印度商人在亚洲东西航线上越来越活跃。[①]到8世纪前后，阿拉伯商人汇入这条航线，并压倒印度商人，后来居上。在这个阶段，中外航海贸易长期以印度和阿拉伯商人为主导，但限于航海技术条件和有关各国社会经济规模，中外海路贸易体量不大；中国商人驾船航海贸易固然有之，但不多见。中国的统治者主要关注进口商品的使用价值，对航海贸易尚无强烈控制欲，《唐律》中关于中外海路贸易的事项就付之阙如；我们也从未见到系统的关于中外海路贸易法律法规。

在中国古籍中，"蕃舶"有时用来称呼中国海外贸易商船，但多数时候是指外国来华贸易商船。我们将这个以印度和阿拉伯商船来华贸易为主的中外贸易的早期，叫做蕃舶贸易阶段。

第二阶段是市舶贸易阶段。此时中外海路贸易进入繁盛时期，越来越多的中国民间商船扬帆远航，走向世界。中国商人从什么时候开始离开近海，进行远洋贸易，至今是个谜。西汉官使曾经坐船经过东南亚前往印度洋，到达印度南部港口和斯里兰卡。[②]他们乘坐的是中国船舶还是外国船舶，现已无从判断。当时在南海、印度洋一带航行的主要是印度商人，这批汉朝官使以印度和斯里兰卡为目的地，有可能乘坐往返中印之间的印度商船。

珠江三角洲一带水网密布，南面是浩瀚的南海。世世代代在此生活的百越族民众早已惯习舟楫。《淮南子·原道训》载"九疑之南，陆事寡而水事众"，说的就是岭南百越族善水习舟。考古资料显示当时已有颇为先进的船舶。据一些学者考证，"中国帆船远航东南亚各国甚而超越印度洋远达红海地区的时间最迟应在五世纪前后"。[③]"中国人在公元1世纪，已经和南部印度进行贸易。在7世纪就进

---

①［美］斯塔夫里阿诺斯：《全球通史——1500年以前的世界》，上海社会科学院出版社，1988，第180页："对古代遗迹的考古研究表明，印度和东南亚的交往从远古时代就已开始。公元一世纪时，由于受香料和矿物资源的吸引，前往东南亚诸岛屿和沿海地区的印度商人愈来愈多，两地之间的交往也愈来愈广泛。"

②《汉书》卷二十八下《地理志》。

③贺诺尔（James Hornelll）：《印度船舶考》，《亚洲文会孟加拉国国分会丛刊》1920年，第7卷，第206页。转引自田汝康：《十七世纪至十九世纪中叶中国帆船在东南亚洲航运和商业上的地位》，《历史研究》1956年8期，第2页。

入了印度洋最勇敢的航海家行列。”[①] “7世纪以后，因为中国帆船的建造有着更进一步的发展，因而阿拉伯东来贸易商人返国时常乘中国帆船至南印度，然后再换阿拉伯小船返国。”[②]中国船舶如果早在公元1世纪已经到达南印度海港，那么西汉使者乘坐中国商船也是有可能的。

但还有一些情况需要考虑。吴晋六朝以后，中国僧人西行印度取经者不少，随着时间的推移，越来越多的僧人取道海路。根据现存记录，取道海路的僧人多搭乘外国商船。例如东晋的法显，他从陆路西行至印度，从海路东归。他从狮子国航行九十多天到达位于东南亚的耶婆提国；[③]再从耶婆提出发回广州。他前往耶婆提乘坐的商船不知属于哪个国家，但从耶婆提返回广州搭乘的是外国商船，船主是信仰婆罗门教的印度商人。[④]又如唐朝的义净和尚，他于咸亨二年（671年）十一月，乘波斯商船从番禺出发，第一站是当时东南亚的海上强国室利佛逝："未隔两旬，果之佛逝。"[⑤]

东晋的法显从东南亚回国，唐前期的义净从广州出发先到达东南亚，都没有超出马六甲海峡以东的范围，距离中国不远，乘坐的都是外国商船。现存六朝到隋唐的历史文献一再提到广州外贸繁荣，舳舻衔尾，络绎相继，但主角往往是外国商船，很少有人提到中国商船。由此可见，尽管中国商船早已能够抵达印度洋和西亚北非海岸，但直到义净所在的公元9世纪，远航海外国家的中国商船还不多，或者可以说比较稀少。

在唐中叶以后，亚洲东西海上航线交通运输条件得到改善，优越性进一步彰显，传统的陆路交通便相形见绌；安史之乱带来的动荡更使古老的陆路交通道途坎坷、举步艰辛。起初，阿拉伯商人在亚洲东西海路航线上继续占据优势。然而本来势单力薄的中国商人越来越多地驾驶船舶到遥远的国度贸易商品。他们不但活跃于南海，印度洋和西亚北非海岸也常来常往。经历唐五代和宋元各朝，中西

①奥古斯特·图森：《印度洋—在政治、经济、军事上的重要性》，上海人民出版社，1976，第19页。

②比叶（Orley Beyer）：《中国与马来间的最早关系》，《亚细亚杂志》第21卷，第11期，第24页。转引自田汝康：《十七世纪至十九世纪中叶中国帆船在东南亚洲航运和商业上的地位》，《历史研究》1956年8期，第2页。

③耶婆提国在今印度尼西亚爪哇岛或苏门答腊岛，或兼此二岛。

④［东晋］法显原著《佛国记注译》，郭鹏注译，长春出版社，1995，第142—144页。

⑤“于时咸亨二年，坐夏扬府。初秋，忽遇龚州使君冯孝诠，随至广府，与波斯舶主期会南行”。见义净原著《大唐西域求法高僧传校注》，王邦维校注，中华书局，1988，第152页。

海路上的的中国商船密集，逐渐占据主导地位。明朝初年的统治者先是派出大量官船迎送中外官使、贸易中外商品，随后又向海外国家派出规模宏大的船队，史称郑和下西洋。这是“中国的航海获得达到极盛”的时代，[①]阿拉伯人传统优势显然已被中国航海力量所压倒。

这个时期中国民间商人驾驶自己的商船越来越多地前往海外国家贸易商品，并逐渐在中外贸易中占据主导地位。唐朝设置了中国历史上最早专门管理中外海路贸易的官职市舶使。我们将这个历史时期称为市舶贸易阶段。[②]

这个阶段的宋元两朝，由于朝廷制定了有利于外贸发展的政策，市舶贸易步入黄金时期。中外贸易以市舶贸易占优势，以中外商人为主力，传统的官方朝贡贸易声势不大，民间非法的走私贸易，因朝廷外贸政策相对宽和，多数时候也不太引人注目。但明朝建国以后，朝廷外贸政策骤变，中国商人走向世界的势头被遏止；中国商人的远洋贸易被称为商舶贸易，归于非法，完全取缔。中外贸易成为官营贸易的一统天下，市舶贸易顿时衰落，大批海商为谋生路被迫走上反抗道路，成为走私者和海盗。

第三阶段，即欧洲各国对华贸易阶段。明中叶以后，欧洲人寻找新的贸易路线和贸易伙伴的“地理大发现”，改变了全球的地理版图。随着发现新航路、发现新大陆和首次环球航行的成功，葡萄牙人、西班牙人、荷兰人，以及后来的英美等国商人相继来到东亚，他们占领旧航道，开辟新航路，游弋大洋，恣意纵横，称霸世界，轻而易举地拿下了全球海上运输贸易的主导权。

此时中外贸易体量迅猛增长，前所未有，但中国外贸商人先是受中国官府打压，继而受西方商人排斥，失去了昔日的风采。此后中国官私船舶在远洋航线上，不过是些无足轻重的小角色，形单影只、灰头土脸、低眉顺眼地在中国周边的航路上勉力而行，中外贸易再变而为以欧洲各国对华贸易为主。欧洲商人不但主导中外贸易，还创造和主宰全球贸易。因此，我们将这个历史时期的中外贸易定义为欧洲各国对华贸易阶段。

比较各个时期可见，宋元时代曾是古代中外航海贸易的一段不可多得的好时

①《全球通史——1500年以前的世界》，上海社会科学院出版社，1988，第332页。

②市舶贸易包含两个要素，一是由市舶贸易机构管理，二是以民间商人为主体。因此，没有市舶贸易机构港口的对外贸易，不能称为市舶贸易；朝贡贸易等官办外贸也不能与市舶贸易相提并论。这个时期中外海路贸易的主体是市舶贸易，所以我们将其定义为市舶贸易阶段。

光，宋元时代中外航海贸易发展的前因后果，值得我们回味和思索。

二

中国远洋贸易的好时光出现在宋元时代，因为一些重要条件恰好都如期而至。

让我们看看当时的国际环境。这四百年间，在传统的中西航线的两端，欧洲和中国发生的一些大事，对欧亚之间的联系和交往的增强，影响深远。在欧洲一端，十字军东征始于1096年，跟北宋中期的王安石变法同时开始；十字军的最后失败在1291年，即宋朝亡国之后十余年。十字军的多次东征，导致东方和西欧各国生灵涂炭，损失惨重，但对欧洲文明却有一些正面影响：欧洲人更多地接触到东方的文化和技术；阿拉伯数字、代数，以及航海罗盘、火药等被带到了西欧。东西方之间的接触和交流由此进入一个新的时期。在亚洲一端，十字军东征尚在进行时，蒙古人崛起于漠北，随后建立了一个横跨欧亚大陆空前未有的大帝国。全盛时期的大蒙古帝国，疆域囊括朝鲜、中国，中亚、西亚、东欧，西达中欧的匈牙利。这个帝国由四个汗国和元帝国组成，欧亚各地区的直接联系和相互影响因而变得容易起来，地区间的孤立分割状态也为之改观。因此宋元这四百多年，国际环境对中外海上丝绸之路的发展非常有利，中外海上航线不断拓展，更加畅顺。

在中国内部，宋元王朝根据自己所面对的国内经济、政治、文化状况，以务实的态度对待航海贸易，制定外贸政策。务实性，在中国历代王朝对外交往中属于比较特殊的秉性，对海外贸易的影响颇大。在各种因素的交相作用下，宋元时代海外贸易呈现出如下特点：

第一，宋元两朝都比较注意成文法在海外贸易中的作用。中国古代的市舶条例，目前只见于宋元两朝文献。宋朝之前几代王朝的外贸管理，我们仅能看到一些零散不成系统的规定。北宋中期制定的《元丰广州市舶条》(也称《广州市舶条》《元丰市舶条》)，是现存中国最早的外贸管理条例。这样的规范在北宋中期的出现，具有标志性意义。元朝是以蒙古游牧民族为主建立的政权。蒙古贵族文化水平不高，但多少让人意外的是，其市舶贸易法律法规在宋朝的基础上有了进一步的提升。制定于至元三十年（1293年）的《至元法则》和修订于延祐元年（1314年）的《延祐法则》，包含了比宋朝市舶条例更为丰富的内容，涉及面更广并通行全国。宋元外贸条例的制定，主观上是加强中央王朝对海外贸易的控制，客观上使市舶贸易有了明确具体的规范。这是中国古代外贸及其管理走向规范和成熟的重要标志。

第二，宋元两朝海外贸易官营色彩相对淡薄。截止至宋朝，中国海外贸易大抵可分为四类，一是官营贸易，二是市舶贸易，三是未设市舶司港口的合法外贸，四是违禁贸易。宋代外贸政策讲求实际的务实风格突出，官营贸易比重特别低。中国官方很少派出使者乘坐官船远航海外；外国官方遣使来华的朝贡贸易，朝廷的态度多数时候是不冷不热，不太鼓励。市舶贸易与未设市舶司港口合法外贸的区别是能否经营进口专卖品。两类贸易的行为主体都是中外民间商人。违禁贸易在外贸政策比较宽松、运作良好时，发展空间不大。所以在这个时代，从事海外贸易的中外商人和私人资本的比重特别大，发挥了很好的作用，外贸资源得到较好配置，经营效率也得以提高。在这个方面元朝比宋朝略逊一筹，表现在采用官本船贸易和一再实施排斥私商的海禁。但元朝多数时候，特别是在中后期，海外贸易仍然以私人资本和商人运营占主导地位，朝廷政策基本回归宋朝风格。“重义轻利”的传统在中国源远流长、根深蒂固。因为政治原因而牺牲经济利益的做法触目皆是，历代皆有，习以为常。因此，务实的风格在中国对外经贸史上实不多见，宋元两朝何以如此特殊，是个饶有兴味的课题。

第三，宋元王朝分别是进口商品专卖制度骤然而兴和戛然而止的两个时期。宋朝建立以前，进口商品专卖情况很少见诸史籍。汉代就曾实行官府收购珍珠，目的是满足宫廷需要，大颗珠子由官府收买，小粒珍珠百姓往往可以自由买卖。大颗珍珠不少来自海外国家。这就说明汉代已经有了最初的进口商品专卖制度。唐代应该也曾实行进口商品专卖，[①]但不十分彰显，更谈不上形成稳定制度。但到了宋代，统治者很快就建立起进口商品专卖制度，维续时间长达二百多年，逐步形成一套完整的法规，蔚为大观。这个制度对国家财政、对社会民生产生了不小的影响。但随着赵宋的终结和蒙元的登场，进口商品专卖制度便戛然而止，烟消

①李肇：《唐国史补》卷下：“海舶，外国船也，每岁至安南、广州。师子国舶最大，梯而上下数丈，皆积宝货。至则本道奏报，郡邑为之喧阗，有蕃长为主领。市舶使籍其名物，纳舶脚、禁珍异。蕃商有以欺诈入牢狱者。”在这里“禁珍异”的禁，可能是禁榷即专卖，也可能是禁止。既然汉代的珍珠已有官府专卖的先例，唐代进口商品的专卖也就不足为怪了。

云散，此后再无踪迹。宋元王朝采用不同政策的原因及其后果，书中会做讨论。

三

中外海路贸易的各种情况，中国统治者制定的政策法规，发挥了什么作用，是本书关注的重点。本书上篇讨论宋代中外海路贸易，从宋朝中外关系和海外联系谈起，接着对北宋和南宋外贸政策及其影响做了阶段性梳理，然后讨论市舶司制度，商品、商船进出口和商人管理等问题。下篇讨论元代的情况，内容与上篇所涉及的领域大致对应。

长时间以来，人们多把元朝作为一个特殊的政权，因为它由蒙古游牧民族所建。但以海外贸易论，元朝对中国传统模式的吸收和继承相当明显。元朝市舶制度，“大抵皆因宋旧制，而为之法焉”。[①]至元三十年（1293年）四月颁行的《市舶法则》，是在汉人的帮助下制定的，后来几经修改，颁行于至治三年（1323年）的修订版本《延祐法则》，也未做大的实质性改动。元朝中后期的外贸制度，大体上是回归宋朝制度。蒙古族与汉族历史文化传统不同，海外贸易政策有明显差异，但宋元王朝和元明王朝相比，前者的相似性却远远超过后者。

市舶贸易是中国古代一种重要海外贸易形式。它的黄金时代就存在于宋元两朝，元朝比宋朝贸易规模更大，交往的国家更多，货物流动也更为汹涌。但宋朝站立在市舶贸易的高点，元朝却是一个向下转折的节点。“夕阳无限好，只是近黄昏。”这一怪象为何会出现？本书将有所探究。

把宋代和元代中外海路贸易的历史摆在一起写，有一定的偶然性。但经过深入研究，比较两朝的异同，扩展了我的眼界，收获意外的惊喜。中外海路贸易的种种景观：洋面是惊涛骇浪或是一平如镜，船队是浩荡宏大或是零落稀疏，航线航路的长短难易，商人水手的种族国别，探究这些变迁，理解其中因由，都饶有趣味。人类对世界的认识永无止境。我希望能看到一些前人没有看到的情况，获得一些前人尚未得到的认识，为发展学术，略尽绵力。

①《元史》卷九十四《食货志·市舶》。

第一章
宋朝中外关系与海外航线

斯塔夫里阿诺斯认为，12世纪末，中国人开始取代穆斯林在东亚和东南亚的海上优势。①王赓武有类似看法：在宋代“中国南部沿海地区和海军有了重要的发展。这种发展为中国人控制南中国海的运输和贸易作好准备，到了十三世纪中叶，这种贸易显然已被控制”。②

上述论断都有道理。跨越10到13世纪的宋代是中国民间商船开始大量航海贸易的时期，曾经高度依赖印度、阿拉伯等国商船来华贸易的历史翻过了一页。造船、航海技术的进步，国际商业贸易的需求，使远洋船舶航行距离更长，走更复杂的航线，抵达更多的国家。宋代中国人对海外国家有了更多的认识。但宋朝重文抑武，守内虚外，与海外国家关系比较平和，很少发生冲突。“海上优势”“控制”一类的说法，反映了后人的视角，跟宋人的思维关系不大。

第一节 宋朝对海外国家的认识和与各国的关系

宋朝三百余年，多数时间跟海路交往各国保持友好关系，贸易往来，互通有无，互利共赢。

在中国古代，海外贸易向来有官私之分。中国王朝称政府间的贸易为“朝贡贸易”“贡赐贸易”，奉行以重金笼络收买为标志的“厚往薄来”方针，不计经济

①《全球通史——1500年以前的世界》，上海社会科学院出版社，1988，第332页。

②王赓武：《南海贸易与南洋华人》，中华书局香港分局，1988，第209页。

得失，重在招徕进奉，装点门面，歌舞升平。宋人对海外贸易的态度以经济利益为重。统治者虽然也在意与海外国家的交往，却不太愿意过多耗费钱财，因此与海外国家的官方联系不如唐朝紧密。宋人王栐说，宋真宗时，海外国家来华朝贡者，“惟有高丽、西夏、注辇、占城、三佛齐而已，不若唐之盛也”。[①]不太注重朝贡贸易也就是不太注重虚名。宋朝对海外国家的朝贡贸易，一般不积极推进，有时甚至有所抑制。

南宋人周去非在成书于淳熙年间（1174—1189年）的《岭外代答》中，用“都会”为海外国家进行了归类。他将海外国家分别归于六个“都会”：“正南诸国，三佛齐其都会也；东南诸国，阇婆其都会也；西南诸国，浩乎不可穷尽，则占城、真腊，为窊里诸国之都会；远则大秦，为西天竺诸国之都会；又其远则麻离拔国，为大食诸国之都会；又其外则木兰皮国，为极西诸国之都会。”[②]三佛齐的位置有不同说法，中心地带在今苏门答腊岛东部。阇婆，阇婆的位置也有不同说法，[③]中心位置当在今印度尼西亚爪哇岛。大秦，又名犁靬、海西，是古代中国史书对罗马帝国的称呼。汉和帝永元九年（97年），西域都护班超遣甘英曾出使大秦。桓帝延熹九年（166年），大秦皇帝安敦遣使来中国。[④]罗马帝国分裂后，中国史书以大秦称东罗马帝国。

周去非对海外国家的划分，超越了此前单纯对地理位置的描述。“诸蕃国大抵海为限界，各因方隅而立国。国有物宜，各从都会以阜通。”[⑤]“都会”显然包含经济中心的意义。从经济区域或经济中心的角度观察海外国家及其相互间的关系，是个始见于宋朝的新视角。

中国自古以来就是一个等级的社会。孔子就非常强调尊卑等级。荀子也说：“故尚贤使能，则主尊下安；贵贱有等，则令行而不流；亲疏有分，则施行而不悖；长幼有序，则事业捷成而有所休。”[⑥]这种观念被统治者运用于中外关系中。

宋朝将海外国家分为不同等次。朝贡仪式中地位的高下，与国家军事实力和

①王栐：《燕翼诒谋录》卷四。

②周去非：《岭外代答》卷二《海外诸蕃国》。

③详见韩振华：《诸蕃志补注》，香港大学亚洲研究中心，2000，第89—91页。

④《后汉书》卷七《桓帝紀》，《后汉书》卷一百十八《大秦国传》。

⑤周去非：《岭外代答》卷二《海外诸蕃国》。

⑥《荀子·君子篇》。

给中国带来威胁的大小相联系，最强悍的邻国被列为最高等级，受到最隆重的礼遇。辽国[①]（契丹）是宋朝的头号敌人。辽国使者在朝贡礼仪中的地位最高，夏国在其次。北宋中期和后期，高丽国的地位也曾大大提升。宋朝因高丽跟辽国接壤，关系密切，为防备辽国，通过提升高丽在朝贡礼仪上的地位，极力将其拉拢到自己一边。熙宁四年（1071年），宋朝与高丽恢复官方交往，双方都有改善两国关系的意愿。当年八月，宋朝调整了朝贡仪式中高丽使者的排位：高丽“依夏国例，立班紫宸殿，燕坐东朵殿”[②]。高丽使者在朝贡礼仪中的地位，被提升至与夏国相当。元丰元年（1078年）三月，宋朝又将前往高丽的中国官使的待遇，提高到出使辽国的档次：“诏奉使高丽使副所过州郡迎劳，并视使辽例”。[③]

北宋末期金国崛起，出兵灭宋。赵构在逃亡途中建立南宋。南宋的最大敌国是金国。金国在南宋的地位相当于北宋的辽国。

等次位于辽国、夏国和金国之下，并与中国海道相通的是：交趾、占城、大食、三佛齐、阇婆、蒲甘、真腊等国。[④]这些都被宋朝视为藩属国，即“陪臣”[⑤]，朝贡礼仪中的地位也较低。

宋朝还将朝贡贸易等次，跟有关国家在中外贸易中的重要性，以及距离中国的远近挂钩。大中祥符七年（1014年）七月，根据知广州陈世卿的建议，海外朝贡使者从广州登岸上京者，“每国使副、判官各一人；其防援官，大食、注辇、三佛齐、阇婆等国勿过二十人，占城、丹流眉、渤泥、古暹、摩加等国勿过十人，并来往给券料”。[⑥]防援官是朝贡使团中地位较低的官员。[⑦]防援官的多少，跟所属国家的朝贡贸易地位相联系。大食、注辇、三佛齐、阇婆为一个等次，占城、丹流眉、渤泥、古暹、摩加为另一个等次，前者比后者优越。

待遇比较高的大食、注辇、三佛齐、阇婆国，都是当时中外海上贸易的主要国家。大食国泛指阿拉伯地区，包括阿拉伯半岛以东的波斯湾和以西的红海沿岸

---

①辽国是由契丹族建立的王朝，存在于907—1125年。在其存在的两个多世纪中，有过辽和契丹两种国号；而中国古代文献中则有辽朝和辽国两种称谓。本书统一称之为辽国。

②《续资治通鉴长编》卷二二六，熙宁四年八月丙寅。

③《续资治通鉴长编》卷二八八，元丰元年三月乙亥朔。

④章深：《宋朝与海外国家的贡赐贸易》，《学术研究》1998年第6期。

⑤《续资治通鉴长编》卷二七八，熙宁九年十月丙申。

⑥［清］徐松：《宋会要辑稿·蕃夷》七之二〇，中华书局，1957。

⑦详见《宋史》卷四八九《注辇国传》。

国家，是乳香的主要来源国。注辇在印度半岛，是乳香贸易的一个重要中转地。三佛齐的中心地带在今苏门答腊岛东部，扼中西交通之咽喉，盛产热带香料，是当时东南亚的海上贸易强国。阇婆的中心位置当在今印度尼西亚爪哇岛，也是盛产热带香料的东南亚海上贸易古港。

待遇相对较低的占城、丹流眉、渤泥、古暹、摩加等国，在中外海上贸易中的地位稍逊。占城在今越南南部，也是中外海上贸易的一个中转站，但自身物产也不很丰富，又离中国比较近，往来比较容易。丹流眉，又称登流眉国、单马令国、丹马令国，有位于在今泰国南部马来半岛洛坤附近的说法。渤泥又称“婆利”“勃泥”“渤泥”“婆罗”等，位于今马来西亚婆罗洲。古暹，或为古逻之误。古逻在三佛齐以东。摩加国的位置待考。丹流眉以下几个国家当时的海上贸易地位都不太重要。

景德四年（1007年）八月，蒲端国进奉使上言：“伏见占城使蒙恩赐鞍勒马二匹，大神旗二，愿依例沾赉。有司以蒲端在占城之下，请给杂彩小旗五。”这项请求得到真宗的同意。[①]由此可见，蒲端和占城相比，前者地位低，后者地位高。蒲端位于今菲律宾，北宋时经常朝贡中国。蒲端外贸地位不及占城，跟中国的联系也不如占城紧密，因而地位低于占城。

第二节　与宋朝海路交往的海外国家

在宋代，与中国海路交往的国家和地区有几十个。

赵汝适的《诸蕃志》，成书于理宗宝庆元年（1225年），里面记录了经海路与中国交往的57个外国地名，其中东南亚、东亚国家的地名有25个，南亚国家的地名有10个，西亚、东非、北非国家的地名有22个。赵汝适还用“属国”概念表述海外各国间关系。例如凌牙斯加、佛罗安、单马令、新拖、监篦、蓝无里、细兰等是三佛齐属国；登流眉、蒲甘等则为真腊属国。属国代表不平等的国家关系，其间存在弱小国家向强大国家称臣奉贡的现象：单马令国，“以所得金银器，纠集日啰亭等国，类聚献入三佛齐国”[②]；凌牙斯国“岁贡三佛齐国”[③]；蓝

①《续资治通鉴长编》卷六十六，景德四年八月。

②［宋］赵汝适：《诸蕃志》卷上《单马令国》。

③［宋］赵汝适：《诸蕃志》卷上《凌牙斯国》。

无里国“岁进贡于三佛齐”。[1]

但从现存史籍看，这五六十个国家和地区，经常与中国交往的只是其中的一小部分。宋初设置市舶司时，官方文献说：“凡大食、古逻、阇婆、占城、勃泥、麻逸、三佛齐诸蕃，并通货易。”[2]一些与中国关系密切的国家这里没有提到，交趾、高丽、日本等国，就与中国保持较多的官方或民间交往。宋代史籍中常见的国名基本上就是上面这些了。

下面我们以东亚国家，东南亚国家，和西亚、北非国家为序，重点讨论其中的几个国家与中国的关系。

一、东亚国家：高丽和日本国

中国与东亚国家贸易关系密切，有“东亚海上丝绸之路”之称。在宋代，中国与高丽、日本的官方关系都不太正常，贸易也不太顺畅。从现有史籍看，宋朝商人前往两国比较多，相当积极，除了直接贸易，还经营转口贸易。

（一）高丽国

高丽国（918—1392年），又称高丽王朝、王氏高丽，是朝鲜半岛古代国家之一。公元918年，泰封君主弓裔部下起事，拥立王建为王，935年合并新罗，936年灭后百济。在宋朝建国前几十年，实现了“三韩一统”。高丽国位于今天朝鲜半岛中南部，都城为开京（今朝鲜开城）。

宋朝初建时期与高丽的关系融洽，但不久因为辽国的缘故而疏远了；到了北宋中期，宋与高丽两国关系解冻，直至北宋灭亡。南宋时期因高丽与金国接境，宋与高丽不正常的国家关系再度出现，不久两国官方关系断绝。

高丽是宋朝立国后最早来华朝贡的国家之一，也是宋朝派遣官使出访的少数国家之一。建隆三年（962年）十一月，高丽国王昭遣使向宋朝献方物。[3]次年高丽王再次遣使朝贡，但遭遇风涛，船破人亡。根据登州地方官的报告，高丽国王昭遣使时赞等入贡。船行海上，遭遇大风，不幸溺死者多达九十余人。[4]端拱元年（988年）四月间，宋太宗曾派遣考功员外郎兼侍御史知杂事吕端和起居舍人吕

①［宋］赵汝适：《诸蕃志》卷上《蓝无里国》。

②《宋史》卷一八六《食货志·互市舶法》

③《续资治通鉴长编》卷三，建隆三年十一月丙子。

④《续资治通鉴长编》卷四，乾德元年九月甲寅。

佑之等出使高丽。[①]

但两国关系不久便冷却了。淳化五年（994年）六月，高丽边境受到辽国[②]侵扰，国王遣使来华乞求兵援。宋朝的态度却让高丽大失所望："上以蛮戎相攻盖常事，而北边甫宁，不可轻动干戈"，七月间"厚礼其使而归之，仍优诏答之"。[③]

北部边界刚刚恢复和平，不可轻动干戈云云，都是托词。宋太宗并非不愿出手，是爱莫能助。就在几年前，雍熙三年（986年），太宗发动对辽国的第二次大规模北伐，仍以失败告终。宋朝自开国，定都汴京时，就已感受到辽国铁骑由燕云十六州疾驰而至的威胁。[④]所以开国皇帝赵匡胤希望夺得辽国占据的燕云十六州，但因兵力不敌，未能如愿。太宗即位后，继续努力，高粱河亲征失败后，又积极策划另一次北伐。雍熙三年北伐的败绩使宋朝开国以来选练的能征惯战的精锐部队损失殆尽，宋军士气从此一撅不振，朝野上下笼罩着畏惧辽军的情绪。此后很长时间，收复燕云十六州成为宋人的一个理想，没再付之行动。宋朝自顾不暇，更无力帮助高丽。

高丽是小国，国力不强，因与宋辽两国接境而成为两个强邻的拉拢对象，在两国之间见风使舵，以图自保。辽国军事力量强劲，宋朝没法保护这个传统的附属国，于是高丽倒向辽国，奉其正朔、称臣纳贡，不再入宋朝拜。"高丽自是绝不复朝贡矣。"[⑤]

此后七八十年，宋朝对待高丽的态度有过一些变化，但基本上延续太宗政策，不愿为宗主国的体面而触怒辽国，引惹交兵。[⑥]这是宋朝当时对外政策的基本倾向，跟同时期的外贸政策大体一致。

①《续资治通鉴长编》卷二十九，端拱元年四月庚戌。

②此时辽国改国号改为"大契丹"。

③《续资治通鉴长编》卷三十六，淳化五年六月庚戌，七月壬子。

④五代时，石敬瑭以燕云十六州赂契丹，借契丹力以建立后晋王朝。十六州为：幽、蓟、瀛、莫、涿、檀、顺、新、妫、儒、武、云、应、寰、朔、蔚州，约在今河北山西两省北部地区。

⑤《续资治通鉴长编》卷三十六，淳化五年六月庚戌，七月壬子。

⑥《续资治通鉴长编》卷七十四，大中祥符三年十一月壬辰：大中祥符三年十一月，真宗对宰相王旦说："契丹伐高丽，万一高丽穷蹙，或归于我，或来乞师，何以处之？[王]旦曰：当顾其大者。契丹方固盟好，高丽贡奉，累数岁不一至。上曰：然。可谕登州侍其旭，如高丽有使来乞师，即语以累年贡奉不入，不敢达于朝廷。如有归投者，第存抚之，不须以闻。"

北宋中期，神宗登基不久，宋朝和高丽的关系出现转机。熙宁四年（1071年）开始，宋方给予高丽国高规格的礼遇。短短几年间，高丽的地位急速跟上夏国与辽国。辽国此时正在衰落，军事上虽然对宋军依然占据绝对优势，但对宋与高丽关系的修复已经不能造成多大阻碍。

宋与高丽政府关系的好坏对海外贸易的影响颇大。神宗以前，中国民间商人前往高丽贸易属于违法，此后便合法化了。“先是，禁私贩高丽者，然不能绝。”元丰二年（1079年）正月，由于两国关系已经正常化，宋朝公布与高丽贸易条例，要求明州搜寻长期经营对高丽贸易的富商，向他们发放前往高丽贸易商品许可证，条件是：拥有超过五千贯的家财，召请担保人，每年发放商船两艘，经营法律许可的商品，当年返回。[①]宋与高丽贸易由此进入一个新的发展阶段。两国官方关系和民间贸易进入正常轨道。在北宋亡国的靖康元年（1126年）十月，高丽还派遣贡使前来。[②]

南宋时，高丽因与宋金接壤，南宋王朝出于安全的考虑，对高丽怀有戒心，两国关系相当微妙，不久更中断了政府间的往来。但南宋比北宋更加缺钱，更加需要多方筹措财政收入。受到官府的推动，宋与高丽民间贸易异常红火。大批前往高丽的两浙和福建商人，不但带去了中国出产的丝绸、瓷器等，还带去了来自东南亚的转口商品。高丽的铜器，也成了宋朝宝贵的铸钱原料。绍兴二十九年（1159年）八月，两浙市舶司报告：高丽商人运来铜器，请求朝廷允许他们纳税出卖。高宗下令将这批铜器交付铸钱司，用以鼓铸铜钱。[③]

（二）日本

日本在4世纪出现首个统一政权大和国，7世纪大化革新后确立天皇体制。进入8世纪，710年元明天皇迁都平城京，日本进入奈良时代；794年桓武天皇迁都平安京（京都），日本进入平安时代。到了12世纪末，日本开始为时六百多年的幕府时代，镰仓幕府、室町幕府相继执政。日本与宋朝对应的是平安时代到镰仓时代的三百余年，跨越日本的古代和中世阶段。北宋和南宋中期主要在日本的古代晚期，南宋后期相当于日本的中世前期。

①《续资治通鉴长编》卷二九六，元丰二年正月：“旧明州括索自来入高丽商人财本及五千缗以上者，令明州籍其姓名，召保识，岁许出引发船二只，往交易非违禁物，仍次年即回；其发无引船者，依盗贩法。”

②《宋史》卷二十三《钦宗纪》。

③［宋］李心传：《建炎以来系年要录》卷一八三，绍兴二十九年八月。

日本和宋朝始终没有建立正式的国家关系。两国官方虽不交往，却存在着奇特的“官方”关系。朝贡贸易是中国与海外国家之间在贡献和赐予名义下的特殊贸易，双方应当都是本国政府的代表。但在北宋时期，中日之间的朝贡贸易，日方朝贡者是僧人或商人而不是政府官员。史籍记载，雍熙元年（984年）三月，“日本僧来朝”①；“日本国僧奝然与其徒五六人浮海而至，献铜器十余事，并本国《职员今》、《王年代纪》各一卷。”②熙宁十年（1077年）十二月，明州上言：“日本国遣僧仲回等六人贡方物。”③不但僧人，宋朝有时还认可商人充作日本官方代表。元丰元年（1078年）二月，明州言：“得日本国太宰府牒，称附使人孙忠遣僧仲回等进絁二百匹、水银五千两。本州勘会，孙忠非所遣使臣，乃泛海商客，而贡奉之礼不循诸国例。乞以此牒报，仍乞以所回赐钱物付仲回。”这个建议得到神宗批准。④宋朝明知贡献者是“泛海商客”，而且没有遵守礼仪，还是接受其贡献，并回送了礼品。这种朝贡贸易不规范、不典型，是宋朝出于政治外交需要，有意做出的变通和妥协，说到底，双方都在造假。

天圣四年（1026年）十月，明州言：“日本国太宰府遣人来贡方物而不持本国表章。诏却之。”⑤太宰府是负责日本对外贸易的官方机构，仅仅因为“不持本国表章”而被拒之于国门之外，跟前面提到的，宋朝对来自日本的朝贡者的真实身份不太介意的做法相矛盾。这也许是因为：来人并不真由“太宰府”所遣，宋朝不愿当傻瓜，接纳假冒者，宁可让真正的僧人和商人充作日本官府的代表。

北宋时期，日本朝采取“锁国”政策，但中日民间贸易持续不断，往返中日的船舶以宋船为主，“有确切记载的就有70余次”⑥。到了南宋，两国贸易迎来一次小高潮。仁安二年（1167年），平清盛（1118—1181年）出任太政大臣，建立了平氏政权，成为日本最有权势的人物。平清盛当权时，直接控制太宰府，鼓励并垄断与中国的海上贸易，中日商船交互往来的正常状态得以恢复。有作者指出：一方面他不满足于宋朝商船只能停泊在博德港口，几经周折终于疏通了濑户

①《续资治通鉴长编》卷二十五，雍熙元年三月乙卯。

②《宋史》卷四九一《日本国传》。

③《续资治通鉴长编》卷二八六，熙宁十年十二月乙酉。

④《续资治通鉴长编》卷二八八，元丰元年二月辛亥。

⑤《续资治通鉴长编》卷一〇四，天圣四年十月庚辰。

⑥李军：《宋元“海上丝绸之路”繁荣时期广州、明州（宁波）、泉州三大港口发展之比较研究》，《南方文物》2005年第1期。

内海航线，让大商船可以直接开赴福原；另一方面，他取缔了不准日本人出海贸易的禁令，使日本商人也可以自由地进行海外贸易。虽然平家政权到了平宗盛一代灭亡了，但平家热衷的宋日贸易已经深入人心，取而代之的镰仓幕府也沿袭平家的积极政策，保持了中日两国间的贸易往来和文化交流。[①]到了南宋末，宋日贸易进入鼎盛时期。

二、东南亚国家

（一）中南半岛国家：交趾和占城国

1. 交趾国（安南国）

交趾国位于今越南北部，与中国大陆近邻，有水陆交通之便，自古与中国关系密切。北宋时交趾已独立建国，但宋人沿袭传统，经常称之为交州。开宝五年（972年）闰二月，宋朝“令海门造船通交州道”[②]。太平兴国八年（983年）五月，“交州与占城战”[③]。熙宁九年（1076年），占城国的使者说：“其国自海道抵真腊一月程，西北抵交州四十日，皆山路。”[④]

在古代早期的中西交通贸易中，越南北部长期是非常重要的站点，往来船舶必经此地，或以此为目的地交易商品，或稍事休整各奔东西。西汉时期，中国官使乘坐的远洋船舶曾从广东港口出发，远达印度东海岸和斯里兰卡一带。汉朝使者西行和东归路线有所不同，但都经过越南北部。[⑤]

据唐朝史料记载，“海南诸国大抵在交州南及西南，居大海中洲上。相去或三五百里、三五千里，远者二三万里。乘船举帆，道里不可详知。自汉武已来皆朝贡，必由交趾之道”。[⑥]在唐朝，中西贸易船舶是否“必由交趾之道”，不无疑问。约在吴晋南朝时期，船舶离开海岸，从中南半岛东南角跨越南海东北行，直达广州的深海航道已经开通。[⑦]这是一条深海航道，借助于航海和造船技术的改

---

①邵艳平、宿久高：《〈平家物语〉中的“宋日贸易”》，《日语学习与研究》2014年第5期，第106页。

②《续资治通鉴长编》卷十四，开宝五年闰二月。

③《续资治通鉴长编》卷二十四，太平兴国八年五月。

④《宋史》卷四八九《占城传》。

⑤见《汉书》卷二十八下《地理志》。

⑥《旧唐书》卷四十一《地理志》。

⑦考古学家在西沙海域发现了六朝以来的沉船和沉物。见吴春明：《试说海洋考古与社会经济史学的整合》，《中国社会经济史研究》1999年第1期。

进，避开了海岸线附近的礁石险滩，大大缩短了航程。有了这条航线，此后海外各国朝贡船舶可以继续，也可以不再取道交趾。但这条记载说明，交趾当时仍有远洋船舶过往，依然是中西航线上的重要通道。

秦朝统一岭南后，设置了桂林、南海、象郡。象郡管辖区域包括越南北部，越南北部首次进入中国版图。秦末汉初据有岭南的南越国，继续统治越南北部。汉元鼎五年（前112年），汉武帝趁南越国发生内乱之机，出兵讨伐南越。南越国灭亡之后，汉朝于元鼎六年（前111年）十月，划岭南为南海、苍梧、郁林、合浦、交趾、九真、日南、珠崖、儋耳等九郡。[①]其中，交趾、九真、日南三郡坐落在今越南北部、中部地区。

在宋代，交趾（安南）已经独立建国。淳熙元年（1174年）正月交趾入贡，孝宗下诏赐其国名为安南，并封南平王李天祚为安南国王。[②]交趾（安南）与宋朝的官方关系多数时候比较密切，商业贸易也继续发展。

交趾的使者和商人来华，多循海路，一般是就近从广西沿海港口或广州港出入。祥符五年（1012年）六月，真宗从海防的角度重申两国商民互市地点限于地理位置较好、有一定防卫能力的广州和广西如洪镇，“濒海之民，常惧交州侵扰，承前止令互市于广州及如洪镇，盖海隅有控扼之所”。[③]

由于近迩广西，交趾的使者和商人，在广西海港贸易或路由广西进京者居多。仁宗天圣二年（1024年）三月，朝廷“赐钦州钱岁百缗，以犒交趾人”。[④]徽宗朝，广西经略安抚使曾布奏请朝廷在广西“钦、廉州各创驿，令交人就驿博买”。重和元年（1118年），官员燕瑛希望宋朝允许交趾到广西贸易：“交人服顺久，毋令阻其贸易。”[⑤]南宋中期，安南朝贡使者也是从广西出入境。淳熙元年（1174年）三月，孝宗的一道诏令谈到，安南使者手中的中国铜钱，因法律规定不可出境，故而要求广西经略安抚用银两或者纺织品换回铜钱，但不许从中损害使者的经济利益：“安南使副回程有沿路批支、私觌、折送、贸易等铜钱。缘钱

①《汉书》卷六《武帝纪》。

②《宋史》卷三十四《孝宗纪》。

③《续资治通鉴长编》卷七十八，祥符五年六月甲子。如洪镇北宋时属钦州，今为广西东兴市，东南濒临北部湾，西南与越南接壤。

④《续资治通鉴长编》卷一〇二，天圣二年三月己丑。

⑤《宋史》卷一八六《食货志·互市舶法》

在法不许出界，令广西经略安抚司，将安南使副应随行见钱，并依市价，以银两或匹物折支，不得亏损。”[①]

宋朝曾要求来华的交趾贡使和商人必须从广州出入。北宋中期的神宗朝，当局推行《元丰市舶条》，把中外船舶集中到几个指定港口，统一管理。这个政策随即引发争议，不久就被取消了。[②]

2. 占城国

占城在今越南南部，名称始见于唐朝文献。占城的前身是东汉时期的林邑国和唐代的环王国。[③]中国古籍中，占婆补罗、占婆、占波、瞻波等，都是占城的别称。

在秦汉时代，中国与东南亚及其以西国家的海上交通，以沿海岸线迂回前行为主，近迩中国大陆的越南北部是中西交通的重要站点，许多中外商货在此交易、转口或过往。吴晋南朝以后，造船和航海技术的进步，使船舶能跨越深广大洋，于是有些远洋船舶不再前往越南北部，而是走越南南部、海南岛东部和广州这条相对径直的路线。越南南部逐渐取代北部地区海外交通贸易地位，成了中西交通的重要站点和中外商品汇聚地。

在宋代，占城跟宋朝往来比较密切顺畅，其中既有官方的朝贡，还有民间的市舶贸易。

据研究，两宋三百多年间，宋朝和占城通使74次，其中北宋63次，南宋11次。[④]而两国之间更多地表现为以民间贸易为主的经贸关系。

北宋文献中，占城在外贸中的重要性一再被提起。北宋太平兴国二年（977年）三月，监在京出卖香药场官员陶邴提出禁止私自储藏香药、犀牙时，提到三个海外国家，占城为其一，另外两个是三佛齐和大食。[⑤]三个港口都是中西海上丝绸之路这条当时世界上最长航线上的重要站点。同时期的另外一条史料提到四个海外国家，在上面三个之外，增加了渤泥。[⑥]占城、三佛齐、大食三国，是宋

①《宋会要辑稿·蕃夷》四之五一。

②《宋会要辑稿·蕃夷》四之三九。

③周去非：《岭外代答》卷二《占城国》。

④邓昌友、陈文源：《宋朝与占城经贸关系探索》，《东南亚纵横》2004年第2期，第66页。

⑤《宋会要辑稿·食货》三六之一-二。

⑥《宋史》卷二六八《张逊传》：“并海商人遂浮舶贩易外国物，阇婆、三佛齐、渤泥、占城诸国亦岁至朝贡。”

代中国最重要的海外贸易伙伴，而占城离中国最近。

从占城进口的香料很受宋人的重视，“中州人士但用广州舶上占城、真腊等香”。[①]占城进贡宋朝的物品，以香料、药材、犀象、珠宝四类为重，香料最为突出，“在96种进贡物品中，属香料者约44种，几乎占全部贡物品种的二分之一”。[②]

占城与中国大陆，中间隔着交趾，受中国文化影响比交趾小些。王应麟:《玉海》卷一五四有个标题写道:《景德赐交趾九经，赐占城神旗》。交趾受中国文化影响深远，以故赐予九经。宋朝赐予交趾和占城的物品的不同，透露出两国汉化程度的差异。但中国文化的海外影响有许多通道，空间距离固然是一个因素，经济贸易和人员往来的密度也有不小的作用。密切的经济贸易、长期的人员往来，加上华人移居当地，也使占城深受中国文化影响和熏陶。皇祐二年（1050年）正月，占城国的遣朝贡使者，“赍表二通:一以蕃书、一以中国书”。这里的“表”，指的是占城国王给中国皇帝的国书。用中文书写的文书可能由华侨或者占侨代写或者代译。

（二）印度尼西亚群岛国家：三佛齐国

三佛齐，又名干陀利，“刘宋孝武帝时常遣使奉贡。梁武帝时数至”。[③]唐朝文献称它为室利佛逝、尸利佛誓、佛逝。三佛齐中心地带在今苏门答腊岛东部，地处太平洋通往印度洋之间的咽喉要道，控扼马六甲海峡，很早以前就已是东西方商品汇聚中转之地，本地物产也广受欢迎。鼎盛时期的三佛齐，势力范围包括马来半岛和巽他群岛的大部分地区，而其核心地带位于苏门答腊岛东部。

在宋代，三佛齐继续居于东西方和地区贸易的突出地位，国势强盛。“海南诸国，各有酋长，三佛齐最号大国”。[④]过往的东西方贸易商品，都要按规定纳税，否则后果严重。“若商舶过不入，即出船合战，期以必死。故国之舟辐凑焉。”[⑤]航海而来的商品，有些就地交易，有些则短暂逗留，修船补货，等候合适的季候风到来后，继续航行，西去东返，各奔前程。“华人诣大食，至三佛齐修

①范成大:《桂海虞衡志·志香》。

②邓昌友、陈文源:《宋朝与占城经贸关系探索》,《东南亚纵横》2004年第2期。

③《明史》卷三二四《三佛齐传》。

④朱彧:《萍州可谈》卷二。

⑤[宋]赵汝适:《诸蕃志》卷上《三佛齐国》。

船，转易货物。远贾辐辏，故号最盛。”[①]周边国家和地区的贸易需求也围绕三佛齐展开。于是这里还成为一个区域贸易中心，“国有物宜，各从都会以阜通。正南诸国，三佛齐其都会也”。[②]

海外香药特别受宋人欢迎，三佛齐出产这类商货。此地是中西交通的重要过道，西亚盛产的香药也被运来这里，转口贸易或就地交换东方商品。“地多檀香，乳香，以为华货。三佛齐舶赉乳香至中国，所在市舶司以香系榷货，抽分之外，尽官市。”[③]乳香是三佛齐转输来自大食国的商品。

三佛齐与宋朝之间民间贸易发达，两国官方联系也颇为密切。建隆元年（960年）春，赵匡胤黄袍加身，成为宋朝开国皇帝。当年九月，三佛齐王遣使贡献，宋朝在贡赐名义下的特殊外贸从此开始。[④]三佛齐来华朝贡不但最早，还是离中国较远而经常来华朝贡的少数海外国家之一。

频繁的商品和人员往来，使三佛齐受中国经济文化影响比较大。在与宋朝的官方贸易中，三佛齐能像占城那样呈递用中文书写的官方文件“章表”，“国中文字用番书，以其王指环为印。亦有中国文字，上章表，则用焉”。[⑤]三佛齐国王身边可能有中国侨民为其服务。宋朝的专卖制度，也影响到了三佛齐。成书于北宋后期的《萍州可谈》记载：近些年三佛齐国开始专卖檀香，商人不敢私自贸易，国主获得的收入高于专卖以前数倍。[⑥]

（三）西亚、北非国家：大食国

大食国，即阿拉伯帝国，是中古时期阿拉伯人建立的伊斯兰帝国。唐代以来的中国史书均称之为“大食”，[⑦]西欧国家则习惯将其称作萨拉森帝国。阿拉伯帝国历时627年，主要包括四大哈里发时期（632—661年）和倭马亚王朝（661—

①［宋］朱彧：《萍州可谈》卷二。

②［宋］周去非：《岭外代答》卷二《海外诸蕃国》。

③［宋］朱彧：《萍州可谈》卷二。

④《续资治通鉴长编》卷一，建隆元年九月。

⑤［宋］赵汝适：《诸蕃志》卷上《三佛齐国》。

⑥［宋］朱彧：《萍州可谈》卷二。

⑦《旧唐书》卷四《高宗纪》载，永徽二年（651年）八月乙丑，“大食国始遣使朝献”；永徽六年六月，“大食国遣使朝贡”。

750年）、阿拔斯王朝（750—1258年）两个世袭王朝。与宋朝同时期，统治阿拉伯帝国的是阿拔斯王朝。

大食国与宋朝的官方联系开始得很早，宋太祖登基后不久，便让西行僧人带上国书，向大食国统治者转达招徕之意，“先是，僧行勤游西域，上因赐大食国王书以招怀之”。开宝元年（968年）十二月，大食国使者来到中国，[①]两国官方往来由此开始。

史书还记录了开宝四年（971年），大食国商人与中国互通货易的信息。[②]大食国商人来华贸易频繁，宋朝官员有时曾因政治需要，干脆将大食国的民间商人充作该国的朝贡使者。真宗因为跟辽国签订了“澶渊之盟”，感到没面子，因而搞起东封泰山的闹剧，以此歌舞升平、装点门面。朝廷让广州官员积极招徕外国使者来华朝贡，贡献泰山，增添喜庆色彩。知广州马亮，“命大食商酋陁婆离、蒲含沙等共执方物贡于岳趾”。[③]朝贡泰山的陁婆离、蒲含沙，都是“商酋”，而不是外国政府派出的使者。宋朝的这种做法与将日僧、日商充作朝贡使者如出一辙，也是出于政治需要，追求表面上的宾客盈门、光彩靓丽。

大食国是中国进口乳香的主要来源地。中国官府和民间当时对乳香怀有特别浓厚的兴趣，贸易量相当大。淳化四年（993年），大食国王派遣李亚勿等前来朝贡。运载朝贡使团商船的主人蒲希密到达广州后，因病留滞，便托贡使将他自己进献的物品带往京师，其中有乳香千八百斤。[④]大食国是出产乳香之地。乳香还通过三佛齐、占城等转口港运到中国。绍兴二十六年（1156年）十二月，三佛齐国进奉使蒲晋等入见，进奉物品包括“乳香八万升”[⑤]。绍兴年间（1131—1162年），户部所储的三佛齐国贡献的乳香九万一千五百斤，市场价值高达一百二十多万贯。[⑥]根据现存史料，乳香进入中国，经由三佛齐这个中转港而来的比重相当大，数量可能超过了原产地大食国。

①《续资治通鉴长编》卷九，开宝元年十二月乙丑。

②《宋史》卷一八六《食货志·互市舶法》

③[宋]晏殊：《宋杜大珪编马忠肃公亮墓志铭》，《名臣碑传琬琰之集》中卷一。

④《宋史》卷四九〇《大食国传》。

⑤《建炎以来系年要录》卷一七五，绍兴二十六年十二月壬戌。

⑥《宋史》卷四〇四《张运传》。

第三节　宋代的造船和航海技术

海船建造基地大多坐落在外贸大港附近。在宋代，明州、广州、泉州为建造海船的三大主要基地。[①]宋人吕颐浩说："海舟以福建船为上，广东、西船次之，温、明州船又次之。"[②]

北宋崇宁年间（1102—1106年），路允迪、傅墨卿奉使高丽，船队有船八艘，包括两艘"神舟"，六艘"客舟"。客舟"可载二千斛粟"；神舟运载能力是客舟的三倍，应可载粟六千斛。[③]宋徽宗好大喜功，"神舟"是他下令建造的"巨舰"。随船队出使的徐兢称：神舟"巍如山岳"，"晖赫皇华，震慑海外，超冠今古"。神舟到达高丽时，当地人"倾国耸观而欢呼嘉叹"。[④]宋代船舶载重单位有"斛""石"和"料"等重量相同，皆为百斤单位。六千斛，即60万斤。宋代"斤"的重量与我们现在不同。据郭正忠的研究，宋代官秤每斤为640克左右。[⑤]60万斤相当于384吨。

"神舟"体量特别大，一般商船没这么大。南宋人吴自牧说，两浙路的"海商之舰，大小不等，大者五千料，可载五六百人；中等二千料至一千料，亦可载二三百人；余者谓之钻风，大小八橹或六橹，每船可载百余人"。[⑥]根据吴自牧的记载和郭正忠的研究，我们推断，南宋时期东部沿海较大的海船，约在五千斛上下，约320吨。

充当主力的商船多在二三千斛上下，约128至192吨。宣和奉使高丽的客舟是从两浙、福建沿海顾募的海船，载重二千斛粟，"长十余丈，深三丈，阔二丈五尺"。[⑦]1974年，考古人员从泉州后渚港海泥中发掘出一艘南宋远洋商船，根据有关学者判断，该船长度约30米，宽度约10.5米，深度约5米。[⑧]宋代的营造尺比当代的尺稍短，约合0.32米。[⑨]尺与丈之间采用十进位制，十尺为一丈。客舟

---

①［宋］张津：《（乾道）四明志》卷一。

②［宋］吕颐浩：《忠穆集》卷二《论舟楫之利》。

③［宋］徐兢：《宣和奉使高丽图经》卷三十四《客舟》。

④［宋］徐兢：《宣和奉使高丽图经》卷三十四《神舟》。

⑤郭正忠：《三至四世纪中国的权衡度量》，中国社会科学出版社，1993，第221页。

⑥［宋］吴自牧：《梦粱录》卷十二《江海船舰》。

⑦［宋］徐兢：《宣和奉使高丽图经》卷三十四《客舟》。

⑧席龙飞、何国卫：《对泉州湾出土的宋代海船及其复原尺度的探讨》，《武汉水运工程学院学报》1978年第2期。

⑨刘春迎：《从北宋东京外城的考古发现谈北宋时期的营造尺》，《文物》2018年第2期。第58页。

的长度为“十余丈”，即一百多尺，约三四十米；客舟宽度为“二丈五尺”，即二十五尺，八米多些。客舟比泉州海船稍长一些、稍窄一些。由此我们判断，泉州海船与客舟的容量差别不太大。

从现存记载看，当时出入中国港口的外国船舶，载重量比不上中国最大的海船。“凡舶舟之来，最大者为‘独樯舶’，能载一千婆兰。胡人谓三百斤为一婆兰。次曰‘牛头舶’，‘比独樯’得三之一。”①一婆兰约合中国三百斤，一千婆兰约三十万斤。②这是推算得出的数字。如果这里的斤是宋斤，根据郭正忠关于宋代官秤每斤为640克左右的判断。③30万斤大致为192吨。“独樯舶”的载重量比不上中国沿海最大的商船。

但与12世纪前后地中海地区的商船相比，中国远洋商船在当时世界范围内未必是最大的。南宋人赵汝适说，位于今日非洲北部西班牙一带的木兰皮国有比中国更大的船舶，“一舟可容数千人，舟中有酒食肆、机杼之属。言舟之大者，莫木兰皮若也”。④

宋代海船不仅船体较大，建造工艺和装备方面也有不少优点。

首先，福建、广东一带海船，头小底尖，底呈V字形，“上平如衡，下侧如刃，贵其可以破浪而行也”。⑤这种船吃水深，在风浪中不易侧翻，即使受到横向风浪袭击也容易保持稳定。“V形的横剖面有利于改善船的耐波性。尖底与深吃水相配合可有较好的适航性，受到横向风吹袭时，抗横漂能力也较强。”⑥

其次，船体结构坚固。船体有密封隔舱，各船舱之间相互密隔，即使有一二舱漏水，也不至于全船沉没。1974年福建省泉州湾出土的宋代海船有十三个水密隔舱，它们由底部和两舷肋骨以及甲板下面的横梁环围而成，船中部以前的舱壁都在肋骨之前，中部以后的舱壁就在肋骨之后。这样的结构可以防止舱壁移动，使船舷与舱壁板紧密地结合在一起，牢固的支撑着两舷，从而增强船体的横

①马端临：《文献通考》卷二十《市籴考》。

②根据顾炎武的说法，“胡人谓三百斤为一婆兰”。见张星烺汇编，朱杰勤校注：《中西交通史料汇编》，中华书局，1977，第二册，第202页。

③郭正忠：《三至四世纪中国的权衡度量》，中国社会科学出版社，1993，第221页。

④［宋］赵汝适：《诸蕃志》卷上《木兰皮国》。

⑤［宋］徐兢：《宣和奉使高丽图经》卷三十四《客舟》。

⑥席龙飞、何国卫：《对泉州湾出土的宋代海船及其复原尺度的探讨》，《武汉水运工程学院学报》1978年第2期。

向强度，提高船的抗沉能力；此外还有便于货物装卸的好处。

再次，由于船舶坚固性和抗沉力的增强，有可能多设船桅、船帆，便于利用多面风。徐兢在《宣和奉使高丽图经》卷三十四《客舟》中描述了用闽浙海船装饰的出使高丽“客舟”的风帆：“大樯高十丈，头樯高八丈。风正则张布帆五十幅，稍偏则用利篷。左右翼张，以便风势。大樯之巅更加小帆十幅，谓之野狐帆，风息则用之。”朱彧在《萍洲可谈》中对广州一带船舶的风帆也做了介绍：“船方正若一木斛，非风不能动。其樯植定而帆侧挂，以一头就樯柱如门扇……海中不唯使顺风，开岸就岸风皆可使，唯风逆则倒退尔，谓之使三面风。”风帆不仅有利用风力的作用，还可保护船舶免于倾覆。“制帆之意，以浪来迎，舟恐不能胜其势，故加小帆于大帆之上，使之提挈而行。”①

船上还有其他一些安全设施。每只船都有用来应付不同情况的锚，当时叫作“碇石”；还备有探测水深和其他情况的“铅硾”。②大船都附带小船，遇到紧急情况可以用于救生和抢险。

宋代中国人航海技术上的主要成就是广泛使用指南针。天色阴沉，不见日月的白天和黑夜，指南针的导航作用非常突出。“舟师识地理，夜则观星，昼则观日，阴晦观指南针。”③“若晦冥，则用指南浮针以揆南北。”④不仅如此，船舶临近地形复杂，遍布礁石的处所，指南针更为航海人生命和财产所倚赖。古人已知，在今西沙群岛一带，当时称为“七洲洋”的地方，船舶航海至此，异常危险，故有“去怕七洲，回怕昆仑”的谚语。宋人吴自牧和赵汝适都特别强调指南针在这种环境中的重要性。“海洋近出礁则水浅，撞礁必坏船，全凭南针。或有少差，即葬鱼腹。”⑤“至吉阳（即崖州，今海南三亚市），乃海之极，亡复陆涂。”“东则千里长沙、万里石床。渺茫无际，天水一色。舟舶来往，惟以指南针为则，昼夜守视唯谨，毫厘之差，生死系焉。”⑥“商舶之船，自入海门便是海。茫洋无畔岸，其势诚险，盖神龙怪蜃之所宅。风雨晦冥时，惟凭针盘而行。乃火长掌之，毫厘

①［宋］徐兢：《宣和奉使高丽图经》卷三十四《半洋焦》。

②［宋］徐兢：《宣和奉使高丽图经》卷三十四《客舟》。

③［宋］朱彧：《萍州可谈》卷二。

④［宋］徐兢：《宣和奉使高丽图经》卷三十四《半洋焦》。

⑤［宋］吴自牧：《梦粱录》卷十二《江海船舰》。

⑥［宋］赵汝适：《诸蕃志》卷下《志物·海南》。

不敢差误，盖一舟人之命所系也。”[1]指南针非常重要，因而有专人小心守候，随时报告情况。“火长”就是负责掌管指南针的人。

指南针的应用以及掌管指南针的“火长”的出现，反映了导航技术的进步。这个进步是与较为精确的航海图相配合的。凭借较为精确的航海图，航海者就能够在密布阴云的天色之下，在茫茫无际的大海之中，利用指南针确定行进路线，就能知道哪里有暗礁险滩而小心避开。明代来华的意大利人耶稣会传教士艾儒略的记载，有助于理解古代指南针与航海图的关系。“行海昼夜无停，有山岛可记者，则指山岛而行。至大洋中，常万里无山岛，则用罗经以审方。其审方之法全在海图，量取度数即知海舶行至某处，离某处若干里，了如指掌，百不失一。”[2]可惜我们今天已经无法从宋朝史料中找到有关航海图的记录。

宋代中国人早已能够娴熟地利用夏、冬两次的季风航海。广州行驶在东南亚及其以西地区的船舶，“去以十一月、十二月，就北风；来以五月、六月，就南风”。[3]中国东部沿海前赴上述地区的船舶，也是借助东北季风出发，利用西南季风归来。但来往高丽、日本海船所借助的季风却正好相反：出发的船乘西南风，回归的船随东北风。

利用鸽子送信的方法已被中国航海者相当普遍地利用，携带出海的白鸽通常称为“舶鸽”。曾慥说：“舶船发海路，必养鸽。舶没，虽数千里，亦能归其家。”[4]梁克家说，舶鸽“似鸠而差小。谚谓‘千鸠不如一鸽’，言美也”，“委蛇善识主人之居，舶人笼以泛海，有故，系书放之以归”。[5]

第四节　四条重要的海外航线

一、中国—高丽航线

两宋与高丽均无陆路相连，两国官民往来全部经由海路。当时，重要的航线

①[宋]吴自牧：《梦粱录》卷十二《江海船舰》。

②艾儒略：《职方外纪》卷五《海道》。

③[宋]朱彧：《萍州可谈》卷二。

④[宋]曾慥：《类说》卷二十六《国史纂异·舶鸽》。

⑤[宋]梁克家：《淳熙三山志》卷四十二《土俗类·物产》。

有两条：一条是从登州出发的北路航线，另一条是从明州出发的南路航线。

北宋前期，北路航线比较活跃，连接高丽的港口主要是登州和密州港。太宗淳化四年（993年）二月，朝廷遣秘书丞直史馆陈靖、秘书丞刘式为使，加治检校太师出使高丽。一行人自东牟（今山东牟平县）出发，在芝冈岛（今山东芝罘岛）泛海，抵瓮津口（今朝鲜瓮津半岛瓮津）登岸，登陆行一百六十里，抵高丽海州（今朝鲜黄梅南岛海州）又百里至阎州（今朝鲜黄海南道延安），又四十里至白州（黄海南岛白川）又四十里至其国都（开城）。[①]这是从登州出发前往高丽国都的航线。

以距离远近而言，宋丽交通贸易以北路航线为佳。元丰六年（1083年）十一月，官员冯景上言，说自己受命出任高丽国信使，办理修补过河船舶，考察便捷海道等事宜，“今至登州、密州问知得两处海道，并可发船至高丽，比明州实近便”。[②]

北宋中期，南路取代北路成为主要航线。熙宁六年（1073年）十月，明州报告：宋初，高丽商使皆取道山东半岛的登州（治所在今山东蓬莱市）来华，近年常改由明州登岸，因为这里远离辽国。于是神宗让明州熟悉海道的人接引，并令转运司派官员采用新式礼仪欢迎和犒劳他们。[③]

北路航线改道南路，主要为防范辽国。但南路也有安全隐患，因为从明州登陆的高丽人上京途中，会经过中国的许多府州县，使者中的间谍，可借此了解沿途道路、河流、防御工事、风土民情、政治经济状况等。于是宋朝统治者外松内紧，暗中令明州当局小心防范，要求陪伴高丽使者的官员，察访使团成员身份，责令其往返京师途中不得逗留超时等。神宗还曾诏令负责“引伴”高丽使者的礼宾副使王谨初等，与知明州李綖一道，察访进贡者中，有无“燕人”并报告中央。[④]“燕人”在这里指的是辽国人。由于担心高丽使者在明州等地逗留时间过长，朝廷暗中命令陪伴官员按照规定时间将高丽使者送到目的地，“高丽使至明州已久，虑引伴使臣，纵其国人所过游观，以致留滞，将来阻闭汴口。宜密指挥，依前来所在住留日数，毋得稽程”。[⑤]

①《宋史》卷四八七《高丽传》。

②《续资治通鉴长编》卷三四一，元丰六年十一月己酉。

③《续资治通鉴长编》卷二四七，熙宁六年十月壬辰。

④《续资治通鉴长编》卷二四七，熙宁六年十月壬辰。

⑤《续资治通鉴长编》卷二七八，熙宁九年十月甲申朔。

进入南宋，经过十多年动荡，宋金两国终于划定东以淮水，西以大散关的边界线。南宋王朝失去北方登州、密州港，明州是南宋对高丽交通贸易最主要的港口。

在正常情况下，宋丽航线的时间长度，大约是五到十来天。徐兢记载了宣和五年（1123年），他出使高丽走的南路航线。这条航线从明州出发，朝鲜西岸礼成江碧澜亭，15天左右到达，途径经定海县（今浙江镇海）招宝山、沈家门（今浙江舟山普陀沈家门）、梅岑（今普陀山）等地。[①]但在最顺利的情况下，从明州定海县发出的船舶五天以后就能到达高丽海港。“自元丰以后，每朝廷遣使，皆由明州定海放洋绝海而北。舟行皆乘夏至后南风，风便不过五日即抵岸焉。”[②]

二、中国—日本航线

中日两国交往，曾经以朝鲜为媒介。但在宋朝两国早已能够通过海陆交往。中日两国交通贸易，主要以中国的明州为一端，日本的博德为另一端展开。

宋代文献中，有一些关于明州与日本交往的史料。天圣四年（1026年）十月，日本国太宰府遣人贡方物，取道明州。[③]当时日本官府不可能遣使来华朝贡。这批没有官方外交文书“表章”的人，应该是冒充贡使的商人。熙宁十年（1077年）十二月，日本僧人仲回等六人取道明州奉贡。[④]元丰七年（1084年），中方曾派人赴日为官府采购硫黄，也从明州港出发。这年二月，神宗批准知明州马琉的提议，“募商人于日本国市硫黄五十万斤”，“每十万斤为一纲，募官员管押”。[⑤]

日本港口的博德（今日本福冈市），在奈良、平安时代已是太宰府的要津和唯一的外港，发挥着军事、外交的作用。直到德川幕府推行锁国政策，博德作为国际贸易都市的地位才让位给长崎。[⑥]

明州与日本的线路主要有三条：一条是明州—值嘉岛（今日本五岛）—博德；一条从明州—耽罗（今韩国济州岛）—博德；一条是明州—奄美大岛—屋九岛—五岛—博德。两宋时期中日僧侣往返多走前两条道路，第三条是遣唐使曾经采用

①详见徐兢.:《宣和奉使高丽图经》卷三十四；王文楚:《两宋和高丽海上航路初探》,《文史》第12辑，中华书局1981年。

②[宋]徐兢:《宣和奉使高丽图经》卷三《封境》。

③《续资治通鉴长编》卷一〇四，天圣四年十月庚辰。

④《续资治通鉴长编》卷二八六，熙宁十年十二月乙酉。

⑤《续资治通鉴长编》卷三四三，元丰七年二月丁丑。

⑥苌岚:《7—14世纪中日文化交流的考古学研究》中国社会科学出版社，2001，第73页。

的航线。[1]

船舶从中国明州定海县出发前往日本，多在夏季五六月间，利用西南信风航行。从日本港口出发前来中国的船舶，多在春秋季三四月间或九十月间，乘东北信风航行。[2]在正常情况下，宋日航线的时间长度跟宋丽差别不大，大约也是五到十来天。根据木宫泰彦的说法，南宋时期日本僧侣荣尊从日本到明州为10天，从明州回国为7天；俊芳从明州回国为5天，荣西从日本来明州用了8天时间。[3]

三、中国—菲律宾群岛航线

在宋朝初年，菲律宾群岛与中国的交通始见于史籍。[4]当时中国与菲律宾群岛之间存在着两条全然不同的航线。一条是由中国东南沿海出发，中经澎湖列岛南下菲律宾群岛北部地区的航线；一条是从中国，经占城、渤泥至菲律宾群岛南部地区的航线。后一条航线也可以视作中西航线上的一条支线。从海外考古资料看，早在北宋时，广州与菲律宾南部已有交通联系。在菲律宾南部棉兰老岛的佛庵，考古人员发掘出饰纹细密的越州瓷器，以及北宋时期广东人的陶瓷器。[5]

四、中西航线

这是宋代最重要的航线。宋代沿袭前代习惯，把位于东南亚及西至非洲东岸和阿拉伯半岛广大地区的国家，通称为“南海诸国”“海南诸国”或“南蕃诸国”。横贯于上述地区的航线便是中西航线，这是中国古代连接海外国家最多和最重要的航线。

美国学者斯塔夫里阿诺斯，从阿拉伯人东来的角度谈到唐宋时期的中西航线：“穆斯林商人继续航行，从印度和锡兰到达马来亚沿海的卡拉巴尔（吉打），由此，一部分人南下，到达苏门答腊和爪哇，另一部分人则穿过马六甲海峡，然后北上，抵达中国南方的坎富（广州）。穆斯林商人的通常计划是：9、10月份

①转引自［日］木宫泰彦：《中日交通史》，见张锦鹏：《南宋时期明州港兴盛原因探讨》，《华中科技大学学报·社会科学版》2007年第1期。

②参见长岚：《7—14世纪中日文化交流的考古学研究》，中国社会科学出版社，2001，第265页。

③转引自［日］木宫泰彦：《中日交通史》，见张锦鹏：《南宋时期明州港兴盛原因探讨》，《华中科技大学学报·社会科学版》2007年第1期。

④见黄滋生、何思兵：《菲律宾华侨史》，广东高等教育出版社，1987，《前言》第1页。

⑤［美］詹姆斯·瓦特：《东南亚的中国陶瓷器》，《海交史研究》1987年第2期。

离开波斯湾，乘东北季风航抵印度和马来亚，再及时赶到中国海域，乘南季风航达广州。在广州渡过夏季，然后乘东北季风返回马六甲海峡，穿过孟加拉国国国湾，次年初夏回到波斯湾——来回航程时需一年半。”①

周去非也记载了这条航线，“大食国之来也，以小舟运而南行，至故临国。易大舟而东行，至三佛齐国”。“三佛齐之来也，正北行，舟历上下竺与交洋，乃至中国之境。其欲至广者，入自屯门；欲至泉州者，入自甲子门。”②“大食国”泛指阿拉伯地区，包括阿拉伯半岛以东的波斯湾和以西的红海沿岸国家。“故临国”，今印度半岛西南端奎隆。“三佛齐国”今印度尼西亚苏门答腊岛东部一带。“上下竺”，位于今马来西亚柔佛州东海岸的奥尔岛。“交洋”，约指暹罗湾、越南东海岸一带海域。“屯门”，今香港屯门。“甲子门”，今陆丰甲子港。

这段航线向西、向西南伸展，便到了北非、东非。从非洲东海岸一带考古发掘出的大量宋代瓷器、钱币看来，装载有中国货物及非洲香料的船舶，在这一带已经相当频繁地出没了。③

上面讲的是中西航线的主干道，它有许许多多支线，其中有两条重要支线在宋代有了新的改进。一是阇婆来华航线。从阇婆港口莆家龙或今北加浪岸启程，④航向“十二子石”⑤，再到达竺屿，⑥与三佛齐航线汇合。这不仅是走了直线，而且巧妙地利用了西南季风时节的从爪哇海北上进入南海的爪哇海流。二是渤泥来华航线。渤泥到占城，先向菲律宾方向走一段路。然后斜穿南海而至。接着，沿中西航线便可到中国了。这样，比起以前横渡海至马来半岛，再北上占城的航线来说，便捷了不少。⑦

从广州前往东南亚、南亚及其以西国家船舶，一般借助东北季风，于十一、十二月间出发；但赴占城的船舶，因为航路较短，加上有利于规避九至十二月的海上“飓风”，可以迟至次年正月初扬帆启航。⑧

---

①《全球通史——1500年以前的世界》，上海社会科学院出版社，1988，第331页。

②［宋］周去非：《岭外代答》卷三《航海外夷》。

③见丁雨：《中国瓷器与东非柱墓》，《故宫博物院院刊》2017年第5期，李宝庆、梁思远：《中国古代货币流出海外情况及其启示》，《西部金融》2018年第11期。

④《岭外代答》卷二载：“阇婆国又名莆家龙，在海东南，势下故曰下岸”。北加浪岸，印尼中爪哇岛北岸的一个有古老历史的海港。

⑤今卡里马塔海峡附近的塞鲁士岛。

⑥即上下竺，今马来西亚柔佛州东海岸的奥尔岛。

⑦参见高伟浓：《唐宋时期中国与东南亚之间的航路综考》，《海交史研究》1987年第1期。

⑧《续资治通鉴长编》卷二七六，熙宁九年六月。

第二章
北宋外贸政策与海上丝绸之路的盛衰起落

960年，宋朝建国。十余年后新政权消灭占据岭南的南汉国，把广州这个当时中国最大的海外贸易港纳入囊中。这是宋朝最早拥有的海外贸易大港。随后几年，东部的杭州和明州港、东南部的泉州港也相继得手。志得意满的宋王朝迅速开启通往海上丝绸之路的航路，中外海陆贸易的黄金时代不期而至。

宋朝与海外国家的海路贸易以市舶贸易为主，特点是：由市舶司统一管理和垄断主要外贸港口的海路贸易，以中外民间商人为主要经营者。

在王朝的多数时间里，外贸政策务实，市舶贸易发展受到王朝支持和推动，但也存在种种问题，发展道路并不平坦，兴盛与衰落交替出现。市舶贸易以曲线运动形式，从北宋初年开始发展，在北宋中期和南宋前期分别跃上了繁盛的顶点，到南宋后期随着政治腐败和国势败落，逐渐衰变，不可挽回。

宋朝中央政府的权力很大。政治状况、官方政策等，都是影响中外海路贸易发展的关键因素。下面探讨宋代各个不同时期中外海路贸易的盛衰起落。

第一节　北宋前期海外贸易与朝廷外贸政策

一、北宋前期海外贸易的发展

太祖开宝四年（971年）二月，宋朝消灭南汉取得广州统治权，其后不久就在广州设置经营管理海外贸易的机构市舶司，并逐步建立起由地方军政、财赋大员与朝廷代表共同参与的市舶司管理结构。继广州之后，两浙路的杭州、明州也相继有了市舶司，两地市舶司制度跟广州有些差异，但基本特征大体相同。

（一）进口商品销售数据

太宗太平兴国二年（977年）三月，由于前一时期市舶司采买来的进口商品，加上三佛齐、占城、大食等海外国家和吴越、闽等小王朝贡献的舶货，在国库中逐渐增多，而主管国家财政的三司因内外用兵、水旱赈济及赏赐嘉奖等各项支出大增而致穷于应付，①于是皇帝采纳官员建议，出卖舶货，获取利润以充实经费："置榷易局，大出官库香药宝货，稍增其价，许商人入金帛买之，岁可得钱五十万贯，以济国用，使外国物有所泄。"榷易局出卖香药宝货的头一年，就得钱三十万贯，后来逐渐增至五十万贯。②

在这里，有两点值得注意：

一是榷易局销售香药宝货。榷易局是经营专卖品的机构，后来改称榷货务。专卖品当时称为"榷货""禁榷"品。榷易局掌管专卖盐、茶、香、矾等，以达到"通商贾、佐国用"的目的。③来自海外的"香药宝货"，这时有很大一部分已被列为专卖品。

二是三十万和五十万这两个数字。它们是榷易局出卖香药宝货的年收入，但跟每年海外贸易的年收入并不对应。京师府库中的香药宝货是长期积存下来的，其中不少来自宋初南方王朝的供奉和海外国家历年历次的献纳，当然也包括广州、杭州、明州、泉州等沿海地区海外贸易的进口商品。当时的海外贸易进口商品，或者比较少，每年卖出的大部分是存货；或者比较多，每年只销售其中的一部分。但可以肯定，进口商品的市场贸易已经常化，并为增加国家财政收入做出了贡献。

榷易局系统销售香药宝货的数额，后来继续增加。榷易局设立之后不久，京师开封又有了香药榷易院。④真宗咸平五年（1002年）前后，香药榷易院收入达到八十余万，"衣库副使焦守节监香药榷易院，岁课增八十余万"。⑤

①《宋史》卷一七九《食货志》。

②[宋] 曾巩：《元丰类稿》卷四十九；《续资治通鉴长编》卷十八，太平兴国二年三月乙亥。

③《宋史》卷一六一《职官志》。

④[宋] 高承编：《事物纪原》卷六《香药》。

⑤《续资治通鉴长编》卷五十一，咸平五年二月。

收入从三十万贯、五十万贯，再到八十万贯的递增可见，从太宗到真宗朝，国内香药宝货的交易数量在持续增加。进口商品消费市场的信息会传递到外贸港口，吸引更多的进口，带动中外贸易的增长。

（二）尚未折合货币单位的数据

史书中，关于淳化二年（991年）海外贸易年收入的表达很不规范。这年，太宗下令“广州市舶，除榷货外，他货之良者止市其半。大抵海船至，十先征其一，价直酌蕃货轻重而差给之，岁约获五十余万斤、条、株、颗”。[①]这个数据把斤、条、株、颗这些不同的单位排列在一起统计，得出的数据完全没有意义，不说明任何问题；即使有统计口径相近的数据相对照，也不能说明什么问题。斤、条、株、颗数量组合不同，实际价值也大相径庭。

天禧（1017—1021年）末年，诸州军水运、陆运上供金帛、缗钱十三万一千余贯、两、端、匹，珠宝、香药三十七万五千余斤。[②]广南州郡输送京师“珠宝、香药三十七万五千余斤”。珠宝和香药在这里只有总的重量，没有各自的重量。珠宝大小品质不一，价格差别甚大。香药种类很多，重量相同，品质不一，价格差别也很大。例如，珍贵的龙涎香和一般的香药价格差别很大；[③]乳香有许多档次，价格也很悬殊。[④]因此这个数据也不能说明什么问题。

（三）真宗时期广州外贸一度大幅度增长

北宋大臣晏殊为马亮写的墓志铭有这样的记载：真宗景德年间（1004—1007年），马亮以右谏议大夫的身份知广州。他“招携裔蛮，杜绝侵扰。期年，蕃舶四倍而来。琛赆骈凑，耆髦骇叹，较于旧课，百万其赢。天子异之，命中贵人就颁燕劳，远夷百众陪预下筵”。[⑤]由于马亮采取了有力有效的措施，仅仅过了一年，来到广州的远洋商船便增长了四倍，收入比往年大大增加，“百万其赢”。

①《宋史》卷一八六《食货志·互市舶法》

②《宋会要辑稿·食货》四六之一。王应麟：《玉海》卷一八二有相同记载。而《文献通考》卷二十五《国用考》上、吕祖谦《历代制度祥说》卷四、《宋史》卷一七五《食货志》则为：天禧末，诸州水陆上供金帛、缗钱二十三万一千余贯、两、端、匹，珠宝、香药二十七万五千余斤。未知孰是。

③龙涎香与其它香药价格差别之大，可参考《明会典》卷一〇二《礼部六十一·番货价值》的记载：龙涎每两三贯，即每斤48贯（当时的度量衡为十六进制），乳香每斤5贯，沉香每斤3贯。

④以北宋中期广州进口香药为例。熙宁十年，广州进口的乳香中，四色瓶香每斤均价为3.5贯，黑塌香为1.6，同是乳香，价格相差如此之大。见章深：《宋代海上丝绸之路的持续发展》，见黄启臣主编：《广东海上丝绸之路史》，广东经济出版社版，2003，第234页。

⑤［宋］晏殊：《名臣碑传琬琰之集》中卷一，《马忠肃公亮墓志铭》。

"百万其赢"，可以有不同的解读，可能是百万文，也可能是百万贯，差距是一千倍。宋人谈及铜钱时，常有"百千"的说法，意思是一百贯。因为一贯等于一千文。如此看来，则百万当为千贯。以广州外贸的体量，增加一千贯不值得"天子异之，命中贵人就颁燕劳"。因此，晏殊应该指的是一百万贯。当然，我们也不能排除"百万其赢"只是个虚数的可能，表示数额相当大。

《宋史》的记载和晏殊的说法有所不同。"明年，至者倍其初，珍货大集。朝廷遣中使赐宴以劳之。"① "至者倍其初"，收入是否相应增长一倍？不无可疑。但收入大幅度增长当属实情。

因此，我们目前能够做出的综合判断是：马亮出任广州知州期间，广州外贸骤然繁荣，收入也大为增长，可能接近或者达到一百万贯。

（四）仁宗到英宗时期宋朝外贸收入

从仁宗皇祐到英宗治平年间（1049—1067年），市舶贸易又呈现出一波上升态势。仁宗皇祐年间（1049—1053年）和英宗治平年间（1064—1067年），"海舶岁入象犀、珠宝、香药之类"分别突破五十三万贯和六十三万贯。②这里的"岁入"指的是官府的年收入。五十三万贯和六十三万贯，是历史文献明确记载的最早的市舶贸易收入。

再深究下去，有些情况尚待确定。这里皇祐和治平年间的外贸收入，是否包含成本？例如，政府官市进口商品花了多少钱，这些成本是否包含在其中？常识和后边将要提到的史料告诉我们，这两个数字包含了成本，包括官方购买乳香等专卖品的付出，交易和运输成本等也未扣除。这跟后来清朝的粤海关收入结构不同，粤海关基本上是征税得来的纯收入。

五十三万贯和六十三万贯的统计口径应该比较一致。我们由此可以基本肯定，时隔一二十年，宋朝外贸收入增长将近19%，平均每年超过1%。

二、宋朝外贸政策的几个时间节点

北宋前期，中外航海贸易走出的是一条波浪上升的曲线。开始时，统治者思路尚未明晰，制度也不稳定，因而表现出政策的某些摇摆，外贸状况随之出现波动。

①《宋史》卷二九八《马亮传》。

②［宋］王应麟：《玉海》卷一八六。

（一）太宗朝政策的摇摆与改进

这是宋朝外贸制度确立和发展的重要时期。太宗朝是制定外贸政策的密集时期，既有合理规划、制度创新，也有失误和调整。

广州自从秦汉以来，就以多聚海外珍奇异宝而闻名全国，宋初也是这样。出任广州的地方官中，贪财之徒多有。所以早在至道元年（995年）三月，朝廷曾向沿海和北方边界各地转运司和州县官府下达命令，要求各机构上报派遣亲信境外贸易牟利的文武官员的姓名。[①]三个月后，因有官员奏报中央：广州一带的官员和朝廷派出办事的使臣中，有人通过市舶司以低价向外商强买香药。朝廷明确指示，市舶司监官及知州、通判等，今后不得向外商购买商货和违禁物品，否则从重惩处。[②]严肃纪律、严防贪腐无疑是正确的，但为何官员贪赃枉法反复发作，屡见不鲜，不能杜绝？一个重要原因是执法不严格、不稳定、不连贯。当时的制度和环境，都不足以彻底消灭这类顽疾。

下面主要谈几个当时存在的问题。

第一，市舶司制度初建，尚未稳定。

此时市舶司制度初建，处于摸索阶段，存在设官标准不一致和设置地点游移不定等问题。

开宝四年（971年）六月，宋朝初置市舶司于广州，委任知州潘美和尹崇珂兼任市舶使，通判谢处玭兼任市舶判官。[③]北宋前期，广州市舶司的官制大致如此，但制度运行之初并不划一。广州最早的知州同时也是市舶使。到太平兴国四年（979年），知广州就不是自然而然兼任市舶使，需要专门任命。这年杨克让出任广州知州，不久又受命兼任转运使和市舶使。[④]在杭州和明州，市舶使的任命，最初并没有向广州看齐。太宗淳化年间（990—994年），杭州市舶司迁移到明州定海县，由监察御史张肃主掌管。[⑤]张肃是不是杭州或明州的知州？宋人晁补之曾提到“（张）公讳肃，字穆之，自御史为尚书郎知蔡州”，“公以太平兴国三年起家进士甲科、大理评事、通判普州”。[⑥]晁补之笔下的张肃生活于北宋初，又曾担

①《宋会要辑稿·职官》四四之二至三。

②《宋会要辑稿稿·职官》四四之三。

③《续资治通鉴长编》卷十二，开宝四年六月壬申。

④《宋史》卷二七〇《杨克让传》。

⑤《宋会要辑稿·职官》四四之一。

⑥［宋］晁补之：《鸡肋集》卷三十四《张穆之触鳞集序》。

任御史，跟掌管明州市舶司的张肃当属同一人。但我们未见他有过担任知杭州或明州的经历。这是宋初各地市舶司设官标准不一致的表现。

市舶司在广州迅速设立，在别路就不那么快捷顺畅。两浙路市舶司摇摆不定，先设于杭州，接着改在明州，再迁回杭州，最后两地都设置市舶司。福建路市舶司更是姗姗来迟。北宋初福建泉州外贸发达，是宋初进口商品主要来源地之一。①但泉州在太平兴国年间归属宋朝以后，当地直到一百多年以后的元祐二年（1087年）才有市舶司。泉州迟迟不设置市舶司显然不合理，原因所在，后面会讨论。这是市舶机构设置地点游移不定、未经深思熟虑的表现。

第二，船舶出入管理规则令人捉摸不透。

太宗时期海外贸易政策出现了互相冲突的现象。太祖对海外贸易态度积极，大军夺取广州不久，就在广州设立市舶司，管理海外贸易。太宗即位不久，就将国库中的香药、犀牙等进口商品列为专卖品，销售获利，补充边界军饷。但在雍熙和端拱年间（984—989年），出现了似乎不太一致的政策。一是雍熙二年（985年）九月的“禁海贾”的命令；②二是端拱二年（989年）五月的商人必须前往两浙路领取出海许可证的命令：“商人出海外蕃国贩易者，令并诣两浙司市舶司请给官券，违者没入其宝货。”③

商人乘船前往海外国家贸易，除了地处东亚的高丽、日本外，两浙路不是最佳出入地。当时在广州港出入的海内外商船最多，贸易量也最大；当局最重视的乳香等海外产品，通常经由此地进入中国。“市舶司掌市舶南蕃诸国物货航舶而至者，初于广州置司，以知州为使，通判为判官，及转运使司掌其事。”④这里特别提到“南蕃诸国”。对“南蕃诸国”贸易显然是宋朝设置广州市舶司的初衷。端拱二年的命令如果属实，就跟太祖和太宗早先的政策相悖了。当然，两条史料都出自《宋史》，别处未见相关记载，无法核实，所以目前我们还难以肯定两条记载是否真实，传抄时有无疏漏。

至道元年（995年）四月，朝廷为防范国内沿海贸易的走私偷漏，命令官员

①《宋史》卷一八六《食货志·互市舶法》：太宗时，置榷署于京师。官方规定，各国香药宝货运至广州、交趾、两浙、泉州等地，必须先进入官库，然后才允许民间贸易。

②《宋史》卷五《太宗本纪》。

③《宋史》卷一八六《食货志·互市舶法》

④《宋会要辑稿·职官》四四之一。

王澣与内侍杨守斌前往两浙路，考察当地海道情况。[①]几个月后，王澣等回京报告皇帝：取私路贩海者，不过是些贩卖鱼干等的小商人。大商人则从苏杭取海路，顺风到淮楚间，商货多，纳税也多。“若设法禁小商，则大商亦不行矣。”[②]此时朝廷关心税收，既不愿失去税入，又不想伤及税源。上面的两条规定，或与维护两浙一带沿海的社会治安有关？如是，则两个规定限于东部沿海，并不影响福建和广东海港。

第三，进口商品专卖制度确立与变化。

出卖府库中香药宝货的提议得到批准后，进口商品在统治者的眼中，从目的不甚明确的贮存，以及宫廷和官场上的消费之外，新添了交换价值。进口商品身价进一步上涨后，太宗很快下令对商民手中的所有进口和土产香药、犀牙等货物实行严格专卖，任何人都要把手头上的香药、犀牙限期卖给官府，不得继续私自存贮、贩卖。不久太宗更进一步规定，无论是谁都不得私自与进口商交易，“敢与蕃客货易，计其值满一百文以上，量科其罪；过十五千以上，黥面配海岛；过此数者，押送赴阙”。[③]这是对海外进口商品实行全面垄断。按照上述规定，从广州、杭州、明州进口的商品一律由市舶司购买，全部进入宋朝官库；从未设市舶司的泉州港进口的海外商品也由地方官掌管，也是全部进入国库。

但几年后，上述政策便不能维续。宋朝用专买专卖的办法，尽可能扩大市舶司和地方官府直接掌握的海外进口商品的数量和价值。进口商品垄断贸易政策完全不在意民生、不考虑可持续性，因而带有致命弱点。官府以低价购买、高价出售商品为手段，获得了高额垄断利润，该商品的消费者就不得不承受较高价格，用较多的金钱购买，否则他们只能减少购买或者不再购买。当需求受到压抑因而减少时，进口也会受到抑制。商品专卖由官府买卖、运输，与商人运作相比，交易成本势必大为提高。结果是：许多普通百姓买不到或买不起进口药物及国产同类商品；官府也要为专卖进口商品付出高昂成本，还必须面对被扰乱了的外贸生态。

海外商品的专卖引起许多地区进口药物短缺。太平兴国七年（982年）闰十二月，朝廷决定广南、漳州、泉州等少数几个外贸港口继续实行几年前的进口

①《宋会要辑稿·职官》四四之三。

②《宋会要辑稿·职官》四四之三。

③《宋会要辑稿·职官》四四之一至二。

商品专卖令，不许私人贩卖进口商品，但京师及其余地方的三十七种药物不再专卖。[①]时隔不到六年，全国性的进口商品专卖令退缩到广南、漳、泉等少数几个沿海州郡。

淳化二年（991年）四月，广州进口商品的专卖制度也最后结束。这年的一份诏令指出：广州港每年进口的商货，市舶司总是出高价收购。由于商货品质优劣参差，官府的收益有限。从今以后，除了专卖品，所有商货只在优质商品中，按照市场价格购买其中的一半，剩下的由商人自行贸易，不加限制。[②]通过严刑峻法，官方获得从广州进口的全部海外商品，但成本高昂。这种做法很不经济，难以为继，于是官方改而仅留少数商品继续专卖，多数商品进入市场，供商民自由贸易。这是一个纠错和进步。

外贸收入用于支持国家财政，不是宋朝的创造，前代业已有之。南汉王朝以广州为国都，海外贸易是这个小王朝的财政和经济命脉。早先统治者管理外贸经济的方式和获取收入的手段，因传世资料很少，目前已难以确知。但我们可以肯定，将外贸收入与国家财政挂钩，对海外进口商品实行官府垄断，并进而形成稳定的制度，宋朝即使不是最早也处于早期阶段。

在财政吃紧、急需用钱的当口，王朝统治者总是习惯性地用全面管控的手段括取社会资源。中国古代统治者常用这类手段，在这个专制集权社会中，他们拥有足够的权力。

这是宋朝市舶司制度、船舶出入港口制度和商品贸易制度逐步确立的时期，出现一些问题并不奇怪。上述问题的存在对外贸的影响，利弊相参，不能一概而论。

（二）真宗、仁宗朝外贸挫折与政策调整

在真宗和仁宗朝，当时中国最重要的海外贸易港广州，外贸形势并不十分美妙。史书中明确记载的广州外贸的挫折共有三次：一次是在真宗大中祥符以前，另两次在仁宗朝（1023—1063年）。分析广州外贸的这三次挫折，我们对当时外贸形势会有更为丰富的认识。

①《宋会要辑稿稿·职官》四四之二："闻在京及诸州府人民或少药物食用，今以下项香药止专卖广南、漳、泉等州船舶上，不得侵越州府界，紊乱条法。如违，依条断遣。其在京并诸处即依旧官场出卖及许人兴贩。"

②参见《宋会要辑稿·职官》四四之二。

首先让我们看看真宗大中祥符（1008—1016年）以前的状况。

真宗景德间（1004—1007年），马亮以右谏议大夫的身份知广州。他见“海舶久不至”，于是设法招徕。下一年，海舶“至者倍其初，珍货大集。朝廷遣中使赐宴以劳之”。[①]真宗东封泰山始于大中祥符元年（1008年）。所谓“海舶久不至”，是祥符元年以前的情况。这似乎是外贸不景气的表现，但实际情况却不尽然。

马亮“设法招徕”的大背景是：真宗时，宋朝与契丹订立“澶渊之盟”，用赎买方式换得了边界和平。但其后不久，真宗又感到耻辱，朝廷内外也多有议论。皇帝便与二三大臣演起“天书屡降”的闹剧，试图用神力洗刷耻辱、维护尊严。为配合这出闹剧，宋朝一度挥霍钱财，积极招徕海外国家朝贡。

根据当时的情况分析，马亮是通过出入广州的中外商人转达朝廷旨意的。这是最便当快捷的做法，即使到了几百年以后的清朝，也还经常通过这个途径联系和了解海外国家。[②]由于马亮积极有效的行动，第二年便出现，“至者倍其初，珍货大集”的局面，朝廷随即派出宦官犒劳远方来客。[③]

宋朝制度，朝廷派遣宦官设宴款待的不是外国商人，而是外国朝贡者。款待外国民间商人是地方官府的事。所以“至者倍其初”指的主要不是外国民间商船，而是外国官方朝贡船舶。这里的关注点，显然主要不是中外商民经营的市舶贸易，而是海外国家的朝贡贸易。同样原因，“海舶久不至”的海舶，指的是当时朝廷关注的外国朝贡船舶。如果中外商船也没了踪影，马亮靠什么向海外国家传送信息、招徕进奉？此时外贸固然不景气，但仍有中外商舶来来往往。

其次我们来看仁宗初年的情况。

天圣六年（1028年）二月，虞部员外郎苏寿上奏：今年少有远洋船舶到广州，负责押运香药纲的三班院使臣无所事事而俸钱照发。他建议由三班院另派任务给这些使臣，当广州有需要时，再临时快速抽调人员前来做事。苏寿的奏请获得皇帝准许。[④]外贸萧条到撤走负责纲运使臣的地步，严重程度可想而知；如果只是偶尔出现的情况，朝廷未必会立即采取行动。因为使臣“端坐请给”与抽出调入，都要耗费钱财。

①《宋史》卷二九八《马亮传》。

②见《清乾隆朝实录》卷之七九一，乾隆三十二年闰七月；卷之八一七，乾隆三十三年八月。

③《宋史》卷二九八《马亮传》。

④《宋会要辑稿·食货》四二之一二。又见四六之一〇。

这年七月的一条史料表明，苏寿的提议和朝廷的决定是对的。“诏：广州近年蕃船罕至，令本州与转运司招诱安存之。”[①]在正常年份，七月间海外船舶大多已经抵达广州港，但广州港似乎还冷冷清清。

广州外贸萧条，可以上溯至宋真宗朝。

大中祥符初年，广州外贸得到大力推动，中外商船将香药等海外商品大量运来中国。香药、犀牙等进口过多，超出了国内市场的容量，在大中祥符五年至天禧二年间（1012—1018年），它们已经不那么值钱了。[②]

真宗末年，改三说法，提高了香药的占比，降低了铜钱的占比。[③]商人把边饷运送到西北前线，当然是为了牟利，取得的回报中却有大量市场趋于饱和的进口商品。香药、犀牙成为不受欢迎的商品。这个信息反馈到外贸市场，自然是进口的减少。

真宗去世，仁宗继位。去除冗费是仁宗的当务之急。“天圣初，首命有司取景德一岁用度，较天禧所出，省其不急者。自祥符天书一出，斋醮糜费甚众，京城之内，一夕数处，至是，始大裁损。”[④]仁宗朝进口商品价格下降，跟官方节省开支，减少消费有关。

最后让我们看看第三个挫折的实况。

这次挫折出现于仁宗皇祐年间（1049—1053年），也经历了许多年才重新振起。皇祐间，侬智高在广西发起暴动，并迅速向广东进军。皇祐四年（1052年）五月至七月间，侬智高部围攻广州达五十七日之久。这是海舶迤逦到港月份，昔日海船来往和停泊之地，如市舶亭及珠江河面，都发生过激烈战斗。七月间的一次战斗之夜，飓风降临，守城者“纵火焚贼船，烟焰属天”。[⑤]战争与烈火，毁掉了当年的外贸，恢复元气也非一年半载的事。

我们知道，仁宗皇祐年间（1049—1053年）和英宗治平年间（1064—1067年），“海舶岁入象犀、珠宝、香药之类”分别突破五十三万贯和六十三万贯。由于外国香药等市场价值较高的商品主要来自广州，而皇祐四年广州遭遇战乱，外

①《宋会要辑稿·职官》四四之四一五。

②《宋会要辑稿稿·食货》三六之一七。

③[宋]王应麟：《玉海》卷一八一。

④《宋史》卷一七九《食货志·会计》。

⑤《续资治通鉴长编》卷一七三，皇祐四年六月。

贸受到沉重打击，所以皇祐年间的数据应当来自皇祐元年到三年之间。从皇祐年间到治平年间，经过十来年，海舶岁入从五十三万升至六十三万，升幅不小。广州抚平战争创伤，复苏外贸显然没有花费很长的时间。

广州外贸反复受挫，究其原因，仁宗皇祐间外贸低落是由战乱引起的，另外两次与宋朝财政和外贸政策有关。

（三）朝贡贸易独特个性的确立

宋朝皇帝同中国封建时代许多统治者一样，希望海外万国朝贡，跪拜臣服。这不仅出于虚荣心，更重要的是显示其皇威远震天下四海八荒，以慑服和统治国内百姓。仁宗赐于阗国王的诏书曾很得意地说："朕兼覆天下，至于日出月没。海外之国，辫发弁衣，毡裘之长，莫不绝不测之险，奉琛献币，交臂乎魏阙之下。"[①]在真宗朝，澶渊之战暴露了宋军的虚弱。真宗为挽回威信，伪造"天书"。大中祥符元年（1008年），皇帝持"天书"封禅。广州官员"敦谕大食陀婆离、蒲含沙贡方物泰山下"[②]，为封禅造声势。

宋朝立国不久，建隆元年（960年）九月，三佛齐国王就遣使贡献，宋朝在贡赐名义下的特殊外贸从此开始。[③]太宗对朝贡贸易曾经相当积极。雍熙四年（987年）五月，太宗派出内侍八人，乘坐四艘船，携带敕书、金帛等，前往东南亚各国招徕进奉，并购买香药、犀牙、真珠、龙脑等。[④]

但由于财政收支紧张，宋朝对于朝贡贸易多数时候采取比较节制的态度。大中祥符七年（1014年），真宗的一个决定，反映了两宋王朝对朝贡贸易的基本态度。这年七月，真宗确定了外国朝贡使团到达广州港后的接送和贸易制度：

> 秘书少监知广州陈世卿言，海外蕃国贡方物至广州者，自今犀象、珠贝、拣香、异宝听赍持赴阙，其余辇载重物，望令悉纳州帑，估价闻奏。非贡物悉收税算。每国使副、判官各一人。其防援官，大食、注辇、三佛齐、阇婆等国勿过20人；占城、丹流眉、渤泥、古逻、摩加等国勿过10人，并来往给券料。广州蕃客有冒代者，罪之。缘赐予

①[宋]郑獬：《郧溪集》卷八。

②《宋史》卷二九八《马亮传》。

③《续资治通鉴长编》卷一，建隆元年九月。

④《宋会要辑稿·职官》四四之二。

所得，贸市杂物，则免税算；自余私物不在此例。[1]

以上规定显示宋王朝对朝贡贸易的务实态度。其一，进贡物品虽然所有权在中央王朝，但不一定都官运上京，粗重不太值钱的不再运送京师，就地贸易以降低运输成本。其二，非朝贡物品一律收税。这意味着朝贡使团成员自己带来的贸易商品，跟普通市舶贸易商船一样，收税进口。其三，朝贡使团成员上京人数做了明确的限定。较为遥远的国家来华不易，朝贡频率较低，人数可以稍多一些；距离中国比较近的国家，朝贡使团来华频率较高，上京人数减半。做出上述规定的原因是减少上京人数，节省朝贡使团成员往返京师和港口之间的陪送成本。按规定，贡使上京和回返港口交通、饮食等费用，全由东道主负责。其四，朝贡使团在中国境内交易，享有免税优惠，但只限于“赐予所得”。这项规定意味着朝贡使者带入中国的私人物品，不但要缴纳进口税，还要缴纳国内交易税。

此后宋王朝对朝贡贸易的态度，一再出现波动。例如，北宋中期和后期，为了牵制辽国，宋朝对高丽朝贡贸易给出了特别优惠的待遇，导致沿途官民受到严重困扰和巨大的财政支出。苏轼等大臣为此一再上疏，历数弊端，严厉批评。但宋朝多数时候，对海外国家朝贡的态度务实有节制，不愿为了政治外交上的虚名，枉费过多财物。

三、海外贸易与宋朝财政经济的中央集权

北宋前期是宋朝海外贸易基本风格的确立阶段。宋代海外贸易具有独特的个性，这就是重视和运用外贸的经济价值以充实国家财政；对外政策总倾向是珍惜财物，不务虚名。宋朝对外关系务实的个性长期保持，原因不止一端，但跟财政经费紧张和通货紧缺，关系最大。这使海外贸易在宋代具有相当高的财政意义。

经过唐五代的发展，中国与海外国家的贸易已经具有颇大的规模和颇高的经济价值。宋朝立国不久，就迅速有效地做了几项安排。其一，在全国范围内实行财政经济的中央集权，外贸也不例外。其二，部分进口商品被列为专卖品，由国家垄断经营。其三，进口商品被用于缓解边防前线军饷紧张和通货不足。

①《宋会要辑稿·蕃夷》七之二〇。

（一）加强财政经济的中央集权

防止分裂割据力量再起，是宋初统治者殚精竭虑的重中之重。他们打江山的目的是坐江山，要永远坐下去。唐末五代分裂割据的教训近在眼前，亟需设法防范。宋朝建国伊始就实行全方位的中央集权。经济上的举措是，中央集中财权，重内轻外、强中央弱地方。

第一，宋朝中央集权的财赋政策。

唐朝灭亡于10世纪初期，宋朝建立在10世纪后期，中间经历了五代十国几十年的纷争战乱割据。中国历朝历代统治者都希望国祚不泯，天长地久，宋朝开国之君赵匡胤也不例外。

赵氏王朝总结唐朝灭亡和五代十国纷争割据的教训，认为唐中叶以后地方节度使权力过大，政治、经济、军事大权在握、不受牵制是肇乱之源。“自唐天宝以来，方镇屯重兵，多以赋入自赡，名曰：留使、留州，其上供殊鲜。五代方镇益强，率令部曲主场院，厚敛以自利。”[①]中央王朝因为所掌握的资源不够充沛，无力制约地方，形成权势下移、外强中干、尾大不掉的困局。宋初君臣认识到，必须把政权、军权、财权全部收归朝廷。

乾德二年（964年），宋朝“始令诸州自今每岁受民租及莞榷之课，除度支给用外，凡缗帛之类，悉辇送京师”。[②]次年朝廷更明确重申：各州留下日常经费，其余金帛等物资全部运送京师，以备军需。[③]

仁宗朝大臣富弼，在一份奏疏中提到宋初各地运送物资前往京师的情况。他说：宋朝取得川蜀、河东、江南、两浙、荆南、湖南、广南、闽粤之地，据有广土众民后，不许各地私自聚积宝货，“当时尽归京师”。“民力所输，秋毫无隐。不间远迩，不问炎凉，辇运纵横，水陆奔凑，官用督责，时无暂休。”[④]但路远难行的府州军县，是否也应该以如此之高的代价把财赋运送京师，令人生疑。各地没有适当的储备，万一有个水旱灾荒、盗贼劫掠，拿什么应急？

几年后，朝廷改变政策，决定各地岁入中的一部分，以国家财政机构的名义存留地方，名为“系省”，供其调配。太祖开宝六年（973年）八月，朝廷“令诸

---

①《续资治通鉴长编》卷六，乾德三年三月，《宋史》卷二七〇《杨克让传》。

②《续资治通鉴长编》卷五，乾德二年十二月。

③《续资治通鉴长编》卷六，乾德三年三月：“诸州度支经费外，凡金帛以助军实，悉送都下，无得占留。”

④《续资治通鉴长编》卷一二四，宝元二年九月。

州旧属公使钱物尽数系省，毋得妄有支费。以留州钱物尽数系省，始于此”。[①]“系省”是个所有权的概念，意思是寄放在各地的国家财产。这里的“省”，指掌管全国财赋的国家机构三司（北宋中期改称户部）。宋朝建立伊始，三司的地位就特别高，三司长官三司使的地位比宰相稍低，跟副宰相、枢密使大致相当。[②]

太宗登基后，开始设置专门机构管理各地的“系省”钱物。淳化五年（994年）十二月，“初置诸州应在司，具元管、新收、已支、见在钱物申省”。[③]从此以后，各地财赋或者运送京师，或者留存地方，但收支和账目由三司、户部统管。

宋朝君臣设计的国家和地方官府之间、朝廷大臣和地方官员之间，分权制衡、重文轻武、以文抑武等制度，有效终结了唐末五代那样的乱局。这些思路和做法在经济领域也普遍适用。

宋朝在推出财政经济的中央集权措施之前，已经建立市舶司制度，并且开始了进口商品的官府专卖。两项制度都有助于中央直接掌控外贸利权。宋朝对外贸经济的中央集权，已经先走一步了。宋朝市舶司制度的设计，充分考虑了中央王朝集中外贸利权的需要。这点我们下面会具体讨论。

第二，皇帝私藏和国家财政两套系统。

宋王朝从各路收罗到京师集中掌管的钱财，并不都放在一个篮子里。皇帝对大臣掌管钱财，既感到使用不便，也不太放心。像以往各个朝代那样，宋朝皇帝也拥有属于自己的财富，而数量更大。保存皇帝私人财物的地方称为内藏库，也称“内库”。

内藏库系统建立的时间，一说是乾德三年（965年）三月，但实际上可能早于此年。从宋太祖开始，各朝皇帝以防备饥荒和收复北部强邻占据的燕云十六州等名义，将大量财富纳入内藏库系统。“国初贡赋悉入左藏库，及取荆湖、下西蜀，储积充羡。上顾左右曰：‘军旅饥馑当豫为之备，不可临事厚敛于民。’乃于讲武殿后别为内库，以贮金帛，号曰封桩库。凡岁终用度赢余之数，皆入焉。”[④]

①［宋］王应麟：《玉海》卷一八六《宋朝三司使·淳化总计使·熙宁会计司》。

②《宋史》卷一六二《职官志》。“三司之职，国初沿五代之制，置使以总国计，应四方贡赋之入，朝廷不预，一归三司。通管盐铁、度支、户部，号曰计省，位亚执政，目为计相。其恩数廪禄，与参、枢同。”

③［宋］王应麟：《玉海》卷一八六《宋朝三司使·淳化总计使·熙宁会计司》。

④《续资治通鉴长编》卷六，乾德三年三月。“去年已有此诏，故此云申命。原注：别置库，本志及他书皆云在乾德初，未审何年，计必是平西川后也。因命诸州不得占留金帛附见其事。”

太祖设置封桩库时，曾私底下对身边臣僚说："石晋苟利于已，割幽蓟以赂契丹，使一方之人独限外境，朕甚悯之。欲俟斯库所蓄满三五十万，即遣使与契丹约，苟能归我土地民庶，则当尽此金帛充其赎直。如曰不可，朕将散滞财、募勇士，俾图攻取耳。"①

于是各地运往京师的钱财被分为两大块，一块属于皇帝私藏，以内藏库系统为代表；另一块属于当时负责国家财政的三司系统。前者数额多大、支出如何，古今无人知晓；从皇帝转出和借贷情况看，数额巨大。②后者统称"计司"，北宋神宗元丰以前为三司系统，后来改称户部系统。

宋太祖首建内藏库，后继皇帝多援例而行，一再扩充。除了按规定应该纳入的财赋外，皇帝还蚕食计司财富以扩充私藏。例如，太宗就曾把三司的财产划归内藏库。左藏库属于国家财政系统三司所有。太平兴国三年（978年）十月，初登大宝的赵光义来到左藏库，他面对积聚如山的金帛，发出如何用得完的慨叹，说宋太祖焦心劳虑，担心经费不足，实在是过虑了。在一旁作陪的宰相薛居正认为皇上的感叹带有深意，蕴含着弦外之音，他赶忙将左藏北库归入内藏库。③

纳入内藏库的社会财富不但数量多，品质也高。进口商品原先多集中于内藏库系统，后来有些价值不太高的藏品被分给了三司。景德四年（1007年）三月，真宗诏令，"杭、明、广州市舶司般犀象、珠玉到京，并纳内藏，拣退者纳香药库。诸州香药亦以细色纳内藏，次者纳香药库。"④

以三司为代表的国家财政系统承担着军费官俸等经常性支出、水旱灾欠等临时性用度，支费浩繁，家底渐空，捉襟见肘，开始向内藏库借支。计司对内库积欠渐多，往往无力偿还。皇帝有时会主动拿出钱物，贴补三司，充实军费。景德二年（1005年），真宗"出内帑香药，贸易以入边备"。⑤在太宗淳化到真宗大中祥符年间，大约二十六年，三司每年从内藏库借贷的钱物，少则百万贯，多则三百万贯，数目相当惊人。"自乾德、开宝以来，用兵及水旱赈给、庆泽赐赉、有司计度之所阙者，必籍其数以贷于内藏，候课赋有余，即偿之。淳化后二十五

①《续资治通鉴长编》卷十九，太平兴国三年十月乙亥条。

②程民生：《论北宋财政特点及积贫的假象》，《中国史研究》1984年3期。

③《续资治通鉴长编》卷十九，太平兴国三年十月乙亥条。

④《宋会要辑稿·食货》五二之六-七。

⑤［宋］章如愚：《群书考索·后集》卷六十四。

年间，岁贷百万，有至三百万者。累岁不能偿，则除其籍。”[①]内藏库实际上带有国家财政机构的功能。

宋朝以前历朝历代，宫廷都占有很多社会财富。收入宫廷府库的海外珍稀以使用价值为主，主要供皇亲国戚享用，或者赏赐给达官贵人和有功之臣。宋朝财政经济中央集权程度特别高，中央财政系统掌管的财赋多，开支也大；进入皇帝私藏的社会财富质高量大也属空前未有。当国家财政系统供不应求时，皇帝就有必要把沉淀在内藏库中的社会财赋吐出一部分，以供急需，维护统治。宋朝皇权和中央集权大为加强，这是财政经济上的表现。

（二）进口商品被列为专卖品，由国家垄断经营

坐江山需要大量资源，宋朝比过去的统治者更需要也更善于聚敛社会财赋。王朝建立之初，北部有强邻压境，南部有多个独立小王国坐大一方，筹集钱财准备战争是统治者的急务。宋朝很快就把一些交易量大、收入稳定的盐、酒、茶归为官府的专卖品。榷酒、榷盐、榷茶措施，逐一登场。

建隆二年（961年）四月的一天，太祖下令禁止民间私自买卖酒和盐，“民犯私曲十五斤、以私酒入城至三斗者，始处极典，其余论罪有差。私市酒曲，减造者之半。上又以前朝盐法太峻，是日定令官盐阑入禁地贸易至十斤，煮碱至三斤者，乃坐死；民所受蚕盐，以入城市三十斤以上者奏裁”。[②]乾德二年（964年）八月，茶也开始专卖。宋太祖“初令京师和位于东京道的建安、荆湖北路的汉阳、淮南西路的蕲口，设置场榷茶”。[③]“禁商旅毋得渡江，于建安、汉阳、蕲口置三榷署，通其交易；内外群臣辄遣人往江、浙贩易者，没入其货。缘江百姓及煎盐亭户，恣其樵渔，所造屦席之类，榷署给券，听渡江贩易。”[④]

专卖的效果很快显现，官府的收入大幅度增长。建隆三年（962年）正月，监察御史刘湛奉诏榷茶于蕲春，不久便有了“岁入增倍”的业绩。[⑤]乾德三年（965年）九月，朝廷因采用淮南转运使苏晓的建议，专卖蕲、黄、舒、庐、寿五州茶，“置十四场笼其利”，岁入高达“百余万缗”。[⑥]

①《宋史》卷一七九《食货志》。

②《续资治通鉴长编》卷二，建隆二年四月壬戌。

③《续资治通鉴长编》卷五，乾德二年八月辛酉，初令京师、建安、汉阳、蕲口并置场榷茶。

④《宋史》卷一八六《食货志·互市舶法》。建安等场为榷茶场，见《续资治通鉴长编》卷五，乾德二年八月。

⑤《续资治通鉴长编》卷三，建隆三年正月丁亥。

⑥《续资治通鉴长编》卷六，乾德三年九月己卯。

通过专卖制度，垄断利源、增加收入的做法始于春秋时代。齐国在管仲辅佐齐桓公时，开始“官山海”[①]，由国家统一经营管理山中的铁、海中的盐。“官山海”是官府垄断盐铁的运销。盐和铁，一是民生，一是生产所必须，都是刚性需求，即使价格高企，人们也要食用和使用。官府将两种产品的销售环节控制在自己手中，便能获得高额垄断收益。齐国成为春秋五霸之首，与通过盐铁专卖等方式积累起雄厚的财力有关。[②]到了西汉，武帝继承了齐国的专卖制度并有所发展，盐铁之外，酒也成了官府专卖品。[③]此后专卖制度断断续续，到了唐宋时代陡然踏上新台阶，成为统治王朝的稳定利源和不可或缺的财政支柱。

唐代宗大历（766—779年）末年，“天下之赋，盐利居半，宫闱、服御、军饷、百官禄俸，皆仰给焉”。[④]加上其他专卖品，垄断贸易总收入相当可观。五代时期，专卖制度的重要性有增无减。宋朝的盐酒专卖，参考了后周制度。[⑤]随后不久开始的榷茶，则参考了唐朝的做法。“自唐武宗始禁民私卖茶，自十斤至三百斤，定纳钱、决杖之法。”于是宋朝下令民茶折税之外，全部官买，违者严刑峻法伺候。[⑥]

盐酒茶由国家垄断经营，加上长期积累下来的实际操作经验，数额不菲的财富源源流入宋朝财政系统。尝到垄断经营专卖品的好处后，朝廷上下再接再厉，做更多的尝试。

太平兴国二年（977年），官府发现进口商品数额大，有利可图，于是也将其列为专卖品。这年三月颁布的一个诏令，禁止私人储存香药、犀牙等进口商品，已经散在民间的，限期出卖清空。限期之内无法清空的，由官府收购。官府收购价格以三司定价为准，违反规定的人员要受到很重的刑罚，涉案财物全部没官。[⑦]

进口商品成为专卖品后的具体做法有过一些调整。最初专卖大部分海外进口

---

①《管子·海王》。

②于孔宝：《中国历史上最早的盐铁专卖制度——“官山海”》，《盐业史研究》1992年第1期。

③《汉书》卷六《武帝纪》天汉三年（前98年）二月，“初榷酒酤”。

④《新唐书》卷五十四《食货志》。

⑤《续资治通鉴长编》卷二，建隆二年四月壬戌。“汉初犯私曲者并弃市，周祖始令至五斤死。上以周法尚峻，（建隆二年四月）壬戌，诏民犯私曲十五斤、以私酒入城至三斗者，始处极典。”

⑥《续资治通鉴长编》卷五，乾德二年八月辛酉。

⑦《宋会要辑稿·食货》三六之一——二。

商品，运营成本很高。销路不广，不能带来高额垄断利润的商品，很快淘汰出局，最后仅留下乳香等少数品种继续专卖。

宋朝是相当倚重通过专卖品获取财政收入的王朝，下面基于《二十四史》中的几个朝代专卖品词频所做的统计，从一个侧面反映了这个情况。

《二十四史》部分史籍中茶、盐、酒、矾出现的频率

指数：宋史=100

专卖品 \ 书名	旧唐书	新唐书	旧五代史	新五代史	宋史	元史	明史
茶	88	95	29	12	1540	247	507
指数	5.71	6.17	1.88	0.78	100	16.04	32.92
盐	685	536	144	42	2729	1146	1048
指数	25.08	19.64	5.28	1.54	100	41.93	38.02
酒	540	707	239	174	2008	803	1034
指数	26.89	35.21	11.90	8.67	100	39.99	51.49
矾	1	8	4	3	131	15	5
指数	0.76	6.11	3.05	2.29	100	11.45	3.82

由上表我们看到，从唐到明六个朝代中，茶、盐、酒、矾等专卖品在宋朝被提到的次数特别多。进而言之，宋朝财政结构中，专卖品收入所占的比重很可能较前后几个朝代都大。

商品专卖是政府垄断商品销售的制度。国家通过这个制度，垄断价格获取垄断利润以增加财政收入。宋朝比以往各个朝代更多地利用了专卖制度，并从中获得更大的财政收益。但高额垄断利润来自商人和消费者，他们为此付出了巨大的经济代价。任何垄断贸易限制贸易的做法，都可能导致价格扭曲。例如，“晋、汉已来，回鹘每至京师，禁民以私市易，其所有宝货皆鬻之入官，民间市易者罪之”。周广顺元年（951年）二月，后周太祖命令除去旧法，“每回鹘来者，听私下交易，官中不得禁诘，由是玉之价直十损七八”。[①]宋人曾丰有这样的诗句：“郡将不收蕃船物，比往年平。”[②]“不收”是不收买。官方不购买进口商品，市场

①《旧五代史》卷一三八《回鹘传》。

②[宋]曾丰：《缘督集》卷十三《送广东潘帅移镇湖南口号》。

上舶货充裕，价格就低减平允了。显然，官方的垄断和占有，必然导致进口商品价格的高涨。

进口商品专卖不仅扭曲价格，使进口商品售价高企，还进而造出不少违法犯罪者。在官府垄断商品、人为地造成价格高企的环境中，谁掌握商品，谁就能获得高额利润。于是有些商民便将部分进口专卖品藏匿起来，躲避征税和官市，暗地里出售；另一些人则专门运回专卖品，在沿海和内地黑市上兜售牟利。

（三）通过抽税、官市等环节稳定地掌控进口商品

宋王朝控制外贸的主要目的是掌控外贸收入。进口商品是外贸收入的主要来源，因此其价值高的部分，通过抽税和官市多数被运送上京；留在港口所在地的，主要是些粗重价值不高的部分。“闽广市舶，旧法置场抽解，分为粗细二色般运入京。其余粗重难起发之物，本州打套出卖。”①

（四）进口商品大量用于交换边防前线军饷，缓解通货紧缺

宋初官员提出的在京师设置榷易局，出卖官库香药宝货充实财政的建议，②意味着进入官库的外国商品，不再是专供达官贵人享用的奢侈品，成了由政府专卖、垄断经营的特殊商品，表明外贸收入在充实国家财政方面发挥了作用。进口商品与国家财政建立联系，意义非同一般，外贸也就有了财政功能。外贸的繁荣稳定，对国家财政的贡献会稳步上升。宋朝外贸空前繁茂，超越过往，是宋初政策和国家财政需要合乎逻辑的结果。

宋朝“辇香药、犀象及茶”前往西北边界交易有两大作用，一是充实军饷，一是作为支付手段。至道元年（995年），盐铁使陈恕创立三说法：“自西北始入刍粟，度远近，增其虚估，给券，以茶偿之。又益以东南缗钱、香药、象齿，谓之三说。”③北宋初期到中期，海外贸易制度从不健全不稳定逐渐成熟，一个转折点在这年前后。“三说”法之外，后来又有“四说”法，都以铜钱、丝绸、茶盐和进口商品按照一定的比例组合，捆绑销售，用来交换边防前线的军饷。天圣七年（1029年）闰二月，河北沿边水灾，进口商品购买力减弱，太常博士张夏言建议调整交换粮草的商品组合，把三分香药、象牙改为末盐。④

①《宋会要辑稿·职官》四四之一一至一二。

②［宋］曾巩《元丰类稿》卷四十九；《续资治通鉴长编》卷十八，太平兴国二年三月。

③［宋］王应麟：《玉海》卷一八一《天圣茶法·景祐茶法》。

④《宋会要辑稿·食货》三六之二二。

“三说”和“四说”法中，铜钱都是构成要素，比例有高有低。也许有人会问，全用铜钱简单得多，为何要劳心费力搭配商品，自找麻烦？铜钱作为当时的通货，交易最为快捷简便。情况确实如此。运输铜钱到西北前线，虽然笨重，但比起输送茶盐、丝绸、香药等，还是轻便容易得多；用钱购买商品，交易成本也低。香药主要来自中国南部边陲广州，运到北部和西北地区，路途有两三千里之遥，内陆运输需要水陆接力，沿海运输路途更远，风险也大。茶盐、丝绸、香药与粮草等军需之间，有定价问题，有供需均衡匹配问题，因而交易成本比较高。行三说法和四说法期间，就一再出现茶盐、丝绸或香药输入过多、价格下跌的情况。

将香药、象牙等专卖品交换北方边军粮草是宋朝的创造，空前绝后，与两个吃紧有关：财政吃紧外加铜钱紧缺。茶盐、丝绸、香药等商品，成为铜钱的代用品，交换所需物资，弥补了通货的不足。北宋初年，宋朝铜钱紧张已经显现。开宝元年（968年）九月，“诏曰：旧禁铜钱无出化外，乃闻延边纵弛不复检察。自今五贯以下者抵罪有差，五贯以上其罪死。”[1]这是中国古代统治者较早颁布的禁止铜钱出境令。此后，铜钱短缺的问题一直存在，或轻或重。

宋朝出现早期纸币，与铜钱不足有直接关系。宋朝经济规模增大，但铜钱短缺，无法满足市场交易的需求。官方和民间都在寻找替代品。在铜钱特别缺乏的地区，例如四川、福建的一些地方早已通行铁钱。四川因为铁钱行用不便，于是出现了交子。官交子产生后，使用范围不断扩大，弥补国家财用不足的作用日益明显，最后却因发行过滥，导致严重贬值。南宋出现了会子，并成为宋代发行量最大的纸币，随后也走上发行过滥和贬值的老路。交子、会子之外还有其他一些纸币或有价证券。南宋末年，国家财政状况一塌糊涂，纸币贬值，物价飞涨。进口商品和其他多种商品一再被用来收换废旧纸币、撑持政府信用、交换商货等。这是后话。

（五）商品专卖和中央集中财权的原因和条件

商品专卖和中央集中财权，前者使宋朝得到高额垄断利润，后者保证了宋王朝对全国财政收入的稳定控制，两条措施后来都长期实施，并给海外贸易烙上了独特的印记。在中国古代外贸史上，上述政策的实施是前无古人，后无来者，是空前绝后的。宋朝有此需要和条件。

①《续资治通鉴长编》卷九，开宝元年九月壬午。

第一，自从唐五代以来，中外航海贸易技术条件的进步，使海上丝绸之路上涌动的财富大量增加、飞速增值，海外贸易不但创造了五光十色的使用价值，而且创造了越来越高的市场价值。

唐朝中叶，中国经济中心已经移至江南，而对外贸易重心南移出现和完成的时间似乎更早一些。

许多学者认为，海路交通重要性超过陆路交通的时间点出现在唐中叶以后。根据笔者的研究：在唐朝初期，中外海路交通已经开始压倒陆路交通，成为中国对外交往的重心所在。

唐朝僧人义净在《大唐西域高僧传》中，提供了重要信息。[1]咸亨二年（671年）底，义净踏上从广州出发前往东南亚的波斯商舶。不到二十天，船舶便到达当时的海上强国室利佛逝（中心地带在今印度尼西亚苏门答腊岛东部）。他在此逗留六个月，学习佛法和相关知识。此国坐落于印度洋和太平洋交界处，不但是东南亚交通、贸易中心，还是佛教传播中心，就连国王也崇奉佛法。

在室利佛逝王帮助下，义净到达位于苏门答腊岛西部的末罗瑜国。不久他继续前行，进入印度洋，经历数国，终于抵达印度。

垂拱元年（685年），义净从印度回返，两年后到达室利佛逝。在室利佛逝，他曾两次返回广州：第一次在永昌元年（689年），他七月抵达广州，得到所需纸笔并请到抄写员后，于十一月间又乘商舶回到室利佛逝；第二次在长寿三年（694年）夏，这次他泛舶一个多月，抵达广州。

义净西行求法，海外生活二十余年，去来皆循海路并以广州为出入地。西行求法僧人采用这种路线，在唐朝以前还比较少见。东晋时，法显西行求法，是从陆路前去，从海路返回。历史进入唐朝，各国航海和造船技术显著进步，安全性和便利性都大大提升，以故僧人循海道往返有所增加。义净将收集到的六十多名僧人西行求法的简况，记录在《大唐西域求法高僧传》中。从书中可见，自高宗龙朔、麟得年间（661—665年）西行的明远法师开始，绝大部分僧人取道海路印度求法。[2]高宗朝属于唐前期。

这是一个新阶段的开始。大约从7世纪中叶起，多数赴印度求法的僧人选择海船作为交通工具。中外僧人在汉代已经借助船舶，海路往来，广州早已成为中

①以下资料见义净著《大唐西域求法高僧传校注》，王邦维校注，中华书局，1988年。

②见义净著《大唐西域求法高僧传校注》，王邦维校注，中华书局，1988，第68—244页。

外僧人过往和译经之地。但到了此时，广州港获得了新的定位，成为中印佛教文化交流的主要通道。

历史学界一般将玄宗开元、天宝年间（713—755年）作为唐中叶；将唐中叶大食国东向扩张和安史之乱作为陆路交通衰落和海上交通崛起的分界线。这种划分给人的印象，仿佛陆路交通的衰落使海上交通获得了发展机遇，海路交通似乎是因祸得福的幸运儿。其实在此之前，海上交通已经大道宽广，具备相当强的竞争力。僧人行装轻简，相比携带大量商品重物的商人，更能适应和坚持陆路交通。因此，多数僧人放弃陆路，选择海路，具有特别重要的象征意义。海上交通取得优势地位，不是因为陆路交通受阻，乘势而起，而是海路交通借助技术进步取得竞争优势，压倒了陆路交通，而且时间节点在唐中叶以前几十年甚至更早。

五代十国时期，南方小王朝拥有得天独厚的海外交通条件，它们为了自己的生存而奋斗，经济繁荣、社会发展、国库充盈。南方王朝虽然富有，军事力量却相当弱，对于统治中原的政权外示恭谨谦卑，称臣奉贡。从史书的记载看，统治广州的南汉王朝和统治江南、两浙的王朝献给中原王朝的礼品中，香药宝货等海外产品数量很大。

宋朝的政策正是建立在海外贸易大发展的有利形势之下。

第二，宋朝面临北部、西北部强邻的威胁，大量养兵，军饷负担特别沉重，需要尽力动员和组织国内财富。

北宋时期，西北边界强邻压境，宋辽和宋夏关系长期紧张和敌对。宋初对辽军事对抗的重点是北部边防屏障燕云十六州，宋初皇帝希望夺取这些地方，并曾采取军事行动，但一直未能如愿。

燕云十六州约在今河北、山西两省北部。这是个险要之地，中原地区的北部屏障，易守难攻。公元936年，后唐河东节度使石敬瑭反唐自立，建国后晋，并向契丹求援。两年后他按照契丹的要求，把燕云十六州割让给契丹，于是契丹疆域扩展到长城沿线，中原失去北部边防门户，赤裸裸地暴露在北方少数民族的铁蹄之下，无险可守。

宋朝建立，定都开封（汴京）。宋太祖预感到辽国铁骑疾驰而至、牧马中原的威胁，坐卧不宁。于是他在部署重兵把守之外，还设置防备游牧民族牧马南下的障碍物。他下令在汴京附近广植树木，“于瓦桥一带南北分界之所，专植榆柳，中通一径，仅能容一骑”[①]。太祖还建立“封桩库”储备金银财宝，准备用钱财赎买燕云十六州；假如不得不使用军事手段，那就“散滞财、募勇士，俾图攻取耳”。[②]太祖显然把用经济手段取得燕云十六州摆在首要位置。

太宗赵光义登基后，在渐次消灭南方小王朝过程中，开始考虑向北进击。宋朝对北方的大规模战争始于太平兴国四年（979年），起初双方各有胜负。取得对北汉战争胜利后，宋军马不停蹄，移师幽州，试图夺取燕云地区。但高梁河（今北京西直门外）之战，宋军大败，十几万人溃散，二十年蓄积之精锐部队，元气大伤。[③]御驾亲征的宋太宗险些成了敌方的俘虏，“仅以身免，至涿州，窃乘驴车遁去”。[④]雍熙三年（986年）初，太宗派出三支大军，分东、中、西三路攻打辽军。这次北征准备了几年，出动的兵力在三十万以上。宋初二十多年间招募和训练的精锐部队，除了高粱河与莫州两战被歼者，基本都投入这次北征。[⑤]结果宋军再次失败，惨重的失败。太宗得报，“下哀痛之诏”。[⑥]

高粱河之败，宋军虽伤动元气，但实力尚足以与辽军争锋抗衡。经此一役，宋朝开国以来选练的能征惯战的精锐部队损失殆尽，军队士气从此一撅不振。北部边防门户洞开，辽军继续南下，攻城略地。宋辽均势彻底打破，辽方占据明显优势。“自是河朔戍兵无斗志”。[⑦]宋军畏惧辽军的心态从此形成。畏敌心态后来还延展至宋夏、宋金关系中。

汴京地处平原地带，无山川之险，四面受敌，是易攻难守的“四战之地”，必须驻扎大量军队守卫。因此，宋朝不仅要在北部边境，还要在首都部署重兵防范辽军南下，冗兵现象不可避免，军费高企也势所必至。北宋大臣叶适在回顾宋初形势时说道：太宗时军兵“召募之日广，供馈之日增，盖雍熙、端拱以后，契丹横不可制而然耳”。[⑧]

重兵戍边，需要大笔钱财，宋朝为此积极调动社会资源。海外进口商品早在

①[宋]王明清：《挥麈后录》卷一。上海：上海书店出版社，2001，第41页。

②《续资治通鉴长编》卷十九，太平兴国三年十月乙亥。

③详见张其凡：《从高梁河之败到雍熙北伐》，《华南师范大学学报（社会科学版）》1983年第3期。

④《辽史》卷九《景宗纪》。

⑤《太宗实录》卷三十五，《元丰类稿》卷四十九。

⑥《宋史》卷二五九《刘廷让传》。

⑦《宋史》卷二五九《刘廷让传》。

⑧[宋]叶适：《水心别集》卷十一《兵总论》。

太宗发动对北汉战争前，已经成为筹集边饷的一个手段。太平兴国二年（977年），宋朝设置榷易局，[①]并在西北边界陕西、河北路的镇、易、雄、霸、沧等州设置与之对接的专卖机构“榷务”，运送香药、犀象和茶叶等前往交易。[②]

可见，宋朝实行进口商品专卖和中央集权，是根据当时的政治、军事和经济形势，又利用了海外贸易发展提供的条件做出的决策。

第二节　北宋中期海上丝绸之路货流增长与王朝政策

英宗在位时间很短。神宗即位不久，就重用王安石开始了震惊当世、影响深远的熙丰变法（又称王安石变法）。这是一场涉及经济、政治、军事、文化等各个领域的大规模改革，具有非常广泛的影响。变法时期的某些政策措施，变法失败以后的经济政治形势，都给中外海路贸易烙下了独特的印记，产生了深刻的影响。

熙丰变法时期进行了外贸制度改革。熙宁二年（1069年），神宗已经明确提出他的外贸政策指导思想：“东南利国之大，舶商亦居其一焉。昔钱、刘窃据浙、广，内足自富，外足抗中国者，亦由笼海商得术也。卿宜创法讲求，不惟岁获厚利，兼使外藩辐辏中国，亦壮观一事也。”[③]神宗关注外贸，重点在富国不是撑面子，但他的构想如何落实是个问题，手段可否达到预期效果又是一回事。

此时，宋朝沿海外贸港口主要是广州、明州、杭州和泉州。

明州的外贸比杭州发达，但在熙宁时期（1068—1077年），朝廷对这座城市的维护似乎不太在意。熙宁三年（1070年）五月，知明州卫尉卿王罕奏报：州滨大海，外接蕃界，城壁颓圮。近年邻郡连年灾荒，而驻军不足二百人。为维护明州城安全，有必要修缮城墙。请朝廷发放度僧牒，作为修城的本钱。朝廷在讨论这个建议时，王安石认为不必，“南方修城恐非急，过费财用亦可惜”，最后的决定是由役兵对城墙做些小修小补。[④]此时，朝廷对明州外贸可能还不十分重视。

熙宁年间泉州尚未设置市舶司。神宗曾向发运使薛向发布一道命令：“东南之利，舶商居其一。比言者请置司泉州，其创法讲求之。”[⑤]这个建议很合理，但

①《续资治通鉴长编》卷十八，太平兴国二年三月乙亥。

②《宋史》卷一八六《食货志·互市舶法》。

③［清］黄以周等：《续资治通鉴长编拾补》卷五，熙宁二年七月壬午。

④《续资治通鉴长编》卷二一〇，熙宁三年五月庚寅朔。

⑤《宋史》卷一八六《食货志·互市舶法》。

朝廷没有采纳。

相比之下，广州外贸最受重视。熙宁年间，广州城大兴土木，加筑城墙，保护当地经济贸易（有关情况后面还会谈到）。

但熙丰变法的具体措施，对广州外贸发展的作用挺复杂，利弊兼有。变法运动给广州外贸秩序、市舶司的运作及商人的利益造成了一定的冲击。神宗熙宁五年（1072年）朝廷开始推行市易法，熙宁七年（1074年）广州也设立了市易务。广州市易务将经营进口商品纳入其业务范围，因而与市舶司发生激烈冲突，有的官员竟然“擅入市舶司拘拦蕃商物”①。从熙宁七年（1074年）七月的一条诏令看，曾经有过将广州市舶司归入市易务的动议。②尽管市舶司最终没有被并吞，但因市易务的干扰、争夺，岁课亏失，收入大减。市易法标榜平抑物价，打破富商大贾垄断物货，使商品周转流通，其执行机构市易司（务）却为盈利性质，交易商品，出贷钱物以取息，官员的考课赏罚也都以取息多寡而定。③因此，市易法是凭借国家权力，以官营商业排挤私营商业，夺取众多私商的既得利益，进而使工商业经济遭受摧残。

然而奇怪的是，熙丰之际广州市舶贸易不仅没有萎缩，反而攀上了前所未有的高度。这里以熙宁十年（1077年）的市舶收入为例。

北宋人毕仲衍在《中书备对》中录下了那一年明、杭、广三州乳香收入的数量及部分香价。④它们包括三州收买乳香的总数及各州收买乳香的数量。各州收买数本应与总数相等，但原资料中各州收买数量之和比所提供的总数低400斤，笔者拟采用前者。原因是：第一，总数来自各州之和，总数统计误差的可能性较大。第二，取较小之数以避夸大之嫌。各州的具体数字是：广州348 673斤，明州4 739斤，杭州637斤。此外还有广州进口五种乳香的名称及数量，和进口乳香中六种南香、六种西南香的价格等。

先看广州的情况。将广州进口五种乳香的名称及数量，同进口乳香中六种南香与六种南香的价格联系起来考察，我们发现进口乳香种类与所提供的香价能够

①《续资治通鉴长编》卷一五四，熙宁七年七月。

②《续资治通鉴长编》卷二五四，熙宁六年七月。

③《续资治通鉴长编》卷二九五，元丰元年十一月。

④毕仲衍在宋神宗元丰年间任起居郎，作《中书备对》三十卷，在当时士大夫中颇有影响。目前该书全貌已不可得见，但其中的一些内容尚保存在一些古籍中。熙宁十年明、杭、广州乳香收入数量及部分香价就存在于清人梁廷枏所作《粤海关志》卷三《前代事实》中。

完全对应的不多，仅黑塌香有对应价格。黑塌香共15 405斤，每斤1.6贯，故货值为24 720贯。此外，四色瓶香只有总数而无分类数，所提供的却是四个等级瓶香的分类价格，因此我们用四色瓶香的平均价格进行计算。四色瓶香共217 995斤，平均价格3.5贯，货值为762 982.5贯。其余乳香标明数量的却无相应价格；提供单价的却不知其数量。我们在已知的12种香价中减去黑塌香及四色瓶香这5种香价，用其余7种乳香价的平均价计算其余乳香的货值。其余乳香共115 228斤，平均价为1.8贯，货值为207 410.4贯。到此为止，我们已计算出广州进口各类乳香的货值，各类乳香货值之和就是广州进口乳香的总值，为995 112.9贯。

再看明州、杭州的情况。由于古籍中缺少对明州、杭州乳香价格的记载，我们拟采用这年广州进口乳香的平均价格来计算。明州、杭州进口乳香不大，用广州乳香平均价计算即便有误差，对整个统计也不会造成过大影响。明州、杭州进口乳香分别为730斤和637斤，广州乳香平均价为2.35贯。据此，明州、杭州进口乳香的货值大致分别为11 136.65贯和1 496.95贯。

这里可能存在的误差无疑是缩小了的。两州距离乳香产地比广州要远，运输成本较高，乳香输入量较少，售价肯定高于广州。以广州价为据计算当地出的明州、杭州乳香货值，得出的结果要低于实际情况。

现在可以将三州乳香收入加以统计：

熙宁十年（1077年）广、明、杭州进口乳香数量及其价值

品名		数量（斤）	平均价格（贯）	货值（贯）	百分比
广州	四色瓶香	217995	3.5	762982.50	
	三代香	104963	1.8	188933.40	
	黑塌香	15450	1.6	24720	
	水湿黑塌香	1217	1.8	2190.60	
	散缠香末	9048	1.8	16286.40	
	合计	348673		995112.90	98.746
明州		4739	2.35	11136.65	1.105
杭州		637	2.35	1496.95	0.149
总计		354049原统计为：354449		1007746.50	

资料来源：毕仲衍：《中书备对》，见梁廷枏：《粤海关志》卷三《前代事实》。

说明：三州分别统计数为354 049斤，而原统计为354 449斤，后者多400斤。

由此可见，熙宁十年（1077年）宋朝从三州市舶贸易中获得的乳香货值100万贯余，其中98.75%来自广州。上述统计数字多由平均价求出，虽然我们力求减少误差，但与实际情况多少还会有些出入，只能作为近似值看待。后面的推算也是如此。

我们知道，宋朝从三州外贸得到的不仅是乳香，还有犀角、象牙和珠玑等物，计算总收入时还应包括后者。遗憾的是目前已无法直接计算出后者的货值。但如果能弄清乳香在全部进口商品中的比重，也就能推算出三州外贸总收入。

漆侠先生在考察南宋榷务货币收入中香钱所占的比重后，得出如下结论："如果把香钱放在东南诸路，实际上也是南宋财政总收入中计算，包括香钱在内的市舶之利约占3—4%，而香钱不过占1.7%而已"[①]。由此看来，香钱在整个市舶收入中约居半数，有时高些，有时低些。根据这一比例推算，熙宁十年（1077年）三州市舶贸易总收入约在1 767 976.1贯到2 343 596.2贯，即在200万贯上下。

如果我们将200万贯作为熙宁十年（1077年）宋朝市舶收入的近似值，与前此的情况相比，就会发现这是一个令人吃惊的进步。我们以文献明确记载的数字为据，从开宝四年（971年）宋朝在广州初设市舶司，到治平年间（1064—1067年），经过了90余年，市舶岁入最高额为63万余贯。而熙宁年间（1068—1077年）仅仅经过10余年，市舶岁入一下子比原先的最高额多出130万贯，[②]为熙宁以前最高额的3倍有余。这一奇迹是如何创造出来的呢?

熙宁时期，宋朝市舶岁入的大规模增加，是多重因素合力造成的。自宋初设置市舶司以来，海外贸易经过一百年左右的探索，已经积累了丰富的经验，一个既适合宋朝经济政治需要，又可使外贸继续发展的市舶贸易制度已基本成型。这为熙宁时期海路贸易顺利行进提供了极为有利的前提条件。更重要的是，神宗时期推行的一些政策措施直接刺激和推动了市舶贸易的发展和官府收入的增加。

一、改革进口商品抽解和运送制度

熙丰年间（1068—1085年），朝廷将进口商品的税率从十分抽一，下调至十五分抽一。[③]降低税率，也就降低了商人的经营成本，有助于扩大商品进出口，并带来额外的收入。

①漆侠：《宋代经济史》(下册)，上海人民出版社，1987，第912页。

②如前所述，在真宗景德年间（1004—1007年），广州外贸收入有超过一百万的说法，"百万其赢"，但还需要确定其真实性。

③漆侠：《宋代经济史》下册，上海人民出版社，1987，第1041—1042页。

熙宁初年，市舶司的收入多归朝廷所有，从事具体工作的却主要是港口所在地官府，许多各种费用来自地方财政。地方官府对经营市舶贸易兴趣不会很大，照章办事而已。熙宁二年（1069年）开始实行均输法，市舶上供物品改由发运司有偿调拨。[①]这一改变减轻了地方财政负担，有利于提高地方经营市舶贸易的积极性。

二、改变朝贡贸易政策

熙宁四年（1071年），朝廷改变对朝贡贸易的消极态度，采取了一些积极促进朝贡贸易的措施。这年十月，朝廷开始研究和制定新的政策，令管勾客省官专置一局，总领各国朝贡事宜，将相关诏令等文字资料加以汇总，形成新的条例，“取索诸处文字，类聚为法式”[②]。次年宋朝发布了外国进奉物的定价标准，“诸蕃所进物，三司不尽当价，必再估增价，然后支赐”。一年后，大食国使进贡乳香，神宗指示“香依广州价回赐钱二千九百贯，别赐银二千两”[③]。

原本回赐钱2900贯，这次加赐银2000两，增加的比重有多大？铜钱和银两的比价因时因地而异。让我们先看以下情况：绍兴三十年（1160年），在广西，当地用上供钱买银，银和铜钱的一般比价是一两折合三四贯，在特殊情况下，一两折合二贯。[④]在金朝，官府曾以每两银折合钱二贯给犯人定罪。[⑤]明朝永乐十三年（1415年），户部曾将一两银等同于铜钱二贯五百文。[⑥]在这三个事例中，银一两折算铜钱少则两贯，多则三四贯。假设当时一两银折合两贯铜钱，则加赐大比例地超过了回赐。

这不是宋朝的典型做法。例如：乾兴元年（1022年）七月，三司奏报，交州进奉使李宽泰等各人进贡紫矿、玳瑁、瓶香等，约计价钱为一千六百八十贯。仁宗下诏：“回赐钱二千贯以优其直，示怀远也。”[⑦]仁宗回赐钱比贡品的估价，

①《九朝编年备要》卷十八，熙宁二年七月，《长编纪事本末》卷六十六。

②《续资治通鉴长编》卷二二七，熙宁四年十月。

③《续资治通鉴长编》卷二三二，熙宁五年四月，《宋会要辑稿·蕃夷》四三九二。

④《建炎以来系年要录》卷一八六，绍兴三十年九月。“本路（广西）诸州，上供钱买银，每两三四千。其折与蛮夷，每两二千而已。”

⑤《金史》卷四十八《食货三·钱币》三月，参知政事李复亨言：近制犯通宝之赃者，并以物价折银定罪，每两为钱二贯。

⑥《明太宗实录》卷一六三，永乐十三年四月，交趾布政司言：“本境官盐乞定例召商，许以金银铜钱中纳。于是户部定议：金一两给盐三十引，银一两、铜钱二千五百文，各给盐三引。从之。”可见此时金1两折银10两；银1两折铜钱2500文。

⑦《宋会要辑稿·蕃夷》四之三一至三二。

优惠19%，此外没有别的优惠。这个数额大大低于熙宁四年的标准。

神宗朝鼓励朝贡贸易的措施，加大了贸易成本，经济上得不偿失，但给予朝贡贸易以积极的推动。当海外国家朝贡使团纷至沓来，在账面上就显示出贸易规模的扩大和外贸额的增长。熙宁十年（1077年）骤然增长的外贸额，包含了朝贡贸易更多的贡献也包含了更高的成本。

三、取消铜钱出口禁令

宋朝多数时候禁止铜钱流出国境，神宗熙宁七年（1074年）开过一次禁，持续时间达十余年。[①]古今论者多指铜钱外流为坏事，甚至认为对国计民生有极坏影响。不过，对于熙丰时期（1068—1085年）的外贸经济，它却是一副兴奋剂。

第一，允许铜钱出界满足了海外一些国家的部分愿望，扩大了对外交换的手段，有利于扩大贸易规模。当时海外许多国家自己并不铸钱或铸钱不多，不敷使用，便以中国铜钱作为商品等价物在国内市场上流通使用，或者作为“镇国之宝”“分库藏贮”[②]。海外国家对中国铜钱的需求量逐渐增大，许多商船满载海外珍奇来华，不但想购回中国的丝绸、陶瓷等日常生活用品，还想购回中国铜钱。他们贸易热情会因愿望得到满足而更为高涨。

第二，允许铜钱通过正常渠道出界，还可抑制走私贸易，增加政府的外贸收入。在严禁铜钱出界的时候，商人贩运铜钱受到抑制，但铜钱运出“利源孔厚”[③]，买卖双方皆可获厚利，不少人仍通过贿赂官吏、走私偷漏等旁门左道将铜钱输运出境进行私下交易。熙宁七年（1074年）开放钱禁的做法是，把铜钱作为一般商品，在缴纳一定的出口税后，便可合法贩运出境[④]。钱禁一开，以往暗中进行的铜钱交易便浮现出来。用于交换铜钱的进口商品由市舶司抽解、官市然后进口，这是钱禁时期时期政府掌握不到的收入。而铜钱则与其他货物一道，通过正常渠道经海陆两线大量出口。于是就有所谓“边关重车而出，海船饱载而回”，“钱本中国宝货，今乃与四夷共享”[⑤]的感叹。实际上开放钱禁，使部分走私贸易转化为市舶贸易，增加了政府的税入。因此，开放钱禁起了推动市舶贸易及

①《续资治通鉴长编》卷二六九。《文献远考》卷九载，哲宗元祐六年“申钱币阑出之禁，立铜钱出界徙流、编配、首从之法”。这年距钱禁初开的熙宁六年共17年。

②《宋会要辑稿·刑法》二之一四四。

③《宋会要辑稿·刑法》二之一四四。

④［宋］张方平：《乐全集》卷二十六《论钱禁铜法事》。

⑤［宋］张方平：《乐全集》卷二十六《论钱禁铜法事》。

扩大官府收入的作用。

四、市易司系统大力推销进口商品

市易法给外贸秩序、市舶司运作及商人利益造成了一定的破坏和损害。然而进一步的研究表明，在一定的时间条件下，市易务对广州等地外贸市场的侵扰未必直接阻碍外贸发展；市易司系统推销进口商品，拥有市舶司无可比拟的条件。

市易务的干扰造成了市舶司的亏损，但广州市舶贸易并未止步或萎缩。市易务与市舶司都立有定额，及按业绩考课的制度。为完成课额和得到奖赏，双方激烈地争夺进口商品，从而造成进口商品的需求膨胀和卖方市场，刺激了中外商人贩运进口商品的积极性。在两机构的争夺战中，市易务借朝廷大张旗鼓推行新法之机，依仗权势挤压市舶司，自己占据上风。对于国家大局来说，虽然原有的贸易秩序受到一定的破坏，但整体利益并未受损。市舶司收入减少了，却增加了市易务的进项；两机构所得之和高于以往，而且全部归属国库。

市易司系统为迅速疏导进口商品创造过突出成绩。下表显示出熙宁九年至元丰元年（1076—1078年）主管国家财政的三司出卖乳香的收益。

熙丰之交三司出卖乳香情况

单位：贯

项目 \ 年份	熙宁九年（1076年）	熙宁十年（1077年）	元丰元年（1078年）
市易务	226675.968	177370.848	192375.524
市易务上界还钱		177945.950	
上界归还出卖板桥镇香钱		37914.838	20130.966
外州军	55062.695	45588.953	33161.701
杂卖场	57659.327	34853.615	8070.763
扣减药钱	11791.843		
合计	327606.147	313374.204	253738.954
总计	894719.305		
市易务系统的贡献率	69.192		83.75

资料出处：梁廷枏：《粤海关志》卷三引北宋人毕仲衍：《中书备对》材料。

备注：分类统计与总计有出入。因“合计”与“总计”数字相符，熙宁九年（1076年）、元丰元年（1078年）的分类数与合计数也相符，估计错在分类数字中熙宁十年的栏目中。

由上表可见，市易务出卖乳香数量最大，占三司出卖乳香总数的69%至84%之间。

市易务出卖乳香数量特别大的原因，归根到底是获得了经营特权。这时榷货务已经并入市易司，成为市易西务的下属，因而市易司拥有大量进口商品，随时可供变卖。此外市易司还掌握了一些非正常的销售手段。例如，神宗元丰二年（1079年）十一月，神宗批准都大提举市易司王居卿的以下提议："岁赐州府合药钱，大郡二百千，小郡百千，乞以赐钱之半买药于市易务，余听州府自合药"。[①]这是迫使全国多数州郡向市易购买药材，使市易司能够大量推销香药等商品。朝廷赋予市易司巨大特权并不合理也不正当，既破坏了存在已久的制度，还扰乱了市场。但倘若没有市易司的大力疏导，滚滚而来的香药等进口商品会在官府中大量堆积，泛滥成灾，不但不能增加三司的收入还会危及外贸。因此，市易司对熙丰时期海外贸易的进展发挥过举足轻重的推动作用。

第三节　哲宗朝海上丝绸之路流量的急剧萎缩

自哲宗登基起，北宋进入政治风云变幻的动荡岁月。政治形势阴晴往复，市舶贸易收入锐减，大势不妙。

前面已探讨了熙宁时期广州海外贸易的发展情况，分析了造成这一大好局面的主要原因，然而这一局面维持的时间并不长，大约在元丰中后期广州外贸已出现回落，到哲宗元祐、绍圣年间（1086—1097年）降至低谷。徽宗政和四年（1114年），官员施述上奏指出："市舶之设，元符（1098—1100年）以前虽有，而所收物货十二年间至五百万。"[②]那就是说，元祐元年（1086年）至绍圣四年（1097年）的十二年间，各口岸外贸总收入平均每年不及五十万贯，仅为熙宁十年（1077年）的四分之一弱，甚至低于仁宗皇祐时的水平。

哲宗朝海外贸易收入的锐减，原因不止一端。这时的数字挤掉了统计中的水分，减少了包含在贸易额中的成本等因素，所以实际情况其实并没有外表显示的那么差。但当时的外贸确实存在滑坡现象。

①《续资治通鉴长编》卷三〇一，元丰二年十一月。

②《文献通考》卷二十《市籴考》。

外贸收入出现大滑坡，与当时政治形势有很大关系。元丰八年（1085年）宋神宗去世，年幼的哲宗继位，宣仁太后垂帘听政，“元祐更化”随即开始。熙丰新法大部分措施被废除，当政者对增加财政收入和集中利权的冲动不再，刺激外贸的措施明显减少。经济发展回归常态，海外贸易也是如此。因此，这个时期外贸收入的参照系，与其用熙宁十年（1077年）的二百万贯，毋宁用治平年间（1064—1067年）的六十三万贯更为合适。

这个阶段，消化熙丰变法时期过量进口的商品是一项艰难的任务。元祐年间（1086—1093年），因香药、象牙等物在汴京府库中积压过久，户部建议提供优惠政策，用进口商品吸引商人将铜钱运往急需军饷的西北前线陕西、河北、河东三路。具体做法是：官方制作一种可以到京师提取香药等进口商品的凭证“钞”，后来称为“香药钞”。当商人把铜钱运到三路边境地区，就将得到这样的“钞”。这些“钞”的价值，将会比一般标准上浮百分之二十；如果商人把铜钱运送西北三路，但没到最边远的地方，得到的“钞”价，也会提高百分之十。“于三路入纳见钱给钞，沿边加饶二分，次边近里州军并加饶一分，到京算请。”[①]但香药等积压并未缓解。绍圣三年（1096年），“香药库等处应出卖物甚多，久卖不售”，于是蔡京提出用香药等物“募商人沿边入中粮草”[②]。这边厢，正在忙不迭地消化库存商品；那边厢，海外商品是否继续大量进口，便成了问题。在这种形势下，中外海路贸易难以兴盛。

从经济角度看，后来的外贸大滑坡是熙丰时期（1068—1085年）外贸超大规模发展的必然结果。

首先，外贸大发展付出了高昂的经济代价。

早在太平兴国七年（982年），朝廷曾规定玳瑁、牙犀、乳香等八种进口商品为专卖品，全部专卖。[③]此后进口商品专卖逐渐趋于弱化。减少官府干预的经营自由，是商品经济正常发展的重要条件，北宋前期进口商品官市逐渐减少是一个自然而然的趋势。然而在熙丰时期，朝廷却用严刑峻法严惩违法私售专卖品的人。在广州，私自买卖乳香要受“峻法”处罚。[④]“峻法”固然能给宋朝带来高额垄断利润，但同时因为增加了政府采购，在收入提高的同时，成本也上升了。

①《续资治通鉴长编》卷四四一，元祐五年四月。

②《宋会要辑稿·职官》二七之一六。

③《宋会要辑稿·职官》四四之二。

④［宋］黄裳：《演山集》卷三十三《中散大夫林公（积）墓志铭》。

商人一般不欢迎官市，因为“凡官市价微，又准他货与之，多折阅，故商人病之”[①]。为维持商人的贸易热情，官府只有抬高官市价格；货物到手后又要负担更多的运送河交易费用。因此，熙丰时期市舶贸易经营成本高，利润也就比较低。

进口商品在国内的推销成本，下面以广州市易务为例加以说明。熙宁七年（1074年），广州市易务以30万缗的本钱开始经营，到元丰三年（1080年），历时七年，本钱和利润应为74万缗，利润一项应达到44万缗。但盘点结算的结果，利润仅有16万缗左右，[②]年均利润2.3万缗，利润率不足8%。可资比较的另一数据是：元祐元年（1086年），杭州、明州、广州三州市舶收到钱、粮、银、香药等54.0173万“缗匹斤两段条个颗脐只粒”，支出23.8056万“缗匹斤两段条个颗脐只粒”[③]。我们假设两组数字的统计口径基本一致，具有可比性，则这年三个市舶司的经营利润将近127%，年均超过42%。两相比较，悬殊甚大。市易务利润率不高的原因，主要是经营方式不当，导致经营成本过高。高投放、低效益的经营难以长久维持。这种状况在元丰后期得到改善。元丰六年（1083年），乳香“依旧条，给长引，许商贩”。[④]元丰七年（1084年），榷货务脱离市易司重新独立[⑤]。市易司被排斥于进口商品销售主渠道之外。

前面谈到的熙宁时期发展朝贡贸易的做法，也是宋朝不惜经济代价求增长的例证。

其次，外贸大发展脱离了国内市场的供应和消化能力。熙丰年间外贸大发展的一个重要推动力是开放钱禁。铜钱被当作一般商品，征税之后允许运出国外。在开放钱禁的第二年，已经有人提出钱荒问题，并明确反对开放钱禁。[⑥]但当时广东韶州、惠州铜矿产量很高，阜民、永通监铸钱数额巨大，全国最大的外贸港广州仍有条件大量出口铜钱。到元丰末，全国铜矿产量已大为减少。从元丰八年（1085年）开始，韶州岑水等场，“坑冶不发”。神宗刚去世，朝廷就“罢增置铸钱监十有四”[⑦]。宋朝不可能继续把铜钱作为鼓励外贸的手段了。

---

①朱彧：《萍洲可谈》卷二。

②据《宋会要辑稿·食货》三七之二九至三〇统计。

③朱彧：《萍洲可谈》卷二。

④《续资治通鉴长编》卷三三五，元丰六年六月戊申。

⑤《续资治通鉴长编》卷三三五、三四五。

⑥张方平：《乐全集》卷二十六《论钱禁铜法》。

⑦《宋会要辑稿·职官》四三之一一九，《宋史》卷十七《哲宗纪》。

此外，熙丰时期海外产品输入过多，大大超出了国内市场的消化能力。从毕仲衍的统计中可知，元丰元年（1078年）官库中屯积大量香药，其中香药库存香约1021421斤，市易务下界库存香药9627斤，[①]总共1031048斤。若以熙宁九年（1076年）至元年三年（1080年）年均出卖香药数计算，库存香药需要将近五年才卖得完。但与此同时，各种来路的香药还将源源不断地涌入官库，香药积压爆满，势所必然。这是国库情况。地方府库也是如此。在广州，“乳香之货，存额甚众，从惮峻法，官鬻不售”。林积当时任广东提点刑狱，他提议改变乳香统由官府专卖的做法，“以发滞财”。[②]府库香药爆满的信息看来很快反馈到决策中心，朝廷立即作出限制价值低于南香的西南香入口的对策。约在元丰元年或二年（1078或1079年），朝廷诏令熙河路经略司，“除乳香以无用不许进奉及挟带上京并诸处贸易外，其余物并依常进贡博买”。[③]这道命令在元丰三年（1080年）已被严格执行。西北地区香药贸易已受限制，宋朝香药主要供应地广州，香药进口受到限制或不再受到热情鼓励只是时间的问题。

熙宁十年（1077年）外贸规模和收入的大幅度增长，有多项政策支撑，其中有些注定是短命的。社会和经济成本过高，不可能持续，大起而后大落的命运不可避免。这是宋朝少有的不计成本、不顾代价经营海外贸易的特殊时期。哲宗朝市舶贸易的急剧萎缩，很大程度上是客观经济规律对宋朝错误政策的自然反应。

第四节　徽宗朝海上丝绸之路的表象与内质

元符三年（1100年）哲宗去世，宋徽宗继位。经过短期过渡，新皇帝亲政，君临天下。这是个即将朽烂的摊子，徽宗的统治加速其败落和覆亡。

徽宗亲政不久，便重用早年以投机取巧闻名于世的蔡京。尽管皇上对蔡京并不十分满意，一再把他从宰相位置上踢走，但朝里无人，弃之可惜，两人还是沆瀣一气，联手做了很多坏事。

徽宗、蔡京集团政治上意气用事，因人废事、因人废言；顺我者昌，逆我者

①［清］梁廷枏：《粤海关志》卷三。

②［宋］黄裳：《演山集》卷三十三《中散大夫林公（积）墓志铭》。

③《宋会要辑稿·蕃夷》四之一六。原书作元丰四年，误。

亡；一人得道，鸡犬升天的情景司空见惯。他们残酷打击反对熙丰变法的官员、元祐时期执政的大臣，以及其他跟自己不合拍的臣僚，把他们列入元祐党籍，杜绝其子孙的仕进之路。于是朝野上下，君子道消，小人道长，北宋政治病入膏肓。

在经济上，徽宗、蔡京集团追求更高度的中央集权，把全国财富据为己有，大肆挥霍，登峰造极。他们想方设法压榨平民百姓，把更多的地方财赋征调京师，直接导致财政经济一些重要部门无法继续运作："崇宁初蔡京为相，始求羡财以供侈费，用所亲胡师文为发运使，以籴本数百万缗充贡，入为户部侍郎。自是来者效尤，时有进献，而本钱竭矣。本钱既竭，不能增籴，而储积空矣。储积既空，无可代发，而转般无用矣。"[①]

蔡京格外重视海外贸易。崇宁元年（1102年）七月五日，他初任宰相，[②]几天后就在都省（尚书省）设置讲议司，讨论外贸等问题，并恢复了前些时候废弃的杭州、明州市舶司。[③]次年二月，讲议司提出"市舶合措置事，乞令逐路转运司相度以闻"，得到皇帝批准。[④]

蔡京推出跟外贸有关的政策不少，包括以下几方面。

第一，"打套出卖"。"打套出卖"即捆绑销售，是将一些受市场欢迎和不那么受欢迎的商品捆绑在一起，推销出去。蔡京拜相不久，有六七批大商人到朝廷要求归还前任宰相借欠的几百万缗边防费用。蔡京为了向徽宗显示自己的能耐，提出由他设法偿还这笔款项。他将多年积存于官库中的香药及其他物资，按品类、贵贱等，分别配套，标价出售。不到半年，蔡京就把欠款还清了："创打套折钞之法，命官划刷诸司库务故弊之物……及粗细色香皆入套，为钱其直若干等，立字号而支焉。套始出，客犹不愿请。有出而试者，其间惟乳香一物足偿其本，而他物利又有自倍。于是欣然，不半年，尽偿所费。"[⑤]

打套出卖进口商品始于蔡京。他应该是从此前通行于河北路的三说、四说法获得了启发。蔡京用于"打套折钞"诸物中，乳香的销路虽然比较一般，但库存香药的推出，不但给朝廷带来收入，还拓展了进口商品的市场，拉动市舶贸易。

①《文献通考》卷二十五《国用考》。

②《宋史》卷十九《徽宗纪》。

③《宋史》卷十九《徽宗纪》。

④《长编纪事本末》卷一三二，徽宗崇宁二年二月。

⑤陈均：《九朝编年备要》卷二十六，崇宁元年十二月。

第二，强化广州港作为东南亚国家和东亚国家之间贸易中转港的功能。北宋中期的市舶条例，规定中国对东南亚国家贸易，由广州港经营。此时，朝廷允许远洋船舶由广州港出发，转口福建、两浙等地贸易，附带条件有三：取得广南东路市舶司同意，并领取通行证；不得夹带违禁物品；由广南东路市舶司派遣“防船兵仗”护送前去：“令蕃商欲往他郡者，从舶司给券，毋杂禁物、奸人。”“凡海舶欲至福建、两浙贩易者，广南舶司给防船兵仗，如诣诸国法。”[①]泉州此时已有市舶司，对东南亚贸易早已展开。这个规定方便了东部港口对东亚国家的转口贸易。

两浙路是当时中国经济最发达的地区之一，既是重要出口商品丝绸、陶瓷的主要产地和重要产地，也是海外进口商品的重要消费地。中外商人到达该地区，接触更多的生产者和购买者，有利于减少中间盘剥，提高经营利润，推动外贸发展。

第三，限制官府销售进口商品的价格。崇宁三年（1104年）朝廷规定，广南东路市舶司销售进口商品的收益率不得高于20%，“广南舶司鬻所市物货，取息毋过二分”。[②]

第四，官府出面组织出口货源。在崇宁二年（1103年）以前，阶州每年为广州市舶司购买麝香2500两，崇宁二年五月以后增至4000余两，增加幅度高达64%。[③]官府出面组织出口货源极少见诸史册，这是对市舶贸易的一种积极的支持。

第五，健全市舶司制度。官府采取措施理顺市舶司制度，包括恢复曾被撤销的比较重要的市舶司，恢复市舶司官员的常规设置。

蔡京在徽宗崇尚神宗熙丰新政的背景下出任宰相，他的所作所为多与熙丰变法相通，但还是有些差异。熙丰时期，朝廷尽量少设市舶司，用设置市舶司的少数港口控制海外贸易。蔡京的态度正相反。在他的心目中，发展外贸、增加收入是第一要务，应该把市舶司作为王朝的财政工具，让外贸为增加财政收入服务。因此他不顾一些官员的反对，坚持恢复健全市舶司的机构和官员；一些未设置市舶司的港口，也可以不遵守制度规定，不限制外贸，任由海外商船往来贸易。[④]蔡京拜相罢相，几度沉浮，市舶司制度也跟着他的来去而升降。

①《宋史》卷一八六《食货志·互市舶法》。

②《宋史》卷一八六《食货志·互市舶法》。

③《宋会要辑稿·食货》三八之七。

④《宋会要辑稿·职官》四四之一〇至一一。

上列几条措施推动了外贸的发展，官方收入也随之增加。统计数据显示，宋朝的海外贸易并未与政治状况同步恶化衰败，徽宗登基后市舶贸易收入颇为可观，“崇宁经画详备，九年之内收至一千万”[①]。九年间，外贸收入共1000万，平均每年110余万贯。这虽然远不及熙宁十年（1077年）的数额，却大大高于哲宗时期的平均水平，也高于英宗治平及以前的最高水平。这说明，徽宗前期是宋朝外贸收入的又一个高涨时期。

但我们对这个数字应该有比较清醒的辨认。

第一，这个数据是否真实，有无夸大，不无可疑之处。马端临在《文献通考》中，曾对崇宁大观间（1102—1110年）的户口数提出质疑：“以史传考之，则古今户口之盛，无如崇宁大观之间。然观当时诸人所言，则版籍殊欠核实，所纪似难凭。览者详之。”[②]外贸收入超过一百万贯也在崇宁大观间。其间蔡京两度拜相罢相。罢相时，赵挺之、何执中出任宰相，他们都是蔡京的党羽。徽宗蔡京等人好大喜功，浮夸成性，外贸数字也造假不是不可能。

第二，徽宗、蔡京等人发展经济的目的和达到目的手段，不是为了国家和百姓的福祉，而是借以聚敛更多的钱财，满足统治集团的需要。“徽宗既立，蔡京为丰亨豫大之言，苛征暴敛，以济多欲。”[③]“徽宗嗣位，外事耳目之欲，内穷声色之欲，征发亡度，号令靡常。”[④]“崇宁间，……神霄宫事起，土木之工尤盛，群道士无赖，官吏无敢少忤其意，月须帀帛、珠砂、纸笔、沉香、乳香之类，不可数计，随欲随给。”[⑤]

有一种说法是，徽宗、蔡京集团聚敛财宝，包含用以收复燕云十六州的打算。是否如此，没有确凿的证据，但国民财富的深重损耗，却实实在在地做到了。政和七年（1117年）从辽国归附宋朝的李良嗣说：“朝廷既有意于燕云，而蔡京为国兴利，以备兵兴支用，仍行香、茶、盐、矾等法令，州县立递年租额，以最殿考其赏罚，守令奉行罔敢少怠。又有和籴、均籴、对籴、衔籴，以备军食。累年于兹，民力遂耗。所甚者，商人卖法重获厚利。朝廷籴本元降州县，输

①《文献通考》卷二十。

②《文献通考》卷十《户口考》。

③《宋史》卷一七三《食货志·农田》。

④《宋史》卷二百《刑法志》。

⑤［宋］陆游《老学庵笔记》卷二。

纳者实未尝得，悉为官吏所有。”[1]当道者为挽救其统治，对整个社会敲骨吸髓，外贸经济也在榨取之列。

政和四年（1114年）十二月，朝廷诏令“广南市舶司岁贡珍珠、犀角、象齿”。[2]政和七年（1117年），朝廷给东南监司郡和广南市舶司安排了“应奉”任务。[3]同时期福建和两浙市舶司不见有这样的任务。徽宗蔡京集团特别重视发展广州海外贸易，目的显然是把鹅养肥了，以便宰杀。

第三，朝廷外贸收入提高的背后，存在成本高企的问题。“自大观以来，乃置库收受，务广帑藏，张大数目，其弊非一……大观以后，犀牙、紫矿之类皆变作细色，则是旧日一纲，分为三十二纲，多费官中脚乘、赡家钱三千余贯。”[4]继北宋中期神宗朝之后，北宋后期徽宗朝再次以高投入，低效益的方式扩大外贸规模、增加外贸收入。

宣和二年（1120年），蔡京又一次被徽宗踢走，离开相位。反对者再次改变他的做法。宣和四年（1122年）五月九日，“诏应诸蕃国进奉物，依元丰法更不起发，就本处出卖，倘敢违戾，市舶官以自盗论”。[5]新政策可以减少进口商品经营成本，让市场发挥更大作用，比起把应该就地出卖的“粗色”也官运上京，显然要合理。

徽宗后期，全国政治形势的继续恶化，导致了极其严重的后果。

首先是全国政治形势一片黑暗。徽宗即位后，先后任用蔡京、王黼、童贯、梁师成、朱勔、李彦等“六贼”。这批奸臣、宦官执掌大政，党羽密布朝野上下，不遗余力地打击异己，巩固权势，丑态百出地讨好徽宗，博取宠信。在黑手遮天蔽日的二十多年中，他们同昏君徽宗一道，大力粉饰太平。统治者兴土木，铸九鼎，建明堂，筑宫殿，作台阁，修方泽，立道观，花天酒地，恣意享乐，肥家置产，务填欲壑。整个国家机器逐渐锈蚀，越来越运转不灵。

其次是经济上的疯狂掠夺。腐朽、贪残的宋朝君臣先后设立应奉局、造作

①［宋］徐梦莘：《三朝北盟会编》卷一，政和七年七月十八日。

②《宋史》卷二十一《徽宗纪》。

③《文献通考》卷二十二《土贡考》。另有政和四年以后之说，见《长编纪事本末》卷一二八《徽宗皇帝·花石纲》。

④《宋会要辑稿稿·职官》四四之一二。

⑤《宋会要辑稿·职官》四四之一一。

局、西城所等，张开血盆大口，吞噬民间财宝土地；又用支移折变、方田均税等法加重对人民的剥削，使税钱增加了几倍到几十倍。

北宋末年，宋金战场形势渐趋恶化。宋朝君臣醉心于花天酒地，从一开始就没有拿出一套积极应敌的作战方略，又缺乏御将之道，加上军队严重腐败，既无作战之力也无抵抗之志，致使金军长驱直入，越过大片宋朝领土轻易打到汴京，推翻了北宋王朝。王朝覆灭前夕，军队无用，统治者希望钱财能救宋王朝一命。金人的胃口很大，一开口就是“金五百万两、银五千万两、锦帛、牛马、驼骡，万数浩瀚”。宋朝不得不大肆括索公私钱财，但所获有限，“竭神御、乘舆、宫禁、王府、主第、宫观寺、内外百官、士庶人等金及三十余万，银一千二百余万，又送以服御、犀玉、腰带、真珠、宝器、女乐、珍禽、香药、茶、锦绮、酒果之类，并以祖宗以来宝藏珠玉等物准折”。因有“数万金银未敷”，金人不肯退兵。[①]于是宋朝揭榜通衢大道，“立限俾悉输之官，限满不输者斩，许奴婢及亲属诸色人告，以其半赏之。都城大扰。限既满得金二十余万两，银四百余万两，而民间藏蓄为之一空”。[②]到了靖康二年（1127年），形势更为危急，“留守司差官百员，分定街巷，不问贫富，遍加根检，下至贫民，一分一钱之微亦取。两府之尚书大戸，各金二十两，银五十两，表段三十匹，至撤居。致仕、选人、校尉，各以差次输纳。稍有违限，发遣家属赴军前。至此，人益不聊生矣”。[③]

浩劫不限于京师一地，中国最大的港口广州也在其中。靖康元年（1126年）六月十五日，右司谏徐秉哲的奏疏历数蔡京的倒行逆施，并揭露官员燕瑛“括二广与南海之宝货香药以赂王黼及群阉”，因而获得升迁的丑行。[④]情势危急，官府重敛，寄生虫蚕食无忌，广州的商贸在劫难逃。

北宋末世政治、经济形势的逐渐恶化，不仅使宋朝百年积蓄消耗一空，还给人民带来了空前沉重的灾难。敲骨吸髓式的科敛、榨取和搜括越来越严重。金人的入侵一举推翻了腐朽透顶的北宋政权。政治衰朽的同时，市舶贸易也不断滑坡，迅速走向自己的末日。

①[宋]徐梦莘:《三朝北盟会编》卷三十，靖康元年正月二十日丙戌。

②[宋]佚名:《靖康要录》卷一，靖康元年正月二十六日。

③徐梦莘:《三朝北盟会编》卷九十七,《靖康中帙》(靖康元年四月)十九日。

④[宋]佚名:《靖康要录》卷六，靖康元年六月十五日。

第三章
南宋外贸政策与海上丝绸之路的盛衰起落

建炎元年（1127年），宋高宗赵构重建宋朝，史称南宋。宋金以淮河、大散关划界。宋朝失去大片国土，偏安江南，国内市场缩小，可用资源减少，资金更为紧缺，对外贸的倚重有增无已，外贸政策一仍其旧，大方向不变。但南宋经济上的活跃度远不及北宋，外贸政策的新招也不多。重要外贸港口所在地官府和市舶司在财政负担加重背景下，为获得更多财源，各显其能，自定政策推动外贸发展，成为相当突出的景观。

第一节　南宋前期海上丝绸之路从冷落走向蓬勃

南宋王朝对外贸不能说不重视，但没有拿出发展外贸的有力措施。但宽松开放的环境加上其他一些因素，南宋前期宋朝的海外贸易收入，超过了北宋有明确记录的最高水平。

一、海外贸易发展状况

南宋初年，中国东南沿海对外贸易发展情况如何，是个不容易回答的问题。外贸进路不平坦，起起落落、动荡时有，成绩单却颇为靓丽。不利于外贸发展的因素一直存在，如影随形，却没有带来严重灾难。沿海港口外贸船舶络绎不绝，各色商品充盈府库。下面我们重点讨论几个有关外贸收入的问题。

（一）高宗初年的海外贸易

高宗朝初年，由于北宋末年统治者的敲骨吸髓加上战乱频仍，无休无止，中国沿海外贸港口所在地大都相当穷困。在广东，“本路地瘠民贫，仓廪皆竭”。[①]但首先是广州，几年后是泉州，在不长的时间里外贸便有颇大起色。

宋人曹勋在一份上奏中写道：“窃见广泉二州，市舶司南商充牣，每州一岁不下三五百万计。若今两州，除纻麻、吉贝等粗色物货许依旧抽解外，应细色权移就临安府抽解，候事定日依旧，庶得上供物货既皆真的，又免起发脚夫之用，是易十五之蠹耗为十全于行在也。”[②]这条史料重要，但有两个问题需要辨识。

第一，这份奏章写于何时？曹勋的奏章中提到“临安府”：高宗驻跸杭州在建炎三年（1129年）二月。[③]杭州升为临安府在这年七月。[④]这份奏章写于建炎三年七月以后不久，可以基本确定。

第二，三五百万，指的究竟是什么？广州或泉州的市舶贸易总值还是官方的收入？绍兴五年（1135年）四月，了解当地外贸的泉州知州连南夫在一份奏章谈到“国家每岁市舶之入数百万”。[⑤]宋朝每年市舶贸易收入达“数百万”，包括广州、泉州、明州等地的外贸收入。按照一般语言习惯，“数百万”少则三五百万，多则可以达到七八百万。

对比两条史料，我们认为：数据存在的时间，以建炎三年七月前后为上限，以绍兴五年四月为下限，即1129—1135年这个区间。曹勋说的三五百万，当指市舶司的年收入。但曹勋和连南夫提出的数额不同。根据曹勋的说法，广州、泉州，两个州的市舶司年收入分别高达三五百万，加起来高达六百万到一千万上下。根据连南夫的说法，宋朝全国市舶贸易收入总共几百万，跟一千万贯还有一定距离。如果很接近一千万，就会表述为近千万。目前没有别的史料证明谁更准确。我们即使把位于下线的三五百万作为宋朝市舶贸易总收入，这也是令人惊讶的大数额，表明宋朝外贸规模登上了一个新的高度。

南宋初年海外贸易的繁荣，以广东发展最快也最为突出。

建炎四年（1130年）二月二十六日，尚书省提到广南市舶司在一份奏折中

①《建炎以来系年要录》卷三十二，建炎四年三月丁卯。

②［宋］曹勋：《松隐集》卷二十三《上皇帝书十四事》。

③《宋史》卷二十五《高宗纪》。

④《宋史》卷二十五《高宗纪》。

⑤《建炎以来系年要录》卷八十八，绍兴五年四月戊午。同书卷八十四，绍兴五年正月条：“显谟阁直学士知泉州连南夫进职一等。”

说“广州市舶库逐日收支宝货钱物浩瀚”。[①]这表明，此时广州港已经呈现出繁荣景象。外贸繁荣，市舶司掌握了很多钱财，当地其他官府垂涎欲滴，有意分一杯羹。但这与宋王朝加强财政经济中央集权的意图相冲突，因而被朝廷严令禁止。[②]

南宋继续实行进口商品专卖和官市制度。绍兴元年（1131年）大量进入广州的海外商品中，有不少商品是专卖品，市舶司需要凑足官钱向进口商人购买。于是提举广南路市舶张书言报告朝廷：经查明，大食国使者蒲亚里所进献的大象牙有二百零九株，大犀有三十五株，都已运入广州市舶库收管。每支象牙的重量都在五七十斤以上，按照市舶条例的规定购买，需要本钱五万多。[③]大象牙属于专卖品，市舶司要凑足本钱购买。“大犀”后面当有漏字，应该是“大犀角”。大犀角也是必须官市的进口商品。

福建和两浙外贸情况比不上广东，一个明显的迹象是管理机构市舶机构的动荡不宁。以福建为例，绍兴二年（1132年）七月，朝廷再“罢福建提举市舶司，依旧法令宪臣兼领。以每岁海舶不至，虚费官吏廪禄故也”。[④]福建市舶司在此前撤销过一次，这是第二次，原因都是外贸商船稀少，朝廷认为没必要留着市舶司。

绍兴二年以后，泉州外贸规模有了大幅度提升。[⑤]绍兴六年（1136年）八月，朝廷根据福建市舶司的报告，授予大食国商人蒲啰辛承信郎官衔，还将官员特有的礼服和上朝礼器发给他，以奖励他贩运价值高达三十万缗的乳香来华：“大食蕃客蒲啰辛特补承信郎，仍赐公服履笏。以福建市舶司言：啰辛所贩乳香直三十万缗，理宜优异推恩故也。”[⑥]同年十二月，福建市舶司又报告：负责纲运的商人“纲首”蔡景芳在建炎元年至绍兴四年（1127—1134年）七八年间，为市舶司带来了九十八万缗的收入。朝廷同样授予蔡景芳以承信郎的官衔。[⑦]

---

①《宋会要辑稿·职官》四四之一三。

②《宋会要辑稿·职官》四四之一三：建炎四年六月二十二日，朝廷严令：“诸路市舶司钱物，今后并不许诸司划刷，如违，以徒二年科罪。”

③《宋会要辑稿·职官》四四之一三至一四。

④《建炎以来系年要录》卷五十六，绍兴二年七月。

⑤陈高华、吴泰《宋元时期的海外贸易》，天津人民出版社，第137页：“从绍兴二年以后，泉州港在诸海外贸易港中的地位发生了急速的变化。”

⑥《建炎以来系年要录》卷一〇四，绍兴六年八月戊午。

⑦《建炎以来系年要录》卷一〇七，绍兴六年十二月。

曹勋和连南夫提供的有关广州和泉州外贸的统计数据，是当时宋朝外贸收入的主要部分。此时两浙路还是宋金争夺的战场，外贸难有大的作为。北宋中期以后，明州是高丽船舶来华的主要出入地，但在南宋初，有些高丽商人来华的目的地改为地理位置稍远的泉州。绍兴四年（1134年）七月，“高丽罗州岛人光金与其徒十余人泛海诣泉州，风折其樯，泊泰楚州境上”。[①]这批人以泉州为目的地，应该是避免受到战乱的影响。

广东、福建市舶收入大幅度提高，主要是什么因素造成的?

市舶贸易及收入的增长，跟海外商品大量进口和官府大力销售密切相关。南宋初，官方积极推销乳香等进口商品，导致进口商品快速和大量流转，活跃和刺激了进出口贸易。

南宋初年，乳香销路很好，乳香贸易利润可观。绍兴三年（1133年）七月一日，朝廷指示广东提举市舶司务必在三天之内，以固有的抽解、博买办法为基础，修订奖赏和处罚条例报送尚书省：“今后遵守祖宗旧制，将中国有用之物如乳香、药物及民间常使香货并多数博买，内乳香一色客算尤广，所差官自当体国招诱博买，仍令户部限三日将市舶司抽解博买旧法，参酌重别立定殿最赏罚条格，具状申尚书省。”[②]新条例的全貌如今不可得见，但史书披露了一些相关情况。

贩运进口商品有功的中外商人被授予官衔。绍兴六年（1136年），知泉州连南夫上奏：“诸市舶纲首能招诱舶舟、抽解物货、累价及五万贯、十万贯者，补官有差。”于是，“大食蕃客啰辛贩乳香直三十万缗，纲首蔡景芳招诱舶货，收息钱九十八万缗，各补承信郎”。[③]

关于啰辛。“大食蕃客啰辛”，一看便知是外国商人。前面提到的“大食蕃客蒲啰辛”和这里的“大食蕃客啰辛”名字相近，事情相同，应该是同一个人。宋朝将官衔授予外国商人的做法比较少见，此前多是将官衔授予外国官使。

关于蔡景芳。连南夫的奏疏的说法是“大食蕃客啰辛贩乳香直三十万缗，纲首蔡景芳招诱舶货，收息钱九十八万缗，各补承信郎”。[④]由此可见：第一，啰辛和蔡景芳不是一拨人。第二，蔡景芳是中国人的名字。他是因“招诱舶货”而获

①《建炎以来系年要录》卷七十八，绍兴四年七月。

②《宋会要辑稿·职官》四四之一七。

③《宋史》卷一八五《食货志》。

④《宋史》卷一八五《食货志》。

得奖励。招诱二字显示，蔡景芳应该是中国人。因此我们判定，纲首蔡景芳是从事进出口贸易的中国商人。授予中国商人官衔以资奖励，此前未见，估计是宋朝新近推出的激励外贸的措施。

市舶司官员和推销香药有功的官员，可因而获得奖赏。绍兴六年（1136年）的一份诏令表明，外贸收入的增加，不仅使商人受到奖励，市舶监官也会得到"推赏"。[①]有的市舶监官为了领功，一面逼迫驱赶商人驾船航海经营中外贸易，一面把出海贸易的商船全记在自己的功劳簿上、把次货充上品报功，无所不用其极。根据史书记载，绍兴六年，有些"监官等止将海商入蕃兴贩，便作招诱计数，该赏者多，而发到香货下色者皆充数纽估"。[②]朝廷奖励出卖乳香等专卖品的有功人员。绍兴元年（1131年）八月，"尚书右司员外郎赵子画等各迁一官，以榷货务岁中收茶、盐、香钱六百九万余缗故也"。[③]绍兴五年（1135年）八月，"右中散大夫提辖榷货务都茶场郭川减四年磨勘，监务场及交引库官吏各进一官资，以户部言去年收茶、盐、香钱共二千四十三万余缗故也"。[④]

奖励与惩罚作为控制行为的常用手段，通常是互相配合、轮番为用的。在奖励的同时，宋朝还严厉禁止市舶司官员和其他官员利用权力，暗买强占未经抽解的进口商品。绍兴五年闰二月的一道命令称："市舶务监官并见任官诡名买市舶司及强买客旅舶货，以违制论，仍不以赦降原减。许人告，赏钱一百贯。提举官、知通不举劾，减犯人罪二等。"[⑤]不以赦降原减和告赏，多用于重罪和非常时期，此时被用于禁止官员暗中私买和强势占有进口商品。

宋朝还用多种方式推销乳香等进口商品，拉动外贸。

榷货务出卖乳香。在建炎四年（1130年）前后，榷货务一直在"打套出卖乳香"[⑥]。在建炎四年，泉州抽买到的乳香，根据皇帝的命令运往榷货务"打套给卖"。[⑦]

各路官府受命推销进口商品。绍兴三年（1133年）十一月十二日，户部提议，各路用坊场钱购买市舶司的海外进口商品，"诸路收买市舶司博易物色本钱，

①《文献通考》卷二十《市籴考》。

②《文献通考》卷二十《市籴考》。

③《建炎以来系年要录》卷四十六，绍兴元年八月己巳。

④《建炎以来系年要录》卷九十二，绍兴五年八月丙午。

⑤《宋会要辑稿·职官》四四之一九。

⑥《建炎以来系年要录》卷三十六，建炎四年八月庚寅。

⑦《宋史》卷一八五《食货志》。

欲依旧用坊场钱应副”。高宗批准了这个建议。[①]此时许多路分负有责任，为市舶司推销抽买到的进口商品。但各路推销所得，是作为地方财政的一部分还是上缴朝廷，尚不得而知。

也在绍兴年间（1131—1162年），户部提出将所储存三佛齐国进贡的价值约二十多万贯的乳香九万多斤，“分送江浙、荆湖漕司卖之，以籴军饷”。[②]这说明在一些场合，地方官府销售进口商品是为朝廷筹措军费，而且接受任务的路分都有水陆交通比较便利的条件。

由于采取了一系列措施，乳香进口越来越多。乳香是专卖品，进口数量太多，难以维持高额垄断利润。因此，不对乳香贸易做任何限制，任其大量进口，未必有利于增加官府收入。北宋中期，乳香进口过多，市场饱和，于是就不受市场欢迎了。神宗对朝贡贸易有兴趣，赏赐有加，于阗国因而频繁朝贡。但到了元丰年间（1078—1085年），由于乳香进口过多，中国方面明确表示不再欢迎于阗国使者继续进贡乳香：“元丰初，始诏唯赍表及方物、马驴，乃听诣阙；乳香以无用不许贡。”[③]南宋半壁江山，乳香需求随之减少，但统治者财迷心窍，一门心思鼓励进口，增加收入，完全没有把市场容量问题放在心上。

在乳香大量进口的同时，乳香的国内定价也比北宋时期大幅度提高。史书记载，绍兴年间户部储存三佛齐国贡献的乳香九万一千五百斤，折合铜钱百二十余万缗，[④]平均每斤乳香大致为13.2贯铜钱。对比北宋中期广州的乳香价格表，里面最昂贵的四色瓶香，平均每斤3.5贯；最便宜的黑塌香，每斤1.6贯。熙宁十年（1077年）十月，于阗国进奉使娄阿尔斯兰带来乳香三万一千余斤，折合铜钱四万四千余贯，希望减价三千贯卖给官府。[⑤]这样一来，每斤乳香的平均价格低至1.42贯以下。南宋的乳香显然比北宋中期贵了很多。对比13.2贯的南宋乳香平均价，与北宋中期广州最昂贵的四色瓶香平均价，南宋乳香价格高出了3.77倍。[⑥]

绍兴七年（1137年）闰十月，高宗对知广州连南夫说：“市舶之利最厚，若

①《宋会要辑稿·职官》四四之一七。

②《宋史》卷四〇四《张运传》。

③《文献通考》卷三三七《四裔考·于阗》。

④《宋史》卷四〇四《张运传》。

⑤《续资治通鉴长编》卷二八五，熙宁十年十月。

⑥北宋中期广州四色瓶香平均价，见本书第55页。

措置合宜，所得动以万计，岂不胜取之于民？朕以留意于此，庶几可以少宽民力尔。”① “市舶之利最厚”之说，令人费解。海外贸易收入对于南宋捉襟见肘的财政状况，也许不可或缺，但比这更来钱的商品还有不少。盐、酒、茶、矾等商品，市场广大，需求稳定，销售额和收益都大大高于乳香等进口商品。绍兴六年（1136年）八月的一条史料记载：当时的榷货三务收入中，“大率盐钱居十之八，茶居其一，香矾杂收又居其一焉”。②由此可见，榷货务收入结构中，香钱加上矾钱和“杂收”才跟茶钱相当，只及盐钱的八分之一。

“市舶之利最厚”当指利润率。国际贸易的利润向来很高，而中国尤甚，中国官府获利更高。税收、专卖、官市等政策，都使官府得到额外的利润。市舶贸易以商人为主体，商品由商人从海外采购而来，成本和风险都由商人背着，官方不必提供前期经营成本。外国商品进口渠道主要是几个大港口，比较容易把控。国家对社会控制力强的时期走私不太容易。这些都是市舶贸易商品利润高于盐、酒、矾等商品的有利条件。

乳香进口增加和中国国内销售价格的大幅度提高，是高宗初期海外贸易发展、外贸收入出现高达三五百万巨大增长的直接原因。

（二）绍兴末期的海外贸易

高宗朝海外贸易收入还有另一个数据。

李心传记载，绍兴二十九年（1159年）九月，因御史台主簿张阐奏请，高宗委派官员考察和制定闽、浙、广三路市舶司条法。张阐此前提举两浙市舶，任期结束后回朝廷报告：“三舶司岁抽及和买，约可得二百万缗。上谓辅臣曰：此皆在常赋之外，未知户部如何收支？可取见实数以闻。”③

马端临在《文献通考》中也记了这件事，但认为事在绍兴十七年（1147年）十一月。④查张阐出任御史台检法官在绍兴二十九年八月。⑤所以此事不可能出现

①《中兴小记》卷二十三，绍兴七年闰十月庚申。

②《建炎以来系年要录》卷一〇四，绍兴六年八月。

③《建炎以来系年要录》卷十八三，绍兴二十九年九月。

④《文献通考》卷二十《市籴考·市舶互市》：绍兴十七年十一月，“诏三路舶司蕃商贩到龙脑、沉香、丁香、白豆蔻四色，并抽解一分，余数依旧法。先是十四年，抽解四分，蕃商诉其太重故也。上因问御史台检法张阐舶岁入几何。阐奏抽解与和买岁计之约得二百万缗。上云：即此即三路所入，皆常赋之外，未知户部如何收附，如何支使，令辅臣取实数以闻。”

⑤《建炎以来系年要录》卷一八三，绍兴二十九年八月。

在绍兴十七年，马端临的记载有误。张阐向高宗报告市舶贸易收入的时间，应以李心传的记载为准。

“三舶司岁抽及和买，约可得二百万缗”，表明二百万缗包含进口税与官市所得。进口税多是实物税形式，运输和交易都有成本；官市所得，成本也包含在内。所以外贸收入不是纯收入，包含了或多或少的成本。这与北宋外贸额的统计口径大致相同。

二百万缗即二百万贯，与高宗初年的几百万贯相比，收入明显减少。这是为什么？

绍兴初年以后的中外海路贸易，虽然存在各种问题，港口形势起伏不定，但总的情况还好。例如，海盗为患时间不长，破坏力也不太强。绍兴十年（1140年）四月，高宗对大臣说：“广南市舶利入甚厚，提举官宜得人而久任，庶蕃商肯来，动得百十万缗，皆宽民力也。”[①] “动得百十万缗”意思是几十近百万。看来绍兴九年、十年前后广州外贸形势不错，宋高宗颇为满意。但即使是一百万缗的外贸额，跟建炎末和绍兴初的“三五百万”和“数百万”，差距还是很大的。

绍兴三十年（1160年）的一条史料说明，在此前后跟外贸有关的一些问题变得越来越棘手。虽然这条史料依然把海外贸易视为南宋王朝的最大利源，但也指出了存在的问题：

> 绍兴三十年冬十月，言者论国家之利，莫盛于市舶。比年商贩日疏，南库之储，半归私室，盖商贾之受弊有四，官中之亏损有二。旧法抽解十五之中，泛取其一，今十半之中，尽择良者。向来舶贾，率皆土人，事力相敌，初无攘夺相倾之患；其后将帅贵近，各自遣舟，既有厚赀，专利无厌，商贾为之束手。旧舶舟之行，惟给符引，财货盈缩，事止一身，其后附以官钱，或遇风涛，人溺舟覆，捕系妻子，籍产追偿。故海滨之民，冒万死一生之利，而得不偿费，人人失业，于是私切相戒，不敢发舟，官司又追捕纠告而遣发之。此四弊也。旧海贾既多，物货山积，故抽解所入，不可以数计。今权豪之家，势足自免，县官岁入坐损其半。往岁土人入蕃之货，不过瓷器、绢帛而已。

①《建炎以来系年要录》卷一三五，绍兴十年四月丁卯。

> 今权豪冒禁，公以铜钱出海，一岁所失，不知其几千万。此二损也。市舶一司，自唐以来恃此以为富国裕民之本，今其弊至此，愿诏将帅贵近之家，毋得岁发舶舟，攘夺民利，亏损国课。仍诏有司讲究，除去宿弊，以便公私，其于国计，诚非小补。户部奏复抽解旧法，违者许商人陈诉。应命官以钱物附舶舟，或遣人过海者，依已得旨，徒二年……从之。[①]

海外贸易存在的问题，在这里被归结为四弊害和二亏损。四弊害是：税收过重；权豪势要专利、霸占市场；商贾对经营远洋贸易心存顾虑，不愿出海；官司不择手段强迫商民扬帆出海，贸易商品。二亏损是：官府岁入损失，铜钱外流。

绍兴三十年（1160年）报告情况的“言者”，熟悉情况，却不见其姓名，原因何在，值得我们思索。也许报告上述情况的人的姓名被有意隐藏了；也许报告者是好些人，史官将他们的报告加以综合。前一种可能性或许比较大。

宋人汪应辰在为向子諲写的墓志铭中说道：向子諲曾知广州，“海贼与郡吏交通，官府及兵将动息，辄先知之。”向子諲设法通过吏胥获得实情，“于是尽得盗姓名及所囊橐往来宿食处。是后盗发辄得，岭海肃然。未几，以御史有言罢去，公遂乞致仕”。[②]查向子諲知广州在绍兴二年（1132年），绍兴二年和三年（1133年）又有其他人出任广州知州。向子諲担任广州知州的时间当不及一年。他离任如此之快的原因，墓志铭语焉不详。有一个可能：他在广州的举止得罪了权豪势要，因而遭到报复。

这条史料很重要，里面提到的问题不但给当时，即绍兴三十年（1160年）和此前一段时间的外贸造成损害，导致外贸额的下降；后来多数问题也未能解决，新旧问题叠加在一起，继续给外贸造成伤害。

虽然问题多而严重，但外贸的生机活力还在，总体情况可谓差强人意。在绍兴二十一年（1151年）前后，广州港每年有几十艘商船到岸贸易，相当繁盛。“以南广为一都会，大贾自占城、真腊、三佛齐、阇婆涉海而至，岁数十柁。凡西南群夷之珍犀象、珠香、流离之属，禹不能名，卨不能计。”[③]绍兴二十六年

①《建炎以来系年要录》卷一八六，绍兴三十年十月。

②［宋］汪应辰：《文定集》卷二十一《向公（子諲）墓志铭》。

③［宋］洪适：《盘洲文集》卷三十一《师吴堂记》。

（1156年），东南亚海上贸易大国三佛齐，积极经营对华朝贡贸易。该国贸易使团进贡的物品数量颇大。“三佛齐国进奉使蒲晋等入见，献乳香八万升，胡椒万升，象牙四十斤觔剑，名香宝器甚众。”[①]在苏简出任知州的绍兴二十七年（1157年）前后，广州汇聚了很多海外珍宝。“番禺以南华戎错居，荡以钜海。持节作镇，未阅岁年，威詟岛夷，琛赆充溢。”[②]

二、高宗朝外贸政策

绍兴十六年（1146年）八月，三佛齐国王写信给广州市舶机构的官员，谈论贩卖乳香的情况。宋高宗得知，对身边的宰相和副宰相说：“市舶之利颇助国用。”[③]但他并非从一开始对海外贸易的作用就有这样的认识。高宗在初登基的最初几年，对海外贸易虽不排斥却心怀戒备。

我们先看高宗对海外贸易最初的态度。高宗登基伊始，就对海外进口的贵重奢侈品表现出不同寻常的态度。建炎元年（1127年）六月十三日，高宗诏令：“市舶多以无用之物枉费国用，取悦权近。自今有以笃褥香、指环、玛瑙、猫儿眼睛之类博买前来，及有亏蕃商者，皆重置其罪，令提刑司按举闻奏。”[④]昂贵奢侈的海外商品进口数量少；进口时容易被人藏匿起来，躲避征税，对国家和地方财政的帮补作用不大。这类商品时常被用于贿赂和享受，败坏了官场风气。重建王朝的宋高宗对此有清醒的认识，故而严词排拒。这是六月的事，七月间，高宗以行动宣示臣僚，表示自己对宝物毫无兴趣。京师龙德等宫津收到“诸色宝器”等，“上命碎之于殿庭间；卫士有持去者，听之”。[⑤]建炎三年（1129年），大食国遣使奉宝玉珠贝入贡。高宗又一次申明：“大观、宣和间，茶马之政废，故武备不修，致金人乱华，危亡不绝如线。今复捐数十万缗以易无用之珠玉，曷若惜财以养战士?”他诏令张浚不要接受外国贡品，但给予对方以优渥的回赐，“优赐以答远人之意”。[⑥]

①《建炎以来系年要录》卷一七五，绍兴二十六年十二月壬戌。

②［宋］张孝祥：《于湖集》卷三十六《与广帅苏龙图》。

③《中兴小记》卷三十二，绍兴十六年八月。

④《宋会要辑稿·职官》四四之一一。

⑤［宋］李纲：《梁溪集》卷一八〇《建炎时政记下》。

⑥《宋史》卷四九〇《大食传》。

有“亏蕃商者，皆重置其罪”和“优赐以答远人之意”，显示高宗要求善待外国商人和朝贡使者。他并不排斥外贸。官方其他场合的表态也表明了这一点。[1]皇上只是通过这一些事情表明厌恶昂贵进口奢侈品的态度，并且警示臣下不准纵情挥霍，靡费财物。

高宗的态度是当时政治、军事、财政状况的反映。南宋王朝建立初期，皇帝及其臣僚为生存而战。宋金战场上的连连失利，使赵构君臣一路南逃，居无定所，困难重重，险情一再，朝不保夕。与此同时，军费开支浩大，财政收入不足。“渡江之初，东南岁入犹不满千万，上供才二百万缗”。[2]对比五六十年前的情况，南宋初年的财政经费确实少得可怜。熙宁二年（1069年），知谏院陈襄奏云：“臣观治平二年（1065年），天下所入财用大数，都约缗钱六千余万，养兵之费约五千万。”[3]

财政困难之外，沿海地区社会治安和官场风气等也无不堪忧。南宋初，闽广海盗猖狂，重创中外航海贸易。大臣李纲指出：“广南、福建路，近年多有海寇作过，劫掠沿海县镇乡村，及外国海船、市舶司上供宝货，所得动以巨万计。”“贼船来去，近远不常，并海之民，罹其毒虏。掠船舶既多，愚民嗜利喜乱，从之者众，将浸成大患。”[4]

局面失控与治理荒忽有关。“官司不能讨捕，多是招安。重得官爵，小民歆艳，皆有仿效之意。”南宋大臣李纲担心“自此为患未艾”。因为“两路帅司，并无战舰水军，遇有海寇，坐视猖獗，不能进讨，止是于沿海摆布些小兵卒，为保守之计”。[5]绍兴四年（1134年）七月，大食国进奉使人蒲亚里即将归国，不料“被贼数十人持刃上船，杀死蕃牧四人，损伤亚里，尽数劫夺金银等前去”。朝廷立即下达一道措辞严厉的命令：“当职巡抚先次特降一官，开具职位、姓名申枢密院”。盗贼令安抚、提刑司督捕，一个月之内必须捉拿归案，“如限满不获，仰逐司具名闻奏，重行黜责”[6]。

---

①《建炎以来系年要录》卷十五，建炎二年五月丁未。

②《建炎以来系年要录》卷一九三，绍兴三十有一年十月癸丑。

③[宋] 陈襄：《古灵集》卷八《论冗兵札子》。

④[宋] 李纲：《梁溪集》卷八十二《论福建海寇札子》。

⑤[宋] 李纲：《李忠定集》卷四十四《论福建海寇札子》。

⑥《宋会要辑稿·蕃夷》四之九三。

我们再看高宗朝提高外贸运作效率的努力。

南宋初年，朝廷记取北宋末年的教训，致力于节省成本，以提高外贸经济的运作效率，具体表现是：

第一，调整市舶司制度以节省成本。南宋初期，沿海各地市舶贸易制度不太稳定，机构的并转裁撤一再出现，提举市舶司间或改由本地别的官员兼任。建炎元年（1127年）六月十四日，高宗下诏："两浙、福建路提举市舶司并归转运司，令逐司见在钱谷器皿等拘收，具数申尚书省。"①建炎二年九月，朝廷"命福建提举茶盐官兼领市舶司"。②市舶司是个行政管理机构，需要人力财力来维持。长期以来，宋朝只有在外贸收入丰足时，才愿意保持市舶贸易制度的完整无缺，否则不是撤并机构，便是精简管理者。南宋初年，外贸比较繁荣的广州港，市舶贸易制度相对健全；两浙、福建沿海不太安宁，外贸尚未走上正轨，市舶司制度上上下下、动荡颠簸，显示宋朝很在意裁节开支，开源节流。

第二，节省进口商品运送等成本。建炎元年十月，官员李则上奏："旧制，闽广市舶司抽解舶货，以其贵细者计纲上京，余本州打套出卖。大观后始尽。今计纲费多而弊重，望复旧法，仍许商人赴行在纳钱，执据往本州偿其数。"他的提议得到皇帝批准。③建炎二年七月八日，朝廷为节省费用，诏令两浙路提举市舶司：裁节每年宴请犒劳中外商使的费用，并将进口商品集中在一起，通过水路运送行在"每遇海商住舶，依旧例支送酒食，罢每年燕犒。其上供细色物货，并遵旧制，团纲起发，罢步担雇人"。④

大约从建炎末年开始，高宗开始重视海外贸易，对海外贸易的态度发生显著变化，积极性明显提高，又制定和颁行了一些新政策，包括调整税收官市政策，保护商人的外贸经营热情，不许任何人侵蚀市舶司的本钱、积极推销进口商品、加强吏治、打击盗贼等。

保护内外商人的经营积极性的政策。绍兴年间，进口商品税率曾经很高。绍兴十六年（1146年），三佛齐国王写信给广南市舶司官员，抱怨贩卖乳香亏损："言近年商贩乳香颇有亏损"。当时任提举市舶的袁复一因此受到降级处罚。⑤其实

①《宋会要辑稿·职官》四四之一一。

②《宋史》卷二十七《高宗纪》。

③《建炎以来系年要录》卷十，建炎元年十月乙卯。

④《宋会要辑稿·职官》四四之一二。

⑤《建炎以来系年要录》卷一五五，绍兴六年九月。

番商亏损，应负主要责任的不是袁复一，而是朝廷的高税率。两年前，朝廷曾规定，向商船贩到的龙脑、沉香、丁香及白豆蔻等，征收40%的进口税。由于商人抱怨和反对，绍兴十七年（1147年），即袁复一降官次年，朝廷将上述四种进口商品的税率降至10%。[①]

营造良好环境以提高海外国家来华朝贡贸易积极性。绍兴六年（1136年）十月，广州的道观"奉真观"被改为来远驿，以备招徕诸国贡使。[②]宋朝对海外国家来华朝贡持积极招徕姿态并不多见，仅有过几回，持续时间都不长，这是其一。

祭祀海神。海洋喜怒无常、难以捉摸的特性，给远涉重洋的人们带来极大的不安全感。当时的航海者只能把航行的成败、个人的安危托付于神灵的庇佑，祭祀海神极为虔诚，无敢稍懈。宋人洪适说："大贾乘巨舸往来蛟龙沧溟之中，一瞬千里，风稍失便，则沦溺破碎不可救。非神相之，安能布帆无恙。"[③]宋朝为稳定统治和推动外贸，定期祭祀海神，祈求濒海地区风调雨顺、海路贸易波平浪静。自开宝四年（971年）攻下广南起，朝廷就年年遣官祭神，并从世俗等级观念出发，给海神加以种种封号。封号的字数越多就越显赫。绍兴七年（1137年），高宗加封南海神为"洪圣广利昭顺威显王"[④]。这是八字王爵，此前却只有四字王爵"洪圣广利王"，南海神显得更为荣耀。提高南海神的地位，在朝廷是一种积极的姿态，寄托着良好的希冀；对于海商水手，有大神保佑的海路贸易，风浪为之低减，往来似乎也安全了不少。

相比北宋，南宋更为迫切地需要外贸收入的支持。顾炎武说，"宋室南渡后，经费困乏，一切倚办海舶"[⑤]。"一切倚办海舶"之说，显然言过其实。前面分析的南宋初年榷货务收入结构可以为证。前面已经谈过，在南宋前期，包括香钱在内的市舶之利，约占南家财政总收入的3%至4%。[⑥]市舶贸易收入在财政总收入的比重虽然并不很高，但在"经费困乏"时，确实是一笔不可或缺的财源。

最后，让我们对高宗朝市舶贸易中的吏治问题做一简要考察。

南宋初年，金兵继续南进，攻势凌厉，赵构王朝危如累卵。在最需要君臣上

①马端临：《文献通考》卷二十。

②《建炎以来系年要录》卷一〇六，绍兴六年十月戊午。

③洪适：《盘洲文集》卷七十一《谢舶船风便文》。

④《建炎以来系年要录》卷一一四，绍兴七年九月。

⑤顾炎武：《天下郡国利病书》卷一二〇《海外诸蕃入贡互市》。

⑥漆侠：《宋代经济史》下册，第912页。

下励精图治的当口，官场贪腐已然盛行。外贸发达的泉州，君子道消，小人道长，风气不好。汪藻于绍兴十一年（1141年）知泉州，他的清廉不能见容于同僚："海舶次泉，阇婆国王附送龙脑数百两为公寿，公却之。或曰：异国之王因舶商致方物、修故事，不可却也。公饬送公帑，一铢不取。公于辞受类如此，亦以故遂多龃龉于世。"①

绍兴十三年（1143年）十二月，"泉州商人夜以小舟载铜钱十余万缗入洋。舟重风急，遂沉于海。官司知而不敢问"。②"小舟载铜钱十余万缗入洋"，数目很大。"官司知而不敢问"，可能的原因是：第一，朝廷已经要求沿海官府严格执行铜钱出界禁令，但没有受到应有的重视，"初申严淮、海铜钱出界之禁，而闽广诸郡多不举行"③。第二，地方官府不仅不执法，还参与走私铜钱。南宋时代，沿海官兵、市舶司和宗正司等机构公然走私犯禁，除了腐败因素外，还跟地方财政利益存在勾连。第三，偷运铜钱者有些来头不小，不是一般的小民百姓。

到了高宗后期，问题继续存在。绍兴二十五年（1155年）十一月，官员汤鹏举指出，前段时间贪官污吏郑震出任福建市舶提举；方滋知广州和福州，又仕宦明州。郑震"不历州县，骤躐监司，顷为福建市舶，每有货物，半入私帑"。方滋"阴狠恣横，奸赃狼籍，自楚州移桂府，自广帅移福州，其所出珠翠犀象，尽入于权贵之家。复得明州优厚之处。此诚公议不行，私恩特甚，高官美禄，一家有暖衣饱食之幸，而孤寒远官数年不得差遣，终身有号寒啼饥之忧，其怨将何归耶"。④贪官污吏遍布泉州、广州和明州这些外贸最为发达的港口，"所出珠翠犀象，尽入于权贵之家"的现象普遍存在是可以想见的，市舶贸易必定饱受其害。

高宗朝末年，吏治带来的问题更进了一步。沿海地区的将帅贵近、贪官污吏把手伸进商民的船舶，夺走他们的经营资源，也侵蚀官府财源。绍兴三十年（1160年）十月，有官员指出，"向来舶贾，率皆土人，事力相敌，初无攘夺相倾之患；其后将帅贵近，各自遣舟，既有厚赀，专利无厌，商贾为之束手。旧舶舟之行，惟给符引，财货盈缩，事止一身；其后附以官钱，或遇风涛，人溺舟覆，捕系妻子，籍产追偿。故海滨之民，冒万死一生之利，而得不偿费。人人失业，

①［宋］汪藻：《浮溪文粹·附录·汪公（藻）墓志铭》。

②《建炎以来系年要录》卷十五〇，绍兴十三年十二月。

③《建炎以来系年要录》卷十五〇，绍兴十三年十二月。

④《建炎以来系年要录》卷一七〇，绍兴二十五年十一月辛未。

于是私切相戒，不敢发舟，官司又追捕纠告而遣发之。”大权在握者出手抢夺外贸资源，谁能奈何？于是乎，“商贩日疏，南库之储，半归私室”。“县官岁入坐损其半”。[①]

第二节　南宋中后期海上丝绸之路衰变和朝廷的对策

这里主要讨论孝宗、光宗朝及宁宗初年海外贸易发展状况。

绍兴三十二年（1162年）高宗去世，孝宗登基。其后不久，南宋海外贸易显现出一定程度的阶段性变化。两浙路率先出现衰变的征象。孝宗乾道初年，因为往来船舶不多，两浙路市舶司因给外贸造成了负担和扰害，故而被撤销，外贸管理事务由转运司官员兼管。但泉州和广州的外贸形势依然不错，小问题不少，但未出现大幅波动和衰变。各港口外贸的详细情况下一节会专门讨论。

孝宗朝是南宋最好的年景，经济繁荣稳定，政治相对清明，但外贸经济此时已经出现一些问题；光宗以后问题更多。下面谈比较重要的几点：

一、乳香专卖问题

前面已经谈到，南宋初年乳香进口增加和在华销售价格的大幅提高。两种情况同时出现，适应了宋王朝对财政经费的渴求，却不是市场的正常状态。在正常情况下，进口量增加，供给充裕，价格应该降低。南宋乳香消费市场缩小，大量的进口，难以迅速消化。需求不足的结果应该是价格下跌。

乳香进口增加，价格反而大幅度提升，偶然和必然共存。陆游记载，“闽中有习左道者，谓之明教。亦有明教经甚多，刻版摹印，妄取道藏中，校定官名，衔赘其后。烧必乳香，食必红蕈，故二物皆翔贵”。[②]乳香价格的高涨，与明教在福建流行起到的推高作用有关，但这只是偶然和局部的影响因素，根本原因在于官方的操纵。

孝宗登基不久，就出现了乳香抑配导致民众群起暴动的信息。朱熹写道：乾道元年（1165年），“湖南旱饥，官吏不之恤，而郴州宜章县方抑民市乳香，期会峻迫。有李金者，乘众怒奋起为乱。众余万人南逾岭侥，分道犯英、韶、连、广、

①《建炎以来系年要录》卷一八六，绍兴三十年十月。

②［宋］陆游：《老学庵笔记》卷十。

德、庆、肇、庆、封、梧、贺州之境，旁入道州桂阳军，杀掠万计。州县不知所为，至敛民间金帛赂之以免。由是贼势日盛，而帅守监司更共蔽匿，不以实闻。贼遂犯宜章，陷桂阳，声震远近”。[①] “抑民市乳香，期会峻迫”，是设定期限，强迫民众买下全部的乳香。官方利用强大的政治统治权，威逼百姓按照官定价格购买乳香。这就是乳香进口越多，价格却大幅度上涨的根本原因。

南宋名臣真德秀也记载了这件事：“臣窃见荆湘之地，傜峒错居，风俗犷戾，动摇则易，绥辑则难。乾道间，因官司敷卖乳香，激成郴、桂之变。”[②]郴、桂指的是郴州和邻近的桂阳军。

李心传也说：“所谓乳香者，户部常以分数下诸路鬻之。”荆湘之地，穷乡僻壤，推销乳香殊为不易，加上期限迫急，“宜章吏黄谷、射士李金数以此事受笞，不堪命矣。乾道元年春，因啸聚峒民作乱，遂陷桂阳军”。[③]

朱熹、真德秀、李心传三人都说事情发生在乾道年间（1165—1173年）。但《宋史》载：淳熙二年，“郴、桂寇起，以科买乳香为言”。[④]《宋史》标注的时间是错的。

有个问题令人费解：乳香的强制推销区域，为何选在郴州、桂阳军这些穷困边远、暴乱频发之地？郴州宜章县位于荆湖南路，是个汉族和少数民族混杂居住区，经济落后，南宋初年是又穷又乱。绍兴元年（1131年）二月，“宜章县民李冬至二作乱，犯英、连、韶、郴诸州”。[⑤]绍兴三年（1133年），“吉、郴、道州、桂阳监饥。五年，湖南大饥，殍死流亡者众”。[⑥]绍兴九年（1139年），“宜章峒民骆科作乱，寇郴、道、连、桂阳诸州县，诏发大兵往讨之，获骆科。余党欧幼四等复叛，据蓝山，寇平阳县，遣江西兵马都监程师回讨平之”。[⑦]暴乱连连，官府为何在这样的地方强迫百姓购买乳香？

宋朝推销乳香的区域不限于此，涉及多个路分。[⑧]选择这里，应该跟自然地理位置有关。郴州宜章县与广东北部接境，从广东向北，翻越骑田岭便可抵达。

---

①［宋］朱熹：《晦庵集》卷九十七《刘公（珙）行状（代平父作）》。

②［宋］真德秀：《西山文集》卷九《潭州奏复税酒状》。

③［宋］李心传：《建炎以来朝野杂记》甲集卷十五《市舶司本息》。

④《宋史》卷一八五《食货志》。

⑤《宋史》卷二十六《高宗纪》。

⑥《宋史》卷六十七《五行志》。

⑦《宋史》卷四九四《蛮夷传》。

⑧《建炎以来朝野杂记》甲集卷十五《市舶司本息》：“所谓乳香者，户部常以分数下诸路鬻之。”

主要从广州进口的乳香，运到郴州、桂阳军销售，路途不远，方便快捷。

地理位置经常是宋朝选择推销专卖品地点时的重要选项，盐的销售地域也有类似情况。广州是岭南的产盐地，广州盐的运销区域也跟交通便捷相关。“广州东莞、静康等十三场，岁鬻二万四千余石，以给本路及西路之昭、桂州、江南之南安军。”①广南西路昭州和桂州与广州有西江相通，水路直达。南安军坐落在岭南与中国东部和北部联系的最重要内陆交通线上，岭南大量商货翻越大庾岭后，由此继续北运。

乾道年间湖南的暴动，反映了乳香难以推销的情况。与此同时，统治集团内部对乳香贸易的兴趣也在减退。乾道年间，张坚出任提举福建市舶司：

> 到任一以严自律，治药须乳香，亦畏不敢市。朝廷岁降经总制钱及度牒博买乳香，数常不足。[张]坚请榷货务自今变买乳香，并留钱十之三，专充本钱。自是本钱有余，舶商无滞……故事，舶司任还，不该奏对。上闻舶司治迹，特令内引。[张]坚奏疏谓：朝廷以度牒买乳香。乳香多积无益，度牒多出有害。乞每岁量度所积，以为买纳之数。又奏乞免抽解番药。上曰：卿在泉南，措置舶司极齐整。前札所陈，当令大臣与卿商量。后札极是。是日御批付丞相叶衡：张某札子甚合朕意。乳香非紧要物，且欲住买，卿可与详议明白。[叶]衡以坚所议入奏。上大悦。②

提举福建市舶司张坚提出“乳香多积无益”的看法，对乳香专卖制度很不恭敬。孝宗不仅同意他的意见，还更进了一步；张坚只是提出，每年官市乳香的数量要有所限制，需要多少买多少。孝宗则提出，“乳香非紧要物，且欲住买”。最高统治者发话了，宋朝的乳香专卖制度至此已经风雨飘摇，气数将尽。

但国家财政太紧张，乳香不管专卖不专卖，都要尽量利用，穷尽其交换价值。淳熙十二年（1185年），分拨榷货务乳香于诸路给卖，每及一万贯，输送隶属于户部的左藏南库。③乾道年间因湖南郴州等地发生暴乱，朝廷决定停止在乳

①《宋史》卷一八三《食货志》。

②[宋]佚名《京口耆旧传》卷七《张纲（子坚孙釜）》。

③《宋史》卷一八五《食货志》。

香湖南的推销，“湖南路见有乳香并输行在榷货务，免科降”。[①]这里只提到湖南路。宋朝只是停止乳香在湖南的推销，别处未必都停了。

淳熙十五年（1188年），各地分头推销乳香的做法全面停止。由于各路分卖乳香扰民，孝宗决定将乳香销售限制在榷货务，“令止就榷货务招客算请”。[②]“招客算请”意味着榷货务只能招引客商前来贸易，不能主动将乳香分拨摊派出去，让地方官府强加于人。乳香抑配扰民，显然已经引发相当广泛的不满。

到了光宗和宁宗朝，乳香的销售形势更差，官方开始认真考虑是否应该放弃官市乳香。绍熙三年（1192年），“以福建舶司乳香亏数，诏依前博买”。开禧三年（1207年），乳香“住博买”。[③]“依前博买”，说明绍熙三年（1192年）以前曾经暂停官市乳香，乳香专卖制度已经停停走走，风雨飘摇。开禧三年（1207年）乳香“住博买”，就是不再官市乳香。这是宋朝乳香专卖终止的信息。但乳香的利用价值并未穷尽。

二、铜钱外流问题

铜钱长期作为商品交换的主要媒介，广泛使用。在北宋，经济规模渐大，受铸钱原料等因素的限制，铜钱供给难以相应增多。到了南宋，铜钱的缺口更大。南宋铜钱缺乏的原因不止一端，铜钱流出境外为其一，而且相当突出。

宋朝铜钱短缺，金国更缺。金国吸引铜钱的力度很大。两淮湖北沿海沿江一线，是宋金分界地带，宋朝屯驻大兵把守。早在南宋初期，这一带就有大量铜钱通过江海两线被偷运金国。绍兴三十年（1160年）九月，右正言王淮言：“两淮间多私相贸易之弊。如茶、牛及钱宝，三者国家利源所在，而皆巧立收税，肆行莫禁。茶于蒋州私渡货与北客者既多，而榷场通货之茶少矣。牛于郑庄私渡，每岁春秋三纲至七八万头，所收税钱固无几矣。若钱宝则有甚焉，盖对境例用短钱，南客以一缗过淮，则为数缗之用，况公然收贯头钱，而过淮者日数十人，其透漏可概见矣。帅宪通知相与掩蔽，望诏多方措置，革去宿弊。”王淮的提议得到皇帝批准。[④]

①《宋史》卷一八五《食货志》。

②《宋史》卷一八五《食货志》。

③《宋史》卷一八五《食货志》。

④《建炎以来系年要录》卷一八六，绍兴三十年九月壬午。

但铜钱北流并未遏止，南宋北部边界军民交换货物不得不使用铁钱。乾道初，孝宗诏令两淮路、京西路以及荆湖北路的荆门都用铁钱。几年后，有官员报告，地处宋金边界的两淮地区，每月供给屯兵的经费多达五十万，铜钱占了一半。大量铜钱通过淮河南北贸易流向金国，于是宋朝决定两淮一线禁止用铜钱，全部通行铁钱。①

东部和南部沿海，情况相似，铜钱潮水般外泄东亚、东南亚国家。乾道九年（1173年）或其后不久，知静江府范成大写了一份《论透漏铜钱札子》，痛陈铜钱外流，"一舶所迁，或以万计"等严重情况："臣闻东南蕃夷舶船，岁至中国，旧止以物货博易，近年颇以见钱为贵。广、泉、四明及并海州郡钱之去者不可胜计。绍兴三十年，尝大立法禁，五贯之罪死，随行钱物全给告人。罪赏之重，至此极矣，而终弗败获。盖溟渤荒渺，客程飘忽，诚有法禁所不能及者。访闻一舶所迁，或以万计。泉司岁课积聚艰窘，而散落异国终古不还，诚可为痛惜而深恨也。"②

南宋理宗（1225—1264年）时，日本政府一次就从中国运去铜钱十万贯。日本商船更经常出入温州、台州一带，偷运铜钱，曾经弄到台州城内一度铜钱绝迹。据不完全统计，日本全国二十八处出土的中国钱，自唐至明共为五十五万三千余枚，其中北宋钱占百分之八十二点四，这些钱绝大部分是在南宋时输往日本的。③

由于铜钱不足甚于北宋，除了一些地区通行铁钱外，南宋王朝越来越多地借助印钞机，大量地印制纸币解救困局，接着纸币也因发行过多出现问题。财政困境环环相扣，一损俱损，渐至不可救药。

三、沿海地区出入船舶管理与失控

南宋中期以后，沿海地区出入船舶管理越来越失序。在诸多原因中，官吏、军兵执法犯法特别突出。

孝宗朝以降，宋王朝约束官员不可谓不勤，不可谓不用力。朝廷一再要求官员廉洁奉公，忠于职守，否则有罚。孝宗隆兴元年（1163年）十二月，朝廷再

①《文献通考》卷九《钱币考》。

②［明］杨士奇等：《历代名臣奏议》卷二七二《理财》。

③参见日本人小叶田淳：《改订增补日本货币流通史》第一章。转引自徐规、周梦江：《宋代两浙的海外贸易》，《杭州大学学报》1979年第1—2期，第145页。

次强调广东“帅守须以廉吏为先”[1]，清正廉洁的官吏立即获得提升，失职渎职官吏则受到严厉惩罚。淳熙间（1174—1189年）郑人杰通判广州时，因部内有人“透漏铜钱银宝过界”，被降官三级。[2]淳熙九年（1182年），孝宗明令："广、泉、明、秀漏泄铜钱，坐其守臣"。[3]

朝廷还下令严禁官员重复收税，并调整税收时间，便利商贾。

孝宗隆兴元年（1163年）十二月，有的官员提出地方官府重复收税，迫使商人违法走私的问题，要求朝廷约束官吏，让商民能够安居乐业，懋迁物货："舶船物货已经抽解，不许再行收税，系是旧法。缘近来州郡密令场务勒商人将抽解余物重税，却致冒法透漏，所失倍多。宜行约束，庶官私无亏，兴贩益广。"于是，主管财政的机构户部提出，对违反规定向商货重复收税的官员，以违反皇帝命令论处。这是重罪，即使当事人已经离开官职或者皇帝发布了大赦令，也不得免除罪罚："在法，应抽解物不出州界货卖更行收税者，以违制论，不以去官、赦降原减。欲下广州、福建、两浙转运司并市舶司，钤束所属州县场务遵守见行条法指挥施行。"孝宗很快批准了这项建议。[4]

孝宗隆兴二年（1164年）有位官员上奏，回顾北宋神宗时市舶司的抽解制度，提出放宽税收期限，以免商人为急如星火的缴税时限，不得不以低价出售商品的建议：熙宁年间（1068—1077年），舶货"抽解既有定数，又宽期纳税，使之待价，此招致之方也。迩来州郡官吏趣办抽解之外，又多名色，兼迫其输纳，货滞则减价求售，所得无几，恐商旅自此不行。欲望州郡推明神宗皇帝立法之意，使商贾懋迁以助国用"[5]。他的提议得到孝宗的认可。

但三声五令，作用有限。官员们非但不执法还公然违法牟利，成为久留不去的痼疾。

孝宗即位不久，"海寇以赂通郡胥吏，吏反为之用，匿其踪迹，贼遂大炽，商舶不通"。赵子潚"以礼延土豪，俾率郡胥分道入海，告之曰：用命者有厚赏，不则杀无贷。胥众震恐，争指贼处，悉禽获。凡豪猾为贼囊橐者，穷治之，海道

①《宋文全文》卷二十四。

②《宋会要辑稿·职官》四四之三一。

③《宋史》卷一八〇《食货志·钱币》。

④《宋会要辑稿·职官》四四之二六至二七。

⑤《宋会要辑稿·职官》四四之二七。

遂平”。[①]“海道遂平”是一时之效，南宋沿海的乱局潮起潮落，从未逆转，而趋势是情况变得越来越糟。

其后不久，官员王十朋明确指出，掌管地方监察和军政事务的官员素质不高和不负责任，是海寇作乱的重要原因：“臣又闻二寇之作，皆缘监司郡守，不得其人所致。既未能弭之于未萌之前，又不能诛之于已觉之后，养成其乱，以致猖獗，隐匿不闻，遂致滋蔓。为监司郡守者，其可不惩之乎。”[②]这类情况，在南宋沿海地区很常见。

而更要命的是官僚机构违法牟利。淳熙五年（1178年），有官员报告：在泉州的福建路市舶司、在广州的广南路市舶司，加上南外和西外宗正司，这四个官司都派遣商船，装载金和钱币等违禁品，海外经商。几个官司权势大，肆行无忌。“泉广二舶司，及西南二泉司遣舟回易，悉载金钱。四司既自犯法，郡县巡尉其能谁何！”[③]市舶司和宗正司恣意妄为，反映了南宋沿海地区和当地官僚机构腐烂失控的严重程度。

市舶司是管理海外贸易的专设机构，是宋朝航海贸易法律法规的主要执行机构。市舶司尚且发舟海外营商，执法者犯法，市舶贸易的前景已然堪忧。

宗正司掌外居宗室事务，由宗室成员管理，来头不小，地方官府惹不起，奈何不得。十多年前，宗正司官员已经犯过事，朝廷调整了在福建的两个宗正司的管理者，[④]但问题显然没解决。约在乾道三年至九年间（1167—1173年），左司谏陈良佑上奏，指出当时的一些乱象。其中包括有些权要贵近，私发商舶，贸易海外珍宝：“或者托肺腑之亲，为市井之行；以公侯之贵，牟商贾之利。占田畴、擅山泽，甚者发舶舟，招蕃贾，贸易宝货，糜费金钱。”[⑤]陈良佑曾在隆兴元年（1163年）出任福建路转运副使，[⑥]熟悉福建情况。福建山高路遥，但掌管外居宗室成员的南外和西外宗正司就设在这里。陈良佑说的，“以公侯之贵，牟商贾之利”，“发舶舟，招蕃贾，贸易宝货”的行为主体，应该包含南外和西外宗正司。

①《宋史》卷二四七《赵子潚传》。

②［宋］王十朋：《梅溪集·奏议》卷二《论广海二寇札子》。

③《文献通考》卷九《钱币考》。

④《建炎以来系年要录》卷一八八，绍兴三十一年二月。

⑤［明］杨士奇等：《历代名臣奏议》卷二八九《外戚》。

⑥《宋史》卷三八八《陈良佑传》。

第三节　南宋后期海上丝绸之路的没落

宋朝市舶贸易大致从宁宗开禧（1205—1207年）初年起，转入衰落阶段，出现了一系列败落现象。

一、各港口市舶贸易的败落

两浙路的市舶贸易率先衰落。在光宗朝，两浙路多数港口的市舶贸易已经陆续衰落，开禧以后仍有市舶贸易的港口基本上只有明州一地。[①]

嘉兴府就是先前的秀州，[②]港口坐落在华亭县。当地外贸港口在市舶机构取消以后还能停泊日本商船。嘉定七年（1214）五月，嘉兴府上奏："乞令倭船前来本部住泊，趁岁计。诏权令嘉兴府行下华亭县住泊。"[③]"住泊"指的是停泊，本身没有贸易的意思。但"趁岁计"大意是利用这个机会获取财政收入。此时这里的市舶机构已经撤销，不存在了，但朝廷还是同意为秀州华亭县留下少量外贸利源。两浙路另外几个港口关闭市舶机构之后，应该也都在一定范围内保留了对外贸易，但这需要通过进一步的研究加以确证。

同时期广州、泉州的情况也好不到哪里去。此时外贸商船都在规避官府的强征勒索，哪个港口环境稍微好些就往哪个港口去。宁宗开禧元年（1205年）以后，发生过本应到泉州、广州贸易的商船前往明州、秀州及江阴等地的情况。有些商船还将专卖品乳香等冒充其他货物纳税进口，私自售卖。泉广二州也经历着市舶贸易的低迷和政府收入的减少。开禧三年（1207年），广州等地"蕃船颇疏，征税暗损"[④]。嘉定十二年（1219年），"泉广舶司，日来蕃商寖少"。嘉定十五年（1226年），有官员报告朝廷，泉州和广州市舶司强行发遣商民出海贸易：泉广市舶司"拘于岁课，每冬津遣富商，请验以往。其有不愿者，照籍点发"。[⑤]强迫商人出海，是南宋外贸港口经常采用的手段，既对朝廷财政继续有所贡献，也

①［宋］罗浚：《宝庆四明志》卷六《郡志·叙赋·市舶》："光宗皇帝嗣服之初，禁贾舶至澉浦，则杭务废。宁宗皇帝更化之后，禁贾舶泊江阴，及温、秀州，则三郡之务又废。凡中国之贾高丽与日本诸蕃之至中国者，惟庆元得受而遣焉。"

②《宋史》卷三十七《宁宗纪》庆元元年十月乙丑，升秀州为嘉兴府。

③《宋会要辑稿·刑法》二之一三八至一三九。

④《宋会要辑稿·职官》四四之三三。

⑤《宋会要辑稿·食货》三八之二四,《刑法》二之一四四。

为地方财政输血。这以后，宋朝市舶贸易继续败落。

二、市舶贸易的价值受到更多的质疑

对外贸社会作用的怀疑和否定性议论，早已出现在孝宗朝君臣的对话中。前面我们已经谈过孝宗与提举福建市舶张坚关于乳香的对话。此后朝廷对外贸是否有利的疑虑加深，支持也逐渐减少。

孝宗隆兴二年（1164年），有官员上奏提出外贸的得失问题，认为广东、福建、两浙三路海外贸易收入固然不少，但付出了金银铜钱大量流失的代价；而且严厉的法律，挡不住奸商和黠吏的互相勾结、合谋违禁。“国家三路舶司岁入固不少，然金银、铜铁，海舶飞运，所失良多，而铜钱之泄尤甚，民用日以枵。法禁虽严，奸巧愈密。商人贪利而暮夜贸迁，黠吏受赇而纵释莫问，其弊卒不可禁矣。”①

范成大乾道二年（1166年）出知静江府。在这一任上，他上奏痛陈铜钱外流的问题：首先是铜钱外流的严重性。“东南蕃夷舶船岁至中国，旧止以物货博易，近年颇以见钱为贵。广、泉、四明及并海州郡钱之去者不可胜计。”“访闻一舶所迁，或以万计。”其次是官方已经实施的严刑峻法，效果不彰。“绍兴三十年（1160年），尝大立法禁，五贯之罪死，随行钱物全给告人。罪赏之重至此极矣，而终弗败获。”第三，对外贸是否有益提出怀疑。“若资国用者无几，又多非吾之急须，则何必广开招接之路！”第四，提出停止外贸，以制止铜钱外流的建议。他以庆元为例说道：外贸商船所载，主要是青瓷、铜器、螺头、松实、板木等，“皆非中国不可无之物，而诱吾泉宝以去，利害重轻，不较而判”。“明州一处蕃舶岂不可以权住，姑塞漏钱之一穴？”并声称这是“拔本塞源，不争而善胜之道”。②

范成大的意见在当年属于颇为偏激的一类。铜钱外泄挡不住，就停止外贸，“拔本塞源”。类似主张在中国古代早已有之，但用之于市舶贸易，这是比较早的。中外海路贸易中的闭关自守思想，在南宋后期虽已存在，尚不多见。

再往后，进口商品市场继续萎缩，海外贸易的财政价值一降再降；铜钱继续涌出国境，势不可挡。钱重物轻，物价飞涨，于是否定外贸社会作用的声浪渐大。开禧年间（1205—1207年），王居安知兴化军。“既至，条奏便民事，乞行经界，且言蕃舶多得香犀、象翠，崇侈俗、泄铜镪，有损无益，宜遏绝禁

①《文献通考》卷二十《市籴考》。

②［明］杨士奇等：《历代名臣奏议》卷二七二《理财》。

止。"[①] "有损无益"是对外贸经济价值的否定。中外海路贸易的名声在不少官员心目中越来越不好了。

嘉定十二年（1219年），有官员在奏折中为金银流失海外而惋惜，宁宗命令市舶机构只用绢帛、锦绮、瓷器等交易进口商品；即使贸易受到损失，也无关紧要，"止以绢帛、锦绮、瓷器之属博易。听其来之多寡，若不至则任之，不必以为重也"。[②]宋朝统治者决心不再以金银流出为代价维持和发展海外贸易。乾道以后，乳香由于难以推销，从香饽饽逐渐变成了鸡肋。宋朝财政虽然继续获益于进口商品的市场价值，但朝野上下对外贸的态度已经变为听任其自生自灭了。

三、市舶贸易衰变的主要原因

南宋外贸的真正问题是，官府和权贵都把市舶贸易当成提款机，竭泽而渔，罔顾后果。市舶贸易从负担沉重到不胜负荷，逐渐被压垮，跟以下几点有关。

第一，市舶贸易的衰变是南宋财政和政治形势恶化种下的一个恶果。

南宋政府在临安建立后，由于高宗、秦桧残酷打击迫害反对和议的官员和士人，政治十分黑暗。绍兴二十五年（1155年），秦桧死，和议已成定局，过去的高压政策已无存在必要，高宗在政治上做了一些调整。孝宗继位，他统治的四十多年，是南宋政治上最清明的时期。孝宗之子光宗，因为有病，仅统治了五年。宗室赵汝愚等策划扶立宁宗，取代了已无治国能力的光宗。外戚韩侂胄出了力，事后认为功大酬薄，用阴谋手段挤走了已居相位的赵汝愚，并残酷打击支持和同情赵汝愚的官员和士人，顺我者昌，逆我者亡，造成政治黑暗，社会风气败坏。这是南宋政治发展的转折点。南宋从前期转入后期，从此不断衰落，一步一步走向灭亡。

韩侂胄为了建立大功，巩固权位，不顾双方力量对比，贸然北伐金朝，结果宋军大败，金人南侵。史弥远等杀死韩侂胄向金人求和，缓和了军事上的危机，但从此开始了史弥远掌握朝政二十六年的黑暗时期。史弥远死后，宁宗曾经重用真德秀、魏了翁等有才干、得民心的官员，但此时的南宋王朝已如枯朽的老树，谁也无法挽救它的倒塌。很快，丁大全、贾似道之流相继掌握朝政，南宋政治陷入更深重的危机，终为外族入侵所灭。

①《福建通志》卷二十三《职官·兴化府》；《宋史》卷四〇五《王居安传》。

②《宋史》卷一八五《食货志》。

从宁宗嘉定元年至帝昺祥兴二年（1208—1279年）宋亡，共约71年，是南宋历史的后期。理宋即位（1225年）之后，宋朝财政更为恶化。[①]市舶贸易的末期与国家江河日下的大势同步。覆巢之下无完卵。市舶贸易是市舶司管理和控制下的中外海路贸易。南宋后期政治败坏及其所引起的连锁反应，导致官府外贸控制力的弱化和市舶贸易的衰败。

第二，官府和官吏竞相侵吞外贸之利。

南宋财政问题越来越严重，而难以有效利用的军事费用则有增无减。“许多善于经营的大地主通过压迫农民或者得到官僚亲戚的偏袒，从而积累大量财产并且获得免交赋税的特权。随着越来越多的土地从税收名册上消失，朝廷的国库需求不能得到满足。宦官和外戚在朝廷的政策制定中起着重要的作用，有时压倒高级官员。军事上的开销不断上升，腐败和低效使军队战斗力下降。”[②]

有宋一代，各级官府官吏对外贸及商人的无端勒索几乎朝朝有之，斩不尽、除不绝。到南宋末期官场腐败更为严重，并造成更为严重的后果。在最高统治集团内部争权夺利、钩心斗角达到白热化的同时，他们对进口商品的侵吞变本加厉，中下层官吏也起而效尤。各级官吏或贪污受贿，或公然勒索；私自侵夺之外，又擅自增加征税和官市的数量，用商人的财产装点自己的“政绩”。

自开禧元年（1205年）起，闽广两地外贸几乎同时因官府、官吏的盘剥而受到严重打击。例如，开禧元年（1205年），许多本应到泉州、广州住舶的商船改道前往明、秀、江阴市舶司，原因是泉广“舶司阙乏，不随时支还本钱，或官吏除克”，以致商船“规避博买”。开禧三年（1207年）前后，闽广两个外贸主要港口“蕃船颇疏，征税暗损”，是当地市舶司“择其精者售以低价，诸司官属，复相嘱托，名曰和买”，致使商人“获利既薄，怨望愈深”所致。[③]此后，偶遇清望干练之官，外贸额有所回升，仍不能挽救市舶贸易的颓势。例如在泉州，宁宗嘉定十二年（1219年）以前，商船“至者绝少”，经真德秀的整顿，情况大为好转，“公镌税额，戒官吏毋得买一物。虽然诸台倅属市物，必申州始得奉行。是年舶至者十有八；明年，二十有四；又明年，三十有六。征税之入犹及绍熙”[④]。

①汪圣铎：《宋代财政与商品经济发展》，《宋史研究论文集》河南人民出版社1984年版，第37页。

②傅海波、崔瑞德主编《剑桥中国辽、西夏、金、元史》，中国社会科学出版社，1998，第294页。

③《宋会要辑稿·职官》四四之三三。

④［宋］刘克庄：《后村集》卷五十《真公（德秀）行状》。

但真德秀一离开，外贸状况又迅速恶化。再往后，吏治状况更糟，偶有一廉者，“人目为古老”[①]。

嘉熙时（1237—1240年），赵涯提举福建市舶司到任前，泉州官场肮脏黑暗，官民关系紧张，“暴吏恃饕官，诛求及管蒯。大姓及细民，怨仇起眦睚”。[②]

宋人周密记载：大约在理宗景定到咸淳二年（1260—1266年）间，泉州市舶官员与商人之间关系错综复杂，相互勾结，走私透漏者有之。官员林乔“与蒲舶交，借地作屋。王茂悦为舶使。蒲八官人者，漏舶事发，林受其白金八百锭，许为言之。既而王罢去，蒲并攻之，且夺其所借地”。[③]

在贪风毒雾的笼罩下，生机勃勃二百多年的市舶贸易逐渐失去生机活力，走向颓败。

第三，政令不行带来严重后果。

铜钱外流非常突出，虽然宋朝三申五令，却无法遏止。嘉定十六年（1223年）六月，宋朝再次“申严舶船铜钱之禁”。[④]理宗即位后，也多次禁止铜钱下海：其一在端平元年（1234年），因“胆铜所铸之钱不耐久，旧钱之精致者泄于海舶”，朝廷“申严下海之禁”；[⑤]其二在淳祐十年（1250年），以会子价值低减，理宗复申严铜钱下海之禁；其三在两年后，“申严鉟销之禁及伪造泄之法”；其四在咸淳元年（1265年），“复申严鉟销、漏禁”。[⑥]宋末之所以一再重申禁令，因为令行不止，王朝社会控制力减弱。

相比对东南亚贸易，中国对日本贸易流失的铜钱更多，朝廷也特别在意。宝祐六年（1258年）八月，“诏申严倭船入界之禁”。[⑦]这道禁令的一个重要目的，就是防范日本船舶入界带走铜钱。

第四，外贸经济受到官府的沉重压榨。

南宋末期，市舶贸易已经风雨飘摇，但仍然承担着支持和维护国家财政的任务。此时乳香仍有市场价值，依然可以作为货币的替代品，依然或多或少地发挥

---

①［宋］林希逸：《竹溪鬳斋十一稿续集》卷二十二《陈吏部（梦度）墓志铭》。

②［宋］王迈：《臞轩集》卷十二《有客一首寄温陵史君赵侍郎涯》。

③［宋］周密：《癸辛杂识·别集》卷上《林乔》。

④《宋史》卷四十《宁宗纪》。

⑤《宋史》卷一八〇《食货志·钱币》。

⑥《宋史》卷一八〇《食货志·钱币》。

⑦《宋史》卷四十四《理宗纪》。

着维持国家财政、政府信用和维护宋朝统治的作用。

> [宁宗嘉定二年(1209年)]臣僚言：三界会子数目滋多，称提无策。诏封桩库拨金银、度牒、官诰、绫纸、乳香，凑成二十万，添贴临安府官局收换旧会。①
>
> [嘉定二年(1209年)五月]明年春第十界会子当满，朝廷先期命刑部尚书曾唤等置局拘换。于是与其察奏言：第十一界会子为三千六百三十二万六千二百三十六贯八百文，乞以鬻爵及出卖没官田等诸色名件拘回旧会。许之。所谓名件凡九：一曰打夺乳香钱约一百六十万余缗；二曰出卖诸路没官田，价钱约一百二十二万余缗。②
>
> [嘉定二年(1209年)]臣僚言：三界会子数目滋多，称提无策。诏封桩库拨金银、度牒、官诰、绫纸、乳香，凑成二十万，添贴临安府官局收换旧会，品搭入纳，以旧会之二换新会之一。③
>
> [绍定六年(1233年)冬]楮益折阅矣，行于民间者，二十千万。[官员]遂请捐内帑金银、度牒、官诰，及盐钞、卖乳香等以收两界。④
>
> [宝祐三年(1255年)二月]诏以告身、祠牒、新会、香、盐，命临安府守臣马光祖收换两界旧敝会子。⑤
>
> [景定五年(1264年)正月]出奉宸库珠，香、象、犀等货下务场货易，助收币楮。⑥

会子和楮币指的都是官府发行的纸币，但两者有区别。前者是纸币的一种，同时期还有称交子、钱引等纸币存在；后者是纸币的泛称，因为所有纸币都以楮树皮作为原料。北宋铜钱已经紧缺，南宋更甚，且大量外流。南宋中期以后大量印造和使用纸币弥补通货不足。纸币比起铜钱，制作和使用都方便，但需要准

①《文献通考》卷九《钱币考》。
②[宋]佚名：《两朝纲目备要》卷十二《宁宗》。
③《文献通考》卷九《钱币考二》。
④[宋]吴泳：《鹤林集》卷二十一《缴薛极赠官词头》。
⑤《宋史》卷四十四《理宗本纪》。
⑥《宋史》卷四十五《理宗纪》。

备充足的发行本钱，并对发现数量实行严格控制，否则极易引惹通货膨胀。但在南宋中期以后，政治腐败日甚、财政捉襟见肘、前线军饷吃紧，当局大量印造纸币，几乎到了饮鸩止渴的地步。每当新纸币发行，旧的要回收销毁，以撑持纸币的信用。但用什么回收旧纸币是个难题。于是逐渐失去荣宠的乳香，与金银、度牒、官诰，及盐钞一起，扛起了撑持纸币信用的重任。

景定五年（1264年），离临安被元朝占领，只有十年时间。乳香于其他商品一起，在宋朝的最后时光，继续支撑着这个摇摇欲坠的政权。

官府手中的进口商品是以大大低于市场价格获得的。税收和官市之外，还有对市舶贸易机构的财产实行不由分说的调拨。淳熙元年（1174年）七月十二日，户部侍郎蔡诜上疏，建议将两浙路各市舶务税收和官市到的商货，以及以往积累下来的商品进行一次清理，全部送到行在变卖，补充经费之不足。他的建议得到孝宗批准。但由于受命办理这件事的赵汝宜提出改进意见，才给各市舶务留下一点经费，没有彻底竭泽而渔。“户部侍郎蔡诜言，乞委干办诸军审计司赵汝宜往临安府、明、秀、温州市舶务，将抽解、博买合起上供，并积年合变卖物货根括见数，解赴行在所属送纳，趁时出卖。从之。既而（赵）汝宜申：若尽数起发，切恐无本博易，乞为量留。诏存留五分。”[①]市舶机构成为王朝的提款机，需要多少取走多少，甚至不惜竭泽而渔。

更多的进口商品进入官库，意味着市舶贸易受到更沉重的压榨。于是，市舶贸易越来越缺乏竞争力。官府控制不了的私商贸易便有了越来越大的竞争优势，最后以压倒之势成为中外海路贸易的主流。

第五，人民的不满和反抗也造成了南宋后期市舶贸易的衰微。

在中国历史上，海盗往往是武装走私集团。海盗的活跃，经常是禁令严苛违反常理，激起商民反抗。于是沿海秩序混乱，正常外贸无法进行，非法贸易便填补了空缺。

自宁宗朝（1195—1224年）起，广东、福建等地都进入了“海盗”出入频繁、活动炽盛的时期。嘉定（1208—1224年）时，真德秀奏：“比年以来，海盗不时出没，米商、舶商间遭劫掠。”[②]理宗淳祐（1241—1252年）间，福建提点刑狱包恢言：“海盗虽未尝无之，然未见如近年之猖厥；近年虽无岁无之，然未见

①《宋会要辑稿·职官》四四之三十。

②[宋]真德秀：《西山文集》卷七《申枢密院乞节制左翼军状》。

如今年之凶横。前乎此，但闻就海劫船，后则敢登海岸而放火劫杀矣。前乎此，犹闻舟小人寡，今则聚众至数千而巨艘千数矣。”①

“海盗”中的大部分，是被迫下海谋生的沿海百姓和进行武装走私的商人。宁宗朝以后“海盗”活动的发展与宋朝的腐朽统治激起民众的反抗有密切关系。

南宋偏安江南，赋税来源减少，为维持统治机器的运转，政府大大加重了人民的负担。南宋后期，统治者挥霍无度，更用尽各种手段搜括民财。在东南沿海一带，各种名目的正税、杂税一再加增，压得人民喘不气来；盐法一变再变，目的是扩大政府的官卖收入，盘剥人民，弄得人民怨声载道；政府滥印纸币，通货膨胀愈益严重，民众苦不堪言。加上土地兼并恶性发展，沿海地区地少人多的矛盾尖锐化，渔民、船户赖以为生的船舶又不断被官府强征服役。于是越来越多的濒海居民铤而走险，下海谋生。

由于吏治败坏，官吏对商人擅自盘剥勒索，迫使商人放弃合法的市舶贸易转向武装走私。“愚民以命易货于鲸波万里之外，幸登于岸，重征焉，强买焉，或陷之罪而干没焉。”②商人宁可冒犯法禁也不愿接受市舶司的抽解，越来越多的人变为“盗贼”。

南宋后期，官府、军队腐败外加无能，非法贸易获得了十分有利的发展机会。南宋初年海盗活跃，但各地各级官员用招安、讨捕等手段软硬兼施，并用保甲制度控制沿海居民，阻止海陆呼应，相互为援，从而一定程度地抑制海盗活动，保护了市舶贸易。南宋后期，沿海兵备单弱，既难以自存，更无力敌寇：“泉之为州，控临大海，实闽陬要会之地。国家南渡之初，盗贼屡作，上勤忧顾，置兵立戍，所以为海道不虞之备者至详且密。开禧军兴之后，戍卒生还者鲜，舟揖荡不复存……近者，温明群盗窥见单弱，辄萌侵轶之志。”③更有甚者，一些沿海地区的官兵，还纵容或直接参与非法的海上贸易。此外，南宋初年官府赖以在社会基层牵制海盗行动的保甲制，也在南宋末年废坏了。

南宋末年，蒙古人大举入侵，南宋王朝为了挽救自己的统治，对民间再次进行杀鸡取卵般的搜括：“迨咸淳（1265—1274年）末，广东籍蜑丁，闽海拘舶船、民船，公私俱弊矣。”④被官府拘留调用的海船，多是守法良民的财产，正常

①［宋］包恢：《敝帚稿略》卷一《防海寇申省状》。

②［宋］刘克庄：《后村大全集》卷六十九《赵孟传除泉州制文》。罗浚：《宝庆四明志》卷六。

③［宋］真德秀：《西山文集》卷八《申枢密院措置沿海事宜状》。

④《宋史》卷一八七《兵志》。

的市舶贸易至此已经山穷水尽。

官僚队伍腐败、朝廷决策失误、人们群起反抗，再加上蒙古军队入侵，市舶贸易度日艰难、苟延残喘，一步一步走到尽头。德祐元年（1275年）五月，“罢市舶分司，令通判任舶事”。[1]市舶机构在全国范围内取消，宋代市舶贸易在形式上也走到了尽头。

市舶贸易的结束，并不意味着宋朝海外贸易的结束。市舶贸易不断衰颓之时，脱离市舶司管辖的民间海外贸易却在继续，并发展壮大。王朝末年的海盗活动跟沿海民众自主经营的商业贸易，有着千丝万缕的联系。但宋末元初战乱期间，中国东部和南部沿海任何形式的海外贸易，都是既受元军南下和宋元两军争夺战不同程度的伤害，也受国内动荡、生产和消费下降的影响，都只能在缝隙中苟活，难有大的长进。

①《宋史》卷四十七《瀛国公纪》。

第四章
市舶司与外贸港口的布局

宋朝的海外贸易港主要分布在今天的广东、浙江、福建一带。此时广东称为广南东路，主要港口在广州；浙江称为两浙路，主要港口在明州、杭州等地；福建称为福建路，主要港口在泉州。

宋朝在各路设置市舶司的先后次序不同，撤废和复设各异，其间颇有让人迷惑之处。例如，有的港口设置、撤废和再设置比较频繁；有的港口外贸颇为兴旺，却长期没有市舶司。宋朝设置市舶司的意图，统治者设置市舶司想要达到的目的是什么？下面我们试图揭开一些谜团。

第一节　广州港首设市舶司

开宝四年（971年）二月，宋朝灭南汉取得广州统治权，时隔四个月，就在广州设置市舶司，经营管理这里的海外贸易。[①]以如此之快的速度设置市舶司，在宋代岭南制度建设进程中是相当领先的。此时，岭南大量州县的县令、录事参军、主簿、县尉等基层官员尚未安排就位。[②]从全国范围看也是如此。宋辽边界的互市管理机构直到太宗初年才设置。[③]从后来同属沿海地区，外贸也比较发达的

①《续资治通鉴长编》卷十二，开宝四年。宋军进入广州在这年二月辛未（五日），设置市舶司在六月壬申（八日），间隔四个月余。

②《宋史》卷二《太祖纪》载：开宝四年六月丁丑，朝廷令翰林试南汉官，取书判稍优者授令、录、簿、尉。市舶司在此之前已经设立。

③《宋史》卷一八六《食货志·互市舶法》载：契丹在太祖时，虽听缘边市易，而未有官署。太平兴国二年，始令镇、易、雄、霸、沧州各置榷务，辇香药、犀象及茶与交易。后有范阳之师，罢不与通。

两浙路和福建路设置市舶司的进程看，宋朝对广州的关注不寻常。广州外贸及其所带来的海外商品，显然受到宋朝的高度关注。

（一）优越的自然禀赋

广州拥有发展航海贸易的许多良好条件，各种条件结合在一起，使广州成为得天独厚的海外贸易港。

第一，广州港海外交通条件优越。帆船时代利用自然力航行，受海流、季候风等因素制约，港口之间的距离是个关键。中国古代外贸对象主要分布在东南亚、南亚和西亚。中外航海贸易，以南部沿海地区为佳，港口距上述地区比较近。中国南部各海港中，广州与主要贸易对象不但距离比较近，而且海上交通便利。

古代中外海上交通史上，有个重要时间节点，就是吴晋南朝。过去东南亚及其以西国家地区远洋商船来华，大多沿海岸航行进入中国。所以船舶到达今天的越南南部以后，多沿中南半岛海岸东侧北行，到达越南北部后，沿海岸走势向东航行，经过北部湾、雷州半岛，最后抵达位于珠江三角洲北部的广州港。早期远洋船舶沿着大陆边缘海岸，迂回缓慢航行；海岸线附近多礁石险滩，颇为艰险。大约到了吴晋南朝时期，随着航海技术的进步，远洋船舶开始做跨越南海的离岸航行。船舶到达今天的越南南部后，开始远离海岸，向广州方向航行，经过海南岛东部，进而抵达广州。船舶东来如此，西去亦然。至此，广州在中外航海交通上的地位更加稳固，更为优越，中外航海交通贸易也更为便捷畅快。

第二，中国南部各港中，广州港内陆交通条件比较好。广州地处珠江三角洲北部顶点，东西北三江在此汇流入海。由于水网密织、四通八达，形成特别利于航运的条件。[①]横亘东西的南岭山脉，是岭南僻居中国南端的巨大屏障。但在绵延起伏的崇山峻岭之中，古人早就找到和开拓了多条沟通南北的道路。其中有三处相对便利，比较有名。一处是大庾岭，沟通今天的广东与江西。大庾岭这个地处北江和长江支流之间的分水关，在航海贸易的重要性日渐突出的唐代，翻山越岭的路段经过一再修整，过往条件已经得到很大改善。第二处是骑田岭，沟通今天的广东广西与湖南，山间也有需要徒步陆行的路段。第三处是越城岭，沟通今天的广西与湖南。越城岭较为平坦，早在秦朝已经修筑灵渠。广州经由这一线北上虽然道途迂远，但有全程水路无需陆行的便利。所以广州港国内交通虽然不算便

① 王子今：《秦汉交通史稿》，中共中央党校出版社，1994，第171页。

利，但也不是太差，没有太大的困难。

古代广州大部分时间，进出口商品的消费和产地主要坐落在位于南岭以北的京师、江南等富裕发达地带，进出口商品的运输，主要依靠上述几条通道。

第三，这是一个较为安全的港口。广州位于珠江三角洲北部顶点，连接南海却不直面海洋。船舶进入珠江口后，要经过曲折绵长的河流才能抵达广州港，因此它在抵御风浪、防范海盗、保护船舶安全等方面有较大优势。海洋中常见的狂风恶浪，在进入广州港附近时，能量和破坏性已大为消减；在外洋劫掠船舶的海盗，到达广州港前，会遇到海防官兵的一再拦阻。因此，两千多年以来这里一直是相对安全的天然良港。

第四，广州港所在的珠江三角洲土地松软、水源充沛、气候温暖，这是个鱼米之乡和资源丰富、宜人居住之地。广州的手工业也在很早以前就已发展起来，海外贸易需要的船舶建造和维修能在此地解决。广州港很早就能提供大量人口衣食住行的需要。

上述保障广州外贸长期繁荣的条件，在秦汉时代已经大体具备，吴晋南朝时期更上一层楼。因此，广州作为中国海外贸易第一大港的地位并不始于宋代，不始于唐宋，而是始于秦汉时代。

（二）历史悠久的外贸大港

优越的自然禀赋使广州成为中国历史上最为悠久的海外贸易大港，历时两千多年。自秦汉时代开始，广州就是中国古代海外贸易大港。[①]隋唐时期，广州港超越当时还在中国版图里的越南北部港口，成为当时中国最大的港口。随着中外陆路交通地位为航海交通所取代，广州成为中国与海外各国交通贸易的重心所在。到了五代十国时期，南汉国定都番禺、统治岭南，广州外贸更为繁茂，为北宋外贸的发展奠定了坚实的基础。

五代十国时期，香药在全国各地大行其道。南汉国是海外香药的聚集之地，数量最大。小王国对大王国的供奉，常包含各种类型的香药。贡献香药最多的小王国是南汉国，以及闽国、吴越国、南唐国等。南汉国的香药，主要来自与海外

①秦汉时代，现在的越南北部还在中国的版图内。当时越南北部的交趾拥有当时中国最为繁茂的海外贸易港，位居其次的是番禺港，即现在的广州港。因此，在今属中国的沿海港口中，广州是最大的港口。关于这个问题历来争议不断，笔者的观点详见章深：《广州：汉代中国海上丝绸之路第一大港》,《学术研究》2015年第10期。

国家的贸易；闽国香药直接来自海外国家的比重也大，但不排除其中有些是从广州转口的可能性。我们通过对现存资料的综合分析认为，吴越、南唐等国的海外香药主要是从南汉国转口而来。

首先，南汉国在唐末五代时期社会较为安定，社会稳定发展，外贸未受改朝换代、两军对抗争夺政权的打击。唐朝末年，各地藩镇割据愈演愈烈。岭南刘谦因邀击黄巢有功，被唐朝任命为封州刺史。刘谦死后，儿子刘隐于昭宗乾宁三年（896年），出兵袭肇庆、广州，成为两广地区最大的割据势力，被封为静海、清海节度使。刘隐重用岭南士人，为后来独立建国、治理岭南，打下了基础。乾化元年（911年），刘隐被后梁封南海王，不久病逝于广州。几年后，其同父异母兄弟刘龑称帝，国号汉，史称为南汉国。

僻处唐帝国南疆的岭南地区，此时相对安定。“唐末南海最后乱。僖宗以后，大臣出镇者天下皆乱无所之，惟除南海而已。”[①]于是中原士人官员大批来到岭南，“中朝人士以岭外最远，可以辟地，多游焉。唐世名臣谪死南方者，往往有子孙或当时仕宦遭乱不得还者，皆客岭表”。王定保、倪曙、刘浚、李衡、周杰、杨洞潜、赵光裔等人都受到刘龑的重用，被辟置幕府，待以宾客，委以重任。王定保是容管巡官曙唐太学博士浚崇望之子。倪曙为唐太学博士。刘浚，刘崇望之子。李衡，李德裕之孙唐右补阙，因奉命出使而到达岭南。杨洞潜早先是邕管巡官，任满客居南海。刘隐曾师事杨洞潜，后任命他为节度副使。[②]中原士人南来，对南汉国社会经济发展起了推动作用。

第二，南汉国定都在广州这个中国最大的海外贸易港，海外商品充盈其间且为致富之源。南汉统治者大肆挥霍海外珍宝。开国之君刘龑“好奢侈”，把聚拢而来的海外珍宝做成“玉堂珠殿”；[③]又“悉聚南海珍宝翠羽，以饰宫室。建殿阁秀华诸宫，务极瑰丽”。到了晚年，他“作南熏殿，柱皆通透刻镂础石，各置炉燃香，有气无形”[④]；召集南来商贾参观他的宫殿，炫耀珠玉，夸示富有。[⑤]南汉国丰富的东南亚产品来路不一，海外贸易、海外国家贡献、海上抢掠皆有。

①《新五代史》卷六十五《南汉世家》。

②《新五代史》卷六十五《南汉世家》。

③《新五代史》卷六十五《南汉世家》。

④[清]吴任臣：《十国春秋》卷五十八《南汉·高祖纪》。

⑤《新五代史》卷六十五《南汉世家》。

五代十国时期，南方小王朝多向中原王朝称臣献贡，贡品中包含不少香药等海外产品。他们自知国力不强，不敌中原王朝，希望通过称臣纳贡维持互不侵扰、相安无事的国家关系。后梁时，乾化元年（911年），已经实际掌控岭南的刘隐去世，传位给胞弟刘龑。次年，刘龑向后梁进贡海外产品，数额不菲，“遣使贡金银、犀角、象牙、杂宝货、名香等于梁，价凡数十万”。[①]其他南方王朝也向后梁称臣纳贡。例如，越南北部的安南，当时还在中国境内。安南两使留后曲美进献筒中蕉五百匹，龙脑、郁金各五瓶等，以及金器，银器，一些奇巧珍贵的纺织品等。广州贡献的海外产品特别多，超过了也是东南亚外贸船舶惯常的出入之地安南。福建小王朝进献的是用葛纤维作原料制成的布：“福建进户部所支榷课葛三万五千匹。”[②]福建也有外贸船舶出入，但贡献中原王朝的不是典型的海外产品，原因何在，有待研究。

第三，吴越、南唐等国的东南亚产品主要来自南汉国。

东部地区的小王朝吴越、南唐等国也向中原王朝进献香药等东南亚产品。限于当时的航海技术，两国跟东南亚国家交通不便，直接交往不多，东南亚产品从中国南部沿海转口而来，比较便捷。外贸发达的南汉国就有大量海外产品可供转口贸易。

在吴越国，钱氏统治七十余年，“多掠得岭南商贾宝货，当五代时常贡奉中国不绝”。[③]岭南商贾的宝货，应该包括来自东南亚等国的商品。吴越国供奉给中原王朝的海外珍宝数量可观，仅仅依靠抢掠应该不够。当时经营广州和中国沿海各地转口贸易的商人应该不在少数。

南唐国也有类似情况。史书记载：在南唐国，“南海常贡奇物，有蔷薇水、龙脑浆，上实宝之，以龙脑调酒服，香气连日，亦以赐近臣”。[④]广州曾是南海郡的治所，人们往往将“南海”作为广州的同义词。五代十国时期，小王朝自知兵力不强，希望与力量稍强的国家保持良好的国家关系，经常向其朝贡称臣。南汉国的贡品主要是海外商品。贡道相通，商道自然也相通。南唐国与南汉国之间存在商业贸易，当无可疑义。

①［清］吴任臣：《十国春秋》卷五十八《南汉·高祖纪》。

②《旧五代史》卷六《梁书·太祖纪》。

③《新五代史》卷六十七《吴越世家》。

④［清］吴任臣：《十国春秋》卷三十四《南唐·耿先生传》。

前面谈过，当时的安南和福建也都有远洋商船到岸。但是，广州是中国最有吸引力的海外贸易港，海外交通便捷，聚拢而来的远洋商船多，海外产品也多。其次，两处与中国的内陆交通都不如广州方便。在当时，内陆运输最好能利用江河。广州与内地的联系，有珠江、长江和湘江可以利用，最常用的交通线从南而北依次为：水路北上，经由北江到大庾岭脚下；翻过大庾岭进入长江支流，继续循水路北上或西向东去。但安南、福建港口与吴越、南唐之间，没有如此便利的江河可资利用。受港口条件和内地交通条件制约，安南和闽国的海外贸易不能与南汉国相比。

在宋军兵临城下之际，广州城内的官员就认为宋朝对海外珍宝兴趣很大。宋军攻入广州的前一天，南汉主的几位宠臣说："北军之来，利吾国中珍宝尔。今尽焚之，使得空城，必不能久驻，当自还也。"于是他们"纵火焚府库、宫殿，一夕皆尽"。[①]南汉臣僚的讲法和做法，显示出他们的无知和苟安侥幸心态。海外珍奇对任何统治者都具有诱惑力，占据岭南这方宝地，汇聚其间的中外商品便是统治者的囊中之物。宋朝不仅有雄心也有实力占领这里。但无论如何，聚集广州的海外珍宝令宋朝统治者垂涎，南汉君臣以及其他当代人都看得分明。

南汉国的经济贸易状况，史籍直接记载不多，但种种迹象显示出南越国外贸繁荣，国家富盛。五代十国时期各国珍爱的产自东南亚、南亚、西亚的香药宝货，多数经南汉国而来。

（三）市舶管理制度最早建立的地方

开宝四年（971年）宋朝在广州设置了第一个市舶司，开启了中国古代市舶贸易的新时代。这个时代是唐朝创立的市舶使和市舶贸易制度的延伸。

在唐中期以前，专门管理海外贸易的市舶使已在广州出现。唐代有市舶使，始见于安南和广州。开元二年（714年）为市舶使最早见于史籍的年份。这年，岭南市舶司周庆立和波斯僧及烈等"广造奇器异巧"进献朝廷。[②]周庆立出任市舶使的地点在安南。开元十年（722年），韦姓宦官在广州出任市舶使。从这时起，见诸史籍明确记载的市舶使共有六位，都在广州。[③]周庆立在安南，韦姓宦官在广州任市舶使，都未必是首任，因此市舶使的设置，在安南可能早于开元二

①《续资治通鉴长编》卷十二，开宝四年二月。

②［宋］王溥：《唐会要》卷六十二《谏诤》。

③黎虎先生对此作了研究，见《唐代的市舶使与市舶管理》，《历史研究》1998年第3期。

年，在广州可能早于开元十年。

中国漫长的海岸线上，分布着无数港口。在唐代，现今中国境内的港口除了广州，还有扬州和泉州，但中央王朝只在广州设置市舶使。这是为什么？简单地说，这与朝廷希望该机构达到的目的有关。市舶机构是为中央管理外贸，特别是集中外贸利权服务的，所以设在外贸最发达的港口，能最大限度地提高控制外贸和获取收益的效率。

派宦官出任市舶使就是为了实现这个目的。宦官是皇帝的私人代表，由他们出任市舶使，皇帝可以直接掌控外贸及其收益。唐朝出现的市舶贸易制度，使长期由地方官掌管的外贸直接控制权发生了向朝廷方面转移的明显趋势。唐中期以后，宦官出任市舶使的事例有所增加，有学者认为成了“惯例”。[①]宦官市舶使的权势很大，有时还凌驾于节度使之上。[②]

唐代海外贸易制度的变化被宋朝接过来，并充分利用。宋军攻取广州之后，市舶司很快成为中央政府掌握海外珍奇、控制外贸利权得心应手的工具。

北宋初年，面对海外珍奇持续和大量地涌入，赵匡胤及其臣僚加强中央直接控制的愿望陡然升温，并且针对广州的外贸优势和制度资源，制定了相关的政策法规。

（四）宋朝快速设置广州市舶司的用意

根据《宋会要辑稿》的记载，宋朝设置市舶司是让其掌管从海路进口中国的东南亚及其以西国家的商品，“市舶司掌市舶南蕃诸国物货航舶而至者”。[③]“市舶”二字一般指物体，即船舶，主要是大型海船。在这里还指行为，即贸易，市舶司是管理海路贸易的机构。南蕃是当时常用的方位和地理概念，专指中国国界以南的国家和地区，即东南亚、南亚和西亚。因此我们知道，宋朝最初设置市舶司的目的，主要只是让市舶司在中国对东南亚及其以西国家贸易中发挥作用，东亚国家尚不在考虑之列。这是宋朝攻取广州初期所制定的政策。

《宋史》说：提举市舶司“掌蕃货海舶征榷贸易之事，以来远人，通远

① 美国汉学家谢爱华（E.H.Schafer）认为，中国在八世纪逐渐形成“任命来自宫廷的宦官担任‘市舶使’这一类关键职务的惯例。”见谢爱华著、吴玉贵译：《唐代的外来文明》，中国社会科学出版社，1995，第28页。

②《旧唐书》卷十一《代宗纪》。

③《宋会要辑稿·职官》四四之一。

物”。[①]市舶司掌外国商品和海舶的征榷、贸易。当时还没有开征船舶税，所以“蕃货海舶”的位置应该对调，改为“海舶蕃货”。这里提到了征榷，即征税和专卖，补充了上一个定义的缺漏。但“以来远人，通远物”基本上是虚话。招徕远人与“征榷”之间存在冲突关系，不是市舶司的主要职责。

其实，宋初朝廷设置市舶司的目的，不止于贸易和征榷进口商货。宋太祖在打下岭南以后，迅速在广州设置市舶司的动因，目前未见到明确的记载。此时朝廷已经设置内库，名为“封桩库”，储存财物以备收复西北之用。中央财政已经开始对内库有所依赖。[②]因此，宋太祖有意为该库填充财宝。进口商品物轻价重，储藏价值高。广州这个全国最大的港口设置市舶司后，聚集在当地的海外珍奇便首先通过市舶司，接着经由官办运输系统，送达朝廷。为朝廷积聚财富是宋初朝廷在广州设置市舶司更为深层的目的。

综上所述，宋朝快速设置广州市舶司的最初目的，是通过广州市舶司将当时中国最大的外贸港口广州港和最主要的贸易对象东南亚及其以西国家的对华贸易迅速控制起来，并向京师源源不断地输送市舶司通过征税和专卖等途径获得的外贸收益。

（五）宋代广南东路的市舶机构存在情况

广州市舶机构始于开宝四年（971年）六月，到德祐元年（1275年）五月，“罢市舶分司，令通判任舶事”为止，存在时间长达三百余年。这期间，广州市舶机构遇到过一两次险情，但都安然度过。

神宗熙宁年间曾经有过撤销广州市舶司的动议，但有惊无险。广州市舶司一直健在并运作良好。

南宋高宗建炎年间，市舶机构存废状况史书记载不一，广州市舶机构是否曾被裁撤，是个问题。笔者通过研究，认为建炎间广南市舶司并未被裁撤。

李心传在《建炎以来系年要录》及《建炎以来朝野来记》中，马端临在《文献通考》中都认为广南市舶司曾同浙闽市舶司一道被裁撤，直至建炎四年（1130年）二月才恢复，恢复时间晚于浙闽市舶司。而《宋会要稿·职官》与熊克《中兴小纪》提到建炎元年（1127年）浙闽市舶司并归转运司，却都没有提

①《宋史》卷一六七《职官志·提举市舶司》。

②《宋史》卷一七九《食货志》：“自乾德、开宝以来，用兵及水旱赈给、庆泽赐赉、有司计度之所阙者，必籍其数以贷于内藏，候课赋有余，即偿之。”

及广南。王象之在《舆地纪胜》中则明确指出“建炎诏两浙、福建市舶归转运司，而广南如故”。笔者认为李心传与马端临的记载有误。南宋初期，设在广州港的市舶司从未被撤废。

李心传认为广南市舶司自建炎元年被撤废。但事实上，广南市舶司从一开始就不属于撤并对象。建炎间精省机构的动议是宰相李纲提出的。他提出了若干应该省并的机构，但把广南市舶司明确排除在外，“提举香盐茶矾司并归提举常平司，提举市舶除广南外，余路并归转运司”[①]。那就是说，南宋初在关闭浙闽市舶司时，广南市舶司依然存在。

李心传认为广南市舶司到建炎四年（1130年）二月才恢复。但建炎二年（1128年）七月，广南东路存在市舶司：“建炎二年七月八日，诏两浙路提举市舶司以降指挥减省冗费，每遇海商住船，依旧例支送酒食，罢每年燕犒。其上供细色物货，并遵旧制，团纲起发，罢步担雇人。广南、福建路市舶司准此。”[②]

建炎四年（1130年）二月二十六日，尚书省根据广南路提举市舶司的奏状，说“广州市舶库逐日收支宝货钱物浩瀚”。[③]对照李心传的记载，这是广南东路的市舶司刚刚恢复的年月。广州外贸如此繁荣，撤销市舶司的意义何在？宋朝废罢市舶司的动机一般是外贸不景气，没必要继续让市舶司消耗官帑。广南东路市舶司看来一直在运作，不曾中断。

三百余年间，广州市舶机构经历风雨，几次险些被撤并，后来都化险为夷，这不但在宋代是个奇迹，在整个市舶司历史上也是独一无二的。

第二节　杭州和明州港市舶司接踵而至

广州设置市舶司之后的十多年间，宋朝曾经满足于只设广州一个市舶司。太平兴国三年（978年）五月，吴越国钱俶向宋朝献上杭州、明州等十三州地。过了许多年，朝廷才在两浙路设置市舶司。

宋朝最初设置市舶司时，并没有把对东亚国家的贸易考虑在内，“市舶司掌市舶南蕃诸国物货航舶而至者”。[④]随后不久，宋朝调整了市舶司的功能，两浙路

①［宋］李纲：《梁溪集》卷六十二《乞省官吏裁廪禄札子》。

②《宋会要辑稿·职官》四四之一二。

③《宋会要辑稿·职官》四四之一三。

④《宋会要辑稿·职官》四四之一。

这才有了市舶司。两浙路的市舶司主要经营管理同东亚国家的贸易往来。东亚国家一般称“东蕃”，不属于南蕃范畴。自从两浙路有了市舶司，市舶司的业务范围便从南蕃扩展至东蕃，涵盖了当时中外海路贸易的全部国家和地区。

（一）杭州是两浙路首设市舶司的港口

1. 两浙路初设市舶司的年代

关于两浙路市舶司初设年代，现存史料不甚明了，且有互异之处，可以比较肯定的情况如下：

第一，杭州市舶司首设年代的大致范围。杭州归宋在太平兴国三年（978年）五月，杭州市舶司始建于其后。雍熙四年（987年）六月，朝廷令两浙等地商人将违禁香药、犀牙在限期内送至“官场”。[①]此时两浙似乎尚未设市舶司；如果存在市舶司，应该将香药、犀牙送到市舶司。再过两年两浙路已有市舶司：端拱二年（989年）五月，“诏：自今商旅出海外蕃国贩易者，须于两浙市舶司陈牒，请官给券以行。违者没入其宝货”。[②]杭州市舶司应首设于雍熙四年六月到端拱二年五月（987—989年）之间，这是两浙路最早设置市舶司。[③]

第二，明州市舶司的首设年月。太宗淳化年间（990-994年），明州也有了市舶司，“淳化中，市舶司从杭州徙置于明州定海县”。[④]淳化共五年，“淳化中”当为淳化三年（992年）。《乾道临安志》明确记载杭州市舶司移至明州在淳化三年四月。[⑤]

第三，杭州、明州分别设置市舶司之前，市舶司在两地的变动。杭州市舶司设置在先，明州市舶司在后。市舶司由杭州移至明州定海县后不久，又回迁杭州。[⑥]自咸平二年（999年）九月起，两地分别设立市舶司，从此开始长达88年的广、杭、明三州市舶司并立的局面。

为什么市舶司在杭州和明州之间迁来移去，后来两地又同时设置？这是个有

---

①《宋会要辑稿》食货三六之二。

②《宋会要辑稿》职官四四之二。

③在两浙路，杭州设置市舶司在先的情况，已一再为历史资料所证实。

④《宋会要辑稿·职官》四四之一。《宋史》卷四六六《宦者·石知颙传》也说：“淳化中，明州初置市舶司，与蕃商贸易，命（石）知颙往经制之。”

⑤[宋]周淙：《乾道临安志》卷二《廨舍》。

⑥关于市舶司从明州迁回杭州的时间有两种说法，一是明州置司的第二年，见《宋会要辑稿·职官》四四之一；二是淳化六年。

趣的问题。这里试作探讨。

此前广州已经设置市舶司。本路官府的治所在广州，本路最高军政长官知广州出任市舶使，通判为判官，转运司也参与其事。当时的岭南，没有能同广州拮抗的港口。两浙路情况不同。两浙路地方官府的治所在杭州，地位相当于广南东路的广州。杭州设置市舶司，知杭州出任市舶使，跟知广州出任市舶使一致。不巧的是，两浙路当时最好的海外贸易港却不在杭州，而在明州。在杭州建立市舶司管理明州的外贸，既不合适也不方便。这是其一。其二，杭州地处大运河南端，各地出口和进口商品都在此汇集，然后各奔前程。市舶司当时还管理国内沿海贸易，有些沿海贸易商货并不经过明州。杭州如果没有市舶司，则商货征税和管理等，当有所不便也有所不周。两浙路市舶司先设杭州，接着迁移明州，最后两地都设，各从其便，各司其职，原因在此。

从国内和海外交通条件看，杭、明州各有短长。这里先谈杭州港的情况，明州港容后讨论。

2. 杭州港的优势与劣势

杭州地处当时中国南北交通最主要枢纽大运河的南端，与京师水路相通，国内交通条件得天独厚。京杭大运河由此发端，蜿蜒而北，流经钱塘江、长江、淮河、黄河、海河五大河流，形成以洛阳为重心，包括关中盆地、河北平原、太湖流域，以及陕西、河南、河北、安徽、江苏、山东、浙江七个省区的庞大运河网，把当时中国主要的生产和消费地大部囊括其中。这就意味着杭州的经济腹地非常广阔，进出口商品四面八方去来，聚散裕如。

但杭州港的海外交通条件却不那么好。从杭州出海，依次经过钱塘江和杭州湾。钱塘江的潮汐大、潮位高，本有利于海船航行，但它涨潮时间很短、潮涌大、水流急，又给船舶航行带来了困难。杭州湾的暗礁浅沙较多，是船舶往来的隐患，行船者多避而远之。“海商舶船畏避沙潬，不由大江，惟泛余姚小江，易舟而浮运河，达于杭越矣。”[①]在当代，杭州港是个内河港；在宋代，基本格局也是如此。

3. 宋代杭州市舶司的地位

根据现存史料我们看到，宋代杭州外贸不发达，杭州市舶司的重要性不但低

---

①[宋] 姚宽：《西溪丛语》卷上。

于广州、明州，也低于后成立的泉州市舶司。即使与相对近便的对东亚国家贸易，杭州港也无明显的吸引力。

杭州对东南亚贸易在广杭明三州市舶司中地位最低。北宋人毕仲衍在《中书备对》中，专门录下了熙宁十年（1077年）明、杭、广三州乳香收入的数量及部分香价。各州的具体数字是：广州348673斤，明州4739斤，杭州637斤。[①]这表明，熙宁十年，杭州进口的乳香在三州进口乳香总额中，仅占0.18%，而广州则高居98.48%，明州比例也低，为1.34%，但比杭州高出七倍多。乳香主要来自西亚，多经东南亚海路而来。相比杭州和明州，广州离乳香产地比较近，贸易份额独大不足为奇；但杭州的乳香贸易份额少得可怜，比邻近的明州低了太多。

以杭州为目的地的外国使者商人，不经中国其他港口，直接抵达杭州是否方便，还是个疑问。有史料显示，一些人手持杭州发放的许可证出海，回来时却是在明州登岸。元祐五年（1090年）八月，杭州知州苏轼上奏：明州申报高丽人使李资义等二百六十九人，先后抵达明州，他们手持的却是商人李球于去年六月向杭州市舶司申领的前往高丽国贸易的公凭，“明州申报高丽人使李资义等二百六十九人相次到州，仍是客人李球于去年六月内请杭州市舶司公凭往高丽国经纪”。[②]当时的一般做法是：商民航海贸易的出入港口要一致，在哪个港口申请出海凭证，回来时也要在哪个港口靠岸，并交回出海凭证。苏轼在文章中没有指出李球向杭州市舶司申请出海凭证，却在明州靠岸有何不妥。这应该已是当时当地的习惯做法。

熙宁九年（1076年）五月，中书门下报告朝廷：给事中集贤殿修撰程师孟提议废罢杭、明州市舶司，海路贸易商船归于广州市舶司抽解。中书门下主张让程师孟到三司，与三司官员一道探讨这样做的利弊得失。随后三司奏报，已与程师孟详细讨论广州和明州市舶司的情况，可从对市舶司和外贸条约做些删节和修改开始。但朝廷表态很谨慎，没有接受上述动议，“恐逐州有未尽未便事件，令更取索重详定施行”。[③]在讨论是否撤销杭州、明州市舶司时，三司重点考虑的是明州的去留，杭州市舶司存留与否似乎不受关注。

---

①见梁廷枏：《粤海关志》卷三《前代事实》。

②［宋］苏轼：《东坡全集》卷五十八《乞禁商旅过外国状》。

③《续资治通鉴长编》卷二七五，熙宁九年五月丁巳。

苏轼在元丰三年（1080年）八月的一份奏状提到，《元丰广州市舶条》的内容："诸非广州市船司辄发过南蕃纲舶船，非明州市舶司而发过日本、高丽者，以违制论，不以赦降、去官原减。"[①]这是《元丰广州市舶条》的内容，里面也没有提到杭州市舶司。

市舶司与市舶贸易密切相关。设置市舶司和作用较大的市舶司，是重要且受朝廷重视的港口。杭州作为海外贸易港，显然不太重要故而不受重视。

（二）明州港的优势与劣势

我们已经知道，明州市舶司首设年份在淳化三年（992年）。自咸平二年（999年）九月起，杭州、明州两地分别设立市舶司，广州、杭州、明州市舶司并立的格局从此开始。

明州的国内和海外交通条件的优势与劣势，恰好跟杭州倒过来。

明州港口位置和天然条件。明州港位于东海之滨，甬江、余姚江、奉化江在此汇合，东有舟山群岛为天然屏障，北濒杭州湾，港域辽阔，水深浪小，长年不冻，这是个自然禀赋优越的深水海港。

明州的地缘优势在近迩东亚各国，海外交通贸易借地利之便以高丽、日本为主。

早在北宋前期，明州已是中国与东亚国家交往的一个港口。天禧四年（1020年）二月，明州报告：高丽夹骨岛民阔达，因风漂舟至定海县海岸。真宗派遣明州官员前去慰问并送上回程食粮，以便他们回国。[②]天圣四年（1026年）十月，日本国一行自称是太宰府派来贡献方物的使者，到达明州。[③]

此时往来女真、高丽的船舶主要在登州港出入。登州位于山东半岛北部偏东，早已是中国与东亚国家交往的重要港口。庆历六年（1028年）五月，因登州离辽国不远，又在京东东西路附近，仁宗担心由此而来的安全隐患，命令登州官员查明当地与海外国家的距离，探寻防卫方略并向朝廷汇报："访海外诸国道里远近，及究所以控御之策具奏。"[④]

---

①苏轼：《东坡全集》卷五十八《乞禁商旅过外国状》。

②《续资治通鉴长编》卷九十五，天禧四年二月丙午。

③《续资治通鉴长编》卷一〇四，天圣四年十月庚辰。

④《续资治通鉴长编》卷一五八，庆历六年五月丁未。

北宋中期，宋朝与高丽关系有过一番调整。辽国雄踞宋朝东北部，是宋朝的宿敌和劲敌，一再打败宋军。辽国东南又与高丽陆路接壤。宋朝立国初期，与高丽关系密切，但从太宗朝开始，两国关系明显疏远。最初几代皇帝对高丽兴趣都不大，不冷不热。熙宁七年（1074年）以后，宋辽关系再度紧张。而在此前，神宗已经改变政策，开始加大力气笼络高丽，明州便受命担负起迎来送往高丽船舶的责任。熙宁六年（1073年）十月，高丽使者来到明州海岸，神宗令当地熟悉海道的人接引，并让两浙路转运司派官员采用新式礼仪欢迎与犒劳。[①]次年，高丽国使者提出要远离契丹，改从明州登岸上京。这个要求自然得到了宋方同意。[②]元丰元年（1078年），宋朝使者安焘、陈睦出使高丽从明州定海“绝洋而东”。直到北宋末，宋朝使者一直都以明州为前往高丽的出发地。[③]

在中国与东南亚贸易中，明州也发挥了作用。明州与东南亚存在直接贸易，但比较稀少。北宋初，曾有一艘阇婆来华朝贡的船舶，在海上漂泊六十天后抵达明州的海港所在地定海。掌管市舶贸易的官员张肃派遣驿递兵奏报京师，并说从服饰样貌看像是曾经入贡的波斯人。“先是，朝贡使泛舶船六十日至明州定海县，掌市舶监察御史张肃先驿奏其使饰服之状与尝来入贡波斯相类。”[④]明州市舶官员不了解阇婆，或是阇婆较少与明州交往。由此可见明州与东南亚及其以西地区直接交往不多，或者比较少。但明州港在东南亚和东亚国家之间的转口贸易地位颇为重要：进入广州的东南亚商品通过明州转口到东亚国家；东亚国家的商品也通过明州转口到广州，再输送到东南亚等地。但在当时，从事这类转口贸易的商人和商船应该多是华人和中国船舶。

明州的对内交通却不那么便利。海路贸易船舶到达明州市舶司所在地定海县后，必须改用小船经杭州湾、钱塘江到杭州，或由内河循余姚江西上，转曹娥江、钱塘江到达杭州，经过这一番折腾之后，船舶才能驶入大运河。根据晚清时期的文献记载，从明州到杭州，乘坐传统船舶需要四天时间，而且要等到潮涨时

①《续资治通鉴长编》卷二四七，熙宁六年十月壬辰。

②《文献通考》卷三二五《四裔考·高句丽》。

③《文献通考》卷三二五《四裔考·高句丽》。徐兢：《宣和奉使高丽图经》卷三《封境》：“元丰以后，每朝廷遣使，皆由明州定海放洋绝海而北。”

④《宋史》卷四八九《阇婆传》。

分才能上溯杭州。[①]人和商货改换小船，路途迂回和时间的迁延，都是明州国内交通的不利因素。

可见，把杭州或明州作为外贸港口都有一定缺陷。远洋商船愿意在明州登岸，进口商品由此进入长江中下游交通网络，进入中国腹地；官员则更多考虑运送进口商品上京的便利，希望商人直接运货到杭州。这恐怕就是张肃提出市舶司设在明州“非便”的理由。两浙市舶司的初期，设置地点在杭州、明州间摇摆，实际上是官方在较容易运送进口商品的地点，与海商密集的地点之间做出取舍。如果市舶司只是管理和服务海外贸易的机构，就不会发生这样的周折，杭州和明州港就可以一内一外，各尽所能，充分发挥自己的优势。

咸平二年（999年），宋朝决定两地同时设司，“听蕃客从便”。[②]商人按照自己的意愿，在两个市舶司中挑选一个办理商船出入手续。对于官方这可能是无可奈何的决定，对于外贸经济则意味着商人获得了应有的选择权。两地同时设立市舶司的客观后果，是明州依仗海外交通的优势，在对东亚贸易和国内沿海转口贸易上风光无限，而杭州则发挥其国内交通运输的特长，在出口商品输往明州和进口商品输送分销全国各地的环节上占尽优势。明州与杭州取长补短，分工协作，从海路交通贸易角度看两州是外港与内港的关系。

（三）北宋中期和后期的杭州、明州市舶司

北宋神宗朝，市舶司制度颇有些动荡，对于明州港却有益无害。熙宁七年（1074年），宋辽关系紧张，宋朝为保证京师安全，规定登州、莱州不再出入商舶，来自高丽的船舶改由明州出入。此后，北部边防局势日益危急，这个规定一直延续到北宋灭亡。元丰三年（1080年）制定的《元丰广州市舶条》，明确规定把明州作为中国与高丽、日本民间贸易和官方交往的港口。这是对明州市舶司作用的正式肯定。相形之下，杭州市舶司显得有点落魄孤冷了。

①丁贤勇：《晋省之旅：晚清民国时期温杭行程述考》，《华东师范大学学报（哲学社会科学版）》2016年6期，第55页：1888年7月，张棡晋省乡试，其日记记载宁波—杭州路程如下：初九……戌刻抵宁郡鄞县江夏码头，税乌梭船一只，计中后两舱，价钱英洋七元。初十在江夏停一日，江夏繁华十倍于温郡。至夜里潮涨，始开行杭郡……十四日早晨抵萧山……渡钱塘江进入省城草桥门，至下段税寓时约巳刻后。（张棡《张棡日记》1888年七月初六至十四日；1888年七月初八至初九；1888年七月十九日至二十一日）宁波至杭州通过浙东运河，乌梭船航行约需4天。

②《续资治通鉴长编》卷四十四，咸平二年九月。

哲宗元祐初年至北宋亡国，杭州和明州市舶司再经动荡。

崇宁元年（1102年）七月十一日，徽宗诏令“杭州、明州市舶司依旧复置。所有监官、专库、手分等依逐处旧额”。[①]崇宁元年七月以前，杭州和明州曾经不存在市舶司。两州市舶司是什么时候撤销的，未见史籍记载。但我们知道两个市舶司为什么恢复。这道命令发出前几天，七月五日，蔡京首次拜相，“以蔡京为尚书右仆射兼中书侍郎”。[②]

此次复置杭州、明州市舶司是蔡京的主张，是他新官上任所烧的一把火。蔡京作为宰相，对神宗熙丰变法倍加推崇，大力效法，但具体政策措施却根据自己的需要而有些不同，对市舶司的态度就表现出很大的差异。熙丰变法时期对市舶司的态度是尽量少设不设市舶机构，并降低其作用，让变法机构市易司等大行其道。但蔡京则是发展健全市舶机构，把市舶司作为执行其意志的工具。两种做法并无本质区别，都是通过外贸让朝廷获得更多的财富。

此后，蔡京坚持不断地采取措施恢复和健全市舶司，他的反对者则不断在市舶机构和人员配置等方面拆他的台。他一再被徽宗罢免，离开相位。每当这时市舶司就随之动荡。但他一取得相位，就马上恢复和健全市舶司。上面谈了蔡京出任宰相几天后就恢复杭州和明州市舶司。类似的事情后来至少还有过两次。

崇宁五年（1106年）二月，蔡京首次罢相，赵挺之再任宰相。没过多久，蔡京的做法就被扫地出门。[③]大观元年（1107年）正月，蔡京第二次出任宰相，两个月后，便恢复了先前被撤销的掌管广南东路、福建路、两浙路市舶司的官员。[④]政和二年（1112年）五月十三日，蔡京第三次出任宰相。[⑤]十多天后，即五月二十四日，两浙、福建路市舶司复置。徽宗根据福建路提点刑狱邵涛的奏请，诏令“两浙、福建路依旧复置市舶”。[⑥]

此后到北宋灭亡，两浙市舶司再未撤销。不仅如此，由于蔡京在政和二年

①《宋会要辑稿·职官》四四之八。

②《宋史》卷十九《徽宗纪》。

③［宋］陈均：《九朝编年备要》卷二十七《徽宗皇帝》：“挺之再相，或云彗星初见，上震动责已，深察［蔡］京之奸，由是旬日之间，凡［蔡］京所为者一切罢去。”

④《宋会要辑稿·职官》四四之九：大观元年（1107）三月十七日，“诏广南、福建、两浙市舶依旧复置提举官。”

⑤《宋史》卷二十一《徽宗三》。

⑥《宋会要辑稿·职官》四四之九。

（1112年）五月到宣和二年（1120年）六月多年出任宰相，执掌大权，两浙路市舶机构都在发展。政和三年（1113年）七月二十四日，徽宗指示在秀州华亭县兴置市舶务。[①]秀州华亭县大致位于今上海市松江区一带，是原先从未设置市舶机构的港口。政和七年（1117年）七月，朝廷接受提举两浙路市舶张苑的建议，允许镇江、平江府这两个没有市舶机构的地方接待远洋商船，经营进出口商品。[②]宣和七年（1125年）三月十八日，"诏降给空名度牒，广南、福建路各五百道，两浙路三百道，付逐路市舶司充折博本钱。仍具每月博买并抽解到数目申尚书省"。[③]这年四月蔡京罢相，此后再没复位。

徽宗朝各市舶司提举官、市舶机构存废表

时间＼地点	广州	泉州	杭、明州
崇宁元年（1102年）以前			废司
大观元年（1107年）以前	废提举	废提举	废提举
大观三年（1109年）以后			废提举
政和二年（1112年）以前		废司	废司

资料来源：《宋会要·职官》四四；《文献通考》卷二十。

说明：废提举官时，由其他官员兼管市舶司；废市舶司时，由其他官司兼管市舶贸易。

（四）南宋时期的两浙市舶机构

南宋初年，金军南下，两浙沿海是重要战场，市舶贸易大受其害。两浙路市舶机构采取双层管理体制，即两浙路市舶司管辖五个市舶务，"福建、广南各置务于一州，两浙市舶乃分建于五所"。[④]两浙路市舶司管辖下的五个市舶机构分别是：杭州、明州、秀州、江阴军、温州市舶务。[⑤]一个市舶司加上五个市舶务，

①《宋会要辑稿·职官》四四之一一。

②《宋会要辑稿·职官》四四之一〇至一一："提举两浙路市舶张苑奏，欲乞镇江、平江府如有蕃商愿将舶货投卖入官，即令税务监官依市舶法博买。内上供之物，依条附纲起发；不堪上供物货，关提刑司选官估卖。从之。"

③《宋会要辑稿·职官》四四之一一。

④《宋史》卷一六七《职官志》。《文献通考》卷六十二《职官考·提举市舶》载，绍兴十九年，张阐上言："福建、广南各置务于一州，两浙舶务乃分建于五所。"本书记此事在绍兴十九年，误；上奏者张闲也错，应为张阐。参见《文献通考》刊误一则，《中国典籍与文化》2007年第3期。

⑤［宋］章如愚编《群书考索》后集卷十三《提举市舶》。

两浙路共有六个市舶机构，下面对这几个市舶机构做简要介绍：

1. 两浙路市舶司

两浙路市舶司管辖若干市舶务的制度早在北宋徽宗朝就已有之，市舶务的数量从开头的两个，增加到五个。南宋时期这个制度延续了几十年。

建炎元年（1127年）五月，宋高宗赵构登基，六月便下令撤销两浙和福建的市舶司市舶贸易管理等工作，由转运司掌管。“两浙、福建路提举市舶司并归转运司，令逐司见在钱谷器皿等拘收，具数申尚书省”，①提出这个主张的是时任宰相李纲。他的意图是精简机构，节省经费。②但一年后，高宗恢复了两路市舶司。“明年夏，复闽浙二司，赐度牒直三十万缗为博易本。”③恢复闽浙市舶司与以下因素相联系。

第一，李纲罢相。北宋末年，李纲力主抵抗金人入侵，名声大振。建炎元年（1127年）五月五日，宋高宗任命李纲为宰相。但他主政仅七十五天，便于当年八月十八日罢相。撤销闽浙市舶司是李纲的主张，人去政息，他的主张便被后来者逐步推翻，两个市舶机构也因此恢复。

第二，健全市舶贸易管理制度。宋人章如愚说，南宋初年，两浙和福建市舶司被撤废，相关职责由本路转运司承接，“建炎中兴，诏罢两浙、福建市舶司归转运司”。检验二年尚书省报告：闽浙市舶司撤销后，商民营生不便，官府“亏失数多”，于是朝廷决定恢复闽浙市舶司。④

两浙路市舶司办公地点在杭州。建炎二年（1128年）六月十八日，两浙路提举市舶吴说在一份奏札中写道，该市舶司的旧址已被烧毁，建议移入已经弃之不用的杭州神霄宫内。高宗批准了这个提议，但附带条件是，市舶司用房不得超过四十间。⑤此时新建的南宋王朝尚处于风雨飘摇之中，经费异常紧张，皇上此

①《宋会要辑稿·职官》四四之一一。

②［宋］李纲：《梁溪集》卷一八〇《建炎时政记下》：“承平之时，虽无事当备官以张朝廷之容。艰难之际，虽多故当省官以责事功之实。至于禄廪，亦当随宜裁节，以济一时之急。盖世方多难，赋入狭而用度广，非加裁节则何以为经久之制。内自朝廷，外至州县监司，宜省冗员，以节浮费。有旨省台寺监，以繁简相兼。学官馆职之类，比旧制减半。开封府曹掾依旧改为推判官。提举常平司并归提刑司。两浙、福建市舶司并归转运司”。

③《文献通考》卷六十二《职官考·提举市舶》。

④［宋］章如愚：《群书考索》后集卷十三《提举市舶》。

⑤《宋会要辑稿·职官》四四之一二：“契勘本司廨宇，旧在杭州，已经烧毁。伏见杭州神宵宫依昨降朝旨废罢，见今空闲。欲乞踏逐一位子，量以本司头子钱修葺安著一行官吏。”

时尚未重视海外贸易，故而有此约束。

在南宋，两浙路市舶贸易不太景气，市舶司官吏既不认真履职，又扰乱和损害外贸秩序。诚如章如愚所言："乾道初，臣僚言：两淮（浙）临安、明州、秀州、温州、江阴军凡五处有市舶，祖宗旧制，有市舶处知州带提举市舶务，通判带主管，知县带监，而逐务又各有监司。市舶置司乃在华亭。近年遇明州舶船到，提举带一司吏人留明州数月，名为抽解，其实骚扰。且福建、广南皆有市舶，物货浩瀚，置官提举，诚所当宜，惟是两浙置官委是冗蠹，乞赐废罢。"[①]福建、广东供养市舶贸易管理机构不成问题，而两浙路却不能延续。因为前者外贸繁荣，"物货浩瀚"，而两浙路市舶司的存在，"委是冗蠹"。两浙路的市舶贸易承受不起管理机构重叠带来的负担。

孝宗登基不久，乾道二年（1166年）六月，决定撤销两浙路市舶司，由本路转运司承接其事；两浙路下级市舶机构维持原样，所在地官员要负起监管责任，将收支情况汇总，报送转运司。"诏罢两浙提举市舶，逐处职事委知通、知县监官同行检视而总其数，令转运司提督。"[②]

两浙路有许多港口跟海外有或多或少的联系，数目超过本路市舶贸易机构的数量。嘉定十年（1217年）三月一日，有臣僚上言，海盐、青龙、顾迳与江阴、镇江、通泰等地都有不法商人大量收购米粮贩运海外国家获取厚利。[③]这个现象说明，两浙路沿海存在许多脱离市舶司控制的外贸。能违禁走私米粮，也就能违禁贩卖别的商品。再往后，市舶机构对外贸的控制力就更弱。

2. 杭州市舶务

南宋初年，杭州市舶机构有过起落，存在时间不长。

建炎二年（1128年）七月，杭州升为临安府，[④]此后杭州的市舶机构改称临安府市舶务。孝宗淳熙元年（1174年）七月十二日，户部侍郎蔡诜在一份奏疏中谈到两浙路诸市舶务，其中包括临安府市舶务。[⑤]孝宗去世，光宗即位。此后不

①［宋］章如愚编《群书考索》后集卷十三《提举市舶》。

②《文献通考》卷六十二《职官考·提举市舶》。《宋史》卷三十三《孝宗纪》乾道二年六月，罢两浙路提举市舶司。刑部尚书徐乾学：《资治通鉴后编》卷一二二，作"乾道元年"，误。

③《宋会要辑稿·食货》三八之四三-四：嘉定十年三月一日，有臣僚上言："沿海州县，如华亭、海盐、青龙、顾迳与江阴、镇江、通泰等处奸民豪户广收米斛贩入诸番，每一海舟所容不下一二千斛，或南或北，利获数倍。"

④《宋史》卷二十五《高宗纪》。

⑤《宋会要辑稿·职官》四四之三〇。

久，朝廷禁止商贾到澉浦港，临安府市舶务随之废罢。[①]光宗是淳熙十六年（1189年）二月登基的。废罢临安府市舶务的时间大致在绍熙元年（1190年）前后。

3. 明州港

明州于绍熙五年（1194年）十一月改称庆元府，[②]南宋时期依然是两浙路最大和中国第三大港口。两浙路市舶司主管本路五个市舶务的运作，治所早先设置在杭州（临安府），绍兴二年（1132年）三月迁到秀州华亭县。[③]不知何故，两浙路市舶司从来不设在明州这个本路最繁荣的港口。

南宋初年，因为两浙是宋朝抵抗金军的主要战场，当地外贸因而受累。战争需要大批战船，官府势必就近筹措，抽调民间船舶不可避免。绍兴十年（1140年）六月，仇悆知明州兼沿海制置使，上言："敌情从来诡诈，乘间陟险，必出我不意。今舟船废坏略尽，望申饬州县，协力赴功。"这一提议得到朝廷批准。[④]州县官府用什么手段"协力赴功"？征用民船最为简便，得心应手。外贸需要船舶，这个时期明州外贸船舶必定吃紧。

乾道五年（1169年）是宋朝重视明州地位和作用的一个重要时间点。这年太常少卿林栗提出兴建东海海神庙于明州定海县，并且依照南海神庙的做法，敕封八字王爵，得到孝宗批准。[⑤]山东半岛的莱州，是北宋王朝东部沿海祭祀东海海神的地方，在南宋已经被金国占领。明州成为宋王朝祭祀海神的地点是外贸地位和作用提升的表现。

在南宋，明州有不少市舶贸易船舶往来，高丽和日本贡使也由此出入。

绍兴六年（1136年），高丽持牒官金稚圭到达明州，宋朝担心这是金国的间谍，匆匆回赐物品打发其离开。"赐银帛遣之，惧其为金间也。"绍兴三十二年（1162年）三月，高丽商人转达官府信息，希望遣使朝贺，宋朝依然不放心，没

①［宋］罗浚：《宝庆四明志》卷六《郡志·叙赋·市舶》。

②《宋史》卷三十七《宁宗纪》。

③《建炎以来系年要录》卷五十二，绍兴二年三月。

④《建炎以来系年要录》卷一三六，绍兴十年六月。

⑤［明］杨士奇等：《历代名臣奏议》卷一二六《礼乐·祭礼》："国家驻跸东南，东海、南海实在封域之内。自渡江以后，惟南海王庙岁时降御书祝文，加封至八字王爵。如东海之祠，但以莱州隔绝，未尝致祭。殊不知通、泰、明、越、温、台、泉、福皆东海分界也。绍兴中，金人入寇，李宝以舟师大捷于胶西，神之助顺，为有功矣。且元丰间，尝建庙于明州定海县。请依南海，特封八字王爵，遣官诣明州行礼。诏可。"

有同意高丽的要求。[①]孝宗隆兴二年（1164年）以后，高丽使者再没来华。

日本官府与南宋王朝的关系依然疏远。乾道九年（1173年），日本官府“始附明州纲首，以方物入贡”。淳熙三年（1176年），日本船舶被风吹泊明州，朝廷诏令“人日给钱五十文，米二升，俟其国舟至日遣归”。[②]“俟其国舟至日遣归”，说明当时常有日本商船出入明州港。

两浙路市舶机构中，光宗即位不久临安府市舶务即被废除，宁宗嘉定年间（1208—1224年），江阴、温州和秀州市舶务也被废除，此后仅庆元府一处有市舶机构。“凡中国之贾高丽与日本，诸蕃之至中国者，惟庆元得受而遣焉。”[③]

庆元府市舶机构一直存在到南宋末年。宝祐六年（1258年）八月，都省的一份奏折提到庆元舶司。[④]《宋史》记载，“有潘方者，温州平阳人，宝祐四年进士。调监庆元府市舶。庆元降附，[潘]方不屈赴水死”。[⑤]官府任命潘方担任监庆元府市舶在哪一年，目前难以知晓。至元十三年（景炎元年，1276年）元军进入庆元时他仍在庆元。庆元市舶机构也许结束于此前不久。

4. 秀州市舶务

秀州市舶务的港口在华亭县。因为是孝宗出生之地，秀州在庆元元年（1195年）十月升为嘉兴府。[⑥]当地市舶机构随之改称嘉兴府市舶务。

秀州在北宋政和三年（1113年）就已经有了市舶务。这年七月二十四日，徽宗下令在秀州华亭县兴置市舶务。[⑦]南宋时，秀州市舶贸易机构地位比较高，是两浙路地位仅次于明州的市舶机构；在全国市舶机构中，地位也蛮高。淳熙九年（1182年），孝宗下令，“广、泉、明、秀漏泄铜钱，坐其守臣”。[⑧]铜钱外流跟外贸商船去来紧密联系，外贸大港是严防把守的关键。在这里，秀州港的重要性

①《宋史》卷四八七《高丽传》：“高丽纲首徐德荣诣明州，言本国欲遣贺使。守臣韩仲通以闻。殿中侍御史吴芾奏曰：高丽与金人接壤，昔稚圭之来，朝廷惧其为间，亟遣还。今两国交兵。德荣之请得无可疑。使其果来，犹恐不测，万一不至，贻笑远方。诏止之。”

②《宋史》卷四九一《日本国传》。

③[宋]罗浚：《宝庆四明志》卷六《郡志六・叙赋下・市舶》。

④《续资治通鉴》卷一七五，宝祐六年八月：“都省言：倭船入界，禁令素严；比岁庆元舶司但知博易抽解之利，听其突来泄贩铜钱，为害甚大。”

⑤《宋史》卷四五四《忠义传》。

⑥《宋史》卷三十七《宁宗纪》，《宋史》卷八十八《地理志・两浙路嘉兴府》

⑦《宋会要辑稿・职官》四四之一一。

⑧《宋史》卷一八〇《食货志・钱币》。

紧跟在明州之后，排行第四。

绍兴二年（1132年）三月以后，秀州华亭县成为两浙市舶司所在地。这年三月，高宗令两浙市舶在秀州华亭县设署办公。①在孝宗乾道初年两浙路市舶司撤销前，两浙路市舶司仍在华亭县。②两浙路市舶司为何设置在华亭县，而不是在杭州或明州？可能的原因是：这一带已经发展成为海河运输条件良好、物产充裕、市场较为发达的富庶之区。市舶司有自己的官厅，还养着一批官吏；通往江海的通道需要较强的兵力把守，需要当地有过得去的物质条件。市舶司抽解、官市的进口商品的存放和运送；市舶司所在地就是海路贸易交往发达的处所，各类商品的交易，商贾、工匠、劳工等人员的往来，都需要各种物质和交通运输条件相配合。秀州华亭县位于今日的上海松江区，后日中国东部以至全国的经济重心正在这里发展成型。

宁宗嘉定年间（1208—1224年），宋朝命令商船不得停泊秀州，当地市舶务被废弃，③终宋之世，再没恢复。但没了市舶务，当地外贸继续行进，地方官府担起了外贸管理的职责。

> 宁宗嘉定七年五月十六日嘉兴府状：伏乞令倭舶前来本部住泊，趁岁计。诏：权令嘉兴府行下华亭县，住泊海南船只抽解。如客人陈给公据，仰本府具申户部出给，及不得住泊高丽、倭船。其客人起发前往海南州军，仰本府县严行觉察，不得容令夹带铜钱，申提刑司委官搜检。亦不许将元船再搬物货往广泉州军。如辄有夹带铜钱到于别处败获，守臣知县并行镌责。仍行下两浙转运司、庆元府照会，及浙西提刑司，专一觉察施行。④

嘉兴府市舶务是在嘉定年间取消的，但究竟哪一年，未见明确记载。这条史料不见嘉兴府市舶机构的踪影。宋朝制度，有市舶机构的港口才能经营中外贸易。地方官请求朝廷同意让日本商船前来住泊：“伏乞令倭舶前来本部住泊，趁

①《建炎以来系年要录》卷五十二，绍兴二年三月。

②章如愚编《群书考索》后集卷十三《提举市舶》。

③罗濬：《宝庆四明志》卷六《郡志六·叙赋下·市舶》。

④《宋会要辑稿·刑法》二之一三八至一三九。待查

岁计”，说明在正常情况下，当地是不允许日本商船前来住泊的。嘉兴府的奏状，得到朝廷的认可，显然这时的嘉兴府已经不存在市舶机构。朝廷依然允许这个当年的外贸港口继续经营中日贸易，因为当地官府需要通过外贸获得财政收入，“趁岁计”透露了这个信息。

再过三十多年，宋朝在嘉兴府的澉浦镇设置了市舶场。理宗淳祐十年（1250年），嘉兴府澉浦镇东海岸有了市舶场。①这是宋朝最后设置的市舶机构。

5. 江阴军和温州市舶务

江阴军和温州，一个在两浙路的北边，一个在南边，南宋时期都设置了市舶务。两个市舶务都在宁宗嘉定年间被撤销。

江阴军位于长江咽喉，为江防要塞，是长江上的重要交通枢纽和江海联运的天然良港。高宗时，浙西总管李宝说，“连江接海，便于发舶，无若江阴”。朝廷曾经让他驻江阴军以防海道。②此地建立市舶务比较晚，在绍兴十五年（1145年）十二月。③

温州位于浙江省东南部，瓯江下游南岸，与福建沿海相连。温州离外贸大港泉州不远，又在泉州与东亚国家往来的航道附近，因而常有外贸商船过往和停泊。北宋中期，元丰三年（1080年）正月，两浙转运司说：温州百姓将海中所获高丽贡布缴纳官府。④南宋初年，金军南下之际，仓皇南逃的高宗曾经住泊此地。绍兴三年以前，宋朝在温州设立市舶务。⑤几年后，绍兴十年（1140年）十一月，市舶务的房舍被一场突如其来的大火延烧焚毁，“温州大火，燔州学、酤、征舶等务”。⑥

①《宋会要辑稿》职官四四之八，之一一，之二五；《宋史》卷三十《高宗纪》；常棠：《海盐澉水志》卷四《廨舍门》。

②《建炎以来系年要录》卷一九〇，绍兴三十一年六月。

③《宋史》卷三十《高宗纪》。

④《续资治通鉴长编》卷三〇二，元丰三年正月丁亥。

⑤《宋会要辑稿·职官》四四之十六。据邱志诚考证，温州市舶务的设立时间应该在建炎二年至建炎四年之间，此说可供参考。可参见邱志诚：《宋代温州市舶务设置时间考辨》，载《浙江海洋学院学报》(人文科学版) 2013年，第6期。

⑥《宋史》卷六十三《五行志》。

第三节 迟到的泉州市舶司

（一）泉州发展外贸的条件

在宋代，泉州发展海外贸易的条件很好，既有面向东南亚各国航海航行的便利，又离高丽和日本不远，可以南北兼顾，多面辐射。泉州港与广州等南部海港相比，对东亚国家贸易较为近便；与明州等东部海港相比，对东南亚国家贸易的便利性也十分突出。

泉州在中国沿海交通贸易中也拥有独特优势。泉州位居中国东部和南部沿海交界处，北上两浙、江南、山东半岛；南下潮州、广州、雷州半岛，都不远不近。沿海交通的居中优势，使泉州既可以成为广州和明州港之间外贸商品的转口港，也可以作为中国沿海南北交通的中继港。泉州地理位置的居中优势，是北面的明州、杭州港，南面的广州港、潮州港都不可企及的。

泉州港口诸多，历史上有“三湾十二港”之称。其三湾指泉州湾、深沪湾、围头湾，三湾之中有十二个港口。泉州湾四支港：洛阳港、后渚港、法石港、蚶江港。深沪湾四支港：祥芝港、永宁港、深沪港、福全港。围头湾四支港：安海港、金井港、石井港、围头湾。其中的后渚港，两宋时期是泉州的主要港口，背山面水，港道深邃，交通便捷，近在泉州城东南，因而便于海船的停泊和启航。①

但泉州地理条件也有其弱点。

第一，泉州地处中国东南角，对东亚贸易不如明州便利，对东南亚贸易不如广州便利。当朝廷严格限定港口数量时，泉州港就有可能被关闭。

第二，泉州内陆交通不方便。

泉州的交通优势偏重海路，凭借海洋贸易虽然可在经济发展上占得先机，但与别路和本路其他州县的内陆均不易沟通。泉州北部被大山阻挡，缺乏向北向内陆地区延伸的便利通道。泉州所在的福建路背山面海，北有仙霞、西北有武夷。两大山脉阻碍了福建与邻省的陆路交通。②

从熙宁九年（1076年）的一条记载看，泉州附近还有许多未经开发之地，

①参见厦门大学历史系：《泉州港的地理变迁与宋元时期的海外交通》，《文物》1975年第10期。

②沈玉水：《泉州港兴衰的启迪》，《福建论坛》1982年第2期。

烟瘴四野，交通恶劣。从泉州出发，向南、向西都要经过烟瘴之地。熙宁九年（1076年）四月，前提点福建路刑狱李景亮上奏："福建路自泉至漳州、汀州，皆涉瘴烟，马递铺卒三年一易，死亡大半，亦有全家死者，深可伤悯。"他提议朝廷体恤驿站兵士的困苦，凡"瘴烟地马递铺卒，一年一替"，得到皇帝批准。[①]泉州内陆交通不但困难，还很艰险，因此经济贸易离不开远洋和沿海交通，否则进出口商货南来北往非常困难。

第三，泉州本地物产不丰裕。

泉州土地瘠薄，物产不丰富，人多地少、食粮不足的矛盾在宋代已经出现；周边也缺少物产丰沛的鱼米之乡供应足够的食品用品。孝宗淳熙三年（1176年），周必大说，"福建地狭人稠，虽无水旱，岁收仅了数月之食，专仰舟船往来浙广般运米斛，以补不足"。[②]南宋福建自产粮食仅够本地"数月之食"，还要依靠与两浙和广南东西路贸易补其不足。粮食如此紧张，随外贸而来的大批南来北往的商客、工匠和劳力，他们在泉州的日常生活，漂泊海上的用度，都需要大量粮食和其他食品用品。本地供给不足，食品用品大量依靠从外地运来，外贸经营成本必定大为提高。

第四，泉州面临附近条件相近港口的竞争。

在福建沿海，像泉州这种优势和劣势并存的港口还有一些，因此泉州港的外贸地位不是不可替代的，相邻或者条件相仿的港口遇到适宜的时机，便可能取而代之。邻近的福州、漳州、厦门港，都有与泉州大同小异的外贸条件，明清时代随着泉州港的衰落，曾依次在福建对外贸易中发挥重要作用。

（二）北宋中期以前泉州外贸的发展

早在唐代，泉州已是中国的一个海外贸易港。根据明人记载，约在唐太祖武德年间（618—626年），已有阿拉伯人来到泉州。灵山，"有默得那国二人葬焉，回回之祖也。回回家言，默得那国有吗喊叭德圣人，生隋开皇元年，……门徒有大贤四人，唐武德中来朝，遂传教中国。一贤传教广州，二贤传教扬州。三贤、四贤传教泉州，卒葬此山"。[③]太和八年（834年），唐文宗在下诏禁止官吏剥削外商时，曾特别点到岭南、扬州和福建。[④]泉州是当时福建的外贸港口。有学者将泉

①《续资治通鉴长编》卷二七四，熙宁九年四月。

②［宋］周必大《文忠集》卷八十二《大兄奏札（淳熙三年）》。

③［明］何乔远：《闽书》，卷七《方域·灵山》。

④参见黄盛璋：《历史地理论集》，广东人民出版社，1982，第96页。

州与交州、广州、扬州摆在一起，称这四处为唐代四大港市。[①]

经过五代时期以王审知为始祖的闽国的经营，泉州外贸繁荣兴盛。从进贡宋朝的海外产品看，闽国外贸规模相当大。太祖建隆元年（960年）十二月二十三日，泉州节度使留从效，贡献龙脑香数十斤。[②]乾德元年（963年）十二月，“泉州陈洪进遣使贡白金千两，乳香、茶药皆万计”。[③]太宗太平兴国元年（976年）九月，不久前夺取泉州、漳州统治权的陈洪进来朝。在各种名目的贡品中，单是贺登极礼品就有：香万斤、牙二千斤，又乳香三万斤，牙五千斤、犀二十株、共重四十斤，苏木五万斤、白檀香万斤、白龙脑十斤、木香千斤、石膏脂九百斤、阿魏二百斤、麒麟竭二百斤、没药二百斤，胡椒五百斤。此外又有：贺纳后银千两、绫千疋；谢赐都亭驿安下乳香千斤，谢追封祖考及男已下加恩乳香万三千斤；又进通犀带一、金匣百两，白龙脑十斤、金合五十两，通牯犀一株、金合百两，牯犀四株、金合二百两，真珠五斤，玳瑁五斤，水晶䥥子五副、金合六十两，乳香万斤。乳香是当时特别重要的进口商品，陈洪进的贡品中，单是乳香便有54000斤。[④]

留从效、陈洪进等人的贡献，充实了宋朝的府库，统治者对此印象颇深。太平兴国二年（977年）三月，太宗在一份诏书中提及一些海外国家和中国沿海港口，其中就有尚未归宋的泉州。[⑤]

太平兴国三年（978年），泉州归属宋朝，元祐二年（1087年）当地设置市舶司。这一百多年间，泉州外贸相当活跃，进口商品相当多。太平兴国九年（984年）七月十三日，泉州节度使陈洪进的贡品包括瓶香万斤、象牙二千斤、白龙脑五斤等。[⑥]瓶香是乳香中价格偏上，比较贵重的一种。[⑦]瓶香万斤，量大价高。泉州海外产品显然相当丰裕。英宗治平年间（1064—1067年），泉州外贸相

---

①见黄盛璋：《历史地理论集》，广东人民出版社，1982，第94页。

②《宋会要辑稿·蕃夷七·历代朝贡》。

③《宋史》卷一《太祖纪》。

④《宋会要辑稿·蕃夷七·历代朝贡》。

⑤《宋会要辑稿·食货》三六之一—二：“自今禁买广南、占城、三佛齐、大食国、交州、泉州、两浙及诸蕃国所出香药、犀牙。其余诸州府土产药物即不得随例禁断，与限令取便货卖。”

⑥《宋会要辑稿·蕃夷七·历代朝贡》。

⑦［宋］毕仲衍：《中书备对》，见梁廷枏：《粤海关志》卷三《前代事实》。

当繁荣，“船商岁再至，一船连二十艘，异货禁物如山”。[1]

泉州商人一直很活跃，前往东南亚国家和前往东亚国家者不乏其人。仁宗庆历二年（1042年）七月，宋朝授予泉州商人邵保官职，奖励他把在占城时见到“军贼鄂邻”的情况报告官府，接着又与朝廷使者一道前往占城，将鄂邻等人押解回国。[2]邵保之外，史籍还记录了多位泉州商人的名字，其中有熙宁八年（1075年）从高丽返回的傅旋，[3]及在元丰七年（1084年）十二月以前受命前往高丽招诱女真首领，促使其“入贡及与中国贸易”的郭敌等。[4]

元丰五年（1082年）十一月，渤泥国朝贡使者要求取道泉州回国，得到神宗准许。[5]渤泥国位于东南亚加里曼丹岛北部地区。此事说明，泉州与渤泥国之间有比较稳定的海上航线和比较频繁的贸易往来。

北宋中期泉州贸易范围包括东亚和东南亚。中南半岛和加里曼丹岛部分地区作为泉州的贸易区域，得到不少史料的证明。

（三）泉州设置市舶司

与广、杭、明州市舶司相比，泉州市舶司设置较晚。元祐二年（1087年），即宋朝接收泉州109年之后，泉州才初设市舶司。[6]泉州市舶司姗姗来迟的原因，史籍没有明确记载。根据有关情况综合分析，朝廷迟迟不在泉州设置市舶司，与统治者集中经济利权和节省开支等考虑有关。

市舶司的设立是为了加强控制，垄断外贸，把外贸权益集中于中央王朝，为此需要张官置吏，多费钱财，相关成本包括办公地点和仓房，配备各类管理人员和执法队伍等。因此，宋王朝最先只考虑在广州一地设置市舶司，专门控制和管理东南亚及其以西国家贸易。“市舶司掌市舶南蕃诸国物货航舶而至者”[7]。但这样一来，中国与东亚国家贸易便成了管控的盲点。其后不久，统治者堵上这一制度盲点，在两浙路的杭州、明州也设置了市舶司。此后百年间，宋朝满足于市

①［宋］晁补之：《杜公（纯）行状》。

②《续资治通鉴长编》卷一三七，庆历二年七月己巳。

③《续资治通鉴长编》卷二六一，熙宁八年三月。

④《续资治通鉴长编》卷三五〇，元丰七年十二月丁亥。

⑤《续资治通鉴长编》卷三三一，元丰五年十一月乙卯。

⑥《宋会要辑稿》职官四四之八。

⑦《宋会要辑稿·职官》四四之一。

舶司的上述布局，尽力把中外贸易集中于上述几个设置了市舶司的港口。北宋中期，张方平指出，按照制度规定，广州、杭州和明州是购买进口商品的地方，远洋贸易商船，不得随意前往别州，因此有关州县的官军严密监控往来商船，“往还搜检，条制甚严”。[①]

泉州位于中国东南角，与东亚和东南亚的联系都方便，但跟东亚国家联系不如明州便利，跟东南亚国家联系不如广州便利。宋朝长期不在泉州设置市舶司，主要是为了实施由广州市舶司控制东南亚贸易，由明州、杭州市舶司控制东亚贸易的意图。这种加强控制的措施，有着节省成本的好处，跟同时期对待朝贡贸易体现的务实精神是相通的。

泉州没有市舶司，意味着当地外贸被排除在市舶贸易的主航道之外，不能经营专卖商品。依据常理推测，这对泉州经济贸易肯定具有不良影响，但实际情况似乎并非如此。

泉州地方当局对设置市舶司与否，似乎并不十分在意。北宋宰相蔡襄，福建人，当过泉州知州，很关心泉州的发展。在他写的奏折中，有不少是事关泉州。但我们在其文集中，看不到有关设立泉州市舶司任何的建议。泉州不设市舶司，看来对当地经济贸易和财政收支的影响并不很大。

熙宁四年（1071年），有官员提出设立泉州市舶司的建议，但没被朝廷采纳。[②]朝廷对泉州城经济贸易不可谓不关心不在意。熙宁九年（1076年）四月，朝廷令福建转运常平司在一些可动用的经费中拨些钱修筑泉州外城。[③]修筑外城对泉州经济贸易有保护作用。熙宁年间（1068—1077年）修筑城墙的港口城市还有广州。[④]

但市舶贸易具有垄断性和排他性，泉州不设市舶司似乎没有明显伤及当地经济贸易。这是何故?

---

①[宋]张方平:《乐全集》卷二十六《论钱禁铜法事》。

②《宋史》卷一八六《食货志·互市舶法》:“熙宁五年，诏发运使薛向曰:“东南之利，舶商居其一。比言者请置司泉州，其创法讲求之。”熙宁五年，误，当在熙宁四年三月以前。薛向熙宁四年三月已经离任:《续资治通鉴长编》卷二二一，熙宁四年三月壬辰，江淮发运使天章阁待制薛向权发遣三司使。神宗时代设立泉州市舶司动议应在熙宁四年三月以前。

③《续资治通鉴长编》卷二七四，熙宁八年十二月。

④见《宋史》卷三三三《张田传》;《大德南海志》卷八《城濠》;[宋]龚明之:《中吴纪闻》卷一《程光禄(师孟)》等。

元祐二年（1087年）泉州设置市舶司以前，朝廷希望南部广州和东部明州的市舶司掌握中国航海贸易的利权，以较少的市舶司控制东南沿海的海外贸易。泉州外贸所受到的影响，在不同时期，程度存在差异，大致以神宗登基不久为界。

在泉州交易的外贸商品，包含乳香等市舶司才能经营的专卖品。仁宗嘉祐年间（1056—1063年），泉州“异货禁物如山”，官吏公然“私与市”。[①]从北宋初年泉州归宋时起，这里的外贸大抵就是这种状态，但朝廷或者全不知晓，或者视而不见、听之任之。中国传统上缺乏平等的文化资源，各地政策不同，是否公平公正，人们不太关心。朝野上下尊重和守护规则的意识薄弱。立法轻易，守法随意。神宗元丰三年（1070年）以前，通行全国的市舶贸易制度尚未建立。泉州地方官府和中央王朝各有各的利益，各打各的算盘，对于违反进口专卖制度的行为，都没有采取措施加以纠正。泉州物产不丰，税入不充，[②]历来借重贸易。当地商人生性强悍，迫于生计，勇于犯禁。[③]地方官府希望通过海外贸易获取财政收入。朝廷已经握住广州这个市舶之利的重头，对泉州的乱象也就没有过于较真了。于是，泉州外贸就在合法与非法的边缘行进。上头管一管，底下就抓一抓。时过境迁，一切如旧。

好大喜功的神宗登基后，任用王安石为相，力图通过一系列变法改革，有力有效地控制各地钱财，实现富国强兵，与此同时也加强了对外贸的管制。“熙宁中，王子渊为京东转运判官、知密州。海船多私贩乳香，即明召船客入官中，以贱价收之。自以为奇，言于朝廷。”买卖走私乳香在泉州不是什么稀奇事。当王子渊以此得意洋洋地逢迎报功时，却被逮个正着。中书户房检正官向宗儒说：“此法所禁，子渊为监司，知人犯法不能禁，而出钱买之，此罪人也。”[④]王子渊因此受到处罚。[⑤]此时泉州和密州一样，也没有市舶司，两州外贸所受的限制和违令处罚，都较前严厉了。

①［宋］晁补之：《济北晁先生鸡肋集》卷六十二《杜公（纯）行状》。

②泉州物产不丰，税入不充，可以南宋初期泉州的财政状况为证。《建炎以来系年要录》卷四十七，绍兴元年九月壬子，“嗣濮王仲湜请合西南外宗正为一司，以省官吏。事下给舍，中书舍人胡交修等言：泉州乏财，不许。”

③《续资治通鉴长编》卷四三五，元祐四年十一月，苏轼言，“惟福建一路，多以海商为业，其间凶险之人，犹敢交通引惹，以希厚利。

④［宋］苏辙：《龙川略志》卷五《王子渊为转运以贱价收私贩乳香》。

⑤《续资治通鉴长编》卷二五五，熙宁七年八月癸酉。

神宗元丰年间（1078—1085年），宋朝颁行《元丰广州市舶条》，对航海贸易商船出入海疆做了严格和明确的规定："元丰三年八月二十三日中书札子节文：诸非广州市船司辄发过南蕃纲舶船，非明州市舶司而发过日本、高丽者，以违制论，不以赦降去官原减。"[①]南蕃指的是东南亚及其以西国家，日本和高丽是东亚国家，这些是当时与中国海路贸易国家的全部。福建转运判官王子京，负责在福建贯彻执行这一法令。[②]泉州发放前往东南亚和东亚国家船舶的禁令，首次以通行全国的法律形式确定了下来。

航海船舶出海全都必须经由广州和明州，那么它们归来时能否自由选择靠岸港口呢？也不行。海商航海贸易，必须申领出海许可证"公凭公据"，才能扬帆；回返靠岸之后，管理部门要检查核对许可证上列出的人数、兵器等。兵器往往要入库保管。因此，出发和归来的港口必须一致。未设市舶司的港口不能发放远洋商船，也就不能接待远洋商船、不得贸易其中的商品。元丰五年（1082年），勃泥国进奉使之所以特别请求从泉州乘船回国，[③]就是因为未设市舶司港口朝廷不许其发放远洋船舶，就连外国朝贡船舶由此回国也需要特别请示。这是宋朝长期通行的制度，包括其后的哲宗朝。[④]

元丰年间（1078—1085年）通行全国的明确规定，在很大程度上消灭了先前介于合法与非法、执法与不执法之间的灰色地带，负责执法护法的地方主要官员也得以落实。泉州商人不能从本地港口出发，到海外国家经营中外贸易。他们中间要去东亚国家的人，必须到明州申请出海凭证，并从明州出发；要去东南亚国家的，必须到广州申请出海凭证，并从广州出发。他们遭遇的不便，与元丰五年十二月广西转运使吴潜所描述的颇为相似，"雷化发船之地，与琼岛相对，今令倒下广州请引，约五千里，不便"。[⑤]在这个时期，泉州海外贸易受到空前未有的打击是可以想见的。

---

①［宋］苏轼：《东坡全集》卷五十八《乞禁商旅过外国状》。

②《续资治通鉴长编》卷三〇七，元丰三年八月丁巳。

③《续资治通鉴长编》在十一月：元丰五年十一月乙卯。

④［宋］苏轼：《东坡全集》卷五十八《乞禁商旅过外国状》。"元祐编敕：诸商贾许由海道往外蕃兴贩，并具人船物货名数、所诣去处申所在州，仍召本土有物力户三人委保，物货内不夹带兵器，若违禁以堪造军器物，并不越过所禁地分，州为验实，牒送愿发舶州，置簿抄上，仍给公据方听。候回日，许于合发舶州住舶，公据纳市舶司。"

⑤《宋会要辑稿·职官》四四之七。"倒下广州请引，约五千里"的说法不可靠，没有这么长的距离。

朝廷将中外海路贸易港限制在南部的广州和东部的明州、杭州，以便集中贸易利权。元丰年间进一步加强中央集权的极端规定，使市舶司垄断贸易制度登峰造极。

（四）北宋中后期的泉州外贸

泉州市舶司姗姗来迟，但一经出现，重要性很快超过两浙路的市舶司，成为仅次于广州的市舶司。

我们先看泉州设置市舶司的情况。

元丰八年（1085年）初，神宗去世，年幼的哲宗登基，宣仁太后垂帘听政。

神宗和王安石的许多措施不合理，遭到当朝大臣反对。当政者不是虚心听纳不同意见，而是固执己见，排斥异己，顺我者昌、逆我者亡，导致朝廷大臣的分裂，形成“新党”和“旧党”的对立。双方的争夺逐渐升级，有时到了失去理性、视同冰火的程度。司马光等一大批元老重臣，作为反对新政的“旧党”，轻者失势外任，重者遭受打击迫害。

元祐初年，宣仁太后主政，反对熙丰变法的司马光等人陆续召回，执掌朝政。熙丰变法推行近二十年，出现许多问题、积下许多怨气。当政者以其道还治其人之身，矫枉过正的极端风气再次席卷宋朝大地。“旧党”对熙宁、元丰时期“新党”的做法一概排斥，不分青红皂白，反其道而行，时称“元祐更化”。

这样的政治气氛对外贸经济也产生了影响。当年泉州和密州都有设置市舶司的动议，全被否决。[①]元祐年间（1086—1093年），泉州和密州港相继设立了市舶司。元祐二年（1087年）十月六日，宋朝在泉州首设市舶。[②]这是户部尚书李常的建议。当政的司马光认为李常是平稳厚实，不激进不邀功，用他主持国家财政事务，可为朝廷挽回声誉，“则人知朝廷不急于征利，聚敛少息矣”。[③]

这是宋朝改变市舶贸易政策的一个转折点，标志着统治者放弃了北宋前期以来尽量少设市舶司的策略。前面已经提到，不在泉州设置市舶司曾是北宋王朝节省开支和加强外贸中央集权的策略。这个策略并不高明。泉州外贸在五代十国时期已经相当繁荣，进入宋朝以后继续发展。限制当地外贸的政策，减少了设置市舶司及其相关的支出，却剥夺了泉州经营乳香等专卖商品的权利。把大批合法营生的商民归类为非法贸易者，是典型的法定犯罪，既不得人心也加大执法成本，

①《宋史》卷一八六《食货志·互市舶法》

②《宋会要辑稿·职官》四四之八。

③《宋史》卷三四四《李常传》。

造成官民关系的紧张，还大大减少了地方官府的财政收入。这个政策遭到当地商民百姓的强烈反抗和当地官府的阳奉阴违。泉州一带民风强悍，不屈不挠，他们的行动一再证明限制泉州外贸发展政策的愚蠢和无效。当地官府军兵对商人违法经营外贸，装聋作哑，甚至参与其中。非法贸易公行，不但损害了法律的权威，实际上也蚕食了中央王朝珍视的外贸收益。

泉州设置市舶司以后，宋代市舶贸易进入一个新阶段。过去当地许多商民经营乳香等专卖品贸易属于法定犯罪行为，这时归于合法。元祐年间出任宰相的苏颂说：李常提议设置泉州、密州市舶司等做法得到广泛的赞扬。①

泉州海外贸易归于合法，于是更加繁盛。绍圣二年（1095年）前后，泉州港“珍珠、玳瑁、犀象、齿角、丹砂、水银、沉檀等香，希奇难得之宝，其至如委”，巨商大贾，摩肩继踵，络绎往来，不绝于途。②

元祐时期宣仁太后垂帘听政，“旧党”掌权，推翻了熙丰新政的许多措施。几年后老太太过世，哲宗亲政。风向再度翻转，大批元祐大臣被贬谪、遭流放。宋朝政治的颠簸变迁，也对泉州外贸和市舶机构带来影响。泉州市舶机构在波涛中沉浮，但外贸却持续向前发展。

下面我们来看北宋后期泉州市舶机构的动荡。

徽宗时期，泉州市舶司制度有过两次变动，第一次在大观元年（1107年）以前，泉州市舶司的长官市舶提举曾被撤销；第二次在政和二年（1112年）以前，泉州市舶机构曾被撤销。③

大观元年（1107年）以前，泉州市舶机构和广州、两浙路一样，都废掉了市舶提举官，由其他部门的官员兼管；在政和二年（1112年）以前，跟泉州市舶司一起撤销的，还有两浙路的市舶司。泉州市舶机构的动荡跟朝廷内斗和蔡京去留有关，有关情况前面已经谈了。

政和五年（1115年），朝廷恢复被撤销的市舶机构。至此，北宋末年市舶机构和管理层的动荡基本结束。这年宋朝在泉州建来远驿，用以招徕、接待海外朝

① 苏颂：《苏魏公文集》卷五十五《李公（常）墓志铭》：“元祐赦恩，蠲市易逋租不满二百缗者，除之。公常请息过其数，亦宜勿收，而复舒鄂诸州钱冶，与泉密市舶之法。其后朝廷多行之，逮今人以为便。”

②《闽书》卷五十五《文莅志》。

③ 见本章前面列出的：“徽宗朝各市舶司提举官、市舶机构存废表。”

贡使团。[①]宣和元年（1119年），泉州外贸形势不错，有功的市舶官员因而受到奖励。[②]宣和七年（1125年）的一条史料显示，泉州外贸规模可能已经接近广州的水平。这年三月十八日，朝廷诏令降给空名度牒，作为各路市舶司的贸易本钱，其中广南和福建路各五百道，两浙路三百道。[③]

度牒是政府机构发给公度和尚、尼姑，以证明其合法身份的凭证。这是一种有价证券，不同时期有不同的定价，人们需要花钱购买；取得度牒后，他们便获得了免除丁税、徭役的特权。这是宋王朝筹集经费的常用方式。朝廷通过发放度牒，为三路市舶司筹集购买进口商品的经费。广南东路和福建路度牒的数目相同，而两浙路较少，仅为前者的五分之三。这或许说明福建外贸规模已经比较接近广东的规模，两地都需要较多的本钱购买进口商品。[④]

（五）南宋前期、中期泉州的外贸

南宋初年，泉州外贸属于福建市舶司管辖，经历过两次撤废复置的过程。第一次在建炎元年和二年。建炎元年（1127年），福建路市舶司与两浙路市舶司一并撤销，有关事务划归本路转运司负责，次年夏，两路市舶司同时恢复。[⑤]这次撤废和复置的原因在两浙路相关部分已经讨论。第二次在绍兴二年（1132年）。这年七月，罢福建提举市舶司。[⑥]这次恢复市舶司的时间没有明确记载。李心传指出，绍兴二年七月，废闽司，八月罢废广南东路和两浙路的市舶提举官，“已而重废复置”。[⑦]但复置的是福建市舶司还是两路市舶提举官，或是市舶司和提举官同时恢

①《宋会要辑稿·职官》四四之一十：政和五年七月八日，“礼部奏：福建提举市舶司状，昨自兴复市舶，已于泉州置来远驿，与应用家事什物等，并足定犒设、馈送则例，及以置使臣一员，监市舶务门，兼充接引干当。来远驿及本司已出给公据，付刘著等收执，前去罗斛、占城国说谕诏纳，许令将宝货前来投进”。

②《宋会要辑稿·职官》四四之一一：宣和元年十二月十四日，徽宗诏令：“福建提举市舶蔡栢职事修举，可特转一官；勾当公事赵寘转一官令再任。”

③《宋会要辑稿·职官》四四之一一。

④但度牒的多少只能是一个大概的尺度，不能作为衡量三州外贸规模大小的精确标尺。朝廷拨付贸易本钱的多少，跟许多因素有关，购买专卖品的多少，官市进口商品的数量，以及朝廷是否要求某个外贸港口为国家外贸收入的增长做出额外贡献等。三州所在地区的富裕程度不同，两浙是经济实力较强地区，朝廷可能让当地为国家财政贡献更多的钱财。

⑤《宋会要辑稿·职官》四四之一一，《文献通考》卷六十二《职官考·提举市舶》。

⑥《宋史》卷二十七《高宗纪》。

⑦李心传：《建炎以来朝野杂记》甲集卷十五《市舶司本息》。

复，李心传语焉不详。绍兴三年（1133年）十一和十二月的史料，显示此前已经存在福建市舶司：户部提议“诸路”收买市舶司博易物色本钱，“依旧用坊场钱应副。”[①]“诸路”在数量上，一般是指三或者三以上。此时除了广东和两浙路，福建路也有市舶司。同年十二月，朝廷规定了三路市舶司必须发运行在的一批进口商品。[②]

福建市舶司的第二次动荡，与当地外贸不景气和节省经费有关。绍兴元年（1131年）九月，吕颐浩的上奏谈到福建盗贼猖獗：“闽中之寇最急”。[③]次年七月，福建路安抚转运提举司便提出撤销市舶司的动议，理由是每年六月以前和八月以后，不是海外和海南船舶到岸时间，市舶司官吏在那些时候无事可做，空耗俸禄官帑，市舶司没有必要继续存在。这个提议得到朝廷批准。[④]

有意思的是，撤销福建市舶司的动议是本路安抚转运提举司便提出的。福建地方官员提出撤销本地市舶司，似乎意味着市舶司的存在跟本地财政利益关系不大，甚至是个负担。泉州此时财政状况很不好。不久以前，曾有人提请将西外和南外宗正司合并到泉州一地，以省官吏俸禄。此时两外宗子女妇合五百余人，一年费钱九万缗。高宗让给事中和中书舍人议论此事。中书舍人胡交修等认为“泉州乏财”，无力以供养两个宗正司。于是这个建议被否定。[⑤]市舶贸易由中央王朝控制，收入大部分归于京师，地方官府则要赔上人力和物力。因此只要本地外贸如常进行，没有市舶司，对地方官府当然有利，外贸可以为地方财政带来额外的收入。

但朝廷为何批准这个提议？此时南宋王朝正面对金军的凌厉攻势，一路败逃、吃力抵挡、苦于乏财。外贸不景气，没有多少事情可做的市舶司就显得多余，而市舶司的家当和剩余物资却多少可以帮助朝廷应急。宋高宗很快接纳福建方面的建议，并于绍兴二年（1132年）八月下令有关部门将福建市舶司的银器、钱物送交行在左藏库。[⑥]但没过多久，当年九月间，由于兼管外贸的机构从提点

①《宋会要辑稿·职官》四四之一七。

②《宋会要辑稿·职官》四四之一七—一九。

③《建炎以来系年要录》卷四十七，绍兴元年九月：“先平内寇，然后可以御外侮。今李成摧破，李允文革面，张用招安，李敦仁已败江淮，惟张琪、邵青两冦非久，必可荡平，惟闽中之寇不一。又孔彦舟据鄂，马友据潭，曹成李宏在湖南江西之间，而邓庆龚富剽掠南雄、英韶诸郡。贼兵多寡不等，然闽中之寇最急，广东之寇次之。”

④《宋会要辑稿·职官》四四之一五。

⑤《建炎以来系年要录》卷四十七，绍兴元年九月壬子。

⑥《宋会要辑稿·职官》四四之一五。

刑狱司改为提举茶盐司，朝廷命令福建提举茶盐官，将办公地点迁移到泉州。[①]这意味着什么？提举茶盐官是掌管提举茶盐司的官员。这个机构也与国家财政关系密切，“掌摘山煮海之利，以佐国用”。[②]理宗曾下过这样一道命令：“三路提举茶盐司各置主管文字一员，专以兴复盐额、收买散盐为务，岁终尚书省课其殿最。”可见提举茶盐司与市舶司跟中央财政的关系相似，也是为中央集中财权服务的机构。泉州市舶司撤销了，朝廷仍然紧紧抓住当地的外贸利权。

但朝廷接纳福建方面的建议显然是未经深思熟虑，草率行事。福建外贸形势在三两年前还蛮不错。约在建炎三四年，“广泉二州，市舶司南商充牣，每州一岁不下三五百万计”。[③]“泉州乏财”如果不是因为朝廷调拨过分，就只是暂时的现象。几个月后，即绍兴二年十二月，福建市舶司已经恢复。[④]此后颇长一段时间，泉州外贸形势显著改观，越来越繁荣。

东亚国家与两浙路交通方便，历来交往较多。绍兴四年（1134年）七月，高丽罗州岛人光金等十多人“泛海诣泉州，风折其樯，泊泰楚州境上”。[⑤]这些高丽人航海中国的目的地不是明州，而是泉州。宋金对抗，泉州远离战场比明州安全许多，当是重要原因。

宋朝对外贸有功的外国人早有奖赏，例如授予官职等，但以往多限于外国官方使者。在前面我们已经知道，绍兴年间（1131—1162年）的福建，外商和中国商人于外贸有功者，也受到了加官奖赏。在中国这个官本位国度，外商和华商因增进贸易有功，获得官职和其他奖赏，社会地位得以提升，自然会扬眉吐气精神为之一振，经营外贸更为积极。

从绍兴十四年（1144年）开始，泉州招待外商的经费标准提高到广州的水平。这年九月六日，提举福建路市舶楼璹上奏说，自己任提举广南市舶司时，每年十月按例出官钱三百贯设宴，与本州军政长官一起招待各国客商。福建市舶司招待外商的标准比广南东路低，他希望向广州的招待标准看齐。这个建议得到朝

①《建炎以来系年要录》卷五十八，绍兴二年九月。

②《宋史》卷一六七《职官志》。

③［宋］曹勋：《松隐集》卷二十三《上皇帝书十四事》。

④《宋会要辑稿·职官》四四之一七至一九：绍兴二年（1132年）十二月，因朝廷规定三路市舶司必须运送行在的一批进口商品，于是我们知道泉州市舶司已经恢复。

⑤《建炎以来系年要录》卷七十八，绍兴四年七月。

廷批准。[①]

绍兴末年，朝廷加强了对泉州权豪势要的约束。此时南外和西外宗正司分别设在泉州和福州。皇亲国戚仗势欺人，“强市海舟，为人所诉”。皇叔崇庆军节度使、知西外宗正事士街等人因而被免职。右谏议大夫何溥奏请重申禁止两宗正司“兴贩蕃舶”，以便做到增官课、利民生，有效禁止铜钱出界。[②]

再往后，海盗问题也得到一定程度的治理。大约在孝宗初即位之时，官员赵子潚针对海盗与胥吏串通作乱、阻碍正常商贸的状况，“以礼延土豪，俾率郡胥分道入海”。他宣布，“用命者有厚赏，不则杀无贷”。于是胥吏们既不敢助贼，也不敢懈怠。经过一番治理，“海道遂平”[③]。打击海盗的一两次胜利当然不可能根本解决问题，但在一个时期内，泉州外贸获得了较好的环境和条件。

（六）南宋后期泉州的外贸

南宋初期市舶贸易机构的动荡过后，到泉州外贸走过一段比较顺畅的路子，但进入南宋后期，情况发生逆转。

泉州外贸由盛转衰的转折点似乎比广州来得早一些。熟悉泉州情况的官员真德秀的一份奏折，提出宁宗庆元年间（1195—1200年）是泉州盛衰的转折点。

> 建炎、乾道间，皆是拨降度牒以助本州，但彼时宗籍尚少，故所拨止于八十道，而又拨提舶司钱……［淳熙十二年后］朝廷两项度牒亦不复给，而止拨提舶司钱二万二千四百余贯，则比之旧例三分几削其二矣……然庆元之前，未以为难者，是时本州田赋登足，舶货充美，称为富州，通融应副，未觉其乏。自三二十年来，寺院田产与官田公田，多为大家巨室之所隐占，而民间交易率减落产钱而后售，日朘月削至于今。七县产钱，元计三万四千七百余贯文，今则失陷一千六百

①《宋会要辑稿·职官》四四之二四：“臣昨任广南市舶司，每年于十月内依例支破官钱三百贯文，排办筵宴，系本司提举官同守臣犒设诸国蕃商等。今来福建市舶司每年止量支钱，委市舶监官备办宴设，委是礼意与广南不同。欲乞依广南市舶司体例，每年于遣发蕃舶之际，宴设诸国蕃商，以示朝廷招徕远人之意。”

②《建炎以来系年要录》卷一八八，绍兴三十一年二月：“右谏议大夫何溥奏其事，因请申严两宗司兴贩蕃舶之禁，不惟官课增，而民业广，庶几铜钱出界之令可以必行。”

③《宋史》卷二四七《赵子潚传》。《淳熙三山志》卷二十五《秩官类·西外宗正司官》载，隆兴二年，赵子潚为龙图阁直学士、左大中大夫、知福州，兼知西外宗正司。

余贯，经界未行，版籍难考，不坍落者指为坍落，未逃亡者申为逃亡。常赋所入大不如昔矣。富商大贾，积困诛求之惨，破荡者多而发船者少，漏泄于恩、广、潮、惠州者多而回州者少。嘉定间，某在任日舶税收钱犹十余万贯，及绍定四年才收四万余贯。[绍定]五年止收五万余贯。是课利所入，又大不如昔也。①

这是一幅南宋后期泉州的衰败时间表。庆元以前，朝廷给泉州市舶机构的经营本钱已经一减再减，但外贸持续发展，未受其影响。此后泉州经济困难加大，各类收入锐减，百姓不堪刻剥，相继逃亡；大批外贸商人，或者荡产破家，或者离开泉州异乡营生。宁宗嘉定和理宗绍定（1208—1224年，1228—1233年），是市舶贸易衰变的两个阶梯，泉州市舶贸易税入从十来万贯降至四万余贯，外贸规模渐次萎缩。

下面我们简单介绍这两个时期的情况。

先看嘉定时期（1208—1224年）。宁宗嘉定十二年（1219年）前的一段时间，泉州"番船畏苛征，至者岁不三四"。由于真德秀出任知州，到岸商船一度"骤增至三十六艘"②。但没过多久，市舶贸易的形势再度逆转。理宗淳祐间（1241—1252年），汪应元任知泉州兼提举福建市舶司时，当地不但经济上"公私交匮"，官场风气也乌烟瘴气，"泉夙号富饶，比年公私交匮"。他一到任，即行善政，"下车访求民瘼，以俭济宽，绝宴私、屏例册。与诸邑约：郡不遣吏督县，县亦无得遣吏督乡，官若民俱便之"。③

理宗宝庆元年（1225年）成书的《诸蕃志》记载了当时泉州港海外贸易繁荣的情况。该书所列举的五十多个海外国家，是赵汝适在泉州任提举福建市舶期间，寻访筛选得来的，"询诸贾胡，俾列其国名，道其风土，与夫道里之联属，山泽之蓄产，译华言，删其秽渫，存其事实"④。有学者据此认为，当时同泉州有海外贸易关系的国家，达五十多个，比开禧二年（1206年）成书的《云麓漫抄》

①[宋]真德秀：《西山文集》卷十五《申尚书省乞拨降度牒添助宗子请给》。

②《宋史》卷四三七《真德秀传》。

③[明]程敏政：《新安文献志》卷八十三，程元凤《汪公（应元）墓志铭》。汪应元，淳佑间任知泉州，见《福建通志》卷二十三《泉州府》。

④[宋]赵汝适：《诸蕃志·序》。

所记述的常到泉州贸易的三十几个国家，还多出二十多个。[①]

但是，五十多个国家和三十多个国家的区别，可能跟书的作者个人见识和了解情况的深度广度有关，未必反映当时的实在情况。《诸蕃志》里面记载的海外国家数目告诉我们，泉州与海外国家的交往相当广泛，但书中没有明确说明当时这些国家正与泉州贸易往来。那五十多个国名既然是赵汝适通过寻访筛选得来的，其中有些国家可能在北宋或者南宋初曾与泉州或中国其他港口有过交往，为时人所知。因而当时与泉州贸易往来的国家未必就是这个数目。

再看绍定时期（1228—1233年）。绍定到端平间（1128—1136年）李韶曾出任泉州知州，兼任提举市舶。绍定四年（1231年），李韶“提举福建市舶。会星变，又应诏言事。入为国子监丞，改知泉州兼市舶”。[②]提举市舶这个职位，自南宋初年以来除了贸易不景气等特殊时期外，一般都由专职官员出任，并不由知州兼任。约在乾道、淳熙之交，孝宗任命张坚出任泉州知州兼提举市舶。张坚上疏推让，态度坚决，理由是两个职务应该互相制约，一人身兼两职不妥。[③]

此后，泉州知州兼提举市舶的现象还一再见于史籍，成为常态。约在嘉熙元年（1237年）前后，孙梦观知泉州兼提举市舶事。[④]淳祐年间（1241—1252年），汪应元“知泉州兼提举福建舶事”。[⑤]提举市舶司由知州兼任，在南宋的泉州，是市舶贸易衰变的一个表现。

第四节　密州等港口的市舶机构

密州市舶司设于元祐三年（1088年）三月十八日，[⑥]比泉州设置市舶司晚几

①陈高华、吴泰《宋元时期的海外贸易》第142页。

②《宋史》卷四二三《李韶传》。

③[宋] 佚名《京口耆旧传》卷七《张纲（子坚孙釜)》。苏岘提举福建市舶在淳熙二年前后。见 [宋] 韩元吉:《南涧甲乙稿》卷二十一《苏公（岘）墓志铭》。“进直宝文阁知泉州兼提举舶司。已差下提舶苏岘，候（张）坚满日赴上。(张）坚谓郡与舶司体实相制，兼官非便，辞极力，(苏）岘始得。”

④[宋] 吴潜:《履斋遗稿》卷三《孙守叔（梦观）墓志铭》。

⑤[明] 程敏政:《新安文献志》卷八十三，程元凤《汪公（应元）墓志铭》。汪应元，淳佑间任知泉州，见《福建通志》卷二十三《泉州府》。

⑥《宋会要辑稿·职官》四四之八。

个月。密州与泉州设置市舶司的时间和原因都相近，但两个港口的条件和功能差别很大。

密州在今山东诸城一带，位于山东半岛，北宋时属于京东东路。密州出海口在板桥镇（今山东胶州），这是当时长江以北数量不多的外贸港口之一。

从密州港口前往高丽，海路近便。在北宋，中国和高丽交通往来分南路和北路。南路的出海口在明州。北路出海口主要有两个，其一在密州板桥镇。船舶由板桥镇出胶州湾，可东渡黄海，直达朝鲜半岛西海岸。宋朝和高丽的北方，雄踞着兵强马壮的辽国，两国都感受到辽国的严重威胁。为避免辽军的海上骚扰，北宋与高丽的交往经常取道南路。

但取道南路也有安全隐患。在神宗元丰年间（1078—1085年），中丽交往曾经改道，以北路的密州取代南路的明州。元丰六年（1083年）十一月，官员冯景受命察访宋丽海上交通情况，他到了登州和密州，结论是两地交通高丽比明州近便。[①]密州通高丽比明州通高丽地理距离稍近，这是事实，但哪个港口更合适，还有别的因素要考虑。宋人所以对高丽人由明州出入有顾虑，因为高丽人自明州上京距离较长，沿途所见，可能探得宋朝虚实，诸如哪里物产丰饶易取、哪里防卫薄弱容易攻破等。高丽向宋朝劲敌辽国称臣纳贡，关系密切，宋朝君臣担心高丽为辽国收集情报。

神宗时期有过两次设置密州市舶司的动议，都被否决。第二次是在元丰五年（1082年），知密州范锷上奏："板桥濒海，东则二广、福建、淮浙，西则京东、河北、河东三路，商贾所聚，海船之利颛于富家大姓。宜即本州置市舶司，板桥镇置抽解务。"[②]范锷的说法显示，密州过往的商人绝大多数来自中国各地，这是个中国东南部和西北部之间的商货交通枢纽。

密州交易商货中包含进口商品。熙宁七年（1074年）八月，神宗的一道诏令称："前权京东路转运判官、太子中舍王子渊送审官东院差通判洋州，坐擅于密州置市易务借官钱市乳香也。"[③]运到密州的乳香，部分由中国商人从海外直接进口，但更多的可能是闽粤商人为了逃避当地市舶司的垄断贸易和重税盘剥，从闽粤海港转口而来。毕竟，密州所在的地理位置决定了它与东南亚国家直接的交

①《续资治通鉴长编》卷三四一，元丰六年十一月己酉。

②《宋史》卷一八六《食货志·互市舶法》

③《续资治通鉴长编》卷二五五，熙宁七年八月癸酉。

通贸易并不方便。因此，尽管密州交易商品中包含进口专卖品，但港口的主要功能不是海外贸易，而是国内沿海贸易。市舶司也管辖沿海贸易，例如海南岛与中国大陆的贸易也在市舶司管辖之下。但国内沿海贸易毕竟是市舶司的次要功能，管理中外商船贸易才是其主业。在密州设置市舶司，主要是发挥市舶司的次要功能，不是很有必要。

前面说过，熙丰变法时期泉州和密州都有设置市舶司的动议，全被否决，这就成了元祐更化两地设置市舶司的一个理由。元祐三年（1088年）三月，朝请郎金部员外郎范锷与京东路转运司提出，应当在密州设置市舶司，把过去划归法定犯罪贸易行为合法化，“与其禁榷用幸，隐匿归之于私室，莫若公然设法招诱，俾乐输于官司，则公私两便”。[①]范锷的主旨也是减少政治强制力，让经济政策回归宽和，有便民和还利于民的意思。朝廷批准范锷的建议，于是密州也有了市舶司。

但密州设置市舶司的决定并不明智。市舶司作为管理海外贸易机构，在密州的作用并不大。密州的市舶司设置以后，影响很小，悄无声息。

无论如何，泉州、密州两地设置市舶司是个标志性事件，宋朝市舶司制度由此进入一个新阶段。第一，泉州和密州设置市舶司，允许经营专卖品的航海贸易港口从三个增加到了五个。广州等港口垄断权相对缩小，海外贸易所受的束缚相对减少、自由度加大。第二，确立了广东、福建、浙江三路市舶司三足鼎立的格局，标志着宋朝市舶贸易港口布局走向成熟。第三，基本完成了市舶司设置理念的转换。此后市舶司的增减，主要与港口外贸规模相联系，外贸规模下降便撤销市舶司，外贸规模上升便增设市舶司。

第五节　市舶贸易制度及其主要功能

从北宋初开始，市舶司便具有垄断性。进口商品中的专卖品只能由市舶司经营，只能在设有市舶司的港口出入。因此，港口是否设置市舶司、设置时间早晚和时间长度，反映了这个港口外贸是否繁荣、繁荣延续时间等重要信息，自然应当受到重点关注。关于这点，我们已经知道，北宋中期以前泉州是个明显的例外。

①《续资治通鉴长编》卷四〇九，元祐三年三月乙丑。

一、市舶司的管理架构

宋初市舶司的最高管理者，最初主要是港口所在地最高军政长官。开宝四年（971年）六月，“初置市舶司于广州，以知州潘美、尹崇珂并兼使，通判谢［处］玭兼判官”。[①]一州之内，知州地位最高，通判其次。其后不久，港口所在路分的转运司，以及朝廷和中央王朝派出的代表，也加入市舶司的管理层，参与市舶贸易的运作：

> 市舶司掌市舶南蕃诸国物货航舶而至者。初于广州置司，以知州为使，通判为判官，及转运使司掌其事，又遣京朝官、三班、内侍三人专领之。[②]

“又遣京朝官、三班、内侍三人专领之”意味着这三个人是运作市舶贸易的主体。那么，前面提到的知州和转运司官员，就都只是兼管市舶贸易的官员了。

但上引史料的表述有点问题。京朝官一般指的是文官，是京官与朝官的合称。其实知州、通判和本路转运使多数也都是京朝官。“专领”市舶司的京朝官，字面上看似乎是另外派出的，跟地方官没有关系。但我们在宋朝史籍中，并未见到这样的人物。现存宋朝史籍显示，通判与市舶司的关系比较密切。通判是负责市舶司具体工作的京朝官，始称市舶判官，后来多称市舶监官。我们的推测是：引文中的京朝官，其实就是州的第二号长官通判。也就是说，副知州通判是参与市舶司内部具体运作的官员。

“三班”指三班院使臣，由三司或本路转运司派遣。大中祥符九年（1016年）九月，“大常少卿李应机言：广南勾当市舶司使臣，自今望委三司使副、判官，或本路转运使奏廉干者充选”，得到皇帝同意。[③]三班使臣本人的身份是武阶官，跟文官，即文阶官相对。三班使臣跟市舶贸易有关的任务是：看守商货并将进口商品从港口所在地运往京师等。天圣六年（1028年）二月，虞部员外郎苏寿言，“近年少有舶船到广州，其管押香药纲使臣端坐请给，欲乞抽归三班院别与差使。自今遇有舶船起发香药纲，即具马递申奏，下三班院逐旋差使臣往彼”。[④]元丰改

①《续资治通鉴长编》卷十二，开宝四年六月壬申。

②《宋会要辑稿·职官》四四之一。

③《续资治通鉴长编》卷八十八，大中祥符九年九月。

④《宋会要辑稿·食货》四二之一二。

制前，使臣多由三班院派出，所以也称“三班使臣”。此后三班院改名为吏部侍郎右选，他们便由后者派出。偶尔他们也由三司使、副使或地方亲民官奏举充任。

管辖市舶库的官员为“市舶库监门”。北宋天禧三年（1019年）以前，由兵马铃辖出任，此后则“于都监押内轮司其事”。自南宋初年起由无赃私罪的文武官员充任。从兵马铃辖，到都监、监押，再到无赃私罪的文武官员，管辖市舶库官员的门槛渐次降低。

市舶司内还有一些低级官吏，负责处理具体事务，有“专库”“手分”“前后行”“贴司”“书表”及“客司”等。

“内侍”即宦官，是皇帝的私人代表，在市舶司中发挥着特殊的作用。内侍作为皇帝的耳目和朝廷利益的维护者，使市舶司的运作符合皇帝利益，保证皇上能够掌控外贸收入。

在市舶司内部权力结构中，京朝官、三班、内侍来源不同，互不相属，他们之间不容易抱团结党。宋王朝有鉴于唐末五代武将跋扈、分裂割据的教训，对武将怀有深刻的不信任，因而实行重文轻武政策，用文官制约武将。文官一般出身科举，文化水平较高；武官又称武阶官，成分稍微复杂一些，包括武将、三班使臣、内侍等，文化水平较低，两种人被安排在市舶司中，也有互相制约的作用。地方官中，知州、通判和转运司使、副使也存在权力制衡、互相监督的关系。由此组成的市舶司管理层，与宋朝负责经济运作机构的通行制度大体一致，以重文轻武、权力制衡为主旨，也照顾到外贸管理的稳定与规范。

明朝人丘濬在《驭外蕃》一文中说：“万一国家不得已与外国通使，须审择其人，必知礼义、有气节、通古今、识事体者，然后遣之。不可专用武弁，而必兼之文士；不可专任边吏，而必主之廷臣。”[①]以文制武是宋朝制度的一个出发点。

宋朝市舶司官制的基本结构早在太宗时期就已基本奠定。太宗太平兴国二年（977年）前后在西北边防前线，已经存在类似的权力结构。这年三月，朝廷“始令镇、易、雄、霸、沧州各置榷务，命常参官与内侍同掌，辇香药、犀象及茶与相贸易”。[②]镇、易、雄、霸、沧州，分布在位于西北边防前线的陕西路与河北路。西北边关的“常参官与内侍同掌”与南部沿海的“京朝官、三班、内侍三人

①［明］丘浚：《大学衍义补》卷一四七《治国平天下之要驭外蕃》。宋朝制度，廷臣也有以武官出任者。此处的廷臣与边吏相对，当为文官。

②《续资治通鉴长编》卷十八，太平兴国二年三月庚寅。

专领之”。两种组合，构成相似，都是文官加上来自朝廷和京师的代表等，体现了朝廷的意志。另外，在太宗朝“诸州榷课命使臣分掌”。[①]引文中的“使臣”，可能指三班使臣、可能指内侍，也可能包含两者。就是说在太宗朝，不但西北边关，东南海港也有了文武相制的贸易管理模式。于是，一方收纳香药、犀象等海外进口商品，一方销售这些商品，一南一北，互相衔接，以满足宋朝统治的需要。

二、市舶机构名称及设置状况

（一）市舶机构名称

宋代市舶机构名称的变化大体经过四个阶段。

第一阶段，宋朝市舶司的名称，最早以所在路冠名。太宗太平兴国二年（977年），朝廷“命著作佐郎李鹏举充广南市舶使”[②]。“广南市舶使”的官署应是“广南市舶司”。端拱二年（989年）五月，朝廷下令，“商人出海外蕃国贩易者，令并诣两浙司市舶司请给官券，违者没入其宝货”。[③]

第二阶段，没过多久，市舶司便以所在州冠名，最早见诸史籍的是杭州市舶司。淳化三年（992年），“移杭州市舶司于明州定海县”。[④]三年后，史籍中有了广州市舶司的称呼。[⑤]直到徽宗亲政初年，各地市舶司都以所在州冠名。例如，景德四年（1007年）三月的一份诏书称“杭、明、广州市舶司”，[⑥]徽宗崇宁元年（1102年）七月的一份诏书称“杭州、明州市舶司”。[⑦]

第三阶段，市舶司的名称以路分冠名的时间最长。徽宗崇宁三年（1104年），市舶司又以所在路冠名，这年五月的一道诏令称“广南路提举市舶司”和“广州市舶务”。[⑧]

此后，市舶司的全称一般都是某路提举市舶司，下辖市舶务。广州的市舶机

---

①《宋史》卷一七九《食货志·会计》。

②《宋会要辑稿·职官》四四之二。

③《宋史》卷一八六《食货志·互市舶法》，《宋会要辑稿·职官》四四之二。

④［宋］周淙：《乾道临安志》卷二《廨舍》。

⑤《宋会要辑稿·职官》四四之二至三：至道元年（995年）三月，“诏广州市舶司曰：朝廷绥抚远俗，禁止末游。”

⑥《宋会要辑稿·食货》五二之六-七。

⑦《宋会要辑稿·职官》四四之八。

⑧《宋会要辑稿·职官》四四之八—九。

构称：广南路提举市舶司，或简称广南路市舶司、广南市舶司，下辖广州市舶务。[①]泉州的市舶机构称：福建路提举市舶司，或简称福建路市舶司、福建市舶司，下辖泉州市舶务。明州、杭州的市舶机构称：两浙路提举市舶司，或简称两浙路市舶司、两浙市舶司，下辖明州、杭州市舶务。后来又有了秀州华亭县市舶务、温州市舶务、江阴军市舶务等。[②]

崇宁二年（1103年），朝廷行新法，海外贸易也在改革之列，“诏：见行新法，如茶盐、香药、市易、钱法、学校、边事文字，许直达尚书省”。[③]市舶司以路冠名，与哲宗元祐二年（1087年）设置泉州市舶司有关，也与蔡京等打算增设市舶司有关。泉州、密州设置市舶司后，市舶司设置地点多了起来，用三路市舶司一类的简便称呼能概括所有市舶司。同时，两浙路市舶司设置地点不止一处，安排两个层级的立体架构，以路为单位建立市舶司，下辖若干个市舶务，方便市舶机构的集中管理，避免市舶机构官员队伍庞大臃肿和经营成本大幅度增加。这就是以路为单位，市舶机构分层管理的基本原因。

这个阶段大致延续到孝宗乾道初年两浙路市舶司取消为止，接着是广东、福建制度相同，两浙路制度稍异的阶段。此后的市舶机构，在广州的称广南市舶司或广州市舶司；在泉州的，称福建市舶司或泉州市舶司；在两浙路的，称某州府市舶务，例如庆元市舶务，由转运司兼管。孝宗淳熙五年（1178年）的一份奏折作“泉广二舶司”，[④]嘉定十二年（1219年）十二月的另一份奏议作“泉广二司，及诸州舶务”[⑤]，理宗绍定四年（1231年），李韶“提举福建市舶”。[⑥]

到宝祐六年（1258年）庆元市舶务也改称市舶司。这年八月，都省言：“倭船入界，禁令素严；比岁庆元舶司但知博易抽解之利，听其突来泄贩铜钱，为害甚大。”[⑦]庆元舶司是庆元市舶司的简略称呼。此时宋朝风雨飘摇，两浙路市舶机构多已凋零，仅庆元市舶司尚存并继续运作。

十多年后，德祐元年（1275年）五月，“罢市舶分司，令通判任舶事”。[⑧]宋朝

①《宋会要辑稿·职官》四四之九，光绪《广州府志》卷一〇四：周穜知广州，“终任不至舶务”。

②《文献通考》卷六十二。

③《九朝编年备要》卷二十六《徽宗皇帝》。

④《文献通考》卷九《钱币考》。

⑤刘克庄：《后村集》卷四十四《玉牒初草·宁宗皇帝》。

⑥《宋史》卷四二三《李韶传》。

⑦《续资治通鉴》卷一七五《宋纪》。

⑧《宋史》卷四十七《瀛国公纪》。

市舶司制度终结，通判接管外贸。四年后，宋朝灭亡。

（二）市舶司的官称

市舶司最高长官通常称“市舶使”或“提举市舶司”、“提举市舶”、“市舶提举”等。但有时也称作“提点市舶司”，仁宗皇祐五年（1053年），元降为“转运使兼提点市舶司”①。此外还有“管勾市舶司”“勾当市舶司”之称，它们却不是最高长官一人独有的名称，在同时期或其他时候也可以是对市舶司其他官员的称呼。景祐五年（1060年）九月，大常少卿直昭文馆任中师说，他在广州时，曾奉敕管勾市舶司，而同时期另有使臣三人、通判二人，也称管勾市舶司，“名衔并同”②。

上述官名虽然多而繁复，其间却有一定的规律可循。总的说来，以元丰三年（1080年）官制改革为界，前此多称市舶使，此后多称提举市舶司、提举市舶，或市舶提举，市舶使之名不再使用。

最高长官的充任方式大致经历了四个时期。

从太祖开宝四年（971年）六月起，至神宗元丰三年（1080年）八月止为第一个时期。这个时期，市舶司最高长官市舶使几乎全由地方主要官员兼任，有时是知州，有时是转运使，有时则由既是知州又是转运使的地方最高长官兼。真宗咸平（998—1003年）以后，知广州兼任本路经略安抚使，“总一路兵民之政”。此后，当知广州兼任市舶最高官员时，也就是路一级要员经略安抚使兼任市舶司最高官员。

开宝四年（971年）六月，潘美以知州兼市舶使。次年潘美带着原来的官职升任转运使，仍兼市舶使。这是宋代市舶长官充任方式的最初形态。其后在广州，以知州、转运使兼市舶使的还有杨克让、向敏中等人；以知州兼市舶使的有杨覃、任中师等人；单以转运使兼市舶使的有王丝、马寻等人。

从元丰三年（1080年）八月至徽宗朝（1101—1125年）初年为第二个时期。这时知州及本路最高行政长官经略安抚使，不再兼管市舶司。经度一路财赋的转运司成为市舶司的主管部门，并派出官员提举市舶司。在广州，首任提举市舶司是广东转运副使孙迥。

①［清］阮元：《广东通志》卷二〇六《金石略·中书门下牒广州南海洪圣广利王》。

②《宋会要辑稿·职官》四四之五。

从徽宗朝至南宋末为第三个时期。这时，知州和转运使副都不再兼提举市舶。提举市舶完全由朝廷委派的专职官员充任，中央政府控制市舶贸易更为直接。只是在特殊时候，例如提举市舶司人选未定或未到任时，地方官才暂兼舶务。在南宋的广州，由专官提举市舶司一直延续到恭帝德祐元年（1275年）"罢市舶分司"为止。[①]

市舶司最高长官充任方式的变化带来如下新情况：最高长官由兼职逐渐过渡为专职。这是市舶贸易管理形态的改进。宋朝初年，统治者高度重视广州外贸，港口所在地知州同时也是本路军政长官，因而由知广州兼任市舶使，兼管市舶贸易。这种做法一直延续到北宋中期元丰三年（1080年）为止。此后由本路转运副使出任提举市舶司。转运司是管理本路财赋最高级别的机构，负责本路财赋及其运送京师等事宜，跟中央的关系比知州密切。由转运司官员兼管市舶司，市舶贸易与中央的关系更进一步也更便于朝廷的控制。

从徽宗朝开始，提举市舶司开始由朝廷任命的专职官员出任。此人既不是知州也不是转运司官员，也就是说，提举市舶司跟地方官府无关，直接对朝廷负责。这标志着外贸中央集权的进一步提高。这个制度在南宋大部分时期一直存在。

约在理宗朝，市舶贸易逐渐衰落，收入减少，市舶司重新由知州兼管。此时知州兼管市舶司跟北宋初期的意义迥异。那时是加重市舶司的权力，此时只是以减少官职、降低财力消耗为目标的兼管而已。在泉州，绍定四年（1231年），李韶"改知泉州兼市舶"。[②]嘉熙元年（1237年）前后，孙梦观"知泉州兼提举市舶事"。[③]在广州，宝祐四年（1256年）谢子强出任广州知州兼广南东路经略安抚使，到了开庆元年（1259年）已经"兼领舶事四年"。[④]从宝祐四年到开庆元年头尾四年。这就是说，谢子强出任知广州时就已兼管市舶司。

南宋末期，许多制度发生变乱，市舶司亦然。在泉州，大约在理宗末年或度宗初年（1264—1265前后），市舶司长官名叫王茂悦，他不是泉州知州。泉州人林乔回到家乡后，"与蒲舶交，借地作屋。王茂悦为舶使。蒲八官人者，漏舶事发，林受其白金八百锭，许为言之。既而王罢去，蒲并攻之，且夺其所借

①《宋史》卷四十六《度宗纪》。

②《宋史》卷四二三《李韶传》。

③［宋］吴潜：《履斋遗稿》卷三《孙守叔（梦观）墓志铭》。

④《广东通志》卷三十九《名宦志省总》。

地”。[①]“王茂悦为舶使”之说有毛病，此时没有市舶使，只有市舶提举。这条史料说明，度宗咸淳二年（1266年）以前若干年，提举泉州市舶不是泉州知州。

引文里的“蒲舶”应该指的是蒲寿庚。蒲寿庚一说是占城人，另一说是其前辈为西域人。无论如何，他是外国侨民。《宋史》卷四十七《瀛国公纪》载：蒲寿庚“提举泉州舶司，擅蕃舶利者三十年”。这条史料被广泛引用，但不准确。蒲寿庚即使曾经出任提举泉州市舶，任职时间也远不及三十年。南宋亡国在1279年，上溯三十年是1249年，即理宗淳祐九年。这期间王茂悦曾任泉州市舶提举。另外，让一位“非我族类”的外国人出任有实际职权的市舶提举的做法，从未见于宋朝制度和惯例，可能性不大。

三、市舶司与朝廷和地方官府的关系

市舶司从属关系以最高长官身份为转移，因而从属关系的变迁与最高长官充任情况相一致，也相应地分作四个时期。第一个时期是多头共管时期。由于知州、经略使、转运使兼管市舶司，因而市舶司既属广州府，即经略使所在的帅司，也属转运使所在的漕司。有一个时期，它还受中央机构的直接调遣。熙宁二年（1069年），王安石在宋神宗支持下开始了轰动一时的熙丰变法。这年，朝廷命令变法的重要机构都大提举发运司兼管九路银铜、铅锡、坑冶、市舶等事。广南东路也包括在这九路之中。于是发运司也成了广州市舶司的上司，市舶司要听其调遣。第二个时期，归属关系简单些，市舶司主要听命于转运司。第三个时期，市舶司完全接受中央的指挥，地方任何官司不得随意染指；而且市舶司的地位有所上升，高于一般的知州，例如泉州和明州的知州。[②]市舶司还曾升至“监司”的地位，有权力、有责任监督地方各级官员。[③]第四个时期比较混乱。此时宋朝土崩瓦解的过程已经开始，许多制度不能正常维持，市舶司有时由知州兼管。

市舶司从属关系的上述变化，使中央对外贸、对地方的控制得到加强。在第

①［宋］周密：《癸辛杂识》别集卷上《林乔传》。

②《庆元条法事类》卷四：“提举市舶官在提举常平茶盐官之下，仍各在知州、朝请大夫、武功大夫之上”。

③《建炎以来系年要录》卷一〇八，绍兴七年正月：“福建路转运判官苏良治、荆湖北路转运判官李若虚、两浙东路提举常平茶盐公事郑绩、提举两浙路市舶王时并罢。先是，朝论欲重监司之选，而侍御史周秘奏［苏］良治、［王］时贪鄙无行，又言［李］若虚止尝历秀州司户一考绩自提辖文思院径除监司，二人尤为超躐，故并罢仍抑行。”提举两浙路市舶升为监司，这个职务就变得比以往更重要了。

一个时期中，多头共管从根本上说是为了防止某个官司或官员长期分肥和专权，以利于中央集权，因而是一种间接的集权措施。第二个时期是由间接集权到直接集权的过渡。第三个时期，中央直接操控市舶司。尽管地方官仍担负外贸管理工作，如管理出入船舶，防止透漏禁物，甚至还要参与抽解进口商品，但不再有权随意调动、移用市舶司的钱物。建炎四年（1130年）六月，朝廷诏令“诸路市舶司钱物今后并不许诸司官划刷”①；绍兴三年（1133年），朝廷又特意为广南市舶司下了一道更明确的命令，“广南市舶库钱物，除朝廷指定取不合应付外，其余官司今后并不得取拨支使。虽奉特旨，亦听本司执奏不行”②。这样一来，地方对于市舶司只有协助工作的义务而无分润的权利。市舶司成了与地方经济利益关系不大，只归属中央的机构。而随着市舶司升格为监司，成为朝廷“耳目之寄”的“外台”。朝廷不仅直接操控市舶司以控制外贸，还利用市舶司监督制约地方官府。

市舶司次一级官员最初有“市舶判官”之称，后易名为“市舶监官”③；在南宋高宗朝又有过“主管市舶职事”之名。这类官员多以通判，即副知州充任。北宋时，市舶司最高长官多为兼职，许多事务并不躬亲，因而不少具体工作由他们承担。因责任较重，朝廷选派这一级官员也就比较审慎，业绩考核还同市舶收入多寡相挂钩。

这里有两点值得注意。一是通判在市舶司内兼职。通判虽名为副知州，但并非知州的部属，而是监州，即负责监察知州的行为。通判的另一个任务是将本州的收支情况上报中央。“郡置通判，以其收支之数上之”④。通判既负监察使命，在市舶司内监察市舶司长官的行为是其职责；通判身处市舶司，对其收支情况了如指掌，可以让朝廷掌握准确情况。二是内侍与市舶第一、二级官员的关系。内侍是为皇帝服务的宦官，是皇帝的私人代表。朝廷派内侍参加市舶司的工作，与进口商品多归内库所有，部分供宫廷消费有关。在这个意义上，内侍不但参与市舶司内部关键性运作，还是朝廷了解外贸经营和收支状况的耳目。而宋初之所以规定市舶司由“京朝官、三班内侍三人专领之”，用意之一在于避免唐代那样的

①《宋会要辑稿·职官》四四之一三。

②《宋会要辑稿·职官》四四之一七。

③《宋会要辑稿·职官》四四之一。

④陈傅良：《止斋集》卷十九《赴桂阳军拟奏事札子第二》。

宫市扰人之弊。因此，内侍也必须接受市舶司内高级官员的制约。

我们将上述情况联系起来就会发现，市舶司内部是一个松散的整体，各主要成员间互相监督，利益各异，而皆可通过不同渠道直接与中央联系。这种结构之下，圈内之人可能勾斗不和互相猜忌，可能造成低效率，但绝不可能沆瀣一气与中央对抗。这正是宋朝用心所在。

纵观市舶司官员设置的基本情况及变化趋向，我们看到，市舶司设官的主要目的，是保证宋廷有效操纵市舶司以达到控制外贸的目的。这与提高市舶司运作效率有矛盾。经过从北宋到南宋的一再改进，市舶司官制的结构渐趋合理，提高效率与加强中央控制趋于统一。但保证中央的控制，永远是市舶司结构性安排的第一要则。

四、市舶司的主要功能

宋代市舶司的职能，包括一般功能和主要功能两部分。市舶司的一般功能，包括对进出港口的海外贸易、国内沿海贸易的全部人、船、货进行管理：

第一，对出口商船的管理与服务。包括发放中国商船出口许可证；检查有无夹带违禁物品；给前往国内其他港口的中国商船提供简单的防卫器具“防船兵仗”等。

第二，对进口商船的管理与服务。包括检查进口船舶有无夹带违禁物品、进口货物的抽解、博买；接待外商和外国贡使等。

第三，其他与外贸有关的事宜：包括出卖进口商品、向朝廷报告贡船到岸消息和向京师运送来自海外的商货等。

上述一般性的外贸管理可以由地方官府兼顾，未必需要设置专门的机构。下面我们重点探讨宋朝设置市舶司的主要功能。

（一）市舶贸易制度的渊源

宋朝市舶贸易制度直接来自唐朝。

唐中叶有了市舶使之称。市舶使任务是，对进口商品，“籍其名物，纳舶脚、禁珍异”。[①] “籍其名物，纳舶脚”比较容易理解，就是将进口商品登记入册和收税。“禁珍异”有点难解，史学界有不同看法。关键在“禁”字。有学者认为禁

①[唐] 李肇：《唐国史补》卷下。

是禁榷，也就是专卖；[①]有人认为禁是禁止，即检查外船有无违禁之珍奇异物。[②]笔者认为，唐朝实行某些进口商品的专卖很有可能，只是尚未形成完整的制度。[③]

再让我们看看市舶使的身份。唐朝以前，中央王朝对外贸收入还不能有效掌握，地方权势集团有较大的支配权；进入唐朝以后，眼见中外海路贸易大发展并带来滚滚财源，中央王朝加强控制的想法，便顺乎其然地产生了。于是从唐中叶开始，岭南有了市舶使。

已知的唐朝市舶使中，周庆立是最早的一位，开元二年（714年）是市舶使最早见诸史籍的年份。[④]周庆立不以地方军政要员的身份兼任市舶使，他是负责外贸事务的专职官员。开元二年（714年），“右威卫中郎将周庆立为安南市舶使，与波斯僧广造奇器，将以内进”。[⑤]

周庆立之外，已知的其他几位市舶使都是宦官，而且都在广州任职。

其一，开元十年（722年）宦官韦某开始在广州充任市舶使。开元十年，韦某“解褐授内府局丞……寻充市舶使，至于广府”。[⑥]内府局为内侍省的下属，任职者皆为宦官。

其二，天宝（742—755年）初年，卢奂为南海太守，廉洁奉公，“遐方之地，贪吏敛迹”。由于官场风气变得廉洁清正，即使是在广州出任市舶使的宦官，也不敢为非作歹，“中使市舶，亦不干法”。[⑦]可见此时宦官在广州出任市舶使。

其三，代宗广德元年（763年）之吕太一也是“宦官市舶使”。[⑧]

其四，开成元年（836年）冬，卢钧出任广州刺史、御史大夫、岭南节度

---

①见［日］藤田丰八：《宋代之市舶司与市舶条例》，魏重庆译，商务印书馆，1936，第14页；李庆新：《隋唐时期广州国际贸易大都会的形成》，见章深主编《广州通史·古代卷》上册，中华书局，2010年，第303页；黄楼：《〈进岭南王馆市舶使院图表〉撰者及制作年代考——兼论唐代市舶使职掌及其演变等相关问题》，《中山大学学报（社会科学版）》2009年第2期；蔡鸿生：《市舶时代广府的新事物》，《河南大学学报（社会科学版）》2014年第3期。

②见宁志新：《试论唐代市舶使的职能及其任职特点》，《中国社会经济史研究》1996年第1期，第10页；贾志刚：《隋唐时期中外贸易纠纷及其解决》，《陕西师范大学学报（哲学社会科学版）》2011年第2期。

③这个问题前面曾经涉及。

④王溥：《唐会要》卷六十二《谏诤》。

⑤《旧唐书》卷八《玄宗纪》。

⑥《全唐文》卷三七一，于肃《内给事谏议大夫韦公神道碑》。

⑦《旧唐书》卷九十八《卢怀慎传附卢奂传》。

⑧《旧唐书》卷十一《代宗纪》。

使。“南海有蛮舶之利，珍货辐凑。旧帅作法兴利以致富，凡为南海者，靡不捆载而还。[卢]钧性仁恕，为政廉洁，请监军领市舶使，己一不干预。”[①]安史之乱以后，藩镇势力膨胀。监军制度是中国历史上国君或皇帝派身边亲信监督军队及其高级将领行动的一项特殊的军事制度。[②]唐朝为了加强对地方的控制，制衡各地节度使，在各藩镇设置常设的监军机构。岭南五管经略使和节度使处有数量不等的宦官监军。监军拥有广泛的权力，可干预和参与地方事务的管理。岭南节度使卢钧，“请监军领市舶使”，是要取悦朝廷，一方面显示自己廉洁奉公，另一方面也摆出一副自己全无非分之想，朝廷可以放心的姿态。在这里，出任市舶使的监军就是宦官。

其五，据《李府君（敬实）墓志铭》记载：李敬实是一名内侍，宣宗大中四年（850年），“除广州都监兼市舶使”。[③]

其六，以上是见诸历史文献的记录，另有一名宦官见诸考古资料。1989年西安市西郊沣登路南口基建时出土的银铤显示，约在代宗大历十二年（777年）到德宗建中三年（782年）间，有两位官员共同向朝廷进奉银铤，一位是广州刺史兼御史大夫、充岭南节度支度营田等副大使知节度事张伯仪，另一位是宦官监军市舶使刘楚江。[④]

因此，我们已知的唐朝市舶使共有七人，其中一名为朝官，六名为宦官。朝官出任安南市舶使是市舶贸易制度最初时期的安排，稳定的制度大致是从开元十年（722年）宦官韦某在广州充任市舶使开始。在广州设置由宦官出任的市舶使，并因而加强对海外贸易的控制，是唐朝市舶贸易制度的基本形态。

宦官是皇帝的私人代表，直接反映皇帝和宫廷的利益和意向。朝廷派出宦官掌管市舶贸易，显然希望直接掌控海外贸易及其收益。市舶使作为经营管理海外贸易的专职官员，外贸管理可能做得比较精细。严密精细的制度和管理，可望带来更高的效率、给中央王朝带来更大的经济利益。

---

①《旧唐书》卷一七七《卢钧传》。

②季德源：《中国历史上的监军制度》，《军事历史研究》1994年第1期。

③见《全唐文补编》卷八十一，转引自徐成：《〈唐重修内侍省碑〉所见唐代宦官高品、内养制度考索》，《中华文史论丛》2014年第4期。

④王长启、高曼：《西安西郊发现唐银铤》，《中国钱币》2001年第1期，第56页；王承文：《论唐代岭南地区的金银生产及其影响》，《中国史研究》2008年第3期，第64页。

周庆立和几位宦官市舶使都是朝廷任命专门管理外贸的使者，不是兼管外贸的地方官员。由此我们看到新的贸易制度有个明显的倾向，这就是让外贸脱离地方官府，跟地方财政疏离。现存唐朝史料对此提供了佐证：

其一，约在德宗贞元八年（792年）以后，宰相陆贽的一份奏疏，谈到岭南节度使的一个提议，即由地方官府派一名官员同朝廷派遣的宦官一道前往安南处理外贸事务，“岭南节度经略使奏：近日舶船多往安南市易。进奉事大，实惧阙供。臣今欲差判官就安南收市，望定一中使与臣使司同勾当，庶免隐欺希颜”。[①]此事说明，当时岭南的地方官府对自主掌控海外商品有所顾虑。此时地方官府还参与海外贸易管理，包括商船进出口前发放许可证、防范查办违禁走私和偷税漏税行为等，但中外商品交易和收入分配权在一定程度，甚至很大程度上已经上移，由朝廷指派的人掌管。

其二，前面谈到，卢钧为广州刺史、御史大夫、岭南节度使时，“请监军领市舶使，己一不干预”。[②]但这个说法给人的印象似乎是，岭南节度使不干预外贸市舶贸易，始于卢钧。此事约在开成元年（836年）冬。但这不是事实。宦官任市舶使早已有之。地方官不干预市舶贸易应是制度的规定，卢钧是依照惯例行事，并加以强调。

其三，唐人李肇的记载，“海舶，外国船也，每岁至安南、广州。师子国舶最大，梯而上下数丈，皆积宝货。至则本道奏报，郡邑为之喧阗，有蕃长为主领。市舶使籍其名物，纳舶脚、禁珍异，蕃商有以欺诈入牢狱者”。[③]这里说的是唐宪宗元和（806—820年）前后的情况。此时广州进口商品登记、征税、贸易等实际操作都由市舶使负责。

市舶使是唐朝新出现的官职，同时期的著名海港扬州和泉州港却未见市舶使。这不奇怪。唐朝设置市舶使，最重要的指向是加强朝廷对海外贸易的控制，广州海外贸易规模比别的港口大得多，市舶使主要设在广州，顺理成章。

市舶使多由朝廷直接任命，强化了朝廷对外贸的控制。这个由市舶使经营，地方官府参与管理的外贸新制度尚在幼年时期，日后将长成风雨霜雪几百年的老

①［唐］陆贽：《翰苑集》卷十八《中书奏议·论岭南请于安南置市舶中使状》。据《资治通鉴》卷二三四《唐纪五十》载：德宗贞元八年（792年）四月，“以尚书左丞赵憬、兵部侍郎陆贽并为中书侍郎同平章事。”

②《旧唐书》卷一七七《卢钧传》。

③［唐］李肇：《唐国史补》卷下。

树。唐朝为何是它的萌芽时期?

中外贸易自然演进为市舶使的出现提供了条件。唐朝是中外航海贸易压倒陆路贸易的转折时期。随着造船和航海技术的进步，到了唐代，航海贸易超过陆路贸易，成为国际贸易的主角。于是，印度商人和后来居上的阿拉伯商人越来越积极地驾船而来，贸易东西方商品。他们在中国沿海各地寻找合适的海港，在安南、广州、泉州和扬州，留下了自己的足迹。

今日中国南部沿海对外贸易港中，最早发达且长盛不衰的港口是广州港。但在秦汉时期，今越南北部的交趾（也称交州，后称安南）比广州港更为重要，当地曾是中外贸易商品中转交易的枢纽。到达那里的各国船舶，一部分不再前行，就地与中国及东亚国家商人交易，贸易完毕，便趁着东北季风返航；另一部分则沿着北部湾，绕过雷州半岛，进入珠江口，到广州贸易商品。

早期远洋航船主要是沿着海岸线蜿蜒曲折缓慢前行，不能离开海岸太远，否则容易迷失方向，或者当风暴袭来时来不及躲避藏匿以自保。大约到了吴晋六朝时期，造船和航海技术的进步，提高了船舶跨越深广大洋的能力。于是开始有船舶从今天的越南南部作跨越南海的离岸航行：船舶向东北方向行驶，经过海南岛东部海域，再到珠江口，然后进入广州。中外航线的改进，大大节省了航行时间。此后越来越多的船舶直航广州，广州港的地位进一步提升。

南朝时期，关于广州港远洋商舶的记述多了起来。在南朝刘宋，广州"舟舶继路，商使交属"。[①]萧齐时，人们将广州与交州并提，"商舶远届，委输南州。故交广富实，牣积王府"。[②]萧梁时，广州"海舶每岁数至，外国贾人以通货易。[③]广州港接待的远洋船舶在增加，广州在中外航海贸易上的地位正急步跟进交州。唐朝广州海外贸易进展更大。在梁朝，萧劢曾出任广州刺史，每年有十多艘商船到岸，便是值得庆贺的事，"广州边海，旧饶，外国舶至，多为刺史所侵，每年舶至不过三数。及励至，纤毫不犯，岁十余至"。[④]到了唐代宗大历年间（766—779年），

①《宋书》卷九十七《夷蛮传》。

②《南齐书》卷五十八《蛮传》史臣曰：书称蛮夷猾夏，盖总而为言矣。至于南夷杂种，分屿建国，四方珍怪，莫此为先。藏山隐海，瓌宝溢目。商舶远届，委输南州。故交广富实，牣积王府。充斥之事差微，声教之道可被。若夫用德以怀远，其在此乎！

③《梁书》卷三十三《王僧孺传》。

④《南史》卷五十一《吴平侯景附子劢传》。

地方官员比较清廉，广州港一年中有四十多艘商船到岸：大历四年（769年），李勉出任广州刺史，兼岭南节度观察使。到任之初的广州，“前后西域舶泛海至者岁才四五。勉性廉洁，舶来都不检阅，故末年至者四十余”。[①]

从唐初开始，中外海路贸易逐渐超过中外陆路贸易，古老的陆路丝绸之路衰落了，中外贸易重心移到了海路。广州以其优越的地缘优势，成为越来越繁荣的外贸港口，中外商船季节性地来来往往，好不热闹。

广州海外贸易越来越繁盛，但管理制度却越来越不能让中央王朝满意。

首先，贸易管理权归地方官，他们的行为不受约束。梁武帝天监（502—519年）初年，王僧孺出任南海太守。当时地方官运用手中权力垄断和强买进口商品，“外国舶物、高凉生口岁数至，皆外国贾人以通货易。旧时州郡就市，回而即卖，其利数倍，历政以为常。僧儒叹曰：昔人为蜀部长史，终身无蜀物，吾欲遗子孙者，不在越装。并无所取。视事二岁，声绩有闻”。[②]这条史料说明，当时尚未建立起制约官员、抑制贪利的经济贸易管理制度。清官王僧儒以洁身自好、不谋私利而受到时人的欣赏和赞扬。

其次，外贸收入归地方官支配。梁朝时的广州，“外国舶至，多为刺史所侵……前后刺史皆营私蓄，方物之贡，少登天府”。萧劢出任广州刺史后，“岁中数献，军国所须，相继不绝”。梁武帝对此喜出望外，认为自己有了一个跟从前不同的广州：“武帝叹曰：朝廷便是更有广州。”。[③]此时广州外贸尚未成为王朝稳定的财政来源，外贸收入主要掌握在地方官和地方豪酋手中，他们经常性地向中央王朝贡献海外奇珍异宝，但贡献多少，决定权在地方，不在朝廷。随着海外贸易逐渐成为一大利源，中央王朝决心加以控制，使之成为自己的囊中之物。

由宦官出任市舶使则是唐中叶形势变化的产物。经过安史之乱，中唐以后各地节度使纷纷拥兵自大，割据一方。为了保证对各地的控制，皇上派出宦官作为自己的亲信，分布全国各地。宦官越来越多，势力越来越大，他们仗势专权，最终凌驾于皇权之上。陆贽说：“岭南节度经略使奏：近日舶船多往安南市易，进奉事大，实惧阙供。臣今欲差判官就安南收市。望定一中使与臣使司同勾当，庶免隐欺。”[④]这是在德宗朝的事。岭南节度使为了避免中央王朝生疑，特别奏请朝

①《旧唐书》卷一三一《李勉传》。

②《南史》卷五十九《王僧儒传》。

③《南史》卷五十一《吴平侯景附子劢传》。

④［唐］陆贽：《翰苑集》卷十八《论岭南请于安南置市舶中使状》。

廷派遣宦官与节度判官一起前去安南购买进奉朝廷的海外商品。很显然，宦官在海外贸易中已经相当重要。

可见，唐代设置市舶使，是为了加强中央王朝对海外贸易的控制，而派宦官出任市舶使，正是为了保障这种控制。这是市舶贸易制度的起始阶段。市舶贸易全盛时期跨越唐宋元三朝，历时六百五十年以上，加上最后衰落的明朝时期，共有一千年上下。[①]

（二）宋朝对市舶贸易制度的改进

宋王朝对市舶司和市舶贸易的掌控比唐朝更进一步。

首先是建立权力分割、互相监督的体制，宦官不再显赫。从唐中叶到唐朝覆亡期间，宦官势力逐渐膨胀，为非作歹、专横无忌，在政治和社会上都留下了挥之不去的坏名声。唐朝市舶使多由宦官充任。宦官来自朝廷，权势很大，不受牵制，因而一再发生仗势欺人、凌霸一方的恶性事件。在唐代宗登基后不久，市舶太监吕太一凌驾于节度使之上，“纵下大掠广州”。[②]到了宋代，统治者保持着对宦官的警惕，一直注意用制度约束宦官，但依然要加以利用。在前面关于市舶机构的介绍中，我们已经知道，宦官在市舶贸易中从事实际运作，但地位不显，默默无闻，从未执掌大权，更未出现类似吕太一那样的恶性事件。

这是宋朝外贸制度的一个改进。宋朝继承了唐朝市舶贸易的内质，用宦官维持沿海外贸港口与中央王朝之间的纽带关系，但把宦官置于分权制衡的大框架内，使其发挥对朝廷有益的作用。

中国宗法专制制度的本性是最大限度地实现对全社会的控制。但在很多时候，在不少领域，客观条件并未提供足够的条件。在海外贸易的早期，远洋商船往来稀少，运来的商品多是奢侈品，主要供达官贵人享用，其他一些商品的价值也未能被统治者所认识。海外贸易的经济价值远未彰显。因此，中央王朝对海外贸易听之任之，满足于获得沿海港口地区上供一些奇珍异宝，供皇亲国戚享用。《唐律》涉及陆路贸易，却完全没有对海外贸易做任何规范。唐中叶是个转折点，唐朝设置市舶使，标志着中央王朝开始控制这个经济部门；派宦官担任市舶使，又巩固和加强了这种控制。

①从明初开始，市舶贸易制度进入衰落阶段。此时虽然仍然存在市舶司，但内质已经发生变化。笔者认为，市舶贸易制度分为全盛和衰微两个阶段，以元明之际为转折点。

②《旧唐书》卷十一《代宗纪》。

其次是赋予市舶司以独占特权。

唐朝文献但见市舶使，未见市舶贸易机构的称谓，宋朝有了市舶司这个名称。唐朝是否建立了相关机构？目前学术界尚未取得一致意见。有的学者提出唐朝存在市舶贸易机构，名称是“市舶使院”。①细读唐人王虔休所作《进岭南王馆市舶使院图表》，市舶使院指的是市舶使的办公地点，似乎还不是市舶贸易机构的名称。②

唐朝市舶使在现今中国境内，只设置于广州一地，宋朝扩展到两浙的杭州、明州等地，和福建路的泉州。

现存唐代市舶使的记载很简略，市舶使的工作状态基本上无从知晓。我们不知道唐代市舶机构是否拥有某些特权，而在宋朝市舶司拥有排他性和独占权。

宋朝初年，有市舶司的港口与没有市舶司的港口外贸地位就有差异。例如，广东沿海其他港口或多或少的有中外远洋商舶过往住泊，但在法理上，都不能经营进口商品中的专卖品。太平兴国五年（980年），潮州官员报告朝廷，三佛齐国蕃商李甫诲乘舶船载香药、犀角、象牙至海口。但因风向不对，船舶向东漂泊六十天在潮州靠岸，“会风势不便，飘船六十日至潮州”。朝廷指示当地官员将香药“悉送广州”。③香药不就地买卖而全部送到广州，原因是广州有市舶司；只有市舶司有权处理这些香药。设置市舶司前的泉州，法律也禁止当地经营法定的进口专卖品。④

港口有市舶司便拥有经营进口专卖品的特权，别的港口不能染指。但官员不执法是常态。在北宋中期以前，官府长期容忍默认某些没有市舶司的港口经营违禁品，泉州和密州就是实例。在颇长时间里，两个港口的非法贸易在不告不理和地方官府默许的情境中一路走去，稍有不同的是泉州接待和经营远洋商船和其中的违禁品，密州主要接待和经营广州、泉州等地转驳偷运而来的海外商品和其中

①李庆新：《唐代市舶使若干问题的再思考》，《海交史研究》1998年第2期，第25页。

②李昉等：《文苑英华》卷六一三，王虔休《进岭南王馆市舶使院图表》。

③《宋史》卷四八九《三佛齐传》。

④［宋］晁补之：《济北晁先生鸡肋集》卷六十二《杜公（纯）行状》：约在治平间，杜纯改任泉州司法参军。“舶商岁再至，一舶连二十艘，异货禁物如山。吏与私市者，价十一二售，幸不谁何。遍一州吏争与市。惟守关泳与公不买一毫，人亦莫知。后事发逮狱而公不预，（关）泳犹以不察免官，且檄参对。（杜）纯愤然陈书使者，白（关）泳无罪，而虚其廨居。泳卒得平反。”这里说的是官员不得私买外国进口的“异货禁物”。其实不仅是个人，连泉州官府也不许购买这类商品。

的违禁品。[①]

神宗元丰时期（1078—1085年），朝廷以市舶条法的形式赋予市舶司以海外贸易特权，市舶司的排他性和独占性得到明白无误的表达，达到空前未有的高度。该市舶条法的名称是《元丰广州市舶条》。这是中国历史上第一个比较完整的外贸法规，主要内容有：[②]

1. 有广州、明州、杭州能放行外贸商船。非以上三州而放行外贸商船者，以违背皇帝命令论罪。

2. 所有前往东南亚及其以西地区（南蕃）的商船均由广州市舶司放行；一切到日本、高丽经商的船舶皆由明州市舶司放行。非广州市舶司而放行前去南蕃的船舶，非明州市舶司而放行往日本、高丽的商船，以违背皇帝命令论罪，即使是大赦和官员离任，也不得减罪。

3. 外贸商船返回时，必须先到原放行市舶司纳税贸易。

4. 各市舶司负责管理各贸易区域内的外国朝贡船舶、贡使及其活动；贡船、贡使也应在主管市舶司的设置地点登岸和离港。

根据以上规定：杭州、明州市舶司掌管日本、高丽贸易，其余几十个国家、地区的市舶贸易和贡船贸易均由广州市舶司掌管，因此进口商品中经济价值最高的香药、犀牙等全部属于广州市舶司的经营范围。三个市舶司管辖权的极不均衡的分配，表明元丰广州市舶条的重点是实行广州垄断贸易。朝廷希望通过广州和明州市舶司，最大限度地控制外贸，增加财政收入。

杭州、明州市舶司掌管日本、高丽贸易，广州市舶司掌管东南亚及其以西国家地区贸易，本是三个港口长期形成的自然分工，宋朝用法律形式加以固化，把市舶司的独占性推向一个新的高度。

市舶司是唐中叶以后，中央政府在中外海路贸易大发展的条件下，为了更直接地控制海外贸易，增加外贸收入而设立的机构。市舶贸易制度与以往的外贸制度相比，最高统治集团更能实现对外贸的直接和有效的控制。

---

①泉州情况，见［宋］晁补之：《济北晁先生鸡肋集》卷六十二《杜公（纯）行状》；密州情况，见《续资治通鉴长编》卷二五五，熙宁七年八月癸酉。运抵密州的进口商品主要来自中国沿海的非法转口贸易。

②见章深：《北宋"元丰市舶条"试析——兼论中国古代的商品经济》，《古代社会科学》1995年第5期。

第五章
进出口商品及其管理制度

宋朝海路贸易发达，进口商品中的香药，特别是其中的乳香，占有特别重要的地位。宋朝的进口商品专卖制度，以其完整和持续性而言，在中国古代是非常突出的。

第一节　进口和出口商品

宋代海外贸易商品种类颇多，进口商品主要有：香药、犀角、象牙、珊瑚、琥珀、珠玑、宾铁、鼊皮、玳瑁、玛瑙、车渠、水晶、番布、乌樠、苏木等。出口商品主要有：金银、缗钱、铅锡、杂色帛、精粗瓷器等。[①]下面依次对进出口商品的构成以及商品进出口管理制度进行分析。

一、进口商品

（一）奢侈品与实用物品

不少人认为，在宋代，从海外进入中国的商品多为奢侈品。南宋时，官员王居安说："蕃舶多得香、犀、象、翠，崇侈俗，泄铜镪，有损无益。"[②]淳祐八年（1248年），监察御史陈求鲁也把全部进口商品统统斥为"浮靡无用之异物"。[③]当

①《宋会要辑稿》职官四四之一。珠钊当为珠玑之误。

②《宋史》卷四〇五《王居安传》。

③《宋史》卷一八〇《食货志·钱币》。

时的进口商品中确实有些专供把玩、装饰，不具实用价值，但占大多数的可以说既是奢侈品又是实用品。奢侈品是个模糊的概念：其一，长途贩运而来的进口商品价格相对高，许多被视为奢侈品。以价格高低为标准的划分未必合宜。其二，商品进口量大，价格下降，或者人们的支付能力大为增强，以往的奢侈品就会被视为实用品。奢侈品显然是个不断变化的概念。其三，进口商品有些可以作为药物治病，可以作为手工业原料，人们往往就是因为上述属性而去采购。有些进口商品其实是昂贵的药物或手工原料。汉朝人东方朔在《海内十洲记》一书中说："汉武时长安大疫，人死日以百数。帝乃试取月氏国神香烧之于城内，死未满三月者活，芳气经三月不歇。帝始信神物也，乃秘录余香。"[①]这件事显然荒诞不经，但道出了香的两种属性：它是香气长时间留驻的奢侈品，它又有治病救人的功效。这款月氏国神香，既是奢侈品同时也是药物。

海外贸易收入要能补充国家财政需要，必须有市场广大的商品。人们经常提到的珍珠、犀角、象牙、玳瑁等，都是奢侈品和实用品两种属性兼而有之。纯粹的奢侈品，例如特别贵重的香等，是达官贵人的享用品，跟社会多数人关系不大，没有多大商业价值，远不足以支撑宋代体量颇大的海外贸易。

王居安和陈求鲁等人在谈论进口商品时是带着情绪的。我们已经知道，南宋后期市舶贸易走向衰微，进口商品受到走私犯禁以及其他一些因素的冲击和影响，销售逐渐困难，于是官府强迫民众购买，官逼民反；而铜钱却持续大量外流，引起人们对海外贸易的反感，认定海外贸易有害无益。实际情况是，进入宋代以后，进口商品平民化已成趋势。随着进口商品的增加，价格相应降低，越来越多的进口商品走向民间，汇入普通百姓的日常生活。进口商品不但跟普罗大众日常生活建立了联系，对国家财政也不无小补。

（二）香药

王居安认为"香、犀、象、翠"等，都属于"有损无益"的奢侈品。这个判断未经认真考察，过于武断。

1. 香药进入中国早期的情况。

香作为海外进口奢侈品，早在西汉已经有了。淮南王刘安（前179—前122年）是汉高祖刘邦之孙。东晋人葛洪记载，刘安曾经"燔百和之香"。[②]这里的

①［宋］李昉等撰：《太平御览》卷九八一《香部》。

②［东晋］葛洪：《神仙传》，载欧阳询：《艺文类聚》卷八十五《布帛部》。

"百和之香"，又称"百和香"，指的是用许多香料混合而成的香。西汉时，中外陆路贸易已然开展，百和之香或其中的原料，必有外国进口的名贵品种。《海内十洲记》提到，西汉征和三年（前90年），武帝到安定时，"西胡月支国王遣使献香四两，大如雀卵，黑如桑椹。帝以香非中国所有，以付外库"。[①]此时，帝王后宫和达官显贵显然已经在消费外国进口的香料了，但这个情况似乎尚未引起史家的注意。现存西汉文献，谈及海外进口商品时，多提犀角、象牙、珠玑之类，较少涉及香料。《史记》记载："苍梧以南至儋耳者，与江南大同俗，而扬越多焉。番禺亦其一都会也，珠玑、犀、瑇瑁、果布之凑。"[②]《汉书》记载：番禺（今广州）"处近海，多犀象、毒冒、珠玑、银、铜、果、布之凑。中国往商贾者多取富焉。"[③]

到了东汉，进口香的消费多了起来，不但在宫廷里还在社会上造成了影响。于是《后汉书》在谈到进口商品时，一再提到香。"旧交趾土多珍产，明玑、翠羽、犀象、玳瑁、异香、美木之属，莫不自出。"[④]东汉章帝建初元年（76年），太后为了制止奢靡之风，要求从宫廷开始简朴服饰，不用香熏，以此作为崇尚节俭、移风易俗的表率，"吾为天下母，而身服大练，食不求甘，左右但著帛布，无香熏之饰者，欲身率下也"。[⑤]香熏有的产自国内，例如海南岛等地，特别昂贵的则是舶来品。

魏晋六朝到隋唐时期，进口香的用途更为广阔，佛道寺观、民间祭祀、官场典礼、疗治疾病等许多场合都在使用。香药一词逐渐开始使用。香药是把香和药两个字合并起来组成的词汇，而不是散发芳香的药物。但许多香药很难分清是香还是药，要看消费者怎么用。人们用作香就是香，用作药就是药。

香药早已用于疗治疾病，大约到了唐朝，开始用于手术麻醉。唐僖宗时，高骈出任淮南节度使，曾亲眼见人以乳香为麻药，实施外科手术治疗。

> 高骈镇维扬之岁，有术士之家，延火烧数千户。主者录之，即付于法。临刃谓监刑者曰，某之愆尤，一死何以塞责。然某有薄技，可

①转引自《世说新语》卷下之下《惑溺》。

②《史记》卷一二九《货殖传》。

③《汉书》卷二十八《地理志》。

④《后汉书》卷三十一《贾琮传》。

⑤《后汉书》卷十上《皇后纪》。

以传授一人，俾其救济后人，死无所恨矣。时，[高]骈延待方术之士，恒如饥渴。监刑者即缓之，驰白于[高]骈。[高]骈召入亲问之。曰："某无他术，唯善医大风。"骈曰："可以核之?"对曰："但于福田院选一最剧者，可以试之。"遂如言。乃置患者于隙室中，饮以乳香酒数升，则懵然无知，以利刃开其脑缝，挑出虫可盈掬，长仅二寸，然后以药封其疮，别与药服之，而更节其饮食动息之候。旬余，疮尽愈。才一月，眉须已生，肌肉光净，如不患者。[高]骈礼术士为上客。①

进口香药继续增加，药物属性愈加突出。五代十国文献中，香药一词使用频率明显增加。南汉的地盘在今岭南一带，闽国的地盘在今福建一带，南唐地盘在今江苏一带，三个国家贡献中原王朝的礼品清单中都载有香药。

2. 香药在宋朝备受荣宠。

宋代进口商品中香药比重不小，经济上的贡献相当突出，很受朝野上下的重视。"番商贸易至，舶司视香之多少为殿最。"②

香药中的乳香地位特别突出。乳香又名薰陆香，市场交易量相当大，"乳香一色，客算尤广"。③乳香不仅是香料，同时也是药物。宋人唐慎微《证类本草》卷十二记载："乳香微温，疗风水毒肿、去恶气、疗风瘾、疹痒毒。"其他许多香料也多具有双重性质。南宋人谢伯采说："诸香药皆达气：藿香达表，乳、麝、木香走经络，沉香趋下，皆香气芳烈，能使诸药快荣卫一切滞气。"④苏合香油出大食国，"蕃人多用以涂身，闽人患大风者亦仿之，可合软香及入医用"。⑤

早在北宋初年，进口香药作为药物的比重已经不小，使用相当普遍。太平兴国二年（977年），因"外国犀象、香药充牣京师"，朝廷专门设置官署垄断这些商品及其收入，严格专卖香药、犀牙等海外和国内同类产品，不准私人存贮和贩卖。⑥但几年后，朝廷改变主意，下了一道诏令：从广州等地进口的玳瑁、牙犀、

①李昉：《太平广记》卷二一〇《高骈》。

②[宋]赵汝适：《诸蕃志》卷下《乳香》。

③《宋会要辑稿》职官四四之一七。

④[宋]谢伯采：《密斋笔记》卷五。

⑤[宋]赵汝适：《诸蕃志》卷下《苏合香油》。

⑥《宋会要辑稿》食货三六之一至二。

宾铁、鼊皮、珊瑚、玛瑙、乳香等近十种商品继续专卖，另有三十七种“药物”不再专卖。“放通行”的三十七种药物，在中国药典多有明确记载。木香、龙脑香和沉香等来自海外，“木香生永昌山谷。今惟广州舶上有来者，他无所出”，“龙脑香出婆律国，今惟南海番舶贾客货之”。[①]沉香以“真腊为上，占城次之，三佛齐、阇婆等为下”。[②]石硫黄、补骨脂等以海外所产为佳，“今惟出南海诸蕃，岭外州郡或有而不甚佳”。《博济方》治阴阳二毒伤寒黑龙丹，明确要求用“舶上硫黄”。[③]补骨脂“一名破故纸，生广南诸州及波斯国”，以“舶上来者最佳”。[④]

北宋太平兴国七年（982年），严格专卖政策的解除，根据官方的说法，原因是“在京及诸州府人民或少药物食用”[⑤]。这里说的“人民”，当然不包含达官贵人。专卖香药的目的是增加朝廷收入，一定导致价格上涨和供求失衡。有权有势、财大气粗的人不愁买不起、买不到价格昂贵的进口商品。缺少药物的只能是些经济和社会地位不高的人。在北宋初，使用进口香药治病疗伤的人，已经不限于社会上层。

两宋时代，海外交通运输条件大为改善，加上朝廷以财政需要为中心大力推动商人航海贸易，香药大量进口，价格下跌，更多的中国平民百姓买得到，用得起外国香药。“旧时王谢堂前燕，飞入寻常百姓家。”进口香药的药用比重越来越大。绍兴八年（1138年）七月，朝廷指示广南、福建、两浙市舶司向行在运送和剂局制药原料和民间常用药材，“民间使用稀少物货”就不必送来了。[⑥]这反映出实用价值高的进口商品在临安有广大的市场，又促使进口商品结构更趋于实用和平民化。

下面是我们将唐朝到明朝官修纪传体正史中香、药等名称的使用频率加以汇总制作的图表。该表显示，宋朝史籍中，香药一词的使用率与前后朝代相比，无可匹敌，空前绝后。

---

①［宋］唐慎微：《证类本草》卷六。

②［宋］赵汝适：《诸蕃志》卷下《沉香》。

③［宋］唐慎微：《证类本草》卷四。

④［宋］唐慎微：《证类本草》卷九。

⑤《宋会要辑稿》职官四四之一至二。该书只提到“在京及诸州府人民或少药物食用”一个原因，但事情并不如此简单。

⑥《宋会要辑稿》职官四四之二〇至二一：“逐路市舶司如抽买到和剂局无用，并临安府民间使用稀少物货，更不起发本色”。

唐朝到明朝官修纪传体正史中香、药等名称的使用频率

书名	香	药	香药	象	犀	珠	乳香（薰陆香）
旧唐书	56	356	1	506	49	179	0
新唐书	120	285	0	587	84	140	0
旧五代史	26	105	4	98	14	24	0
新五代史	15	44	0	68	3	12	0
宋史	611	645	68	1198	179	342	40
元史	333	217	2	361	34	1379	0
明史	567	463	2	982	61	501	10

说明：一、《旧唐书》中的“香药”并非进口商品。

二、《元史》中珠尤多，别有原因。元朝许多名人名字中带有珠字。例如：耀珠在该书中出现32次，呼喇珠38次，阿珠262次，迈珠17次，萧拜珠25次，拜珠186次，宁珠23次，敏珠尔丹30次。剔除元朝，宋朝珠的出现频率是最高的。

三、少数时候“香药”本非一词。例如“茶香药物”中，香之后应有一顿号，但统计词频时难免会把这类情况包括进去。

（三）进口商品除了药用，不少可以作为手工业原料

来自占城等国的乌樠木是坚实珍稀的板材，“坚实如铁，可为器用，光泽如漆，世以为珍”。①来自真腊、阇婆、故临等国的苏木是红色的染料，“其色红赤，可染绯紫”。②日本向中国出口不少木料。贩运到明州的包括松板、杉板、罗板等。③赵汝适说，日本“多产杉木、罗木，长至十四五丈，径四尺余。土人解为枋板，以巨舰搬运至吾泉（即泉州）贸易”。④硫磺除了药用，还用于军事装备的生产。包恢说：“惟硫黄可供军需者，许其博易抽解。”⑤明州曾按朝廷的指示“募商人于日本国市硫黄五十万斤”。⑥

象牙、犀角等，也是手工业原料，经常被做成官场的礼仪用品，例如象笏和犀带等。《唐朝到明朝官修正史中香、药等名称的使用频率》表显示，《宋史》中

①［宋］赵汝适：《诸蕃志》卷下《乌樠木》。

②［宋］赵汝适：《诸蕃志》卷下《苏木》。

③［宋］罗浚：《宝庆四明志》卷六《郡志・叙赋・市舶》。

④［宋］赵汝适：《诸蕃志》卷上《倭国》。

⑤［宋］包恢：《敝帚稿略》卷一《禁铜钱申省状（广东运使）》。

⑥《续资治通鉴长编》卷三四三，元丰七年二月丁丑。

象牙、犀角的词频特别高。在古代，臣僚上朝皆持用玉、象牙或竹片制成的手板，主要用以记事。用象牙做的叫象笏。元丰元年（1078年），朝廷规定，“阶官至四品服紫，至六品服绯，皆象笏、佩鱼，九品以上则服绿，笏以木”。[①]中国古代百官服饰，大都离不开腰带。腰带上的装饰不同，代表的官阶品位就不同。有犀角饰物的叫犀带。宋朝曾规定，“两省五品以上，御史台、尚书省四品以上，各赐袭衣、犀带、鱼袋”。[②]

南宋王朝初建，风雨飘摇，朝不保夕，高宗下令严禁奢侈靡费，节省经费，把有限资源用于维护王朝安全，但仍然要求市舶司输送象牙、犀角，用于制作象笏、犀带，“市舶多以无用之物枉费国用，取悦权近。自今有以笃褥香、指环、玛瑙、猫儿眼睛之类博买前来，及有亏蕃商者，皆重置其罪，令提举按察。惟宣赐臣僚象笏、犀带取材舶司，每令拣选堪用者起发”。[③]

（四）进口商品中还有不少纺织品。外国产的吉贝进入中国有久远的历史。《梁书》载，林邑国出玳瑁、贝齿、吉贝、沉木香等。“吉贝者，树名也，其华成时如鹅毳，抽其绪纺之以作布，洁白与钥布不殊，亦染成五色，织为斑布也。”[④]宋代波斯兰、麻逸、三屿等国都向中国出口“吉贝布、吉贝纱”。[⑤]高丽出口中国的商品中，纺织品的地位相当突出，有大布、小布、毛丝布、细等。[⑥]

（五）宋朝对外国商品进口的限制比较少，但严禁外国货币进入中国。[⑦]

二、出口商品

通过海船运出的中国商品多是手工业品。部分商品因官府不加控制，出口一直很顺畅。另一部分商品情况比较复杂，有些是始通而后禁，如金银、米粮；有些与国别、国际关系等多种因素相联系，如书籍；有些则一直禁止，但禁令的执行时松时紧，如铜钱、兵器等。米粮和兵器的有关情况已在上一节中提到，下面不再重复。

---

①《宋史》卷一五三《舆服志》。

②《宋史》卷一五三《舆服志》。

③《文献通考》卷二十《市籴考·市舶互市》。

④《梁书》卷五十四《林邑国传》。

⑤［宋］赵彦卫：《云麓漫抄》卷五。

⑥［宋］罗浚：《宝庆四明志》卷六《郡志·叙赋·市舶》。

⑦《续资治通鉴长编》卷九十二，天禧二年十一月癸未。

（一）出口商品中中国官府不加控制的部分包括各种丝织物及制成品、精粗瓷器，以及漆器、铁鼎、伞等。

丝织品通常称为绢帛，又有罗、绫、锦等名称。绍兴二十六年（1146年），朝廷赐、回赐、别赐三佛齐国王的物品中有不少丝织品及丝织物制成品。赐物有“初封宽衣一对六件，紫罗夹公服一领，小绫宽汗衫一领，勒帛一条，熟大帛绫宽夹裤一，腰红罗绣夹三，襜一副，抱肚一条，……杂色衣著绢二百匹”。回赐物有“生绫一千一百七十匹，生压罗三百匹，生克丝六百匹，生樗蒲绫六百匹，杂色绫六千匹，江南绢二万五千匹，锦六百匹，青锦三百匹，红锦三百匹”。别赐物包括“衣著绢三百匹”。[①]不难想见，丝织物及其制成品在出口商品中的比重颇大。

宋朝是中国生产质量最佳陶瓷器的时代，福建、广东出口的陶瓷器不少是名窑制品或它们的仿造品。当时亚洲各国尚未生产瓷器，中国瓷器是独一无二的。[②]因此，中国瓷器广销海外许多国家。据《诸蕃志》的不完全记录，商人将中国瓷器运销海外近20个国家和地区。1987年，考古人员在广东省阳江海域发现一艘古船沉船。根据现有资料判断，这是一艘南宋船舶，当年从中国东南沿岸，可能是泉州港驶出，前赴东南亚或中东地区海外贸易，不幸在途经广东阳江水域时沉没，这艘南宋古船被定名为“南海一号”，考古人员从中清理出各类文物约18万件，在众多不同的文物中，尤以瓷器为多，约10万件，有青瓷，青白瓷，铅绿釉质地的碗、碟、盘、瓶、壶等。

（二）在始通而后禁的出口商品中，金银合法出口时间很长。淳化四年（993年），大食国王遣使贡献，太宗的回赐品中包括黄金。[③]淳熙元年（1174年）三月的一份诏令显示，贡使携带银两出境仍然是准许的。[④]但最晚到淳熙九年（1182年），朝廷已明令禁止金银从海路出口。这年九月，朝廷“禁蕃舶贩易金银，著为令”。[⑤]

（三）书籍出口的放行与严禁。在中国古代，统治者将书籍视为教化工具和“国之利器”[⑥]，因而示人与否很有讲究。汉宣帝的儿子刘宇被封为东平王，曾上书

①［宋］刘才邵：《檆溪居士集》卷七《赐三佛齐国敕书》。

②［日］三上次男：《陶瓷之路》第八页；冯先铭：《我国宋元时期的青白瓷》，《故宫博物院院刊》1979年第3期；冯先铭：《元以前我国瓷器销行亚洲的考察》，《文物》1981年第6期。

③《诸蕃志》卷上《大食国》：“赐以袭衣冠带，仍赐黄金，准其所贡之直。”

④《宋会要辑稿·蕃夷》四之五一：“安南使副回程有沿路批支、私觌、折送、贸易等铜钱。缘钱在法不许出界，令广西经略安抚司，将安南使副应随行见钱并依市价以银两或匹物折支”。

⑤《宋史》卷三十五《孝宗纪》。

⑥［宋］王溥撰：《唐会要》卷三十六《蕃国请经史》。

成帝，请求颁赐诸子、《史纪》等书，遭到拒绝。因为是这些书中有对教化百姓、稳定统治不利的内容，“诸子书或反经术，非圣人；或明鬼神，信物怪；《太史公书》有战国纵横权谲之谋”。[①]皇帝在自己的统治范围内、对皇亲国戚尚且如此，境外就更不用说了，“夫以东平，帝之懿戚，尚不欲示征战之书，况西戎国之远藩，曷可贻经典之事”。[②]

这种观念代代相传。到唐代，出现了书籍是否许可出口的两个标准。一是可能产生有碍王朝安宁稳定等不利后果的书不能出境；二是反映正统儒家思想，可向外国宣扬、传布的书籍允许出口。唐朝大臣曾就《毛诗》《春秋》《礼记》等书可否进入突厥这个敌对国家展开讨论。于休烈认为，“吐蕃，国之寇仇，今资之以书，使知用兵权略，愈生变诈，非中国之利也”。裴光庭则认为：“吐蕃聋昧顽嚣，久叛新服，因其有请，赐以《诗》、《书》，庶使之渐陶声教，化流无外。”他认为于休烈“徒知书有权略变诈之语，不知忠、信、礼、义，皆从书出也”。[③]几年后，渤海国遣使“求写唐礼及三国志、晋书”等，也得到皇帝批准。[④]

宋朝的书籍出口政策，跟唐朝有相似之处。《九经》是九部儒家经典的合称，宋朝不禁止《九经》的出口。[⑤]购买中国书籍的多是中国周边受汉文化影响较深的国家，包括东面的日本、高丽；北面、西北面的辽夏；西南面交趾等。宋朝出于防范的目的，严格禁止当朝史籍和时政类书籍出口。《太平御览》北宋太宗时编撰的百科全书，其中有大量年代较近的史书，涉及国家治乱兴衰等往事和经验教训，这类书受到比较严格的禁止。元祐八年（1093年）正月，“诏高丽国自先朝以来，累次陈乞《太平御览》，以禁书难为传示外国，故不许。今又陈乞，宜依向来例，或别作一不许意降指挥”。[⑥]

书籍出口的宽严，经常与朝廷一个时期的政策相联系；从北宋前期到后期呈现出趋于严格的走向。

高丽近迩辽国，关系密切。真宗大中祥符（1008—1016年）以后，由于同辽

①《汉书》卷八十《宣元六王传》。

②［宋］王溥撰：《唐会要》卷三十六《蕃国请经史》。

③司马光：《资治通鉴》卷二一三，开元十九年正月辛未。

④［宋］王溥撰：《唐会要》卷三十六《蕃国请经史》。

⑤《续资治通鉴长编》卷六十四，景德三年九月壬子：“民以书籍赴缘边榷场博易者，自非九经书疏，悉禁之。违者案罪，其书没官。”

⑥《续资治通鉴长编》卷四八〇，元祐八年正月辛丑。

国的关系趋向和缓，宋朝对向高丽出口书籍的戒备和控制随之略有放松。大中祥符八年（1015年）十一月，真宗赐高丽国主物品包括：诏书七函、衣带、器币、鞍马、经史、圣惠方、历日等。[①]所赐经史有：《九经》《史记》《汉书》《后汉书》《三国志》及诸子等。[②]天禧五年（1021年）九月，高丽显宗王询派遣礼部侍郎韩祚等百七十人来谢恩，并求赐阴阳、地理书和《圣惠方》等，真宗全部应允。[③]

徽宗朝，外贸管理制度一变再变。蔡京的拜相常是外贸制度相对完备，贸易规模有所扩大的时期。大观初年蔡京居相位，交趾贡使至京师，请求购买一批书籍，执法部门认为不合法律规定。皇帝却把法规撇在一旁，"嘉其慕义，可除禁书、卜筮、阴阳、历算、术数、兵书、敕令、时务、边机、地里外，许买。"[④]

这里有两点值得注意。第一，"嘉其慕义""全不生事"是朝廷法外施恩的原因。这显示，文化产品的出口跟国家政治关系的勾连比其他产品要更加紧密。第二，尽管已是法外施恩，书籍出口的控制还是比北宋中期严格。天禧五年（1021年），真宗批准把阴阳、地理书送给高丽使者；宝元二年（1039年），仁宗将《孙子》及《通典》所引诸家兵法排除在禁书之外；而在此时，它们却全部不许带出国门。徽宗朝是北宋最糟糕的时期，书籍出口的限制也最为严厉，两者的关联并非偶然。历史一再表明，开放与明朗自信为伍，封闭与萎缩自卑相伴。

（四）铜钱和兵器出口受到严厉禁止。兵器出口早有禁令，"旧制弓矢兵器不入外夷"。[⑤]铜钱出口亦然。通观两宋，铜钱和兵器出口都经历了禁而不严到严厉禁止的过程。这个过程曲折多变，铜钱还曾有过解除出口禁令的时期，但持续时间不长。[⑥]

开宝六年（973年）三月，铜钱"不得入蕃界及越江海至化外"。[⑦]此后朝廷禁止铜钱出口政策呈加强趋势。北宋仁宗朝铜钱出口，禁令加严，违者"于旧条第加其罪"。死刑的起点从五贯以上降至一贯以上。[⑧]另外，曾经许可的有限量的路费钱后来也不准了。嘉祐及庆历以前汇编敕令的《编敕》都规定中外商人可以

---

①《续资治通鉴长编》卷八十五，祥符八年十一月。

②《续资治通鉴长编》卷四八二，元祐八年三月。

③《续资治通鉴长编》卷九十七，天禧五年九月甲午。

④《宋会要辑稿·蕃夷》四之四一。

⑤《续资治通鉴长编》卷五十九，景德二年三月壬申。

⑥这个问题会在税收部分讨论。

⑦《续资治通鉴长编》卷十四，开宝六年三月。

⑧《续资治通鉴长编》卷一三二，庆历元年五月乙卯。

携带一定数量的路费钱，“商客蕃客往南蕃者，听逐人各带路费钱五百文。过此数者，许诸色人陈告，犯人依杂禁条将铜钱出中国界刑名施行”。[1]南宋淳熙五年（1178年）的诏令显示，五百文已经成为依法惩处的数额。[2]

尽管禁令日益严厉，防范措施逐渐缜密，但由于海外许多国家将中国铜钱作为他们的通货，需求强劲；在巨大的经济利益驱动下，不但中外商人、沿海居民，就连边防驻官兵、地方官府和官员也汇入走运铜钱的洪流；[3]从朝廷到地方，贪赃腐败风气的逐渐蔓延滋长，使法令和制度的社会控制力大为衰减，甚至形同虚设。因此，禁令和防范措施许多时候只反映铜钱漏泄的严重性，较少获得预期成效。中国铜钱继续被大量运出国境。

第二节　进口商品专卖制度

一、进口商品专卖制度的历史回溯

进口商品专卖制度起源很早。例如珍珠，早在三国时代已经列为专卖品，对民间私自购销作出限制。东吴在三国时代曾经统治岭南。东吴丹阳（治建业，今南京）太守万震，作《南州异物志》。该书记载，合浦民善游采珠，由于“官禁民采珠，巧盗者蹲水底，刮蚌得好珠，吞而出”。[4]合浦，时称合浦郡，在今广西北海一带。

珍珠专卖的细节，史籍没有留下多少记载。目前已知，当时只有珍珠中的“好珠”“上珠”由官府垄断经营。陶璜，交州刺史陶基之子，是三国时期东吴及西晋初年的将领。那时，“合浦郡土地硗确，无有田农，百姓唯以采珠为业，商贾去来，以珠货米”。吴国统治者珠禁甚严，仍担心民众私自交易上好的珍珠，便对任何形式的珍珠贸易一概禁止，这导致当地百姓无以为生。陶璜建议改变珍珠专卖办法，将珍珠分为三等，上等珠三分之二上缴官府，中等珠三分之一上缴官府，下等珠则不必；每年十月到次年二月不是上等珍珠的采集时节，商人可以自由往来贸易珍珠。[5]陶璜的建议得到皇帝批准。

①［宋］张方平：《乐全集》卷二十六《论钱禁铜法事》。

②《文献通考》卷九《钱币考》：“诏蕃商往来夹带铜钱五百文，随离岸五里外，依出界法。”

③《文献通考》卷九《钱币考》。

④转引自［唐］欧阳询：《艺文类聚》卷八十四《宝玉部下》。

⑤《晋书》卷五十七《陶璜传》。

嘉禾四年（235年）七月，魏国使者提议用马匹，交换珠玑、翡翠、瑇瑁。孙权爽快地答应了："此皆孤所不用，而可得马，何苦而不听其交易！"[①]可见，珍珠跟翡翠、玳瑁相似，也允许市场交易。

以上有限的信息显示，所谓"官禁民采珠"，并不是不准民众下海采珠，而是不准他们避开官府，私自下海采珠。民众采集到的珍珠，也不是全部上交官府。他们按照规定上交官府后，剩余的便可进入市场贸易。这是国产珍珠的专卖。进口珍珠中品质高的，无疑也会是专卖品。

宋以前，不仅是高品质的珍珠，其他一些进口商品也曾被列为专卖品，民间不得私自购销。"先是晋汉以来，回鹘每至京师，禁民勿私相易，其所有宝货皆中卖入官，私下市易者罪之。"到了后周广顺元年（951年）正月，回鹘遣使并摩尼贡玉七十七团，白氎、豹牦牛尾、药等物。太祖命令废除旧法，"每回鹘来者私下交易，官中更不禁诘。由是，玉之价直十损八七"。[②]

专卖是官府垄断某种或某些商品，高价出售，获取高额垄断利润的行为。专卖并没有创造价值，而是利用权力重新分配利润。有获利一方就有亏损一方，而且对方的损失必定大于获利方的所得，因为官府运作和交易成本都远远高于私商。因此，官府对贸易和市场施加的任何影响都会扭曲价格，导致商品价格的上升和市场的扰乱。

二、宋代进口商品专卖制度

在第一章中，我们已经谈到宋朝建立进口商品专卖制度的原因和始末。这里主要讨论列入专卖品的进口商品。

宋朝建立进口商品专卖制度始于太宗太平兴国二年（977年）。[③]开始时，进口商品颇大一部分被列为专卖品：

> 太平兴国七年闰十二月诏：闻在京及诸州府人民或少药物食用，今以下项香药止禁榷广南、漳泉等州船舶上，不得侵越州府界，紊乱条法。如违，依条断遣。其在京并诸处即依旧官场出卖，及许人兴贩。

①《三国志·吴志》卷二《孙权》。

②《五代会要》卷二十八《回鹘》。

③[宋] 曾巩：《元丰类稿》卷四十九；《续资治通鉴长编》卷十八，太平兴国二年三月乙亥。

凡禁榷物八种：玳瑁、牙、犀、宾铁、鼊皮、珊瑚、玛瑙、乳香。放通行药物三十七种：木香、槟榔、石脂、硫黄、大腹、龙脑香、沉香、檀香、丁香、皮桂、胡椒、阿魏、莳萝、荜澄茄、诃子、破故纸、豆蔻花、白豆蔻、硼沙、紫矿、胡芦芭、芦荟、荜拨、益智子、海、海桐皮、缩砂、高良姜、草豆蔻、桂心苗、没药、煎香、安息香、黄熟香、乌樠木、降真香、琥珀。后紫矿亦禁榷。[①]

由此可见，太平兴国二年（977年）进口商品至少有45种被列为专卖品，其中多数是香药。

这条诏令中的少数文字需要稍加分析。第一，"今以下项香药止禁榷广南、漳泉等州船舶上"，"止"，应解为"只"，而不是停止的"止"。这是一个关键。否则后面的话就不好理解了。第二，这条史料出自《宋会要辑稿》，笔者在标点时，将"牙"和"犀"分开了，作为不同的品种，这样一来，继续专卖的商品刚好八种。但同书另一处的记载稍有不同。"民间药石之具，恐或致阙。自今唯珠贝、玳瑁、犀牙、宾铁、鼊皮、玳瑁、玛瑙、乳香禁榷外，他药官市之余，听市货与民。"[②]这里犀牙归为一物，多了"珠贝"。这似乎比较合理。前代王朝一直珍重、早已专卖的珍珠不在继续专卖的名单中，不太正常。

可见，太平兴国二年继续专卖的进口商品减为八种，它们分别是：珠贝、玳瑁、犀牙、宾铁、鼊皮、玳瑁、玛瑙、乳香。这些专卖品只能在"广南、漳泉"的港口买卖，不可越界。应该说，新的专卖制度依然不完善。稳定的专卖品，应该符合市场需求大而稳定这个条件。乳香已经走向民间，有较大的市场价值，作为专卖品是可以的。宾铁是精炼铁，手工业原料，进口量和中国市场需求量似乎都不太大。玳瑁、牙犀、鼊皮、珊瑚、玛瑙等具有奢侈品和手工业原料双重属性。当作为手工业原料时，它们主要供应官手工业，故而市场价值不大，作为专卖品未必理想。

此后不久，专卖制度再度变化：八种专卖品中，大部分不再专卖，除了乳香和犀牙。雍熙四年（987年）六月诏："两浙、漳泉等州，自来贩舶商旅，隐藏违禁香药、犀牙，惧罪未敢将出。与限首陈，官场收买。"[③]此时，进口商品继续专

①《宋会要辑稿·职官》四四之二。

②《宋会要辑稿·职官》四四之一。

③《宋会要辑稿·食货》三六之二。

卖的可能只剩下香药和犀牙了。这条史料中的“香药”是习惯称呼，并不准确。香药涵盖的范围很大，包括太平兴国七年放通行的药物。这里的“香药”指的主要是乳香。

进口商品中乳香专卖延续时间最长，一直持续到南宋后期，在前面已经讨论过了。象牙的专卖延续时间仅次于乳香，大致结束于南宋中期。

我们知道，乳香专卖跟西北边关贸易有关，象牙专卖也有类似关联。北宋初期和中期，西北军费紧张，铜钱不足，官府运去茶盐香等专卖品，用以交换军饷。运送西北边界的进口商品中，香只是一个代表，还有犀角和象牙。现存史料，常是象牙和犀象、象犀或犀牙并称，但有时只提香药、象牙：

> [景德二年三月] 大名府饥，命转运司发仓赈救。时，边城颇乏兵食，有司请下转运司经度。上曰：戎人出境，民初复业，若责成外计，不免役民飞挽，将何以堪之！乃命祠部郎中乐和乘驿与转运使同为规画。还奏请依三司议。有输稿入官者，准便籴粟麦例，给八分缗钱、二分象牙香药。其广信、安肃军，北平寨粟麦，悉以香药博籴。乃诏出内帑香药有利于人者贸易之，以实边备。①
>
> [庆历八年十二月，河北并边入中粮草，改行四说法。] 初，盐铁判官董沔言：太宗时，北伐燕蓟，西讨吴夏；以至真宗朝，二国未和，用兵数十年，然犹帑藏充实者，行三说入中之法耳。今国用不足者，得非废三说之法耶？请依旧行之。于是三司言：自行钱法，榷货务缗钱去年入一百一十九万，出二百七十六万，入少出多，恐无以给。请如 [董] 沔议。而旧法每一百贯支见钱三十贯，香药象牙三十贯，茶引四十贯，至是加以南盐为四说法。②
>
> [元祐五年四月] 户部言：在京香药、象牙、乳香日久，许客人于三路入纳见钱给钞，沿边加饶二分，次边、近里州军并加饶一分，到京算请。从之。③

①《续资治通鉴长编》卷五十九，景德二年三月壬申。

②[宋] 陈均：《九朝编年备要》卷十三《仁宗皇帝》。

③《续资治通鉴长编》卷四四一，元祐五年四月戊申。

由此可见，补充西北军饷的进口商品，包括香药、象牙、犀角，而以前两项为主。象牙作为进口专卖品，维持的时间长度仅次于乳香，因为象牙的用途也比较广，除了市场贸易还是官手工业需求较大的原料。

到了北宋末年，象牙单体重量低于三十斤的，不再专卖。“象牙重及三十斤并乳香，抽外尽官市，盖榷货也。商人有象牙稍大者，必截为三斤以下，规免官市。”①

在南宋，象牙专卖持续时间不长，市场缩小是个原因，跟乳香市场缩小相似。根据绍兴元年（1131年）十一月提举广南路市舶张书言的报告，当时象牙单位重量在五七十斤以上的，全部专卖。②可见象牙专卖还在继续。隆兴二年（1164年），有官员提出，“照得象牙、珠犀比他货至重，乞十分抽一之外，更不博买”。③这个提议，因市舶司对外贸商人诛求无度而起，得到孝宗批准。象牙如果还在专卖，应该是抽解之外，剩余商品全部官市。象牙抽税之后，官府不再博买，说明象牙不再专卖了。因此隆兴二年是象牙专卖结束的时间点。

第三节　进口商品的抽解、官市和市场贸易

抽解一词用在外贸上，指的是征收外贸税，一般由本地和本路主要官员与市舶监官一道进行，“凡船至，帅漕与市舶监官莅阅其货而征之，谓之抽解”。④抽解也称抽税、抽分；有时还包含解送的意思，即抽税并将实物税运送京师。官市指的是官府按规定数量和价格，强制性地向进口商人采购商品，又称博买、和市。

这些词汇在在唐代都已经使用，只是不一定都用于外贸。在唐代外贸中，抽解对应的词是“舶脚”；官市对应的词是“收市”，此外也有官市的说法。唐文宗太和八年（834年）诏令岭南、福建及扬州番客，宜委节度、观察使常加存问。

①［宋］朱彧：《萍洲可谈》卷二。《萍州可谈》写成于徽宗宣和元年（1119）。

②《宋会要辑稿·职官》四四之一三至一四：“大食人使蒲亚里所进大象牙二百九株，大犀三十五株，在广州市舶库收管。缘前件象牙各系五七十斤以上，依市舶条例，每斤价钱二贯六百文，九十四陌，约用本钱五万余贯文省，欲望详酌。如数目稍多，行在难以变转，即乞指挥，起发一半，令本司委官秤估，将一半就便搭息出卖，取钱添同给还蒲亚里本钱。诏令张书言拣选大象牙一百株，并犀二（三？）十五株，起发赴行在，准备解笏造带，宣赐臣僚，余依。”

③《文献通考》卷二十《市籴考》。

④［宋］朱彧：《萍洲可谈》卷二。

除舶脚、收市、进奉外，任其来往流通，自为交易。[①]唐太宗时，官府在国内采购商货，已有“官市”的说法。[②]

一、抽解

宋朝大部分时候以实物形式征收外贸税，南宋后期进口税出现征收货币而非实物的现象。

抽解一般由地方军政、财政长官与市舶司官员共同进行。抽解对象为商船上所有用于贸易的物品；贡船上贡品之外的商货。抽解方式前后有过一些变化。

宋初一般不作贵细、粗重分类，笼统收税，此时的实际税率高下差别很大。仁宗庆历年间（1041—1048年）外贸税制逐渐有所变化，表现为贵细和粗重的商品被按照不同的税率分别征税。这期间王丝任广南东路转运按察使，兼本路安抚、提举市舶司时，面对“凡蕃货之来，十税其一，必择其精者，夷人苦之”的故习，令抽解官员“精粗兼取”，大大减轻了外贸商人的纳税负担，“夷人大悦，谓之曰金珠御史，意贵之也”[③]。在北宋中期的广州，进口商品分细色、粗色两类，分别按一定比例抽解的做法已经制度化。[④]

宋代进口商品税率多为10%至20%，以什一之税居多。这一税率与国内商税税率相近。太宗太平兴国（976—983年）初，“海船至，十先征其一”。淳化二年（991年），“始立抽解二分”。仁宗（1023—1063年）时，税率又降至10%。以后税率一般在这个幅度内摆动，只有少数时候例外。南宋高宗绍兴十四年（1144年），丁香、沈香、龙脑、白豆蔻等四种香药的税率一度高达40%，但三年以后便被“十分抽一”的税率所取代。[⑤]

税收形式既有实物税，也有货币税。名副其实的“抽”税，即征收实物税，是简单地取走部分货物。南宋宁宗、理宗时（1195—1264年），明州的做法是：抽解时，各人物货分作十五份，舶务抽一份，运送京师。[⑥]有的时候则征货币税。

---

①《全唐文》卷七十五《文宗·太和八年疾愈德音》：“其岭南、福建及扬州蕃客，宜委节度观察使常加存问，除舶脚、收市、进奉外，任其来往通流，自为交易，不得重加率税。”

②《新唐书》卷十三《孙伏伽传》。

③[宋]范仲淹：《范文正集》卷十四《王君（丝）墓表》。

④[宋]朱彧：《萍洲可谈》卷二载，抽解物货以十分为率，细色抽一分，粗色抽三分。朱彧之父朱服绍圣间任广州帅守，此书多述朱服在广时期的见闻。可见进口商品分粗、细色抽解在绍圣以前就已实行。

⑤《建炎以来系年要录》卷一五六，绍兴十七年十一月；《文献通考》卷六十二。

⑥[宋]罗浚：《宝庆四明志》卷六。

南宋孝宗朝的一份奏章回顾北宋中期的税收情况指出，“旧法抽解既有定数，又宽期纳税，使之待价。此招致之方也。迩来州郡官吏趣办抽解之外，又多名色，兼迫其输纳。货滞则减价求售，所得无几。恐商旅自此不行”[①]。一般来说，实物税可以很快缴纳，而货币税则要商人出卖商品，获得现金后才有缴纳的条件。北宋中期离上奏者生活的时代隔着近百个春夏秋冬，那时采用过货币税的以及何在，为何我们看不到类似的记载，都是疑问。但上奏者对于自己所处时代的描述，就比较可信了。征税者催逼商人缴税，“迫其输纳”；纳税者为应付官府的督迫，不得不在商品滞销时，降价出卖进口商品，“货滞则减价求售”。这时官府显然是在征收货币税。

前面谈的是进口税。宋代史籍关于出口税的记载甚少，目前所见仅有元丰年间（1078—1085年）铜钱出口要缴纳5%出口税的记录。[②]看来，宋代尚无全面征收出口税的制度。出口货物在运输销售环节已收过税和住税，在出海这个最后环节一般就不再收税了。

二、官市

官市是一种官府购买行为，由官府规定数量和价格，强制性地向进口商人购物。一般说来，官市不受商人欢迎：官府定价较低，官府应支付的价钱又不一定付给货币，常以其他货物抵充。用其他商货来抵充称为“折支”，那些商货未必是商人所需要的，且价格亦未必合宜。因而官市往往使商人遭受几重损失。正如宋人朱彧所说：“凡官市价微，又准他货与之，多折阅，故商人病之。”[③]另外，官府通过官市得到商品后，时常不及时偿付钱物。南宋以后，市舶司经常缺乏本钱，这类问题尤其突出。就官府而言，通过损人利己的方式官市到物美价廉的进口商品，本来是有利的，但官府和官商固有的运作成本高、效率低，经营死板等弱点，决定了官市成本依然高企，数量不能不有所限制。宋代外贸比较务实，官市数量时高时低，不断调整，并逐渐向官府需求大和销路广的物品倾斜。前者的典型是象牙，后者的典型是乳香。

①《宋会要辑稿·职官》四四之二七。

②《续资治通鉴长编》卷三五九，元丰八年九月乙巳：“资政殿学士韩维奏：钱币阑出边关，则足以资敌国。旧法为禁甚严，今每贯税钱五十文，恣听其出中国。”

③［宋］朱彧：《萍洲可谈》卷二。

宋太宗在位前期，进口商品除抽解外，全部官市："太平兴国初，京师置榷易院。乃诏：诸蕃国香药宝货至广州、交趾、泉州、两浙，非出于官库者，不得私相市易。"[①]官府垄断所有进口商品，需要的人只能从官府处购买。若内地商人擅自与进口商交易，"计其直满一百文以上，量科其罪；过十五千以上，黥面配海岛；过此数者，押送赴阙；妇人犯者，配充针工"[②]。这是太平兴国元年（976年）五月颁布的诏令。在此之前，宋朝对进口商品的垄断从来没有这样严格过。那时，进口商品的抽买制度尚未确立，宋朝还不知如何有效地利用这些东西。虽然外国犀象、香药"充牣京师"[③]，仍然有不少进口商品散落民间，这才有后来的"禁止私贮香药犀牙"之令。而且，民间拥有的进口商品数量颇大。为落实太平兴国元年（976年）的诏令，第二年朝廷又指示：各地"纲运并客旅见在香药犀牙，与限五十日；行铺与限一百日，令取便货卖。如限满破货不尽，即令于逐处中卖入官"[④]。至少需要50至100天才能卖完的东西，数量当然不会小。可见太宗即位初年是赵宋立国后进口商品官买数量最大、垄断最严的时期。这种现象的产生，既与当时削弱地方势力，加强中央集权的强干弱枝政策相适应，又与宋初经营管理外贸经验不足有关，而直接原因是京师刚刚设置了榷易院，宋政府希望向榷易院提供更多货源以便获得更多专卖收入，"以济国用"。[⑤]

那么，全部收买、严格垄断进口商品的时期究竟有多长呢？太宗淳化二年（991年）四月的一道诏令写道："广州市舶，每岁商人舶船，官尽增常价买之，良苦相杂，官益少利。自今除禁榷货外，他货择良者，止市其半，如时价给之。粗恶者恣其卖勿禁。"[⑥]至此，广州进口商品全部官市的时期结束。进口商品全部官市制度，从太平兴国元年起，到淳化二年（991年）止，共维持15年。

继之而来的，是按一定比例官市进口商品的制度。起初，法定的官市比重仍大。上引淳化二年诏令"除禁榷外，他货择良者，止市其半"。禁榷品物贵价高，全部官市份量已属不轻；非禁榷物中择其良又官市其半，官市比重必定远远高于

①《宋会要辑稿·职官》四四之一。

②《宋会要辑稿·职官》四四之一至二。

③《宋会要辑稿补编》第663页。

④《宋会要辑稿·食货》三六之一。

⑤《续资治通鉴长编》卷十八，太平兴国二年三月。

⑥《宋会要辑稿·职官》四四之二。

全部物价的50%。

到仁宗时，进口商品官市制度又有所改更。推动这次改更的主要原因看来是仁宗初年京师舶货的严重积压和亏本。仁宗天圣元年（1023年），京师舶货严重积压，香药、象牙等物的京师价格下跌了50%。进口商品推销不去的信息立刻反馈到外贸港口，没过多久广州外贸市场出现严重萧条。[①]于是仁宗采取降低进口商品官市比重的对策，"诏抗、明、广三州置市舶司，海舶至者，视所载十算其一而市其三"。[②]官市比例有了较明确的界定，数量比淳化年间（990—994年）有所减少。[③]

这以后，官市数量和比例史无确载。但从史籍零星记载看，有如下几点变化。

其一是进口商品官市数量逐渐减少。北宋中后期，真珠、龙脑、玳瑁等也渐渐不必全部官市，"真珠、龙脑凡细色抽一分，玳瑁、苏木凡粗色抽三分，抽外官市各有差，然后商人得为己物"。[④]只有乳香及每条重量超过三十斤的象牙由官府全部抽买。

其二是官市重点逐渐放在价格昂贵的"细色"上。南宋隆兴二年（1164年）八月，两浙市舶司的一份奏章得到皇帝批准实行。这份奏章指出：官府在征收进口税之后，曾"择其良者，谓如犀象十分抽二分，又博买四分；真珠十分抽解一分，又博买六分之类。舶户俱抽买数多，所贩止是粗色杂货。照得象牙、珠犀系细色，抽买比他货至重，非所以来远人。欲乞十分抽一分，更不博买"[⑤]。这里明确指出象牙、珠犀等细色抽买比他货为重。这是细色物轻价重，好销易贩、利润高的缘故。各地市舶司的做法不尽相同，但大同小异。

其三，与太宗在位前期，进口商品经抽解后全部官市正相反，史籍多处提到南宋只抽解而不官市进口商品的情况。前面所引进口商品"十分抽一，更不博买"的建议，就得到孝宗的批准。在宁宗朝，明州地方官胡榘说，他自从来到明州以后，深知征税和官市制度"重困舶商"的弊害，因而"镂榜沿海招诱，明谕以本府断不和买分文。抽解上供之外，即行给还"。[⑥]宋朝条例，抽解和买到的进

---

①《宋会要辑稿·食货》四六之一：五年后，官员苏寿上言，"近年少有泊船到广州"

②《文献通考》卷二十《市籴考》。

③《宋史》卷一八六《食货志》："官市货数，视淳化则微有所损"。

④［宋］朱彧：《萍洲可谈》卷二。

⑤《宋会要辑稿·职官》四四之二七。

⑥［宋］罗浚：《宝庆四明志》卷六《郡志》。

口商品多数归属中央，地方官无权决定买与不买。胡椝的做法事先得到了中央的认可。南宋偏安江南，赋税收入锐减，外贸收入便更形重要。各市舶司都摊到一定数量的“岁课”，作为官员考绩的依据，因而都设法招诱舶商，包括减少及取消官市。明州取消了官市，泉州、广州官市条例或早或晚也会出现相应调整。

从上述几项变化中，我们可以看出，进口商品官市比例有所下降。下降幅度虽不很大，但官市比重的法定标准低于太宗淳化二年（991 年）及仁宗朝时的指标，则毫无疑问。

三、市场贸易

进口商品市场贸易分作两类，一类是商民之间的贸易，一类是官府与商民之间根据市场价格进行的交易。

商民之间的贸易存在于商贩之间和商人、消费者之间。在广州的内地商贩包括坐贾和行商。坐贾，即“行铺”，类似今天兼营批发和零售业务的商家。他们往往居住广州，得地利之便，既熟悉从事远洋贩运的中外商人，又与内地行商有联系。进口商品经抽买之后进入市场，多数落入其手，再由他们分发给行商及其他中小商贩。坐贾的对称是行商，即从事长途贩运的商人，以外地商贩为主。在广州，坐贾与行商构成民间贸易的主体。

官民之间的市场贸易。在宋代大部分时间里，官府将抽买到的进口商品中的一部分运往汴京开封或行在临安，另一部分留在本地发卖。有时商人可执政府发给的凭证取货，也可以用现金购买商品，于是构成官府与商民之间的贸易。这种贸易与官市不同，一般说来是非强制性的，以市场价格为准进行交易。但官府掌握很大权力，又有很强的充实财库的动机，商人的利益从未受到必要保护，此类市场贸易中价格扭曲的可能性，完全可以想见。

四、抽解、官市与市场贸易的关系

港口所在地进口商品市场上，抽解与官市占主导地位。在外贸总额一定的条件下，官府抽买比重的大小，决定了外贸港口所在地进口商品市场贸易的规模。抽买比重越大，而且大量运送京师，市场贸易规模就会相应缩小。宋太宗在位的最初十五年间，因内地商贩与进口商之间不准直接贸易，官营贸易大为扩张，而合法的民间贸易则严重萎缩。

官府与民间的贸易，跟官运舶货数量成反比关系。舶货运走比重越大，官民贸易就越受限制，越不景气。类似情况在宋代还有过一次：

> 闽广市舶，旧法置场抽解，分为粗细二色般运入京。其余粗重难起发之物，本州打套出卖。自大观以来，乃置库收受，务广帑藏，张大数目，其弊非一。旧系细色纲，只是真珠、龙脑之类，每一纲五千两。其余如犀牙、紫矿、乳香、檀香之类，尽系粗色纲，每纲一万斤。凡起一纲，差衙前一名管押，支脚乘赡家钱约计一百余贯。大观已后，犀牙，紫矿之类皆变作细色。则是旧日一纲分为三十二纲，多费官中脚乘、赡家钱三千余贯。乞将前项抽解粗色并令本州依时价打套出卖，尽作见钱椿管。许诸客人就行在中纳见钱，执兑便关子前来本州支请。[①]

由此可见，在徽宗大观（1107—1110年）以前的一段时期及高宗建炎元年（1127年）以后的一段时期，广州和泉州的市场贸易比较正常。官中抽解到的进口商品在官运汴京或行在以后，尚余部分粗重之物留州发卖。但在大观至建炎元年之间，官运数量大增，两地市场贸易严重萎缩。李心传在《建炎以来系年要录》中，也明确指出这段时间闽广市舶司抽解到的物货被全部运往汴京，“旧制，闽广市舶司拍解物货，以其贵细者计纲上京，余本州打套出卖，大观后始尽”[②]。市舶司抽解到的物货基本上属朝廷所有。这些货物即便在本州出卖，也是官府与商民之间的贸易，真正的民间贸易被压缩，空间很小。

但就整个宋代来说，北宋太宗和徽宗时期，民间贸易受到挤压属于少数的例外，多数时候，民间贸易在排除了专卖品和官市商货之后，货源还算充足，进展顺利。

---

①《宋会要辑稿·职官》四四之一一至一二。

②《建炎以来系年要录》卷十，建炎元年十月。

第六章
远洋船舶和外国商使管理制度

宋朝海上丝绸之路繁荣的一个重要标志是商品和人员流动骤增。在此之前，受限于造船和航海技术，支撑中外海上贸易的主要是外国商船，包括早先的印度和后来的阿拉伯船舶。到了宋代，在外国商船继续大批抵达中国海岸的同时，中国商船也越来越多地驶出国门，满载货物，远涉重洋。中国商船大批加入远洋贸易，为中外商品交流和生产注入了新的活力。为适应新形势，宋王朝着手制定政策法规，专门管理远洋船舶和中外商人。

第一节　管理机构与管理者

与远洋船舶和外国商使管理有关的机构，包括中央有关机构、港口所在地官府和市舶司。中央机构有三司（户部）、客省、鸿胪寺等；地方官府主要是转运司和州县镇官府。这里主要讨论地方机构和市舶司的管理与职权。

宋朝建立了市舶司，管理和经营市舶贸易。但管理远洋船舶和外国商使，地方和中央行政系统起主导作用，市舶司只是充当配合的角色。

一、市舶司

（一）船舶出入口管理

中国商船出入海港，需要领取许可证“公凭”“公据”，航海贸易结束之后要把公凭、公据交还官府。在有市舶司的港口，发放和回收出海许可证的机构就是市舶司。太宗端拱二年（989年）五月，朝廷规定，“商人出海外蕃国贩易者，令并诣两浙司市舶司，请给官券，违者没入其宝货”。[①]“请官给券”就是申请出海许可证。由此可知，市舶司在北宋初期就有这个任务。北宋中后期汇编的皇帝敕令《元祐编敕》记载：商人前往海外国家贸易商品，要回到法律允许发放远洋贸易船舶的港口，“候回日，许于合发舶州住舶，公据纳市舶司。即不请公据而擅行，或乘船自海道入界河及往新罗、登莱州界者，徒二年，五百里编管”。[②]这条史料显示，外贸商船要向市舶司申请和回纳出海许可证，要在设置了市舶司的港口出入。

船舶出入港口时，检查是否夹带违禁物品，也是市舶司参与的工作。北宋中期，曾经出任三司使的大臣张方平说：《嘉祐编敕》规定，“商客、蕃客往南蕃者，听逐人各带路费钱五百文。过此数者，许诸色人陈告。犯人依杂禁条将铜钱出中国界刑名施行，蕃人禁奏取旨。其钱尽数给告人充赏，仍委市舶司并缘海州军常切点检。”[③]

船舶前往海外国家和其他港口，防卫武器由市舶司提供。崇宁三年（1104年）朝廷的一道命令显示，市舶司不仅发放商船出海通行证、查禁船舶夹带违禁品，就连船舶前往海外国家和国内其他港口所需的防卫武器也由市舶司提供。“凡海船欲至福建、两浙贩易者，广南舶司给防船兵仗，如诣诸国法。”[④]当然船舶回返后，不仅出海许可证要回纳，自卫武器装备也要交还给市舶司。

（二）外国商使管理

市舶司也负责外国商使的管理。

外国商使违法或者他们之间、他们与华人之间发生争执斗殴，市舶司官员要出面解决。徽宗初期，王涣之出知广州。“蕃客杀奴，市舶使据旧比，止送其长杖笞。涣之不可，论如法。”[⑤]王焕之作为广州知州，并不了解相关法律的规定。市舶使的处置有法律依据。宋律，即《宋刑统》，多数内容来自《唐律》。《唐律》和《宋刑统》都规定外国人相犯，用本国法。这里被杀的奴和杀他的“蕃客”看

①《宋会要辑稿·职官》四四之二,《宋史》卷一八六《食货志·互市舶法》

②[宋]苏轼:《东坡全集》卷五十八《乞禁商旅过外国状》。

③[宋]张方平:《乐全集》卷二十六《嘉祐编敕（庆历以前编敕并同）》。

④《宋史》卷一八六《食货志·互市舶法》

⑤《宋史》卷三四七《王涣之传》。

来属于同一个国家，市舶使把杀奴蕃客交给其首领处理，符合法律规定。但此时的市舶使，地位比较低，他的意见被不懂法的知州否定了。

市舶司还有保存外国客商遗物的责任。政和四年（1114年）五月十八日，“诏诸国蕃客到中国居住已经五世，其财产依海行无合承分人，及不经遗嘱者，并依户绝法，仍入市舶司拘管”。①

二、转运司等地方官府

（一）船舶出入口管理

中外商船出入海港，所在路分转运司担负主要的管理责任。转运使是本路主管财赋的最高级官员，负责远洋船舶出入的行政管理，责无旁贷。港口所在地，如所在州或者县镇，当地军政长官也有管理责任。

熙宁六年（1073年）十月，明州报告高丽使者入贡。神宗指示，由本路转运使出面迎接，引伴礼宾官员和知州察访到访者的身份。②可见当时本路转运司是远洋船舶出入港口的主要管理者，港口所在地知州的作用是辅助性的。

元丰三年（1080年）八月，“中书言：《广州市舶条》已修定，乞专委官推行。诏广东以转运副使孙迥，广西以转运使陈倩，两浙以转运副使周直孺，福建以转运判官王子京。迥、直孺兼提举推行，倩、子京兼觉察拘阑。其广南东路安抚使更不带市舶”。③《广州市舶条》是关于商船出入港口的条例。此前在广南东路，远洋商船出入港口，管理者包括转运司长官和广州知州。知广州同时又是本路最高军政长官经略安抚使。因此，这时的广州，中外远洋船舶由本路最高军政和财赋官员共同管理。但在此后，出入广州、明州等地的远洋商船更多地由转运司负责；而未设市舶司的路分，中外贸易船舶统归本路转运司和所在地官府负责。

（二）外国商使管理

港口所在地，知州和转运使都有管理外国商使的责任。

大中祥符二年（1009年）十一月，因前不久招徕海外国家来华朝贡贸易，

①《宋会要辑稿·职官》四四之九至一〇。

②《续资治通鉴长编》卷二四七，熙宁六年十月壬辰：“本州岛岛遣谙识海道人接引，转运司委官用新式迎劳……又诏引伴礼宾副使王谨初等，与知明州李綖，访进奉入贡三节人中，有无燕人以闻。”

③《续资治通鉴长编》卷三〇七，元丰三年八月丁巳。

外商大批来到广州。真宗指示知广州马亮制定外国商使管理条例《蕃商犯罪决罚条》。[1]此时知广州既是广南东路最高军政长官，还兼任市舶使。马亮应该是以本路最高军政长官和广州知州的身份制定外国商使管理条例。

景祐二年（1035年）十月，前任广南东路转运使郑载上奏说：广州每年多有蕃客带妻儿过广州居住，建议今后禁止广州出售物业给这些外国商人。仁宗诏令广州知州任中师与转运使考虑这个建议，然后上报。[2]此事说明不仅知州，转运司也参与本路外国商使管理。

市舶司也管理所在地外国商使。在市舶司因故撤销后，有关职责全由本路转运司和港口所在地官府接掌。

第二节　商船出入港口的程序

一、商船出入港口的程序

远洋商船出口程序。远洋商船从港口出发，驶向大海之前，必须履行的手续有：商人要为自己的船舶申请和领取出海许可证；出海之日，市舶司官员、地方官员和驻军登船检查船舶，察看船舶有无装载违禁物品，部分官员要逗留在船上，直至船舶送至出海口。出海之前外国使者和中外航海商人一般都有机会参加地方主要官员举办的饯行宴会。

远洋商船入口程序。远洋船舶进入中国国境，边防官兵承担接待和护航任务，直至内港远洋船舶停泊地为止；船舶到达停泊处后，市舶司官员要把船上的货物封存起来，并收回出海许可证；[3]船上的货物和人员要接受市舶司和其他官司的检查。

二、出海许可证的申请和领取

出海之前，中国商船必须申请和领取出海许可证。许可证有“公据”“公

①《续资治通鉴长编》卷七十二，大中祥符二年十一月：“广州蕃商凑集，遣内侍赵敦信驰驿抚问犒设之。即诏知州马亮等定《蕃商犯罪决罚条》。亮等请应大舶主及因进奉曾受朝命者，有罪，责保奏裁。自余悉论如律。”

②《宋会要辑稿·刑法》二之二一。

③《宋会要辑稿》职官四四之一。

凭”“文凭”等多种称呼，有时则笼统地称为“官券”。宋代申请和领取出海许可证的有关规定见于北宋初的史料。端拱二年（989年）五月，朝廷命令：“自今商旅出海外蕃国贩易者，须于两浙市舶司陈牒，请官给券以行。违者没入其宝货。”[①]这是目前可见宋朝最早的外贸商船出入管理法规。虽然这条史料的内容有些问题，可能是因为传抄时出现了错漏，但商船出海要申请许可证则是确切无疑的。人员出入境要申请许可证是中国早已有之的古老传统。

宋代一般的要求是：许可证申请者必须将人、船、货物的名称和数目，准备前往哪个国家等情况和航海贸易计划详细开列出来，请本地三名有财力的人出面担保，送交所在州府。朝廷的规定和禁令主要有：带出境外的粮食不得超过规定数量，不得偷运各类禁物，包括兵器及可造兵器的材料，不得夹杂不许出境的人员，不得前往朝廷禁止出入的国家，不得在海外逗留超时等。

南宋时，官方对外贸船舶携带米粮数量做出了限制。嘉定十年（1217年），朝廷决定：远洋贸易船舶运载的米粮，按照在船人口整个航行期间所需数量装船，“不得过数般贩入番”。[②]

南宋官府明确规定，船舶在海外不得超过一年。[③]如果遵守法律规定，则船舶只能以一年为限计算带出粮食的数量，那么守法的中国商船就只能困守在东亚、东南亚一带，不能走远。受季候风的制约，跨越马六甲海峡继续向西航行的船舶，在海外至少必须跨越两年，不可能当年往返，“故临国与大食国相迩，广舶四十日到蓝里住冬，次年再发舶，一月始达”。[④]故临国故地在今印度西南沿岸奎隆一带。蓝里位于苏门答腊西北端班达亚齐，扼孟加拉国国与马六甲水道相交处，再往西就是印度洋了。广州是中国距离蓝里最近的主要外贸港口。中国商船乘东北季风到达蓝里后，在那里过冬。如果继续西行，就要等到第二年同样的东北季风时节。船舶在海外不得超过一年和不得过数携带米粮的规定，使蓝里成为一条中国商船不再向西行驶的天然界限，中国商船要在到达印度洋之前停止航行。这是一条绳索，把中国商船限制在南海区域内，拖住了中国古代航海业前行的步伐，削弱了中国的海外竞争力。

①《宋会要辑稿》职官四四之二。

②《宋会要辑稿·食货》三八之四三至四四。

③《文献通考》卷二十《市籴考》。

④周去非：《岭外代答》卷二《故临国》。

相比之下，禁止船舶携带兵器的负面作用可能更大。航海贸易风险极大，人为的风险为其一，不可低估。宋朝曾一再发布禁止携带武器出海的法令。元祐五年（1090年），朝廷批准刑部的如下建议："贾人由海道往外蕃，请令以贾物名数，并所诣之地报所在州召保，毋得参带兵器或违禁及可造兵器物。"①崇宁四年（1105年），李充出海"公凭"列出的"防船家事"只有"锣一面、鼓一面、旗五口"。锣、鼓、旗的作用主要是报警，"给锣、鼓、旗物，遇袭逐盗贼，递相击发应接"。②但锣鼓和旗帜没有一件是可用于自卫的武器。茫茫无际的大海，防卫单弱的商船，如遇海盗它们能指望什么来自卫，又能指望谁来解救？朱彧说："每舶大者数百人，小者百余人...商人言：船大人众则敢往。海外多盗贼，且掠非诣其国者。如请占城公据而误入真腊，则尽没其舶货，缚北人卖之。"③这是中国海外贸易商船遇到的真实困境。我们再来看看海盗的武装。南宋初年，中国沿海一带海盗横行，官府设法进行招安。接受招安的王先，有海船二只，船面阔一丈七尺，在船首领以下147人。船内有纸甲110副，枪刀、弓弩、旗鼓等军器1568件。④在这样的对手面前，没有防卫武器的商船犹如捆住四蹄的羔羊，没有自卫和反抗能力，只能任人宰割。

宋朝对外政策相当平和友善，跟海路交往国家的关系一般都比较好，但统治者心底里的防范意识却相当强，人员出入境政策就是一个例证。宋朝不许出境的人员包括有犯罪记录的人、参加科举达到"解试"程度的人，以及州县学校在读的学生等；⑤中国人随外蕃进奉使出境也不允许；⑥不许前往的国家主要是敌对国，以及因某些原因使宋朝担心可能对本国安全构成威胁的国家。宋朝对文化人出境的禁限，一是担心他们为外国，特别是敌国所用，成为他们的谋臣策士，做出对自己不利的事；二是不希望他们把国内情况介绍出去，让对方了解自己，对付自己。这跟法律禁止当朝史书和时政类书籍出口海外国家的动机是一致的。

有时朝廷出于安全的考虑，会对某些商船的出海条件做出特别严格的规定。

---

①《文献通考》卷二十《市籴考》。

②《续资治通鉴长编》卷二四六，熙宁六年七月甲辰。

③朱彧：《萍洲可谈》卷二。

④洪适：《盘洲文集》卷四十二《招安海贼·第二札子》。

⑤《宋会要辑稿》刑法二之五七。

⑥《续资治通鉴长编》卷五十六，景德元年五月。

元丰二年（1079年），明州对前往高丽贸易的中国商人提出三项要求，一是有相当的财力，“财本及五千缗以上者”；二是每年发船以两艘为限，“岁许出引发船二只往交易非违禁物”；第三，次年必须回国，不得延后。[①]绍圣元年（1094年），前往高丽的中国商人的财力门槛，被提高到三千万贯。[②]

商人所在州官府查明申请者开列的情况属实后，出具文书移送办理商船出海手续的官府。对方接到官方文书，便可向远洋贸易商人发放许可证。外国船舶离港手续比较简单，但港口所在地官府的批准同样不可或缺。

宋朝发放给商人到海外经营贸易的许可证，称“公凭”“公据”或“公验”等。公凭的原件在中国早已无踪无影，而在日本史籍里却还保存了一份北宋末年发放的“公凭”：[③]

公凭

提举两浙路市舶司

据泉州客人李充状，今将自己船壹只，请集水手，欲往日本国，转买回货，经赴明州市舶务抽解，乞出给公验前去者。

一、人船货物

自己船壹只

纲首　李充　稍工　林养　杂事　庄权

部领　吴弟

第一甲　梁留　蔡依　唐佑　陈富　林和　郡（？）滕　阮佑　杨元　陈从　住（？）珠　顾冉　王进郭宜　阮昌　林旺　黄生　强宰　关从　送（？）满　陈裕

第二甲　左直　吴凑　陈贵　李成　翁生　陈珠　陈德　陈新　蔡原　陈志　顾章　张太　吴太　河来朱有　陈光　林弟　李凑

①《续资治通鉴长编》卷二九六，元丰二年正月。

②《宋会要辑稿·食货》三八之三三-三四。

③这份“公凭”原载（日本）《朝野群载》卷二十《大宰府附异国大宋商客事》，三善为康辑。此处由森克己《日宋贸易の研究》转引，原文颇有错讹，如“追理”作“近理”，“前项”作“前须”等。对这样一些明显的错误，已加改正，还有一些地方，意义不很清楚，暂保留原状。转引自：陈高华、吴泰：《宋元时期的海外贸易》，天津人民出版社，1981，第75—78页。

杨小　彭事　陈钦　张五　小陈珠　陈海　林弟

第三甲　唐才　林太　阳光　陈养　林太　陈荣　林定　林进　张泰　萨有　张武　林泰　小陈贵　王有　林念　生荣　王德　唐兴　王春

物货

象眼肆拾匹　生绢拾匹　白绫贰拾匹　瓮垸贰百床　瓮堞壹百床。

一、防船家事　锣一面　鼓一面　旗五口

一、右刻本州物力户　郑裕　郑敦仁　陈佑三人委保

一、本州令　给杖壹条　印壹颗

一、今检坐 敕条下项：

诸商贾于海道兴贩，经州投状，州为验实，条送愿发舶州，置簿抄上，仍给公据，方听行，或乘船自海道如界河，及往登、莱州界者徒二年，往大辽者徒三年，仍奏裁。并许人告捕，给船物半价充赏（内不请公据未行者，减擅行之半。其已行者，给赏外，船物仍给官）。其余在船人虽非船物主，各杖八十以上，保人并减犯人三等。

勘会：旧市舶法，商客前虽许至三佛齐等处，至于高丽、日本、大食诸蕃，皆有法禁不许。缘诸蕃国远隔大海，岂能窥伺中国，虽有法禁，亦不能断绝，不免冒法私去。今欲除北界、交趾外，其余诸蕃国未尝为中国害者，并许前去，惟不许兴贩兵甲、器杖，及将带女口、奸细并逃亡军人。如违，应一行所有之物并没官，仍检所出引内外明声说。

勘会：诸蕃舶州商客，愿往诸国者，官为检校所去之物，及一行人口之数，所诣诸国，给与引牒，付次捺印。其随船防盗之具，兵器之数，并置历抄上，俟回日照点，不得少欠。如有损坏散失，亦须具有照验一船人保明文状，方得免罪。

勘会：商贩人前去诸国，并不得妄称作奉使名目，及妄作表章、妄有称呼，并共以商贩为名。如合行移文字，只依陈诉，州具体例，具状陈述。如蕃商有愿随船来宋国者，听从便。诸商贾贩诸蕃间（贩海南州人，及海南州贩人贩到同），应抽买辄隐避者（谓曲避作匿，托

故易名，前期传送，私自赁易之类），纲首、杂事、部领、稍（梢?）工（令亲戚管押同）各徒二年，配本城。即雇募人管押，而所顾募人倩人避免，及所倩人，准比邻州编管。若领停藏、负载交易，并贩客减一等。余人又减二等。蕃国人不坐。即在船人私自犯，准纲法坐之。纲首、部领、稍工、同保人不觉者，杖一伯以上，船物（不分纲首、余人及蕃国人，一人有犯，同住人虽不知情，及余人知情并准此）给赏外，并没官（不知情者以己物叁分没官）。诸海商舶货避抽买舶物应没官而且货易转卖者，计直于犯人名下追理。不足，同保人备偿。即应以船物给赏，而同于令转买者，转买如法。诸商贾由海道贩诸蕃者，海南州县曲于非元发舶州（住）舶者，抽买讫，报元发州，验实销籍。诸海商冒越至所禁国者，徒三年，配千里。即冒至所禁州者，徒二年，配五百里。若不请公验物籍者，行者徒一年，邻州编管即买易物货而辄不注籍者，杖一伯，同保人减一等。

钱帛案手分供　在判　注　在判　押案宜　在判　厉　在判　勾抽所供　在判

孔目所验　在判　权都勾当　在判　都孔目所在判

右出给公凭，副纲首李充收执，禀前项敕牒指挥，前去日本国，经他（?）回（国），赴本州市舶务抽解，不得隐匿透越。如违即当依法根治施行。

崇宁四年六月日给

朝奉郎通判明州军州管勾学事谢　在判

宣德郎权发遣明州军州管勾学事提举市舶彭　在判

宣德郎权发遣提举市易兼提举市舶徐

承议郎权提举市舶郎

三、船舶出海的规定及变化

船舶出海之前，一般都停留在安全可靠、人员上下、货物装卸都方便的港湾。为保证出海船舶不夹带禁止出入的人员和物品，地方官府要在两个方面把关。

第一，出海之前的检查。商船出海之前必须经过的程序，一是出海许可证的检查确认，“巡警官司必看验公凭方许放行”。[①]二是地方官府和市舶司官员登船查验，确保船舶没有夹带违禁人员和物品。

第二，船舶离开港口到驶向大洋之间航路上的跟踪检查。以广州为例，商船从广州港所在地黄埔出发，要经过狭长弯曲的河道。这条河道浅滩多，水流急，通航环境复杂，航行时间颇长。现在这条河道长67海里，单程航行大约需要6小时。[②]在宋代，河道比现在宽阔得多，但由于当时的航海和造船技术还比较落后，相对而言，船舶航行面对的困难会比较大，航行时间会更长些。在这个过程中，有的商人可能会趁便中途装卸违禁人员和物品。为防范这种情况，地方官府就加派官员、军兵随船前往珠江口，直到船舶驶向深阔大洋才离去。

在绍兴十一年（1141年）以前的一个时期，各路转运司会派一名官员，临时登上出发前的船舶进行检查。检查内容包括：船上商品、用品、武器和人员等。接着又有一名与市舶司没有业务关系的官员，再次检查船舶。此人要留在船上，直至船舶驶至海口、即将进入大洋时，方才离船。绍兴十一年以后，检查船舶的官员仍为二人，分别称为“点检官”与“覆视官”。覆视官也必须留在船上，直至船舶即将驶入大海。[③]与往日不同的是，点检官必须是转运司差出的，本人职务与外贸没有关系的官员，前此并无此类限制；覆视官要求由不兼管市舶司事务的通判充当。前此虽然要求由本人职务与外贸没有关系的官员再次检查船舶，但没有指定必须是通判。上述改变是船舶出境管理制度趋于严密的表现。

绍兴十一年是商船出口管理进一步加强的时期，但不是最严厉的时期。约在淳熙二年（1175年）前后，防止铜钱外流成为更加紧迫的任务，有些武职官员也要随船出发，直到船舶进入大海为止，“凡舶船之方发也，官必点视，及遣巡捕官监送放洋”。[④]

船舶出海程序需要执法人员的尽职尽责，没有后一个条件，最严密的程序也于事无补，何况任何程序都不可能滴水不漏。南宋是铜钱外流较严重的时期，也是官府防范铜钱外流较严格的时期，但防范的效果并不好。包恢曾谈及日本商船

①《宋会要辑稿·食货》三八之四三—四四。

②周汉鹏：《浅析广州港口发展的制约因素》，《水路运输文摘》2003年第1期。一说为“航道全长83nmile.”见汪伟：《船舶在广州港水域的安全追越》，《航海技术》2003年第4期。

③《宋会要辑稿》职官四四之二三。

④《文献通考》卷九《钱币考》。

贩运铜钱的情形：

虽曰其归也，差官检空，然后通放，然此亦一具文耳。盖非特官吏不廉不公，例有所受而不从实检放也，亦以倭船高大深广，人以百计。归船视来时尤重，盖船底莫非钱也。检空官一过其上，一望而退，岂尝知其内之所藏，为数浩瀚。况又其计奸诡，先是逐时积得现钱，或寄之海中人家，或埋之海山险处，或预以小舟搬载，前去州岸已五七十里，候检空讫，然后到前洋各处，逐旋搬入船内，安然而去。又或者其归船撑去，隔二三十里，所差官检空不及，亦只得应故事，姑听其元来尝检者有之。此漏泄之所以不可得而禁也。①

四、船舶入港的规定

（一）关于外国朝贡船舶的规定

宋朝要求外国朝贡船舶入港时，持有本国政府的正式文件“表章”。天圣四年（1026年）十月，明州地方官报告：日本国太宰府遣人来贡方物而不持本国表章。朝廷明确表示不欢迎。②但这类规定并不固定。出于政治外交的考虑，朝廷有时明知来者并非某个国家的官方代表，不过是普通商人，也以外国官使的规格接待。

外国朝贡船舶入港地点相对固定，东南亚及其以西国家的官船一般由广州港出入。高丽算是个例外：高丽贡使的出入地点，在北宋大体以熙宁二年（1069年）为界，此前由登州出入，此后经明州往来。③

（二）关于中国商船的规定

对于中国本土商船，朝廷的一般要求是从哪里出海，就在哪里返回。但有时因故打破惯例，不久便可能得到纠正。隆兴二年（1164年），有官员说：“三路舶船各有司存旧法，召保给据起发，回日各于发舶处抽解。近缘两浙舶司申请随便住舶变卖，遂坏成法。乞下三路照旧法施行。”朝廷采纳了这个建议。④

①［宋］包恢：《敝帚稿略》卷一《禁铜钱申省状（广东运使）》。

②《续资治通鉴长编》卷一〇四，天圣四年十月庚辰。

③［宋］罗濬：《宝庆四明志》卷六《郡志·叙赋·市舶》。

④《文献通考》卷二十《市籴考》。

港口所在地边防军和地方政府对出海船舶的检查，包括是否持有出海许可证。如无“公据”而擅自出海，船上的人要受到轻重不等的惩罚，担保者也在惩罚之列。[①]商船回港，出海许可证交还，市舶司有时会根据许可证所注明的日期计算船舶在海外的时间，决定奖惩：隆兴二年（1164年），朝廷的一道命令嘉奖按期回归的商船，惩罚超期回国的船舶，“自给公凭日为始，若在五月内回舶，与优饶抽税。如满一年内，不在饶税之限。满一年之上，许从本司根究责罚施行”。[②]这是中国古代官府限令船舶在一年内回归的早期记录。在北宋中后期的广州，出海商人“住蕃”看来并不违法。朱彧说：“北人过海外，是岁不还者，谓之‘住蕃’。诸国人至广州，是岁不归者谓之‘住唐’。广人举债总一倍，约舶过回偿。住蕃虽十年不归，息亦不增。富者乘时畜缯帛、陶货加其直与求债者，计息何啻倍蓰。广州官司受理有利债负，亦市舶使专敕，欲其流通也。”[③]如果“住蕃”属于违法，官府应当禁止这个行为，而不是受理与之有关的债务纠纷。

往返船上有无违禁物品、有无不该搭载的人员，是管理的重点。“若有透漏，充保物力户同坐。”[④]中国商船搭载外国贡使，一般属于违法行为，除非得到特别准许。

在宋代，中国已经拥有较前先进的造船和航海技术，海外贸易有了颇大发展。但国家的一些政策法令却使远洋贸易受到挫折。主要从南宋开始的限制商船在海外逗留时间，限制船舶携带米粮的数量等法令，不利于商船作远距离航行。而早已实施的禁止夹带武器和可造武器物品的规定，更剥夺了中国商船起码的自卫手段。抑制海外贸易发展的政策只能把经营海外贸易的中国商人分作如下两大类：一是脱离政府控制，活跃、强悍，在广阔的海洋自由穿梭的走私群体；二是低眉顺眼、不堪一击，在东亚、东南亚一带行色匆匆的守法商人。但在此时，南海和印度洋一带还比较安宁，日本海盗正在扩展，势力还不大。中国商人在海外的敌人主要是大洋上和各国海岸线附近小股的海盗。

①《宋会要辑稿》职官四四之八。

②《文献通考》卷二十《市籴考》。

③［宋］朱彧：《萍洲可谈》卷二。

④《文献通考》卷二十《市籴考》。

第三节　外国商使管理制度

一、地方官与涉外法律法规

在广州、泉州等沿海港口，居住着许多外国商人和使者。管理这些人的依据包括宋律，即《宋刑统》、皇帝敕令和敕令汇编，以及地方法规。法律法规的制定，一般是自上而下，但地方官府或地方官员有时也提供立法建议。他们大致通过以下两个途径参与立法。

（一）主动提出建议

宋代当朝皇帝的诏令是位阶最高的法律，诏令的形成，时常来自地方官的奏请。因此可以说，地方官提供了法律法规的议案。太宗淳化二年（991年）四月，“诏广州市舶：每岁商人舶船，官尽增常价买之，良苦相杂，官益少利，自今除禁榷货外，他货择良者，止市其半，如时价给之，粗恶者恣其卖勿禁”。[①]这道诏令源于刚刚卸任广州知州的李昌龄的一份上奏。李昌龄说：“广州市舶每岁商舶至，官尽增价买之，良苦相杂，少利。自今请择其良者，官如价给之，苦者恣其卖勿禁。”[②]诏令与李昌龄的建议有所不同，但差别很小。

真宗大中祥符七年（1014年）七月，知广州陈世卿的建议：“海外蕃国贡方物至广州者，自今犀象、珠贝、拣香、异宝听赍持赴阙。其余辇载重物，望令悉纳州帑，估价闻奏。非贡物悉收税算。每国使副、判官各一人。其防援官，大食、注辇、三佛齐、阇婆等国勿过二十人；占城、丹流眉、渤泥、古暹、摩加等国勿过十人，并来往给券料。广州蕃客有冒代者，罪之。缘赐予所得，贸市杂物，则免税算；自余私物不在此例。从之。”[③]“从之”二字显示，陈世卿的建议被朝廷全盘采纳，直接成为关于朝贡贸易的政策法规。

（二）受命立法

有时皇帝会直接指定地方官府草拟法律文件。真宗为了政治需要曾经大力招徕海外商人使者。大中祥符二年（1009年），广州的一份管理外国商使地方法规，就是由当地知州订立的。这年十一月，外商大批来到广州，朝廷派出内侍赵敦

①《宋会要辑稿·职官》四四之二。

②《宋史》卷二八七《李昌龄传》。

③《宋会要辑稿·蕃夷》七之二十。

信，经由驿传系统快速前来抚问宴请，隆重接待，还诏令知州马亮等定《蕃商犯罪决罚条》。[①]

作为宗法专制和中央集权的国度，自上而下的行政主导，是中国自古以来不变的传统。外国商人是平民。外国使者是外国政府代表，有官方身份，两者的地位因而有高低之别。在《蕃商犯罪决罚条》中，知广州马亮等提出，所有在广州的“大舶主及因进奉曾受朝命者，有罪，责保奏裁。自余悉论如律”。[②]“番商”也称“蕃商”，宋朝文献中偶尔指称前往海外国家贸易的中国商人，但多数时候指的是外国商人。这里的“蕃商”专指外国商人。马亮制定的地方法规，把“大舶主及因进奉曾受朝命者”等量齐观，在法律上给予特别优待。大商人与外国使者的法律地位历来不平等，只是出于一定时期的政治需要，大商人的地位才被提高到外国官方使者的水平。

二、市舶司所在地外国商使管理的层级关系

在市舶司所在地，经常接触和管理外国商人的是市舶司官员。当地知州等地方官员，虽然一般不直接管理外商，但位高权重，当他们与市舶司看法不同时，便依仗权势，否决市舶司的意见。崇宁三年（1104年），王涣之担任广州知州。“有番豪杀其奴，舶司援旧例，送番长杖笞。”但王涣之不同意这个决定，“送有司论如法”。[③]市舶司的处置，就这样被知州轻易否决。

其实市舶司是依据宋律的规定。外国人互相攻击伤害，当时称为“化外人相犯”。按照《宋刑统》的规定，若攻击双方来自同一国家，就用该国法律处置；若来自不同的国家，就用中国法律处理。“诸化外人同类自相犯者，各依本俗法。异类相犯者，以法律论。”疏议曰：“化外人谓蕃夷之国别立君长者，各有风俗，制法不同。其有同类自相犯者，须问本国之制，依其俗法断之。异类相犯者，若高丽与百济相犯之类，皆以国家法律论定刑名。”[④]

“有番豪杀其奴，舶司援旧例，送番长杖笞。”被杀者和杀人者，当属同一国别，“送番长杖笞”符合法律规定。知州王涣之认为这个处置不合理，便轻易予

①《续资治通鉴长编》卷七十二，大中祥符二年十一月。

②《续资治通鉴长编》卷七十二，大中祥符二年十一月。

③［宋］程俱：《北山小集》卷三十《王公（涣之）墓志铭》。

④［宋］窦仪等：《宋刑统》卷六，中华书局1984年版，第97页。

以否定。他的做法，在我们今天看来无疑是错的。现行法律规定必须得到执行，即使不太合理，执法者完全不同意。以“杖笞”惩罚杀人，实质上是否正义，这可以争论，但程序正义应当优先于实质正义。法律是一系列预先设定的行为规范，对执法者是一种限制，他们只能在法律框架内行事。执法者认为某些法律规定不合理，如果可以不执行，自行改变，则执法者就拥有了立法权，可以根据自己的想法造法，这就不是法治而是不择不扣的人治了。中国文化和法律传统，没有法治的思想资源，类似王涣之的做法，从来都被视为理所当然。

三、在沿海港口居住的外国人法律地位和生活状况

沿海港口居住的外国人，因其身份而有不同的法律地位，他们的生活总的来说相当自在。由此可见宋朝外商管理政策的宽容度相当大。

（一）外国商人和使者的法律地位

外国商人和使者的法律地位有高有低，大商人和朝廷曾经授予官阶的人，地位一般高于其他外国人。真宗大中祥符二年（1009年）十一月，因许多外国商人来到广州，朝廷派出内侍赵敦信前往犒劳，“驰驿抚问犒设之”。真宗接着诏令知州马亮等制定《蕃商犯罪决罚条》。前面我们已经谈过，马亮等制定了一个特别优待外商这个特定群体的方案，在法律层面上将大舶主与进奉者等量齐观。中国传统上官员总是居于尊贵优越地位。此时广州当局通过给予外国富商法律上的优待，就是要达到吸引招徕的目的。

（二）外国商使可否居住城内的法律与现实

这是长期存在争议的问题。外商可与华人杂居于一处，史学界争议不大。宋代史籍中，蕃汉杂居的记载很多。宋人程俱说，“广为岭南都会，番夷杂处，吏事繁猥”①。宋人楼钥也说，南宋的泉州“蕃商杂处民间”②。但杂居地点在城内还是城外，外商可否城居，似乎尚未取得共识。方豪先生就认为“宋代广州外侨始终不居于城内”③。

关于这个问题的一个著名案例，来自朱熹为南宋泉州通判傅自得写的《行状》。内容如下：“有贾胡建层楼于郡庠之前，士子以为病，言之郡。贾赀巨万，

①［宋］程俱：《北山小集》卷三十《王公（涣之）墓志铭》。

②［宋］楼钥：《攻愧集》卷八十八《汪公（大猷）行状》。

③方豪：《中西交通史》第二册，台湾华冈出版有限公司，1977，第61页。

上下俱受赂，莫肯谁何。乃群诉于部使者，请以属公（即泉州通判傅自得），使者为下其书。公曰：'是化外人，法不当城居。'立戒官兵，即日撤之，而后以当撤报。使者亦不说，然以公理直，不敢问也。"[①]由此看来，外国人不许在城内居住说法有法律依据，否则身为泉州通判的傅自得不会如此果断地违抗部使者（即监司，路一级官员）的意志，大胆地拆毁外商所建的楼房。

问题是这个法律的效力如何，是面对全国还是只针对某个城市，是行于一时还是贯彻始终，法律规定有无得到实际执行？

宋代法律有不同等级，从理论上说，最具普遍意义的是成文法。现存宋代成文法主要是北宋初颁行的《宋刑统》和南宋宁宗嘉泰二年（1202年）编定，次年七月颁布的《庆元条法事类》。但两部法律文献都不见关于"化外人，法不当城居"的提法，这个法律似乎没有获得时间和空间意义上的普遍约束力。

"化外人，法不当城居"，如果只是出自皇帝针对某个官员奏请而做出的回应，很可能只有一时一地的效力。至道元年（995年）三月，朝廷曾专门向广州市舶司下达不准内外文武官僚派遣自己的亲信出海经商，广州市舶司和其他官员不得"收买蕃商杂货及违禁物色"的命令，[②]但它并不具有普遍约束力，直到118年以后的政和三年（1113），才被徽宗扩展到广州以外地区。[③]

无论是成文法还是诏敕等具有法律效力的命令，都会遇到是否得到实际执行的问题。"化外人，法不当城居"云云，虽为法律规定，但从朱熹的记载也可看出，外国人不应在城内居住的法律在当时的泉州并没有被执行，当地不少地方官员和普通百姓也没有这样的观念。如果此贾胡不是将层楼建于"郡庠"，即郡学面前，而是建在城内其他什么地方，恐怕不会遭到士人学子们如此激烈的反对；如果外商建层楼于城内，不仅法律严格禁止，且与当地习惯不合，又没有先例的话，作为路一级官员的监司，不会不顾及自己的乌纱帽而默许此事。因为一座楼大模大样地摆在城内，目标大而显眼，不似贪污受贿之类，可把赃物藏起了事。作为外商也当知道这样做不仅白白浪费钱财，且会给自己的生意带来麻烦。由此看来，至少在事发之前，化外人不得城居的法令在泉州只是一纸空文，没多少人知晓，没多少人在意，更没人认真遵守执行。

①［宋］朱熹：《朱子大全》卷九十八《傅公（自得）行状》。

②《宋会要辑稿·职官》四四之二-三。

③《宋史》卷一八六《食货志·互市舶法》。

那么，广州的情形又是怎样?

北宋景祐二年（1035年）十月九日，曾任广南东路转运使的郑载说，当时几乎年年都有外商携带妻子儿女到广州，他们购买当地居民的“物业”，即房屋、地产等，居住下来。次年四月，朝廷接受他关于“禁止广州不得卖与物业”的提议，下令“广州海南蕃商毋得多市田宅，与华人杂处”。①这道命令或许可以理解为外商只能居住在专为其划定的居住区“蕃坊”中。此时“蕃坊”确实还在城墙之外。

但在当时人的心目中，城墙并无限隔中外的意义，只起保证安全的作用。

景祐年间（1034—1037年）郑载的上奏和次年朝廷的诏令，都将外商“多市田宅”及“与华人杂处”，作为关注的焦点，并不对城墙内外加以区别，并不在乎外国人居住在城里还是城外。即使外商在城墙之外“多市田宅”“与华人杂处”也不允许。

广州的主要商业区早已坐落在城外西南部。那里地势低下，近临江海，舟楫易达，货物出入都比较方便。随着贸易的发展，聚集在这一带的商人店铺越来越多。外国人聚居的“蕃坊”也就顺乎其然地定位其间。仁宗皇祐间（1049—1053年）发生的侬智高攻广州事件，曾使城外商民遭受惨重损失，修筑城墙护卫他们的生命财产已成燃眉之急。但由于工程浩大、经费不足、民力有限，修城事宜一再延搁。仁宗嘉祐间（1056—1063年）任知广州的余靖说：广州“古者城无外壖，当由土之疏恶。谋于修筑，当及期年；计其徒庸，难于速就。惜民力则谓之弛备；徇众议则困于劳人”。②两难之中他选择息事宁人，因而知广州期间在城建方面没多少建树。余靖担忧修筑城墙可能过分劳民，却不担心城墙可能将蕃坊及其他居住城外的外侨扩入城内。

再次，熙宁五年（1072年），“居广州数十年”的大食国商人辛押陀罗曾表示要进献“助修广州城钱银”。③修建城墙显然也是辛押陀罗等外商的希望，如果城墙已具有限隔中外的功能，外商还会想到或还会提出捐钱助修吗?

熙宁年间（1068—1077年）程师孟主持修筑西城，整个“蕃坊”被括入西城之内。

蕃坊位于今光塔路怀圣寺一带。它的位置：东起朝天路，南濒珠江岸（现惠

①《宋会要辑稿·刑法》二之二一；《续资治通鉴长编》卷一一八，景祐三年四月辛亥。

②［宋］余靖：《武溪集》卷六《再免尚书左丞知广州》。

③［宋］苏辙：《龙川略志》卷五《辨人告户绝事》。

福西路），西至丰宁路，北抵惠爱路（现中山六路）[①]。徐俊鸣先生曾对宋代西城的位置进行过考证，他认为西城“位于坡山半岛之上，东越西湖连接子城，南抵南濠街。今百灵路北有一小巷名北城根，该处地势较低，谅为西城北界”；“西城的西界可能和明初的内城西界一致”，即在今人民路一带。[②]可见，蕃坊在西城之内。

联系熙宁时期（1068—1077年）修筑西城的背景，笔者认为蕃坊被包进西城城墙内是理所当然的事。因为修筑西城的目的本来就是护卫这一带的商业区。

神宗朝的熙宁、元丰年间（1078—1085年）是北宋王朝大力发展广州外贸的年头，在不到二十年的时间里，相继采取了许多推动外贸发展的措施。其中保护商人利益，增强广州对外商的吸引力，占有很重要的位置。这是筑城保护城外商业区商民的生命财产安全的最主要背景。

熙宁三年（1070年）前后，强干有为的官员程师孟被任命为广州知州，“州城为侬寇所毁，他日有警，民骇窜。方伯相踵至，皆言土疏恶，不可筑。师孟在广六年，作西城”。西城的建成，果然起到了保护外贸及商人生命财产的作用。其后不久，“及交趾陷邕管，闻广守备固，不敢东”。[③]

既然熙宁以后蕃坊位于城内，则外商聚居地及许多活动都在城内进行当属无疑。在宋朝三百多年间，若以熙宁八年（1075年）作为西城修成的年份，我们就可以看到，这个时间上距北宋立国115年，下距南宋灭亡204年，蕃坊在城内远比在城外的时间要长。

显然，宋朝有关化外人不得城居的诏令，并没有成为各地都必须遵循的准绳。在广州的外国侨民至少在宋代绝大部分时间里可以定居城内，不受“化外人，法不当城居”的约束。

广州、泉州都不遵循化外人不得城居的法令，这种现象初看起来似乎荒谬，细究下去其实很正常。古代中国一直是宗法专制集权王朝统治下的人治社会。统治者的意志高于一切，而且不受制约。由于立法程序很不完备，从皇帝到臣下，命令一经发出，便具法律效力；今天可以公布一项法律，明天可以公布或实施与之相反的法律。统治者不必对自己的反复无常负责，甚至无须向公众做出解释。各种具有法律效力的条文命令汗牛充栋，绝大部分权宜短寿，新的覆盖旧的，循

①据马佩文：《番坊趣考》，《广州研究》1985年第2期。

②徐俊鸣：《宋代的广州》，《中山大学学报》（自然科学版）1964年第2期。

③《宋史》卷三三一《程师孟传》。

环往复。立法与执法脱节也便司空见惯。所有官员都是事实上的执法者，他们不必也不可能透彻了解法律规定。奉公守法者，也只能依据他们对儒家伦理的理解、官方当时的政策措施，有时还加上宋律对断案判刑所做的规定。当然，如果有人认为法律条文矛盾丛生，立法与执法互相脱节是王朝社会控制力不强的表现，那就错了。上述现象的存在，其实是统治者一手造成的。明确稳定的法律对谁都有约束力，但为专制统治者所不取；变动游移的法律容易引惹纠纷，统治者无疑是最高的裁断者。

其他涉外法律的遭遇也大同小异。

大观元年（1107年）闰十月，权臣蔡京上月刚坐回宰相位置。他一贯热衷于通过发展外贸，搜括钱财。为了招徕交趾入贡，朝廷下令对交趾国放宽书籍出口的限制。①这是朝廷为某项政策目标而改法的事例。

南宋人岳珂记载，来自占城的蒲姓人是广州最富有的外商。时间长了，他们定居城中，"屋室稍侈靡踰禁"。但当地官员"方务招徕，以阜国计，且以其非吾国人，不之问。故其宏丽奇伟，并张而大，富盛甲一时"。②这是地方官以发展外贸为由，不遵守法律规定的事例。

南宋孝宗乾道间（1165—1173年），三佛齐请铸铜瓦三万，朝廷诏令"泉、广二州守臣督造付之"。知泉州汪大猷上奏："法，铜不下海。中国方禁销铜，奈何为其所役?"朝廷这才打消给付的念头。③试想，如果汪大猷不上奏反对此事，按照朝廷诏令铸造的"铜瓦三万"，会合法地运往三佛齐；如果这批铜瓦已经运出，下次某国求购铜器时就有两条互相对立的法律和先例任由执法者选择，在这种场合，法律形同虚设，执法者怎么做都合法。进一步想下去，如果既存在互相对立的法律和先例，又存在各执一端的执法者，最后还得由皇帝裁决。皇帝意志高于一切，法律只是帝王手中恭顺的婢女。

上列涉外法律案例并不反映宋代涉外法律制度的全貌。法律条文的散失是一个方面，法律未必得到执行是另一方面。但我们由此可见涉外法律在广州、泉州等地的实际遭遇。

①《宋会要辑稿稿·蕃夷》四之四一："交趾进奉人乞市书籍、法虽不许，嘉其慕义，可除禁书、卜筮、阴阳、历算、术数、兵书、敕令、时务、边机、地里外，许买。"

②[宋]岳珂：《桯史》卷十一《番昌海獠》中华书局1981年版，第125页。

③《宋史》卷四百《汪大猷传》。

（三）外商可以按自己的饮食习惯生活，从事自己的宗教活动，并享有一定程度的自治权

有关外商的饮食习惯，宋人朱彧有如下记载："或云其先波巡尝事瞿昙氏，受戒勿食猪肉。至今蕃人但不食猪肉而且。又曰，汝必欲食，当自杀自食，意谓使其割己肉自啖。至今蕃人非手刃六畜则不食，若鱼鳖则不问生死皆食"。[①]南宋的岳珂还记载了一些外商的就食方式。"食不置匕箸（即勺子、筷子），用金银为巨槽，合鲑炙粱米为一，洒以蔷露，散以冰脑。坐者皆置右手于褥下不用，曰，'此为触手，惟以溷（厕所）而已'。群以左手攫取，饱而涤之。"[②]

外商的服怖，宋人常以"辮发弁衣"加以形容，这说明外国侨民保持着本国的服饰习惯。

在华外商的宗教活动，似乎相当自在，没有受到地方官的干涉。宋人记载："獠性尚鬼而好洁，平居终日相与膜拜祈福，有堂焉以祀，名如中国之佛，而实无像设，称谓聱牙亦莫能晓，竟不知何神也。堂中有碑，高袤数丈，上皆刻异书，如篆籀，是为像主，拜者皆向之。"[③]

外商在聚居地"蕃坊"中享有相当程度的自治权。幼年曾跟随仕宦广州的父亲居住广州的朱彧说："广州蕃坊，海外诸国人聚居。置蕃长一人，管勾蕃坊公事，专切招邀蕃商入贡。用蕃官为之，巾袍履笏如华人。蕃人有罪，诣广州鞠实送蕃坊行遣。"[④]

（四）外商可娶赵氏宗室以外的女子为妻

中外婚姻在《唐律》中，已有限制。宋神宗曾发布皇帝五代以内的亲属不得与外国人及其子孙结婚的诏令。[⑤]但在北宋元祐（1086—1093年）以前，在广州的外商娶中国女子为妻似乎未受干涉，甚至还把赵氏宗女也娶以为妻，成为皇亲国戚。只是在元祐间因发生财产纠纷，这样的婚姻才被朝廷发觉和禁止。"元祐间，广州蕃坊刘姓人娶宗女，官至左班殿直。刘死，宗女无子，其家争分财产，遣人挝登闻鼓院，朝廷方悟宗女嫁夷部，因禁止。"[⑥]居住广州的外商如娶来自中

①［宋］朱彧：《萍洲可谈》卷二。
②［宋］岳珂：《桯史》卷十一《番禺海獠》。
③［宋］岳珂：《桯史》卷十一《番禺海獠》。
④［宋］朱彧：《萍洲可谈》卷二。
⑤《宋史》卷一一五《礼志》。
⑥［宋］朱彧：《萍洲可谈》卷二。

国普通家庭的女子为妻，终宋之世，不见有禁。南宋绍兴年间（1131–1162年），大食国商人蒲亚里就娶了武官曹纳的女儿。

四、中国官府对外国使者的嘉奖

宋朝政府对外贸采取比较务实的态度，除了为外商创造良好的居住环境，使之安居外，还采取授以官衔的措施，以资鼓励与招徕。在仁宗朝，有外国商人因为立功而获得中国官府授予的官衔。皇祐五年（1058年）五月，宋朝授予蕃官普延以银青光禄大夫和国子祭酒两个官衔。原因是知广州魏瓘报告：侬智高围困广州城时，普延用“猛火油”烧毁暴动者的攻城器具。[①]蕃官普延一说是当时广州的外商首领，另一说是在广州的占城国侨领。在五代十国时期，占城国使者曾经把猛火油作为贡品献给后周皇帝。[②]普延因为获得中国政府的官衔，在居住地的社会地位便更上一层。

普延是宋朝较早获得宋朝官衔的外国商人。自神宗熙丰（1068–1085年）以后，这类记载逐渐多了起来。现将宋朝外国商使授官情况列表如下：

宋代外国使者授官情况

时间	国名	身份	姓名	宋授官衔	授官地
皇祐五年（1053年）五月	占城?	蕃官	普延	银青光禄大夫、国子祭酒	广州
熙宁六年（1073年）七月前	大食		蒲陀婆、离慈	都蕃首、保顺郎将	
元丰二年（1079年）七月	三佛齐	进奉使	群陀毕	宁远将军	广州
元丰二年（1079年）七月	三佛齐	判官	陀旁亚里	保顺郎将	广州
元祐前			雅托勒	怀化将军	广州
元祐元年（1086年）七月			雅托勒	归德将军	广州
元祐四年（1089年）三月	三佛齐	进奉使	皮袜	怀化将军	
元祐四年（1089年）四月	大食麻罗拔	贡使	加立特	保顺郎将	
元祐间（1086—1093年）			刘某	左班殿直	广州

①《续资治通鉴长编》卷一七四，皇祐五年五月丁未。

②《新五代史》卷七十四《占城传》：后周显德五年，占城“国王因德漫遣使者莆诃散来，贡猛火油八十四瓶、蔷薇水十五瓶，其表以贝多叶书之，以香木为函。猛火油以洒物，得水则出火。蔷薇水，云得自西域，以洒衣，虽敝而香不灭。”

（续表）

时间	国名	身份	姓名	宋授官衔	授官地
绍兴六年（1136年）八月	大食		蒲罗辛	承信郎	福建
绍兴二十六年（1156年）前			蒲晋	承信郎	广州
绍兴二十六年（1156年）十二月		进奉	蒲晋	忠训郎	广州
绍兴二十六年（1156年）十二月		引接入贡	蒲延秀	承信郎	广州

资料来源：《续资治通鉴长编》、《宋会要辑稿》、《建炎以来系年要录》、《萍洲可谈》等书。

上述官衔中，“银青光禄大夫、国子祭酒”是相当高的官衔，以此授予外国使者很特别，仅此一例，其他外国使者都没有这样的待遇。原因何在，还有待考察。忠训郎、成忠郎、承信郎等，为宋代低级武阶官的官衔。其他如宁远将军、怀化将军等官名宋朝还曾授予西北接境国家的使者，是授予周边蕃属、海外贡使及商人的官衔。宋朝官制，官称与实际职务分离。元祐元年（1086年），哲宗下诏：“今后蕃官不许充汉宫差遣”[①]。官员无差遣即无实际职务。外商虽然只是获得并无职权的官衔，但其社会地位却得以提升。在进奉和贸易上效力越多，贡献越大，官衔也越高，多少给人以荣耀之感。授予海外贸易商人以官衔，是北宋中期以后宋朝招引外商前来贸易的重要措施。

①《续资治通鉴长编》卷三八四，元祐元年八月。

第七章
元朝中外关系与海外国家

元朝统一中国，结束了唐末以来中国南北对峙、几个民族政权长期并存、分裂战乱的局面。元朝统治者扩张性很强，因对内对外战争和其他消费的需要，很重视海外贸易。这个疆域超越历代的大帝国，地域辽阔，与亚非欧各国政治、经济、文化各方面的联系有很大的拓展；得益于国内经济和社会的发展，造船和航海技术的进步，外贸对象的广度，商品种类和数额，都超越了以往。在元朝统治中国的时期，“中国的船只体积最大，装备最佳；中国商人遍布东南亚及印度各港口”。[①]

在忽必烈时代，元朝对外扩张，积极进取，跟宋朝对外部世界的平和内向风格形成鲜明的对比。元世祖忽必烈是元朝开国之君，强干有为。在忽必烈统治时期曾到中国的意大利人马可·波罗写道：忽必烈是“从我们的祖先亚当到现在，人世间前所未有的最强大的统治者”。[②]曾国藩也赞誉他为“英哲非常之君”。[③]元朝海外联系广阔，海外贸易比前朝更加繁荣，更多的中国商舶前往南海、印度洋一带。但忽必烈对东亚和东南亚国家的扩张政策却是失败的：兵舰相加、劳民伤财却无功而返。

忽必烈的继任者，他的孙子成宗铁穆耳改变其祖父的对外政策，停止对外战争，整顿国内军政。但他滥增赏赐，国库入不敷出，逐渐匮乏，钞币迅速贬值。铁穆耳死得早，此后的皇帝多软弱无能，沉湎宫廷生活。朝廷内部爆发自相残杀

①［美］斯塔夫里阿诺斯：《全球通史——1500年以前的世界》，上海社会科学院出版社，1988，第332页。

②转引自《全球通史——1500年以前的世界》，上海社会科学院出版社，1988，第385页。

③《清代传记丛刊·综录类》，李元度撰《清朝先正事略·曾国藩序》，明文书局，1985，第192—005页。

的争斗。与此同时天灾为虐，黄河一再泛滥，华北遭受大面积饥荒，大多数省份民众揭竿而起。对外关系方面，铁穆耳之后元朝皇帝或者无所作为或者顾此失彼者，再无多大作为。这对中外关系的顺畅和谐反倒非常有利。宋元两朝对外政策从早期反差很大，走向后期颇大程度的趋同。

第一节　元朝对外界的认识与对外关系

一、元朝对外部外界的认识

元朝前期一再发动对外战争，一个重要原因是统治元朝的蒙古贵族野心太大，又对世界缺乏基本了解，总是从征服与被征服的角度片面理解国际关系，认识不到除了战争、征服之外，还有相安无事的国家关系，更没有意识到自己的资源和军事力量其实很有限，并非取之不尽、耗之不竭、所向无敌。

宋朝一般用“招徕”“招诱”的语言形容劝说、吸引外国贡使来华的行为。言语间虽没有把海外国家置于平等位置，不经意间总带有居高临下的气势，但态度是和平的，不要求非来不可，更不在意对海外国家是否拥有实际控制权。

元朝前期，统治者对海外国家不但没有摆出友善的姿态，还经常露出獠牙，显出一副随时准备扑将上去的模样：要么投降内属，要么兵戎相加。“昔我国家之临万方也，未来朝者遣使喻而服之；不服则从而征伐之。”①尚未遣使朝贡的国家受到敌视，常被称作“未下之国”“不庭之国”等。②世祖至元二十八年（1291年）九月，因琉求“未曾归附”，海船副万户杨祥请求领兵六千“往降之，不听命则遂伐之”，得到朝廷准许。③

因此，遣使劝说、吸引外国朝贡常被视作仅次于对外战争的准军事行动，朝廷一再使用“招降”④、“喻降”⑤、“谕降”⑥等词汇，一再派遣武官充任使者。至元

①［元］苏天爵等：《元文类》卷四十一《杂著·遣使》。

②《元史》卷二一〇《马八儿等国传》，卷二一〇《琉求传》。

③《元史》卷二一〇《琉求传》。

④《元史》卷十三《世祖纪》。

⑤《元史》卷十三《世祖纪》。

⑥《元史》卷一三一《也黑迷失传》。

十六年（1279年）十二月，“遣广东招讨司达鲁花赤杨庭璧招俱蓝”[①]；同月还派兵部侍郎教化的、总管孟庆元、万户孙胜夫与唆都等使占城，“谕其王入朝”。[②]至元十九年（1282年），万户何子志、千户皇甫杰使暹国，宣慰使尤永贤、亚阑等出使马八儿国。[③]

与上述心理相适应，凡愿与元朝保持关系的国家多被视为投降，既非出于自觉自愿，也不是和平友好的交往。

至元十七年（1280年）二月，占城国王保宝旦拏啰耶邛南詃占把地罗耶遣使贡方物，“奉表降”。[④]此时元朝与占城未曾交战，“奉表降”从何说起？至元二十三年（1286年），“海外诸蕃国以杨庭璧奉诏招谕，至是皆来降”。这一次，“遣使贡方物”的所谓“来降”之国有十个：马八儿、须门那（又称须文那）、僧急里、南无力、马兰丹、那旺、丁呵儿、来来、急兰亦觧、苏木都剌。[⑤]古籍中找不到十国中任何一个曾同元朝交战的蛛丝马迹。“奉表降”“来降”云云，虽非当时所有时候和一切场合都使用的词汇，却代表着元朝统治者的观念和态度。

既是投降，就得听任摆布。早在铁木真时代，蒙古贵族已要求实际掌握附属国的统治权，“凡内属之国”，都要“纳质、助军、输粮、设驿、编户籍、置长官”。[⑥]这也是元世祖的心愿，处理与高丽关系就照此办理。至元十八年（1281年）十一月，世祖下令已遣使朝贡的爪哇国王亲自来华觐见，“诏谕瓜哇国主，使亲来觐”。[⑦]至元二十五年（1288年）十一月，元朝命令已同元朝关系正常化的安南国王陈日烜“亲身入朝，否则必再加兵”。[⑧]

受上述心理影响，海外贸易也曾与军事行动密切联系。至元十四年（1277年），中书左丞董文炳说“昔者泉州蒲寿庚以城降，寿庚素主市舶，谓宜重其事权，使为我扞海寇，诱诸蛮臣服”。为此，他自作主张，“解所佩金虎符佩寿庚”。金虎符是官府发兵或表明身份的凭证，但因战事紧急，元朝一般由皇帝赐予或授

①《元史》卷二一〇《外夷传·马八儿等国》。

②《元史》卷二一〇《占城传》。

③《元史》卷二一〇《占城传》。

④《元史》卷二一〇《占城传》。

⑤《元史》卷二一〇《外夷传·马八儿等国》。

⑥《元史》卷二〇八《高丽传》。

⑦《元史》卷十一《世祖纪》。

⑧《元史》卷十五《世祖纪》。

予较高级别的官员，由中书省发放。董文炳的做法不合规矩，但战事紧急，“便宜从事”也未尝不可。事后董文炳请求忽必烈宽恕自己的“专擅之罪”。由于此举效果不错，蒲寿庚甚为得力，世祖满心欢喜，“帝大嘉之”。[①]至元十六年（1279年），百家奴“升镇国上将军、海外诸蕃宣慰使，兼福建道市舶提举，仍领本翼军守福建，俄兼福建道长司宣慰使都元帅”。[②]以军官身份兼领市舶司，是元代才有的新鲜事。

统治者对海外国家的态度还打入普通士人意识中。我们知道，周去非在成书于南宋淳熙年间的《岭外代答》中，用“都会”将海外国家进行归类。“都会”包含经济中心的意义，是从经济、社会和民生角度看待海外国家及其关系。元朝中期，编撰《大德南海志》的元代士人陈大震则用“管”字归类海外国家。[③]关于《大德南海志》中的“管”，日本学者山川达郎认为，意味着主“管”国拥有商业、经济的优势与交通网络上的主导地位。有时“管”字也有“政治控制”的含义。高荣盛认为，我们虽无法一一精确地厘清“管”字所包含的确切含义，但它“有时确能反映当时南部海区诸地政治、经济形势的某种变化”。[④]联系元朝前期对外关系以及元朝对海外国家的态度，笔者看来，“管”所包含的军事、政治意义似乎更为突出。

一般地说，古代中外之间、经常与中国交往的海外各国之间，并不以军事占领和政治控制为主，元代亦然。世祖时代，元军东征西伐，中外关系紧张，而海外军事占领既不成功，政治控制实现程度也很有限。即使是与中国海路相通的近邻，勉强称得上为元朝所“管”的，仅一两国而已，成宗以后更不用说。在这个意义上，主要活动于元后期的汪大渊的看法比较接近实际。

> 皇元混一声教，无远弗届，区宇宙之广，旷古所未闻。海外岛夷无虑数千国，莫不执玉贡琛，以修民职；梯山航海，以通互市。中国之往复商贩于殊庭异域之中者，如东西州焉。大渊少年尝附舶以浮于海，所过之地，窃尝赋诗以记其山川、土俗、风景、物产之诡异，与

①《元史》卷一五六《董文炳传》。
②《元史》卷一二九《百家奴传》。
③［元］陈大震：《大德南海志》卷七《诸蕃国》。
④高荣盛：《元代海外贸易研究》，四川人民出版社，1998，第41页。

夫可怪、可笑、可鄙之事，皆身所游览，耳目所亲见，传说之事，则不载焉。至正己丑冬（至正九年），大渊过泉南，适监郡偰侯命三山吴鉴明之续《清源郡志》，雇以清源舶司所在，诸蕃辐辏之所，宜记录不鄙，谓余方知外事，属《岛夷志》附于郡志之后，非徒以广士大夫之异闻，盖以表国朝威德如是之大且远也。①

汪大渊关于中外关系的看法，观察海外国家时的心态，都没有给人多少新鲜感，不过沿袭汉族统治阶层世代累积下来的文化传统，即使元世祖时代类似言语也时有闻见。但他毕竟肯定“梯山航海，以通互市”为中外交往的重要内容，也与元初统治者看待海外国家的意识形态拉开了距离。观念的变化当然与个人素质和文化传承有关，但中外关系变迁的现实，似乎具有更大的作用。

第二节　元朝海上丝绸之路的两个阶段

元朝对外政策可粗略分作两个不同阶段：元世祖朝为第一个阶段，从成宗开始进入第二个阶段。

在第一阶段，元朝对外扩张，气势凌人。

元朝崛起于漠北，“马上取天下”。元世祖时代对外扩张性很强。在海路，元军船舰一再远涉重洋，征伐海外。

至元十六年（1279年）二月，元朝在最后灭宋的同时，积极准备第二次出征日本，“以征日本，敕扬州、湖南、赣州、泉州四省造战船六百艘”。②经过两年准备，东征船队浩浩荡荡驶向日本。此役以惨败告终，十四万军人，回归仅五分之一左右。③但元朝对外征服势头不减，不仅继续预备东征日本，还先后出兵占城、交趾、爪哇等国。直到世祖去世，成宗即位后，海外征伐才基本结束。

元朝海外征伐起因有三：第一是不肯称臣奉贡，日本就是这种情况；第二是称臣奉贡了，但不愿纳土，占城就是这种情况；第三是对方国王不愿亲自来华朝贡，安南就是这种情况，征爪哇跟这多少也有关系。

①汪大渊：《岛夷志略·后序》，辽宁教育出版社，1996，第172页。

②《元史》卷十《世祖纪》。

③韩儒林主编《元朝史》下册，人民出版社，1986，第413页。

世祖去世后，元朝逐渐改变政策的原因主要有两条：一是海外征服除了损兵折将、劳民伤财外，没有多少领土和其他进益，遭到官员们激烈的反对；二是元朝逐渐腐败衰落，无复当年的勇力和气势。

两次征日让世祖尝到惨败的滋味。至元十九年（1282年）十月开始的占城之役，元军虽然打过胜仗，但始终没能征服对方，最终以主帅唆都丧命、军队败绩而还做结了罢。[①]始于至元二十一年（1284年），由镇南王脱欢领导的安南之役，绵延数年，战事胶着。至元二十五年（1288年）初，出征军队无功而返。至元二十九年（1292年），元朝“会三行省兵二万，设左右军都元帅府二，征行上万户府四，发舟千艘，费钞四万定，赍一年粮”，向爪哇发动元朝历史上最为声势浩大的海外征伐：“海外诸蕃见于征伐者惟爪哇之役为大”。[②]结果，二万之众，死损三千；幸存者，狼狈而归。

有人评论元世祖征爪哇是因为“不得志于安南，复讨爪哇”。[③]也许这只是部分原因。大德六年（1302年），陈天祥上章论征西南夷事时，对世祖朝对外征服提出了尖锐的批评：“自征伐倭国、占城、交趾、爪哇、缅国以来，近三十年，未尝见有尺土一民内属之益，计其所费钱财，死损军数，可胜言哉！”[④]

事实上，早在世祖大举征伐的时期，已有元朝大臣对海外扩张提出不同意见。

至元二十年（1283年）五月，元朝立征东行中书省，以阿塔海为征东行中书省丞相，以高丽国王王睶为征东行中书省左丞相，共同指挥东征之役。御史中丞崔彧认为扰民过甚，有害无益，上章提议缓行：“江南盗贼相继而起，皆缘拘水手、造海船，民不聊生，日本之役，宜姑止之。江南四省应办军需，宜量民力，勿强以土产所无，凡给物价及民者必以实。召募水手，当从所欲。伺民之气稍苏，我之力粗备，三二年复东征未晚。”[⑤]

至元二十年，淮西宣慰使昂吉儿也提出百姓疲劳，请罢征日之役。[⑥]昂吉尔认为征日失利原因之一是元军士气低落：“民贫赋重，荐水旱救死不暇，复驱之

①《元史》卷二一〇《占城传》。

②[元]苏天爵：《元文类》卷四十一《海外诸蕃》。

③《新元史》卷一七四《史弼、高兴等传》。

④《元史》卷一六八《陈天祥传》。

⑤《元史》卷十二《世祖纪》。

⑥《元史》卷二〇八《日本传》。

涉海远征，莫不愁叹”。[1]

至元二十二年，元军准备征安南。吏部尚书刘宣上书，从“交广炎瘴之地，毒气害人”“安南无粮，水路难通”等不同侧面提出激烈反对。他还说停罢东征，百姓欢欣鼓舞，“连年日本之役，百姓愁戚，官府扰攘。今春停罢，江浙军民欢声如雷”；过去不久的占城交趾之役，劳扰地方，徒损兵将，“唆都建伐占城，阿里海涯言平交趾，三数年间，湖广、江西供给船只、军须粮运，官民大扰，广东群盗并起，官兵远涉江海瘴毒之地，死伤过半，连兵未解”。[2]

至元二十三年（1286年）六月，湖南宣慰司也上言：“连岁征日本及用兵占城，百姓罢于转输，赋役烦重，士卒触瘴疠多死伤者，群生愁叹，四民废业，贫者弃子以偷生，富者鬻产而应役，倒悬之苦，日甚一日。今复有事交趾，动百万之众，虚千金之费，非所以恤士民也。”湖广行省赞同湖南宣慰司的意见，随即遣使入奏：“本省镇戍凡七十余所，连岁征战，士卒精锐者罢于外，所存者皆老弱，每一城邑，多不过二百人。窃恐奸人得以窥伺虚实。往年平章阿里海牙出征，输粮三万石，民且告病，今复倍其数。官无储畜，和籴于民间，百姓将不胜其困。宜如宣慰司所言，乞缓师南伐。”[3]

上述意见无不与海外用兵、民不聊生、财政不堪负荷、危害元朝统治相联系。

海外用兵劳民伤财、劳而无功是元朝改变对外政策显而易见的原因。还有深层原因，这就是元朝逐渐走向腐败衰落。忽必烈以后的几朝皇帝都没有多大的作为，而且因为自己登上皇位有人出了力，于是大搞论功行赏，消耗了国家的财政资源。统治集团内部矛盾重重，钩心斗角，迫使统治者逐渐把很多精力用于解决内部问题。摊子铺得过大，用度渐广，国力也越来越难以支持浩大的战争费用。军队锐气削减，战斗力下降。元朝占领南宋统治区后，军队中的贵族开始养尊处优，开始腐败堕落；参军的贫民百姓“民贫赋重，荐水旱救死不暇，复驱之涉海远征，莫不愁叹”不愿拼死力战，[4]上述因素决定了元朝对外政策或早或晚、或快或慢，肯定要发生根本变化。

在第二阶段，元朝停止了对外战争，把注意力转向国内。

①［元］苏天爵：《元文类》卷四十一《征伐·日本》。

②《新元史》卷一七六《刘宣传》。

③《元史》卷二〇九《安南传》。

④［元］苏天爵：《元文类》卷四十一《征伐·日本》。

至元三十一年（1294年），世祖去世，成宗即位。不久元朝对外政策偏离世祖传统，停止了对外战争。大德二年（1298年），江浙省平章政事也速答儿请求用兵日本。成宗回答“今非其时，朕徐思之”，之后便没了下文。[①]成宗之后，元朝各代皇帝也都不再大规模海外用兵。

元朝对外政策的改变，使中国与海路相连的周边各国的紧张关系大为缓和，不但客观上为外贸的顺利发展改善了外部环境，还去除了一些遏制外贸和其他经济发展的不利因素。在交战时期，政府调用商船、民船数量很大，而且不由分说。至元二十年元朝拟征日本，命百姓提供五百艘船，“顷以征日本船五百艘科诸民间，民病之”。浙西道宣慰使史弼建议：“宜取阿八赤所有船，修理以付阿塔海，庶宽民力，并给钞于沿海募水手。”世祖同意史弼的建议，并下令：“阿塔海所造征日本船，宜少缓之；所拘商船，其悉给还。”[②]几年后，朝廷又准备征日，仍然想调用民船。世祖在至元二十三年（1286年）正月罢征日本后，才指示沿海官府解散所顾民船。[③]朝廷不断调用民船，给百姓的生产和生活带来了干扰和破坏，结束战争有利于沿海百姓回复正常的生产和生活。

这以后，元朝对外战争政策并未完全停止，但确实处于尾声。大德元年（1297年）二月，元朝将福建行省改为福建平海等处行中书省。平章政事高兴认为，泉州与琉求相近，“或招或取，易得其情”，故将治所迁往泉州。[④]当年十一月，福建行省遣人“觇琉求国，俘其傍近百人以归”。[⑤]总的来说，元朝前期对海外国家的主动进攻，基本为中后期以防御为主所取代。至元二十九年（1292年）十月，“日本舟至四明，求互市，舟中甲仗皆具，恐有异图。诏立都元帅府，令哈剌带将之，以防海道。”[⑥]这是倭寇威胁的早期表现，可视为元朝往后将转为被动防御的信号。其后又发生一连串事件：

成宗大德二年（1298年），江浙省平章政事也速答儿乞用兵日本。帝曰：“今非其时，朕徐思之。”三年，遣僧宁一山者，加妙慈弘济大师，附商舶往使日本，

①［元］苏天爵：《元文类》卷四十一《征伐·日本》。

②《元史》卷十二《世祖纪》。

③《元史》卷十四《世祖纪》。

④《元史》卷十九《成宗纪》

⑤《元史》卷十九《成宗纪》。

⑥《元史》卷十七《世祖纪》。

而日本人竟不至。[①]日本人对元朝的态度不变，依然不肯朝拜称臣。征日劳民伤财，一无所获，导致元朝改变国策。

大德十年（1306年）四月，“倭商有庆等抵庆元贸易，以金铠甲为献”，朝廷让江浙行省平章阿老瓦丁等做好应变准备。[②]庆元，即庆元府，宋朝的明州。

武宗至大二年（1309年）七月，枢密院官员上报：去年日本商船焚掠庆元，“官军不能敌”。[③]

至大四年（1311年）十月，以江浙省尝言：“两浙沿海濒江隘口，地接诸蕃，海寇出没，兼收附江南之后，三十余年，承平日久，将骄卒惰，帅领不得其人，军马安置不当，乞斟酌冲要去处，迁调镇遏。”枢密院官议：“庆元与日本相接，且为倭商焚毁，宜如所请，其余迁调军马，事关机务，别议行之。”[④]很明显，中日关系已经从先前的进攻，转为防御。

延祐初年，四十多个日本人夜间潜入庆元港。出港后又劫商货，掠民财，役百姓。[⑤]

延祐四年（1317年），王克敬赴庆元监倭人互市。在此之前，“往监者惧外夷情叵测，必严兵自卫，如待大敌”。[⑥]

至正年间（1341—1367年），日本一再入侵濒海州县。至正二十三年（1363年）八月，劫掠蓬州的“倭人”被守将刘暹击败。[⑦]

元朝对外战争政策的变化，给中国海外贸易的发展带来一定影响。在第一阶段，中国与海外国家关系紧张，外贸经营风险比较大，在一定程度上阻碍了外贸的发展。到第二阶段，中国与海外国家关系趋于缓和。中国与海路联系各国不再有战事。倭寇开始活跃，但他们很大程度上是违法贸易的商人，只要有贸易机会，对正常的海路贸易就不会带来太大的祸害；而且倭患在当时仅限于局部地区，主要影响江浙一带，对中国南部沿海威胁不大。

---

①《元史》卷二〇八《日本传》。

②《元史》卷二十一《成宗纪》。

③《元史》卷九十九《兵志》。

④《元史》卷九十九《兵志》。

⑤[元]程端礼：《畏斋集》卷六《谔勒哲图公行状》。

⑥《元史》卷一八四《王克敬传》。

⑦《宋史》卷四十六《顺帝纪》。

第三节　与元朝经济关系比较密切的海外国家

元朝向外扩张凭借武力。与此同时，这个横跨欧亚大帝国的建立，也为各国经济文化交流提供了便利。在元朝统治中国时期，“中国的船只体积最大，装备最佳；中国商人遍布东南亚及印度各港口。1291年，马可·波罗护送一位蒙古公主绕经东南亚去伊朗时，目睹并描写了中国航海业的盛况；50年以后，阿拉伯旅行家伊本·拔图塔乘中国帆船，取道印度，前往中国时，也目睹并描写了这一盛况。中国的进出口贸易情况也值得注意，它表明这一时期，中国在世界经济中居主导地位。进口商品除细纹棉织品外，还有中亚的皮革、马匹以及南亚的优质木材、玉石、香料和象牙等原材料。而出口商品，除矿石外，还有书、画，尤其是瓷器、丝绸等产品”。[①]在十三四世纪，蒙古人建立起横跨欧亚的大帝国。在这个帝国的强盛时代，欧亚陆路和海路交通都大为畅通，东西方经济文化交流大为便利。“蒙古统治下的和平也促进了14世纪火药、丝绸制造、印刷术和炼铁高炉的大量传播。”[②]

一、见诸元朝史籍的海外国家

元代国际贸易，包括海道贸易和陆路贸易两个方面，而以海道贸易占主要地位。[③]

比较集中记载海外国家的元朝史籍有《大德南海志》和《岛夷志略》等。《大德南海志》为陈大震所作，成书于元朝大德八年（1304年），主要记录元朝前期的情况内含海外国家和地区147个。《岛夷志略》为汪大渊所作。元朝末期至正年间（1335—13687年），汪大渊曾随商船前往海外国家，“浮海越数十国，纪所闻见成此书”。《大德南海志》卷七《诸蕃国》列举海外地名152个，《岛夷志略》涉及地名117个。去除重复，仅此二书就有海外地名220个上下，数量上是南宋《诸蕃志》所载地名的4倍有余。另外，在《元史》等史籍中，还有一些地名是上面两本书没有提到的。元代与中国交往的海外国家地区之多确实是盛况空前。

宋元之交，中国没有经历类似唐末五代那样的海外地理知识的断裂，多数海

①《全球通史——1500年以前的世界》，上海社会科学院出版社，1988，第332页。
②《全球通史——1500年以前的世界》，上海社会科学院出版社，1988，第339页。
③陈高华：《元代的海外贸易》，载《元史研究论稿》，中华书局，1991，第99页。

外地名被保留下来，加上空前活跃的航海活动使人们的海外地理知识大为扩展，元人对同中国海道相通国家地区的了解和归类便更为具体细致。

中国人对“西洋”和“东洋”的划分始于元代。《大德南海志》卷七《诸蕃国》将单马令、三佛齐等31个国家和地区归入“小西洋”范围；将佛坭国等10个国家和地区归入“小东洋”范围；将单重布啰国、阇婆国等44个国家和地区归入“大东洋”范围。小西洋大致位于今泰国湾北端，南至马来半岛南端、苏门答腊岛一带，所涉国家包括今泰国、马来西亚、新加坡，以及印度尼西亚部分地区等；小东洋大致位于加里曼丹岛，东至吕宋岛、班乃岛、民都洛岛及棉兰老岛北部一带，所涉国家包括今马来西亚、文莱、菲律宾，以及印度尼西亚部分地区等；大东洋范围最大所涉国家最少，大致位于今加里曼丹岛南部，东至苏拉威西岛、马鲁古群岛、班达群岛，南至爪哇岛、帝汶岛一带，基本在今印度尼西亚境内。[①]元人有关东西洋的划分比较粗略，界限既不很清楚，方位也不很准确，但毕竟对中国以外南海海域做了最初的地理区划，比前人的海外地理知识还是推进了一步。西洋和东洋之称还被后人所借用。

南宋人周去非将海外国家分别归于6个“都会”。[②]陈大震则将今印度尼西亚至印度间多数海外国家放入11个国家“管”的范围内。11个国家分别是：交趾国、占城国、真腊国、罗斛国、暹国、单马令国、三佛齐国、佛坭国、单重布啰国、阇婆国、马八儿国等。[③]它们是有关区域当时军事、政治或经济强国，各自成为大小不等、强弱各异的势力范围的中心。陈大震显示出比时人对从菲律宾群岛到阿拉伯海间各国相互关系和强弱状况有更多的了解。另外，他虽然没有对阿拉伯海以西国家进行归类，但所记载的属于阿拉伯海以西的地名为数不少[④]。

属今伊拉克的有：条咭白达、弼施啰。条咭白达，即巴格达；弼施啰，巴士那西南祖贝尔村。

①阇婆于宋代之后专指爪哇岛，汪大渊称该地“实甲东洋诸蕃，为东西洋地分界。管领范围为爪哇岛，包括巴利岛、小巽他群岛。见高荣盛：《元代海外贸易研究》，四川人民出版社，1998，第58页。

②[宋]周去非：《岭外代答》卷二《海外诸蕃国》。

③交趾国在今越南北部、中部。占城国在今越南中南部。真腊国在今柬埔寨。罗斛国在今泰国。暹国在今泰国。单马令国又作丹马令国，在今马来西亚。三佛齐国在今印度尼西亚。佛坭国在加里曼丹岛。单重布啰国加里曼丹岛南部。阇婆国在爪哇岛。马八儿国约在印度半岛西南或东南海岸附近。

④见高荣盛：《元代海外贸易研究》，四川人民出版社，1998，第60页。

属今伊朗的有：记施、阔里抹思。记施，波斯湾内卡伊斯岛；阔里抹思，霍尔木兹海峡的格什姆岛本部的霍木兹岛。

属今阿拉伯半岛的有：瓮曼、勿拔、哑靼、默茄。瓮曼，阿曼；勿拔，阿曼米尔巴特佐法尔的主港；哑靼，南也门亚丁；默茄，麦加。

属今东非与北非的有：拔肥离、弼琶啰、层拔、勿斯离、麻加里。拔肥离，索马里柏培拉；弼琶啰，巴士那西南祖贝尔村；勿斯离，今埃及。

属今小亚半岛与西欧的有：芦眉、弗蓝、茶弼沙。芦眉，今小亚半岛；弗蓝，指拜占庭帝国及其所属西亚地中海沿岸；茶弼沙，属今西班牙。

二、与元朝贸易往来较多的海外国家

元朝多次禁海。海禁期间官本船贸易被大力推动，私人航海贸易被禁止，给海外贸易的正常行进带来损害。但在开海时期，在海禁执法不严的场合，商民航海贸易在迅猛发展，不用很长时间，中国海外经济联系的广度和密度便超过了以往任何时代。

这段历史时期，与中国贸易往来的主要海外国家中，东亚国家是：高丽、耽罗、日本（倭国）、琉求。东南亚国家是：占城、安南（交趾）、真腊、爪哇、暹（暹国）。这里主要讨论高丽、日本、爪哇等海外国家。

（一）高丽

高丽与中国关系源远流长，跟蒙元也很早就建立了联系。大蒙古国和元世祖忽必烈统治的早期，蒙古国就一再以军事和经济为手段，高压和拉拢。而高丽则有时归顺，质王子于蒙古国，奉蒙古正朔，建立朝贡和互市贸易关系；有时却不那么顺服。蒙古军队因而一再东征，攻城略地。所以两国关系打打停停，时好时坏。但到元朝建立后，高丽基本归附，成为元朝控制权最大的附属国。

在元朝东征日本之役中，高丽既是一个出发地，同时也一再为元朝征日出力出钱。至元十七年（1280年）八月，高丽王王睶来朝，说是准备增兵三万征日本。[①]同年十二月，高丽国王王睶领兵万人、水手一万五千人、战船九百艘、粮一十万石，出征日本；并向元朝官员右丞洪茶丘等提供武器和高丽国铠甲战袄。元世祖则要求诸道征日本官兵：取道高丽，毋扰其民；并任命高丽国金方庆为征

①《元史》卷十一《世祖纪》。

日本都元帅，朴球、金周鼎为管高丽国征日本军万户，并赐虎符。[①]至元十九年（1282年）七月，高丽国王又“请自造船一百五十艘，助征日本”。[②]至元二十八（1291年）五月，元朝任命“征东行尚书省左丞相、驸马高丽国王王睶为征东行中书省左丞相”，[③]但这次东征并未成行。高丽配合东征日本，不仅是迎合元朝的意愿，也因为两国关系本来就不好。

高丽与元朝国家间关系密切。新国王由元朝册封，获得正统地位。王子一再入质，国王多次亲自前往元大都朝拜，恭谨地执臣子之礼。[④]高丽国还按照元朝的规定，经常遣使来华朝贡。元朝灭宋前夕，官员马亨提出与高丽关系的对策：“今既有衅端，不宜遣兵伐之。万一不胜，上损国威，下损士卒。彼或上表言情，宜赦其罪戾，减其贡献，以安抚其民，庶几感慕圣化。”[⑤]“减其贡献”，说明贡品的数量以元朝的意志为准。高丽要按照规定的数额，向元朝奉献贡品。

（二）日本

与元朝对应的日本，处在镰仓后期和南北朝前期，此时日本处在近世阶段。

元朝与日本一直没有建立官方关系，原因是日本不愿意。元朝建立以前，蒙古国统治者已经开始通过高丽联络日本，一次又一次，但都没有成功，“倭不奉职贡”[⑥]；至元五年（1268年）九月，“命黑的、弘复持书往，至对马岛，日本人拒而不纳”；十二年（1275年）二月，元朝派礼部侍郎杜世忠、兵部侍郎何文著、计议官撒都鲁丁前往日本，依然得不到回应；至元十七（1280年）年二月，日本杀元朝使者杜世忠等。[⑦]元世祖忽必烈恼羞成怒之下，大举攻伐，想用军事力量屈服日本。

但忽必烈时代元军的两次侵日，不但都没有成功，出征的元军还遭受惨败。至元十八年征日败绩后，元朝再也没向日本派出军队。

中日交战或关系紧张时期，民间贸易仍在进行，甚至得到皇帝的许可。至元十四年（1277年），日本遣商人持金来易铜钱，世祖表示同意。[⑧]至元十五年

①《元史》卷十一《世祖纪》。

②《元史》卷十二《世祖纪》。

③《元史》卷十六《世祖纪》。

④《元史》卷五十八《地理志》：“高丽守东藩，执臣礼惟谨，亦古所未见。”

⑤《元史》卷二〇八《高丽传》

⑥《元史》卷一二八《相威传》。

⑦《元史》卷二〇八《日本传》。

⑧《元史》卷二〇八《日本传》。

（1278年），官府“诏谕沿海官司通日本国人市舶”。[①]至元十六年（1279年），日本商船四艘，篙师二千余人至庆元港，得到官府许可，贸易而归。[②]这一年，元朝方面正在做征日准备：至元十六年二月，“以征日本，敕扬州、湖南、赣州、泉州四省造战船六百艘”。[③]

元朝罢兵日本以后，两国民间贸易有了更大发展，进入繁荣时期。[④]终元之世，中日贸易一直绵延不断。至元二十九年（1292年）六月，前来中国贸易的日本商船遇险坏舟，只有一艘商船抵达庆元港口。[⑤]同年十月，日本舟至四明，求互市。由于舟中甲仗齐备，中方担心日方有诈，严加防范。[⑥]武宗至大元年（1308年），来华日本商船，曾与中国官方对抗。[⑦]天历元年（1328年）十一月，日本舶商至福建庆元博易者，江浙行省选廉吏征其税。[⑧]中日政府间关系不顺畅，两国贸易只能在磕磕碰碰中前行。

海盗，特别是日本海盗，曾经严重干扰东亚和东南亚国际贸易。日本海盗早在宋代已经出现，元代持续发展并广为人知，但尚未重创中日贸易。

（三）占城

在元代，占城依然是中国与东南亚及其以西国家海路交往的必经之地，前往中西航道上的许多国家的船舶通常会过道此地，史籍明确记载的就有爪哇、暹罗、马八儿等国。以爪哇为例，“爪哇在海外，视占城益远。自泉南登舟海行者，先至占城而后至其国”。[⑨]

元朝消灭宋朝余部后不久，就派遣使者前往占城，促令其归顺。开头一切顺利。至元十五年（1278年），左丞唆都因南宋灭亡，派人前往占城。使者返回后，说占城王有归附元朝的想法。于是世祖下诏令，降虎符，授予占城王荣禄大夫官

①《元史》卷十《世祖纪》。

②《元史》卷一三二《哈剌䚟传》。

③《元史》卷十《世祖纪》。

④高荣盛：《元代海外贸易研究》，四川人民出版社，1998，第17页。

⑤《元史》卷十七《世祖纪》：“日本来互市，风坏三舟，惟一舟达庆元路。”

⑥《元史》卷十七《世祖纪》：日本舟至四明，求互市，舟中甲仗皆具，恐有异图，诏立都元帅府，令哈剌带将之，以防海道。

⑦《元史》卷九十九《兵志》：枢密院臣言：“去年日本商船焚掠庆元，官军不能敌。”

⑧《元史》卷三十二《文宗纪》。

⑨《元史》卷二〇九《爪哇传》。

衔，封其为占城郡王。至元十六年（1279年）十二月，遣官员孟庆元、万户孙胜夫与唆都等使占城，吩咐其王入朝。次年二月，占城国王虽说依然恭敬地“遣使贡方物，奉表降”，但没有遵照元朝的意思亲自朝贡。至元十九年（1282年）十月，元朝以占城国主往年遣使来朝，称臣内属为名，“命右丞唆都等即其地立省，以抚安之”。[①]这是进一步控制占城的动态。

元朝要开疆拓土，把占城作为自己的一个行省，占城统治者当然不能答应，立即与元朝反目相向。元朝以占城王子拘留过道占城前往暹罗的元朝万户何子志、千户皇甫杰，以及前往马八儿国的宣慰使尤永贤、亚阑为由，出兵征伐占城。[②]

至元十九年六月，元朝派出淮、浙、福建、湖广军五千人，海船百艘、战船二百五十，以唆都为将，大举征讨占城。[③]十一月，占城行省官员率兵自广州航海抵达占城港。[④]至元二十一年（1284年）二月，世祖向占城增兵：命阿塔海发兵万五千人、船二百艘助征占城；船不足，由江西省补上。[⑤]占城之役先捷后败，至元二十一年，唆都战死。[⑥]元军撤兵，占城行省计划落空。

此后占城与元朝恢复贸易往来。这是离中国最近的重要国际贸易港，“占城近琼州，顺风舟行一日可抵其国”。[⑦]占城对元代中西贸易的繁荣，贡献良多。

（四）安南（交趾）国

元朝与安南的关系也是经过了交兵然后和平的过程。蒙古人在击败南宋军队之前，已与安南交恶。宪宗七年（1257年）十一月，蒙古将领“兀良合台伐交趾，败之，入其国”。安南主陈日煚被迫躲避到附近的岛屿。[⑧]至元十二年、十五年和十六年，忽必烈一再命令交趾国王或王子亲自朝贡，但对方都不从命。[⑨]

一再积怨、一再议征之后，至元二十四年（1287年），元朝决定再度出兵安

①《元史》卷二一〇《占城传》。
②《元史》卷二一〇《占城传》。
③《元史》卷十二《世祖纪》。
④《元史》卷二一〇《占城传》。
⑤《元史》卷十三《世祖纪》。
⑥《元史》卷一二九《唆都传附百家奴传》。
⑦《元史》卷二一〇《占城传》。
⑧《元史》卷三《宪宗纪》。
⑨见《元史》卷八、卷十《世祖纪》。

南：这年正月，“发新附军千人从阿八赤讨安南。又诏发江淮、江西、湖广三省蒙古、汉、券军七万人，船五百艘，云南兵六千人，海外四州黎兵万五千，海道运粮万户张文虎、费拱辰、陶大明运粮十七万石，分道以进”。①

此役与征日、征占城的结果一样，也是损兵折将、劳民伤财、狼狈而归：“张文虎粮船以去年（至元二十四年）十二月次屯山，遇交趾船三十艘，文虎击之，所杀略相当；至绿水洋，贼船益多，度不能敌，又船重不可行，乃沉米于海，趋琼州。费拱辰粮船以十一月次惠州，风不得进，漂至琼州，与张文虎合。徐庆粮船漂至占城，亦至琼州。凡亡士卒二百二十人、船十一艘、粮万四千三百石有奇。”②

战争结束后，对方遣使朝贡并谢罪。元朝仍然坚持要安南国王陈日烜亲自前来朝贡，否则“必再加兵”。③但元大都还是见不到安南国王的身影。元朝于是再议征讨并做出征前的准备：至元三十年（1293年），湖广行省平章政事刘国杰奏请讨伐交趾，造战船五百于广东。④但没过多久世祖去世，成宗登基，征伐行动不了了之。此后元朝不再发动大规模征战：“自延祐初元以及至治之末，疆埸宁谧，贡献不绝。”⑤两国经济贸易也进入正常发展的轨道。

（五）爪哇

爪哇与中国的关系也是源远流长，但元朝与爪哇关系在世祖时期不正常。

至元十七年（1280年），元朝已经消灭南宋小王朝，中国东部和南部沿海全在元帝国治下。踌躇满志的元世祖，遣使“谕爪哇国”等国。⑥这里的“谕”，即招谕，是元朝敦促外国国王前来，向大元帝国及其帝王忽必烈称臣奉贡的意思。也许因为不见爪哇国的动静，次年十一月，元朝又发出一个明确的指令：“诏谕爪哇国主，使亲来觐。”⑦至元二十三年（1286年），元朝又一次向爪哇派出了使者：七月间，“遣必剌蛮等使爪哇”。⑧多次遣使前往爪哇，对方或者连一点轻蔑

①《元史》卷二〇九《安南传》。

②《元史》卷二〇九《安南传》。

③《元史》卷十五《世祖纪》。

④《元史》卷一二二《虎都铁木禄传》。

⑤《元史》卷二〇九《安南传》。

⑥《元史》卷十一《世祖纪》。

⑦《元史》卷十一《世祖纪》。

⑧《元史》卷十四《世祖纪》。

的表示都没有，或者冷淡、羞辱元朝使者，忽必烈勃然动怒，在至元二十六年（1289年）就有了征爪哇的打算。至元二十九年（1292年）元朝舰船大举征爪哇，结果是损兵折将，空手而回。

至元二十九年（1292年），元朝专为征爪哇而设立福建行省。[①] 接着，大军从福建泉州港出发直指爪哇。这支军队汇集福建、江西、湖广三省和庆元的兵力。大军在史弼和亦黑迷失等人率领下从庆元出发前往泉州，再从泉州后渚港启行，开始远洋航程。千艘船舰，浩浩荡荡，气势汹汹，过道占城，奔向爪哇。

> 至元二十九年二月，诏福建行省除史弼、亦黑迷失、高兴平章政事，征爪哇。会福建、江西、湖广三行省兵凡二万，设左右军都元帅府二、征行上万户四，发舟千艘，给粮一年、钞四万锭，降虎符十、金符四十、银符百、金衣段百端，用备功赏。亦黑迷失等陛辞。帝曰："卿等至爪哇，明告其国军民，朝廷初与爪哇通使往来交好。后刺诏使孟右丞之面，以此进讨。"九月，军会庆元。[史]弼、亦黑迷失领省事，赴泉州；[高]兴率辎重自庆元登舟涉海。十一月，福建、江西、湖广三省军会泉州。十二月，自后渚启行。[②]

出征的理由，根据元朝的官方说法是，"爪哇黥使者孟琪"。[③] 关于"孟琪""孟右丞"，史书没有提供更多的信息，是否真有其人其事，令人生疑，有待查考。但爪哇不理元朝的一再招谕，就是不肯遣使称臣朝贡，仅此一条，就足以让气势炎炎、自命不凡元朝皇帝光火，成为讨伐爪哇的动机。

爪哇这一役，元朝下了大本钱，"海外诸蕃见于征伐者，惟爪哇之役为大，会三行省兵二万，设左右军都元帅府二，征行上万户府四，发舟千艘，费钞四万定，赍一年粮"，[④] 但依然是败绩。此后，元朝不再干这类兴师动众、劳民伤财、得不偿失的坏事蠢事。

①《元史》卷一三一《也黑迷失传》："时方议征爪哇，立福建行省，亦黑迷失与史弼、高兴并为平章。诏军事付弼，海道事付亦黑迷失。"

②《元史》卷二〇九《爪哇传》。

③《元史》卷一六二《高兴传》。

④[元]苏天爵：《元文类》卷四十一《海外诸蕃》。

元朝息兵的同时，爪哇也做出了让步。世祖去世以后，爪哇国对新皇帝和再往后的皇帝称臣奉贡，执臣子之利，恭敬有加；元末战乱纷纭之际，仍遣使朝贡不已。在成宗元贞元年（1295年）九月，大德元年（1292年）十月、二年九月、四年六月，英宗至治三年（1323年）二月，泰定帝泰定二年（1325年）二月、三年二月、四年十二月，泰定帝致和元年（1328年）正月，文宗至顺三年（1330年）三月，顺帝至正二十三年（1363年）五月和九月，爪哇都遣使朝贡。[①]在和平友好的气氛中，官方朝贡贸易持续不断，民间航海贸易更是生生不息、繁茂蓬勃。

①见《元史》卷十八、卷十九《成宗纪》，卷二十八《英宗纪》，卷二十九、卷三〇《泰定帝纪》，卷三十六《文宗纪》，四十六《顺帝纪》。

第八章 元代海上丝绸之路的曲折发展

元朝统一中国，结束了唐末以来中国南北对峙、几个民族政权长期并存、分裂战乱局面。元朝统治者因对内对外战争和其他消费的需要，很重视海外贸易。元朝是个横跨欧亚的大帝国，地域辽阔，与亚非各国政治、经济、文化各方面的联系有很大的拓展；得益于国内经济和社会的发展，造船和航海技术的进步，外贸对象的广度，商品种类和数额，都超越了以往，海上丝绸之路大道宽广。

元朝是蒙古游牧民族建立的政权，外贸政策既吸取了前朝遗产，又表现出自己的风格。元朝外贸风格依然务实：不见以重金笼络收买为标志的“厚往薄来”，以武力威逼别国前来朝贡；进口商品专卖和官市制度戛然而止，不再延续。这些都是外贸务实性和商业化的表现。但随着官本船和海禁的出现，外贸形势复杂起来；其后官本船的失势和海禁的收场，外贸恢复了务实精神。尽管政策措施利弊相间，大起大伏，总的说来元朝仍是宋朝之后海外贸易的又一个好时光。

第一节 元朝外贸政策与发展阶段

每个朝代都有自己的特点，每个朝代的外贸也是如此。以外贸而言，元朝对于宋朝不但有继承性，更有变异之处，后者应该特别关注。

“蒙古的军事力量和穆斯林的商业力量正是支撑忽必烈新国家的两大支柱。”①蒙古人早先是骑在马上的民族，入主中国中原、江南以至全中国以后，把

①［日］杉山正明：《疾驰的草原征服者：辽、西夏、金、元》，讲谈社《中国历史》，广西师范大学出版社，2014，第317页。

战争交通工具从战马，扩展至其他陆路交通工具，进而扩展至乘风破浪的江河、海洋船舶。元朝完全改变了宋朝对国际事务不太在意的传统，对外积极进取，海外国家要么称臣纳贡，要么兵舰相加。“穆斯林的商业力量”，指的主要是斡脱商人。蒙古王公贵族不善经商，早先就通过赋予斡脱商人特权，让他们为自己经商牟利。斡脱意思是合伙人，是拥有垄断特权的商人、官商。他们从事高利贷和商贸才能突出，放款借贷谋取高额利息，垄断工商业攫取高额垄断利润。他们拿着王公贵族的银钱和官府的贷款，从事商业性运作，向蒙元王朝及其贵戚权豪，提供巨额财富，包括军队四外征战的资金。

至元元年（1335年）八月，当局规定诸王贵戚等，“不得以银与非投下人为斡脱”。[①]斡脱手握排他性的垄断特权为朝廷和权贵经营牟利，其他商人的经营活动受到排斥挤压。元朝据有东南沿海后，给海外贸易打下了蒙古人统治的烙印，部分地改变了宋朝外贸以民间商人和私人资本为主体，官府地位超然，主要依靠抽解、官市获得利益的风格、传统和性质。

元朝统一中国初期主要外贸港口的布局

元朝海外贸易港主要分布在今浙江、福建、广东。江浙行省管辖浙江和福建，庆元、泉州，以及杭州、上海、澉浦、温州等港口都在江浙行省治下。江西行省管辖广东，广州港受其管辖。

宋末元初的争夺战，宋元两军在东部和南部沿海遭遇，有过争夺。位于元朝江浙行省的几个海外贸易港，元军基本上没有遭遇抵抗，当地的经济贸易也就免受到大的破坏。

中国东部沿海的主要外贸港口在至元十一年（1274年）归于元朝。这年，元世祖派兵大举进攻宋朝。蒙元军队在伯颜、相威、董文炳等人率领下过安庆、会润州，兵锋直指南宋都城临安。“江阴、华亭、澉浦、上海悉望风款附”。在伯颜驻师临安城下时，接到宋恭帝的“降表”，[②]南宋政权至此基本告终。澉浦和上海后来都成为元朝海外贸易港。

泉州也于至元十四年（1277年）归于元朝。上年二月，丞相伯颜派人招降在泉州很有势力的蒲寿庚、蒲寿晟；[③]年底，蒲守庚与宋朝余部闹翻，公开倒向

①《元史》卷五《世祖纪》。

②《元史》卷一二八《相威传》。

③《元史》卷九《世祖纪》。

元朝。[①]至元十四年三月，福建泉州、漳州的宋朝主要官员全都投降元朝。[②]

往日最大的海外贸易港广州，在宋元两军多次争夺、反复拉锯之下，严重损毁。[③]至元十五年（1278年）正月元军“夷广州城”，[④]闰十一月最终占有广州。广州是宋元政权更替之际唯一受到战火重创的重要海外贸易港。

政权易手时期港口是否有过争夺、是否遭到破坏，对元初王朝政策与外贸盛衰强弱造成了影响。

第二节　元朝海外贸易政策的开端

在元朝海外贸易的第一阶段，元军顺利进占的港口受到朝廷的优待，经过交战夺得的港口就没那么幸运了。但无论哪个港口，很快都要承受随之而来的对外征伐的重压。

在这个阶段，元朝发展外贸主要的目的是为战争服务。通过外贸，补充战争经费；通过外贸，建立国家间以元朝为上国的君臣主从关系，否则就兵舰相加。元朝积极发展外贸的一个表现是迅速组建市舶司。

元朝最初的市舶司、外贸及管理制度

在宋元战争最后时刻，由于东南沿海地区相继得手，取得全国统治权指日可待，元朝开始考虑实行比较稳定的海外贸易政策。从至元十四年（1277年）在泉州设置市舶司，到至元二十二年（1285年）为止，是元朝开始制定和推行其外贸政策的第一阶段。

在这个阶段，元朝的对外政策的主导倾向是发展与海外各国的关系，让海外国家归顺自己，并通过中外贸易，充实军费国库，满足权贵的私欲；以泉州港作为海外交往和贸易的重心。为此，统治者采取了以下措施：

（一）重用蒲寿庚，利用泉州与海外的联系实现军事经济目的

早在南宋时期，泉州因地近临安，获得了得天独厚的外贸发展机遇，成为能

①《宋史》卷四十七《瀛国公·二王附》。

②《宋史》卷九《世祖纪》：“福建漳、泉二郡蒲寿庚、印德傅、李珏、李公度皆以城降。”

③章深主编《广州通史·古代卷》下册，中华书局，2010，第533页。

④《宋史》卷四十七《瀛国公纪》。

跟广州相拮抗的中外贸易大港。元军将领在进取泉州前夕，至元十三年（1276年）二月，曾派人联系蒲寿庚。①这位来自占城的阿拉伯人，在泉州长期管理外贸事务，“擅海舶之利”长达三十年之久。②当年十二月，由于得到蒲寿庚的配合，元朝顺利取得泉州。③

元朝一方面是论功行赏，另一方面继续利用蒲寿庚经略海外国家。至元十四年，为元朝夺取中国东部沿海立下汗马功劳的董文炳对世祖说，先前泉州蒲寿庚以城降，此人长期掌管泉州海外贸易，熟悉沿海敌情，应该委以重任，让他在抵御海盗、守卫海疆，并为招谕海外国家朝贡臣服做出贡献。世祖高兴地采纳了董文炳的提议。④

于是在至元十五年，元世祖让蒲寿庚与忙古艄、唆都这两位为元朝攻城略地功勋卓著的将帅一同在福州出任行中书省高级官员，“诏忙古艄、唆都、蒲寿庚行中书省事于福州”。⑤泉州外贸，因为蒲寿庚降元而得到保护，也因蒲寿庚出任高官而得以发展。泉州不是元军最先占领的外贸港口，却是元朝第一个设置市舶司的外贸港口。此后一段时间泉州享有独一无二的外贸特权。

（二）设置市舶贸易机构，制定外贸和税收制度

在这个阶段，元朝制定外贸政策以承继宋代制度为主，同时根据蒙古贵族惯例和进入南宋统治区后的实际情况稍事调整，主要做了以下事情：

第一，东部和南部沿海主要港口普遍建立市舶司。

至元十四年，元朝“立市舶司一于泉州，令忙古艄领之”。⑥这是元朝历史上第一个市舶司。

泉州设置市舶司后，庆元、上海、澉浦等地也有了市舶司。《元史》卷九十四《食货志·市舶》载：“立市舶司三于庆元、上海、澉浦，令安抚使杨发督之。每岁招集舶商，于蕃邦博易珠翠香货等物。及次年回帆，依例抽解，然后听其货卖。”⑦以上文字紧随在泉州立市舶司之后，给人的印象是，设置时间

①《元史》卷九《世祖纪》：“伯颜遣不伯、周青招泉州蒲寿庚、寿晟兄弟。”

②《元史》卷一五六《董文炳传》，《宋史》卷四十七《瀛国公纪》。

③《宋季三朝政要》卷六《广王本末》。

④《元史》卷一五六《董文炳传》。

⑤《元史》卷十《世祖纪》。

⑥《元史》卷九十四《食货志·市舶》。

⑦《元史》卷九十四《食货志·市舶》。

比泉州稍后。袁桷等撰《(延祐)四明志》载:“至元十五年，立提举庆元市舶使司。”[①]袁桷，庆元人。四明为庆元路别称。《(延祐)四明志》书成于延祐七年(1320年)。根据此书，庆元等处市舶司的设置应该都在泉州设置市舶司的后一年，即至元十五年(1278年)。

最初的市舶司，往往并不单一管理海外贸易，或兼管盐政，或兼管国内贸易。在泉州，至元十四年市舶司设置之初，不仅掌管海外贸易，还“兼办盐课”，市舶司“领煎盐征课之事”。[②]当时在沿海港口，掌握最大权势的是市舶和盐政管理机构。至元十四年的泉州，市舶司兼管两者，财雄势大。在广州，市舶司一直兼管来往海南岛的国内沿海贸易。上海市舶司的职责不限于进出口贸易，还管理国内贸易。[③]

第二，早期市舶贸易管理制度。

元朝最初的市舶司，除专职管理人员之外，地方官也兼管其事。在泉州，最早兼管市舶司的是当地一位重要官员蒙古人忙古艄。至元十五年七月，朝廷任命他为福建路宣慰使。[④]至元十七年(1280年)四月，中书省臣言:“唆都军士扰民，故南剑等路民复叛。及忙古带往招徕之，民始获安。”诏以忙古带仍行省福州。[⑤]直到至元二十年(1283年)，忙古艄似乎仍掌管泉州市舶贸易。[⑥]

在庆元、上海等处，最早受命兼管市舶司的是安抚使杨发:“立市舶司三于庆元、上海、澉浦，令安抚使杨发督之。”[⑦]

第三，早期进口商品税收制度。

元朝消灭南宋残余势力后，就在主要海港全面推行外贸税制，进口商品被分为粗细两类，分别征税，不再专卖和官市。元人苏天爵说:“国朝平定江南，幅员既广，贡赋益伙。于是泉州、上海、澉浦、温州、庆元、广东、杭州，邻海诸

①[元]袁桷等:《(延祐)四明志》卷三《职官考》。

②《元史》卷九十四《食货志》，卷九十一《百官志》。

③《元史》卷九十四《食货志·市舶》。“时，客船自泉、福贩土产之物者，其所征亦与蕃货等，上海市舶司提控王楠以为言，于是定双抽、单抽之制。双抽者蕃货也，单抽者土货也。”

④《元史》卷十《世祖纪》:“忙古带为福建路宣慰使”。忙古带，即忙古艄。

⑤《元史》卷十一《世祖纪》。

⑥《元史》卷94《食货志·市舶》:这年十月，“忙古言:舶商皆以金银易香木”。此处的忙古应指的是忙古艄，漏了一个字。如是，则这位高官兼管泉州市舶贸易不下六年。

⑦《元史》卷九十四《食货志·市舶》。

郡与远夷蕃民往复互易舶货，因宋制细物十分而取一，粗物十五分而取一，以市舶官主之。”[①]这是元朝最初制定的海外贸易税制，确定于至元二十年（1283年）六月。[②]

（三）大规模遣使海外国家

招谕海外国家来华朝贡的行动也随即展开。

第一步是通过商人招徕海外国家朝贡，但成效不大。元朝行中书省左丞唆都等奉玺书十通，招谕诸蕃。不久占城和马八儿国“奉表称藩”：在至元十六年（1279年）六月，占城、马八儿诸国遣使，以珍物及象犀各一来献。元朝回赐诸王所部银钞、衣服、币帛、鞍勒、弓矢及羊马价钞等。[③]但响应者寥寥，多数国家未见动静。元朝统治者认为，这意味着有些海外国家尚未降服，“余俱蓝诸国未下”。[④]

第二步是派遣官使官船前往海外国家招徕朝贡。至元十六年十二月，世祖派遣广东招讨司达鲁花赤杨庭璧前往俱蓝国。次年三月，杨庭璧等至其国。以“回回字降表，附庭璧以进，言来岁遣使入贡”。[⑤]

“来年”指的是至元十八年（1281年）。但在至元十七年十月，急不可耐的元世祖，授予哈撒儿海牙为俱蓝国宣慰使，让他与杨庭璧一道，再次前往俱蓝国。[⑥]哈撒儿海牙和杨庭璧一行于次年正月在泉州港出海，经僧伽耶山，马八儿国新村马头，但他们为风浪所阻，最终没有到达俱蓝国。至元十八年年底，杨庭璧第三次出发，前往俱蓝，次年二月终于到达目的地，见到了该国国王。杨庭璧等在回国途中，又顺道招徕几个小国。[⑦]

杨庭璧几次出访，收获颇丰。至元十九年（1282年）九月，俱蓝国、那旺国、苏木都速国等，遣使来华朝贡。“俱蓝国主遣使奉表，进宝货、黑猿一。那旺国主忙昂，以其国无识字者，遣使四人，不奉表。苏木都速国主土汉八的亦遣使二人。苏木达国相臣那里八合剌摊赤，因事在俱蓝国，闻诏，代其主打古儿遣

①[元]苏天爵：《元文类》卷四十《经世大典序录·市舶》。

②《元史》卷十二《世祖纪》。

③《元史》卷十《世祖纪》。

④《元史》卷二一〇《外夷传·马八儿等国》。

⑤《元史》卷二一〇《外夷传·马八儿等国》。

⑥《元史》卷二一〇《外夷传·马八儿等国》。

⑦《元史》卷二一〇《外夷传·马八儿等国》。

使奉表，进指环、印花绮段及锦衾二十合。寓俱蓝国也里可温主兀咱儿撒里马亦遣使奉表，进七宝项牌一、药物二瓶。又管领木速蛮马合马亦遣使奉表，同日赴阙。”[①]至元二十三年（1286年），又有十个国家因杨庭璧之故，遣使“来降”，实则向元世祖朝贡，跪拜称臣。[②]

至元二十一年（1284年）十一月，福建行省也遣使“入八合鲁思招降南巫里、别里剌、理伦、大力等四国”，几个国家也都派遣使者贡献称臣。[③]南巫里，当为南无力。[④]

“来降”的字眼在元朝文献中一再出现，说明招谕就是招降，是降服对方。招谕是用貌似和平的方式慑服海外国家，但与兵戎相见一样，都以武力为后盾。不受招降的国家，便等着兵戎相见。至元十九年，元军征占城，因为元朝代表多次招降，都不成功。这年十二月，元朝使者在真腊国也碰了一鼻子灰。“招真腊国使速鲁蛮请往招谕，复与天佑、甫偕行。得其回书云：已修木城，备甲兵，刻期请战。”[⑤]此时元朝的外贸，主要是为对内平乱和对外扩张征讨服务的。[⑥]

（四）对外征伐带来沉重的负累

在这个时期，元朝积极发动征伐日本和占城的战争，给外贸带来巨大风险、阻力和负担。

以船舶为例。海外征伐需要船舶，海外贸易也需要船舶。当时船舶建造、修建能力有限，不能满足战争需要。对外战争居于强势地位，抽调沿海贸易商船为战争服务是毫无疑义的。至元十六年，朝廷因征日本，命令扬州、湖南、赣州、泉州造战船六百艘。[⑦]至元十九年六月，因占城既服复叛，元朝派出淮、浙、福

①《元史》卷十二《世祖纪》。

②《元史》卷二一〇《外夷传·马八儿等国》：“海外诸蕃国以杨庭璧奉诏招谕，至是皆来降。诸国凡十：曰马八儿，曰须门那，曰僧急里，曰南无力，曰马兰丹，曰那旺，曰丁呵儿，曰来来，曰急兰亦，曰苏木都剌，皆遣使贡方物。”

③《元史》卷十三《世祖纪》。

④《元史》卷二一〇《外夷传·马八儿等国》。

⑤《元史》卷二一〇《占城传》。

⑥《元史》卷一五六《董文炳传》：至元十四年，官员董文炳与元世祖的一次交谈，反映了统治者的心态。董文炳对世祖说：昔者泉州蒲寿庚以城降，寿庚素主市舶，谓宜重其事权，使为我扞海寇，诱诸蛮臣服，因解所佩金虎符佩寿庚矣。惟陛下恕其专擅之罪。帝大嘉之。”

⑦《续资治通鉴》卷一八四《元纪》。

建、湖广军五千、海船百艘、战船二百五十，命唆都为将讨伐占城。[①]根据这个记载，征伐占城船舶，海船加上战船共三百五十艘。但另一条史料则说，唆都率领的战船多达千艘，“率战船千艘，出广州，浮海伐占城”。[②]至元二十一年二月，元朝又“命阿塔海发兵万五千人、船二百艘助征占城。船不足，命江西省益之”。[③]

不仅是船舶，航海者、船舶运行和维修工具、米粮菜蔬等海上生活必需品，也都是对外战争强势夺取的对象。

元朝出兵前，为防止消息泄露，往往暂时禁止民间商船航海。一旦错过一次信风季节，海外贸易也就错过了一年。战争与外贸争夺资源，必然给外贸带来亏耗和负累，非常不利于外贸经济的正常运行。

第三节 元朝海外贸易政策的第二阶段

在元朝海外贸易的第二阶段，外贸受到一些干扰和扭曲，出现若干变态。这是元朝外贸的“多事之秋”，同时也最具有时代特色。

一、官本船贸易与首次禁商下海

这个阶段以官本船制度的设立为始，以终止禁商下海为界。世祖至元二十一年（1284年），是这个阶段开始的年份，英宗至治三年（1323年）是其终止的时点。虽然跨越四十年之久，但变化一再，海禁时间短，开禁时间长。

此阶段的一个重要特征是出现官本船制度。至元二十一年，元朝在杭州和泉州设立市舶都转运司，“官自具船、给本，选人入蕃，贸易诸货。其所获之息，以十分为率，官取其七，所易人得其三。凡权势之家，皆不得用己钱入蕃为贾，犯者罪之，仍籍其家产之半。其诸蕃客旅就官船卖买者，依例抽之”。[④]

这是元朝海外贸易官本船制度的起始，也是目前可见记载最明确的关于官本

①《元史》卷十二《世祖纪》。

②《元史》卷一二九《唆都传附百家奴传》。

③《元史》卷十三《世祖纪》。

④《元史》卷九十四《食货志·市舶》。

船的规定。按照上述规定：

第一，官本船制度建立时，只在杭州和泉州两地实行。

第二，航海贸易的船舶和本钱都来自官方，元朝拨出十万锭纸钞作为初始经费。

第三，出海商人、船员由官府选择确定。贸易所得官收七成，其他人得三成。

第四，官本船之外，包括权贵在内的任何人，都不能用私人钱财出海贸易，违者罚没其家产的一半。

第五，外国商民只能与官本船贸易，并按章纳税。

官本船制度是时任宰相的卢世荣所创。①先前由于他的理财构想得到世祖赏识，因而获得相位。“卢世荣，大名人也。阿合马专政，世荣以贿进，为江西榷茶运使，后以罪废。阿合马死，朝廷之臣讳言财利事，皆无以副世祖裕国足民之意。有桑哥者，荐世荣有才术，谓能救钞法，增课额，上可裕国，下不损民。世祖召见，奏对称旨。”②

蒙元时期，统治者已经有将社会资源集中起来加以垄断和控制，以便强兵富国的做法。至元二年（1265年）三月，“罢南北互市，括民间南货，官给其直”。③这是用政权力量垄断南货，跟北宋初年进口商品全部专卖颇相似。

卢世荣也主张国家垄断经济，包揽利权。在他创立官本船制度前后，曾在京师实行官府酿酒和销售，排斥私人经营的政策，“京师富豪户酿酒酤卖，价高味薄，且课不时输，宜一切禁罢，官自酤卖”；还在产铁之地，垄断铁器铸造和销售，“尽禁权势所擅产铁之所，官立炉鼓铸为器鬻之”。④

官本船贸易照理应该是元朝国内工商业垄断贸易在对外贸易的延伸。但奇怪的是，该制度是排斥私商自主经营的海外贸易，代之以由官方掌控的海外贸易，却与专卖制度拉开了距离，没有在全国范围内长期实行宋朝那样的进口商品的专

①《元典章》卷二十二《户部·市舶·合并市舶转运司》。“卢右丞建言市舶等事……卢市舶司的勾当：系官钱里一十万定，要了他着海船里交做买卖行，别个民户做买卖的每体交行。么道奏来，去近众官人每，老的每等，官司做买卖的，罢了百姓做买卖的每。市舶的勾当做者，依着在先体例里，要课程抽分者，市舶司根底转运司里合并道，么来道奏呵，那般者，么道圣旨了也。钦此。”

②《元史》卷一六三《张雄飞传》。《元史》卷二〇五《卢世荣传》。

③《元史》卷五《世祖纪》。

④《元史》卷二〇五《卢世荣传》。

卖。这种转变的原因是什么，有待探讨。

官本船制度的推行，把海外贸易从往日以民间商人为主体、相当自由开放的状态，改为由官府指定的商人垄断经营，取消了私商独立经营航海贸易的合法性。商人只有得到批准加入官本船，成为其中一员，才能分沾余润。所有远洋贸易商船都是官本船，所有海外商舶都要跟官本船做交易。与此同时，市舶司在外贸中的地位和作用相应下降。这是市舶贸易制度出现危机的早期信号，一个下行的阶梯。这也是元朝首次禁商下海和首次海禁。明代海禁和市舶司的末路与元朝此举关联。

二、官本船垄断地位的动摇

至元二十一年（1284年）开始的官本船贸易，是元代外贸一个新阶段的开始。这个阶段的特征是元朝官方通过官本船制度强行介入和干预外贸运行。官本船的制度设计，类似晚清民国时期实行的官商合办模式。晚清民国官商合办的做法是，官商双方订立合同，规定各自的权利、义务及盈余分配办法，各按认股比例出资，互派代表参加企业工作。

官本船的官方，是元朝指定的代理人，他们有无官员身份不重要，关键在于他们是官府的代表。官方代表与商人之间订立合约，使用官船，组织营运；商人则出钱出力实际运作；所获利润官商七三分成，大头归官府。这类外贸垄断制度肯定既不受普通商人欢迎，也不受经营航海贸易的权豪势要认可。外贸是高风险高收益的营生。拿着官本，手握垄断特权的商人，即使经营能力很强，由于经营自由度受限，不可能比自有资本、自主经营、自负盈亏、经验丰富的商人更高明。例如，他们只能赢不能输，因而不愿冒险博得高额利润；只要跟官府沾边，运作成本必然提高。精明商人自然不会轻易放弃经营自主权，交出财产，放任官府代理人打理。晚清民国官商合办模式就遇到了商人不愿入股的窘境。[①]

形势并不总是朝着统治者称心如意的方向发展，官本船垄断贸易的时期很快

① 以民国时期茶叶贸易官商合办为例。中国茶叶公司是战前实业部联合地方政府和茶叶界商人共同出资成立的一家官商合办公司，“虽然中国茶叶公司成立时形式上是官商合办，但商股所占的比例很少，因此在公司的经营管理和人事安排方面基本上都是由官股（中央政府与地方政府）决定。公司成立不久战争即爆发，动员商股投资入股也就越发不可能了。”见郑会欣：《从官商合办到国家垄断：中国茶叶公司的成立及经营活动》，《历史研究》2007年第6期，第131页。

结束。至元二十二年（1285年）八月，元朝“罢禁海商”。[1]“罢禁海商”就是不再禁止商人出海贸易。这是推行官本船贸易次年的事。仅仅一年左右，禁止私人航海贸易的政策就维持不下去了。

此后，“官本船”作为运营的形式之一仍然通行。[2]在元朝其后的几十年间，官本船的实际情况由于史籍或语焉不详，或付之阙如，难获详情，但我们可以肯定，效果不会太好。元朝中后期财政更加吃紧，但以牟利为目的的官本船垄断贸易没再卷土重来，很能说明问题。但以国家权力为后盾，强势排挤民间商贸的思维和做法，依然存在，尺度时宽时严而已。

至元二十二年八月元朝的“罢禁海商”，跟以下情况有联系。

1. 此前不久复置的泉府司。至元二十二年八月，“诏复立泉府司，秩从二品，以答失蛮领之”。[3]泉府司是为皇亲国戚牟利的机构，“掌领御位下及皇太子、皇太后、诸王出纳金银事”，权势很大。[4]泉府司复置不久，即“罢禁海商”。商人远洋贸易不受限制，否定了官本船的垄断地位。官本船不仅排斥普通商船，还挡了皇亲国戚的财路。泉府司的建立，打破了官本船的一统天下，为权贵们的生财之路扫除了障碍。

2. 卢世荣的倒台。四个月前，即至元二十二年四月，陈天祥上疏，揭卢世荣之奸恶。“世祖闻其语，遣使召天祥与世荣，俱至上都面质之。既至，即日有内官传旨，缚世荣于宫门外。明日入对，天祥于帝前再举其所言与未及尽言者，帝皆称善，世荣遂伏诛。”[5]卢世荣是官本船的始作俑者，他失去荣宠，垮台毙命，是官本船制度的一个挫折。

此次“罢禁海商”，本质上是官本船失去权势，皇亲国戚等权贵集团和民间外贸都恢复了发展的条件，各类互相竞争的商船得以穿行于西洋和东洋之间。

元朝四外征伐，需要大量财力支持。元朝发行越来越多的纸钞，把纸币作为榨取民间财富的工具。元朝对于有罪官员的一个特别处罚是罚没部分财产。至元三十年（1293年）十二月，亦黑迷失和史弼，“坐纵爪哇酋，师还，各杖七十，

①《元史》卷十三《世祖纪》。

②见高荣盛：《元代海外贸易研究》，四川人民出版社，1998，第232页。

③《元史》卷十三《世祖纪》。

④《元史》卷十一《世祖纪》。

⑤《元史》卷一六八《陈佑传附陈天祥传》。

没家资三之一”。[1]被没收部分家财的亦黑迷失和史弼，非贪非抢，而是征伐爪哇是措置失当。他们冒着惊涛骇浪，远涉重洋，率领船队攻击爪哇，没有功劳也有苦劳，当局对他们施加惩罚毫无道理。罚没财产的举措相当频繁，可能的原因除了传统因素，可能还与当局需求财富有关。独立的私商，元朝有时称为“舶商”[2]，他们从事航海贸易无需官方的钱财，便可带来财富，缺点是官方难以有效掌控。只要元朝存在对财富的渴望，就会惦记着这个利源，就难以长期坚持排斥私商航海贸易的政策。

三、元朝的六次海禁

元朝的禁商下海，就是后世所说的海禁。人们一般把明朝作为中国古代海禁的起始阶段，仿佛明朝统治者是海禁的始作俑者。这跟历史学者对元朝海禁的讨论不够充分有关。海禁在元朝便已有之。元朝禁商下海，并不禁止官船下海，禁止的是民间商船出海贸易。明朝海禁也是如此，也不禁止官船前往海外国家贸易，只禁止民间商人到海外。两个朝代的海禁都不禁止外国商使来华从事民间贸易和朝贡贸易。

元朝实行过六次海禁，时间长短不等，多数时候是为了达到官方霸占外贸资源的目的。

1. 首次海禁前面我们已经谈过。元朝禁商下海最早出现在至元二十一年（1284年）四月或稍前，到二十二年（1285年）八月为止，历时一年有余，目的是推行官本船贸易。至元二十一年四月，官方决定“省泉府司入户部”。[3]泉府司因官本船贸易而撤销，此时推行官本船贸易法令当已公布。至元二十二年八月，官府明确宣布罢禁海商。[4]元朝为推行官本船垄断贸易，实现官方对外贸更的直接控制，因而排斥民间商船航海贸易。

没有民间外贸，管理市舶贸易的市舶司便无用武之地，撤销就是迟早的事。因此市舶司的存废，可以作为一个标杆。在至元二十一年九月，“并市舶司入盐

①《新元史》卷十三《成宗纪上》。

②见《元史》卷九十四《食货志·市舶》，卷十九《成宗纪》，卷九十四《百官志》等。

③《元史》卷十三《世祖纪》。

④《元史》卷十三《世祖纪》。

运司，立福建等处盐课市舶都转运司”。[1]这是市舶司被撤销的证据。盐课市舶都转运司，是一个转运盐课和外贸商品的机构，不是管理外贸的市舶司。至元二十一年九月市舶司被撤销，元朝最初海禁起始年月，可以确定为至元二十一年九月前后。

《元史》载，至元二十一年十一月，“福建行省遣使入八合鲁思招降南巫里、别里剌、理伦、大力等四国，各遣其相奉表以方物来贡”。[2]可见海禁并不禁止中国官船出海贸易和外国使团来华贸易，也就是说不禁止中外官营贸易。

2. 第二次禁商下海始于至元二十九年（1292年）六月，当年十一月就结束了。至元二十九年六月，“以征瓜哇，暂禁两浙、广东、福建商贾航海者，俟舟师已发后，从其便”。[3]五个月后，即当年十一月，中书省定进口商品“抽分之数及漏税之法”。[4]抽分和漏税都是对待私商贸易的措施。此项规定显示，这次海禁已经结束。本次海禁特别点明包括两浙、广东和福建，目的是避免战前走漏风声。

3. 第三次海禁开始于至元三十年（1293年）四月，到至元三十一年（1294年）四月成宗登基前夕结束，不到一年时间。至元三十一年十月，“初，也黑迷失征瓜哇时，尝招其濒海诸国，于是南巫里等遣人来附，以禁商泛海留京师，至是弛商禁，故皆遣之”。[5]这次海禁跟上一次时间相隔很近，也是避免战前泄露消息。

两次海禁期间的至元三十年四月，存在正常的海外贸易，杭州、上海、澉浦、温州、庆元、广东、泉州等七个港口有市舶司。[6]元朝还颁布了《市舶法则》。这说明爪哇征战前的海禁，对两浙、广东、福建商贾航海者确实只是“暂禁”，时间很短。这一次，即至元三十一年十月取消的海禁，起始年月在至元三十年四月以后。

此次海禁，史籍没有指明原因所在，估计是经济原因。至元三十年（1293

①《元史》卷十三《世祖纪》。

②《元史》卷十三《世祖纪》。

③《元史》卷十七《世祖纪》。

④《元史》卷九十四《食货志》

⑤《元史》卷十八《世祖纪》。

⑥《元史》卷十七《世祖纪》：至元三十年四月己亥，行大司农燕公楠、翰林学士承旨留梦炎言：“杭州、上海、澉浦、温州、庆元、广东、泉州置市舶司凡七所。”

年）九月，“立海北海南博易提举司，税依市舶司例”。[1]“海北海南博易提举司”管辖广东西部和广西、海南一部分，囊括了中国南部沿海出产珍珠的主要地区。这年元朝还建立了珠翠局，内设“大使、副使各一员，直长一员”。[2]元朝为此禁止商民出海贸易。元朝显然是想包揽珠宝的货源，获得垄断高额利润。此次海禁解除后一个月，海北海南博易提举司也随之关闭。

4. 第四次海禁始于大德七年（1303年），到至大元年（1308年）为止，持续时间五年左右。成宗大德七年“以禁商下海，罢制用院”，[3]本次海禁开始；武宗至大元年（1308年）“复立泉府院，整治市舶司事”，[4]本次海禁结束。

5. 第五次海禁始于至大四年（1311年）到延祐元年（1314年）七月为止，持续三年左右。市舶提举司，武宗“至大四年罢之，禁下番船只”。[5]至大四年，庆元市舶提举司被取消。[6]这是本次海禁开始时间的历史记录。仁宗延祐元年七月开海禁，“诏开下番市舶之禁”。[7]这是本次海禁结束时间的历史记录。

武宗登上皇帝宝座以后，财用不节，挥霍无度，国家财政经费越来越紧。于是朝廷挥霍之余，一边谋划生财之道，采取措施把分散在权势集团手中的权力收归朝廷所有。“至大以来，赏赐不赀，造作不节，与夫其余一切蠹财之事，不可枚举，而经费始有不足之患矣。故累年以来，每以钱粮不敷为患，益求所以生财之道。”[8]至大四年（1311年）二月，“禁宣政院违制度僧”。[9]同年三月，“诸人中宝，蠹耗国财。比者宝合丁乞儿八达私买所盗内府宝带，转中入官，既已伏诛。今后诸人毋得似前中献。”[10]同年五月，朝廷又令中书省裁省多余机构，罢泉府司。[11]在

①《元史》卷十七《世祖纪》。
②《元史》卷八十九《百官志》。
③《元史》卷九十四《食货志·市舶》
④《元史》卷九十四《食货志》。
⑤《元史》卷九十一《百官志》。
⑥[元]袁桷等：《(延祐)四明志》卷三《职官考》。
⑦《元史》卷二十五《仁宗纪》。
⑧[元]许有壬：《至正集》卷七十七《正始十事》。
⑨《元史》卷二十三《武宗纪》。
⑩《通制条格》卷十八《中宝》，浙江古籍出版社，1986，第237页。
⑪《元史》卷二十四《仁宗纪》。

此背景下，朝廷再次尝试用国家垄断的方式掌握外贸之利，便不足为奇了。

但国家垄断外贸，禁罢海商，压抑和排斥生机勃勃的民间贸易，只会把经济搞得死气沉沉。延祐初年，铁木迭儿奏请："往时富民往诸番商贩，率获厚利，商者益众，中国物轻，番货反重。今请以江浙右丞曹立领其事，发舟十纲，给牒以往，归则征税如制。私往者没其货。"[①]他的建议得到皇帝批准，于是便有延祐元年七月的开放海禁。[②]

铁木迭儿奏疏所反映的情况和表达的意见值得琢磨。"商者益众"，进口商品当然增加。进口商品供应增加，价格下降理所当然，为何会出现"中国物轻，番货反重"的现象？奏疏写于海禁时期，实际情况应该是：官本船以政府力量排除任何其他形式的外贸，导致出海贸易者锐减，故而"商者益众"不是事实。官本船独占贸易导致外贸体量下降，商品进出口减少。中国商品出不去，价格下降；外国商品进不来，价格提高，于是出现"中国物轻，番货反重"的现象。

铁木迭儿提出"发舟十纲"的建议，希望通过更多的官船出海贸易，解决"中国物轻，番货反重"的问题。但这些船舶并不是本来意义上的官本船。第一，官本船无需征税，制度规定的分配办法是七三分成，官七商三。"归则征税如制"的船舶，是其他类型的官船。第二，"私往者没其货"，是指未经申请出海凭证，即不申请公验公凭便私自出海贸易的走私船。因此，铁木迭儿的用意，是官府出钱买船，推助商民经营航海贸易，扭转海外贸易的衰败之象。但他的主意也没打到点子上。禁止商民航海贸易，外贸就缺少了源头活水，进口商品量少价高，交易不踊跃，外贸税收的减少，势所必然。任何形式的官营外贸，都无助于挽救颓势。

元朝不久便再度开海，允许非官营经济入场。延祐元年七月十九日，仁宗说："比闻禁止以来，香货药物销用渐少，价直陡增，民用阙乏，乞开禁事。"他宣布在广东、泉州、庆元恢复市舶提举司，杭州也照旧设置市舶库，由知州兼管市舶事务。市舶机构直隶行省，任何人都不得"搅扰沮坏"。[③]因恢复市舶机构，

①《元史》卷二〇五《奸臣传 特们德尔传》。

②《元史》卷二十五《仁宗纪》："诏开下番市舶之禁。"

③《通制条格》卷十八《市舶》，浙江古籍出版社，1986，第230—231页。

延祐元年七月元朝还修订颁布了新的市舶法则。[①]

6. 元朝最后一次海禁，始于延祐七年（1320年）四月，结束于至治二年（1322年）三月，持续两年有余。延祐七年四月，“罢市舶司，禁贾人下番”。[②]庆元市舶提举司，“延祐七年，再例革”。[③]这是本次海禁开始时间的历史记录。至治二年三月复置市舶提举司于泉州、庆元、广东三路，禁子女、金银、丝绵下番。[④]这是本次海禁结束时间的历史记录。

此次海禁的目的依然是禁止私商航海贸易。

在延祐七年（1320年）四月，海禁开始之前不久，元朝统治者已经感到外贸及收益正在失控和亏耗。这年正月，御史台官员对朝廷将海船税等收入厚赐权贵的做法表示了不同意见，认为权贵获得的赐予动辄几十万锭，而其他一些人却因得不到多少赏赐生计日窗；长此以往，国库亏空，民生困乏将不可避免，希望上述情况得到改变。“御史台臣言：比赐不儿罕丁山场、完者不花海舶税，会计其钞，皆数十万锭；诸王军民贫乏者，所赐未尝若是，苟不撙节，渐致帑藏虚竭，民益困矣。”但这个意见并未马上被仁宗接纳。[⑤]

御史台上奏的时间在延祐七年正月，此时是开放航海的时期，也是权贵通过外贸大发其财的好时机。不久以后，仁宗的想法发生了变化。当年四月，统治者认为乘船出海的元朝使者运载“丝银细物”到海外贸易，中央王朝却没能获得足够的经济利益，[⑥]于是开始了新一轮的海禁：“罢市舶司，禁贾人下番”；接着又“遣使榷广东番货”[⑦]，大有斩获。有位官员“从榷南海舶货，所赋入以亿万计，仅数月而事集”。[⑧]收获甚丰的国家财政系统，在法律上再次排斥权贵，再度控制了外贸收益。榷，即专卖。进口商品的专卖，此时一度复苏，值得注意。

①《通制条格》卷十八《关市·市舶》；《（延祐）四明志》卷三《职官考》。

②《元史》卷二十七《英宗纪》。

③［元］袁桷等：《（延祐）四明志》卷三《职官考》。

④《元史》卷二十八《英宗纪》。

⑤《元史》卷二十六《仁宗纪》。

⑥《元史》卷九十四《食货·岁课》。

⑦《元史》卷二十七《英宗纪》。

⑧［元］傅若金：《傅与砺文集》卷三，《高远堂记》。这里的“榷”不是宋朝那样的进口商品专卖，而是以官营外贸垄断进口商品。

至治三年（1323年），元朝决定，“听海商贸易，归征其税”。[1]用官本船垄断外贸，排斥海商独立经营外贸的做法最终退场，元朝外贸的第二个阶段随时结束。

元朝发布过五次海禁令，除了其中一两次跟战争有关外，其他几次多出于经济原因。但有些问题需要廓清。第一，官本船存在的时期。第二，海禁、官本船与民间贸易的关系。

关于第一个问题。根据现存史料我们看到，元世祖、成宗、武宗、仁宗、英宗朝，都有官本船的踪迹。

关于第二个问题。

海禁与官本船关系密切，一般来说海禁是为官本船排除障碍，因军事原因的短期海禁除外。在至元二十一年（1284年）颁布的官本船条例中，这点已经看得很清楚。推行官本船时，中国其他任何形式的海外贸易都在取缔之列。到了几十年后的仁宗时代，海禁依然是王朝垄断外贸的工具。延祐七年（1320年）四月，“罢市舶司，禁贾人下番”。[2]延祐七年五月，“遣使榷广东番货”。[3]禁贾人下番，是为官本船贸易排除障碍；遣使榷广东番货，是为了垄断进口商品。官本船贸易在世祖时代创立时，就通过海禁达到垄断外贸的目的。后面几代皇帝一再发布海禁令。从仁宗朝的史料看，通过海禁垄断外贸，增加政府财政收入，应该是世祖以后几代皇帝的共同意愿。

但在停止海禁和海禁结束之后，官本船便不再排斥民间商船，原因是官本船失去了排斥民间商船的条件。大德五年（1301年），杨枢“以官本船浮海，至西洋”，在海外逗留六年，直到大德十一年（1307年）才返回。[4]大德五年（1301年），是元朝允许商民独立航海贸易的时代。这期间官本船和商船都可以航行东西大洋，未见官方设置障碍。延祐元年（1314年）七月，开放海禁：“诏开下番市舶之禁。”[5]此后不久官员王艮到泉州，提出购买旧船给商人航海贸易。“会朝廷复

①《元史》卷九十四《食货志・市舶》。

②《元史》卷二十七《英宗纪》。

③《元史》卷二十七《英宗纪》。

④《黄金华集》卷三十一《松江嘉定等处海运知户杨君（枢）墓志铭》，转引自修晓波《元代斡脱经营海外贸易的原因及影响》，《元史论丛》第七辑，第102页。

⑤《元史》卷二十五《仁宗纪》。

立诸市舶司，[王]艮从省官至泉州，建言：‘若买旧有之船以付舶商，则费省而工易集，且可绝官吏侵欺掊克之弊。’中书省报如[王]艮言。凡为船六〈舟宗〉(造字：二字合并为一)，省官钱五十余万缗。”[①]此事再次表明，延祐元年允许商人航海贸易时，官本船与民间商船均可航行于海上。

在这个阶段，尽管元朝一再实行海禁，严重打击民间外贸的正常行进，但我们看到，四十年间，海禁的时间总共不到十年，其余三十年是私人航海贸易相对自由的时期。另外，即使在海禁时期，非官营贸易的暗流始终难以禁绝。第一，中国东部和南部海岸线漫长，船舶走私偷运，难以禁绝。第二，海禁对普通百姓的杀伤力很大，无须怀疑，但对权势阶层的牟利活动，对武装走私团伙的活动的抑制作用究竟有多大，则令人怀疑。第三，元朝部署在沿海地区的官兵是否真正忠于职守，也始终是个问题。在仁宗皇庆(1312—1313年)以后，卜天璋升广东廉访使。“先是，豪民濒海堰，专商舶以射利，累政以赂，置不问。天璋至，发卒决去之。”[②]这是广东沿海商民违禁贸易，当地官吏装聋作哑、长期不去制止的一个例证。

大德八年(1304年)以前，广州外贸有些方面已经超越宋代。“广为蕃舶凑集之所，宝货丛聚，实为外府。岛夷诸国，名不可殚，前志所载者四十余。圣朝奄有四海，尽日月出入之地，无不奉珍效贡，稽颡称臣。故海人山兽之奇，龙珠犀贝之异，莫不充储于内府，畜玩于上林。其来者视昔有加焉，而珍货之盛，亦倍于前志之所书者。”[③]

---

①《元史》卷一九二《王艮传》。王艮本传没有提到他前往泉州的时间，笔者根据一些史料的记载，推定在延佑元年。理由是：第一，《姑苏志》卷四十二《王艮传》载，“王艮，字止巇，诸暨人，历官为两浙都转运盐使司经歷。绍兴路总管王克敬以计口食盐不便，尝言于行省，未报而克敬为转运使，欲稍损其额。或以为成籍不可改。[王]艮毅然曰，民实寡而强赋多，今死徙已众矣。顾重改民籍而轻弃民命乎？且浙右六郡高贾辐辏未尝以口计也。移其所赋，散于商旅之所聚，非良法乎？于是议岁减绍兴食盐五千六百引。”可见王艮与王克敬有过交集。第二，王克敬任绍兴路总管，建言计口授盐之事在泰定初年。“泰定初，出为绍兴路总管，郡中计口受盐，民困于诛求，乃上言乞减盐五千引。运司弗从，因叹曰：“使我为运使，当令越民少苏矣。”(《元史》卷一八四《王克敬传》)第三，泰定以后，终元之世不再取消市舶司，自然也不就没有恢复市舶司的事情。在泰定以前，元朝曾在至元二十五年，至大元年和延佑元年复置市舶司，王艮本传提到的“会朝廷复立诸市舶司”，当为延佑元年之事。延佑元年，“复置市舶提举司于泉州、庆元、广东三路”(《通制条格》卷十八《市舶》，浙江古籍出版社，1986，第230—231页)。

②《元史》卷一九一《卜天璋传》。

③[元]陈大震：《大德南海志》卷七《舶货》。

南宋《(宝庆)四明志》记载市舶物货共一百六十余种，元代《(至正)四明续志》所载则为二百二十余种。陈高华据此提出：元代海外贸易比起前代来有更大的规模。[①]

元代外贸额和税收情况，史书没有明确记载。延祐七年（1320年）正月，御史台官员提到的，皇帝赐予完者不花数十万锭“海舶税”。[②]数十万锭海舶税是不小的数额。但这是一个港口还是多个港口的税入，是税入的一部分还是全部海舶税入，尚待确定。

第四节　元朝海外贸易政策的第三阶段

这是元朝海外贸易的最后阶段。在元朝历史上，元世祖忽必烈的雄才大略，后世帝王无人能望其项背。但依靠明君圣主撑持的制度很不可靠。忽必烈死后，成宗铁穆耳即位，不久去世。此后的皇帝多为无能之辈，终日沉湎于宫廷生活，朝廷内部的自相残杀时有发生。元朝社会也进入多事之秋：黄河时常泛滥，使华北普遍遭受饥荒；大多数省份纷纷爆发起义。但元朝却侥幸地又存活了几十年。

王朝走在没落的路上，沿海地区也乱象渐起，形势动荡。但海外贸易却迎来了一段好时光。此时官本船制度退场，海禁不再卷土重来，元朝的能量也已大为损耗，逐渐失去海外贸易把控力。于是，海外贸易政策进入了一个宽松开放时期。外贸港口盛衰、外贸的性质，以及贸易对象地域分布都出现了一些变化。

这个阶段的起点是元朝允许商人自行出海贸易。类似命令先前曾经一再发布，我们之所以把这作为阶段性标志，因为此后元朝再没发布禁商下海之类的海禁令。究其原因，一方面是元朝开支浩繁，以皇帝对王公贵族的奖赏数额巨大最为突出，财政收支入不抵出的困境越来越严重；另一方面是私商经营的海外贸易日渐发展壮大，经济竞争力量强盛。元朝的官本船贸易面临本钱支绌、获利困难，同对手竞争乏力的困境，于是成为鸡肋，统治者再不愿意继续以巨大的财力去勉力支撑。

下面我们具体分析当时的情况。

---

①陈高华：《元代的海外贸易》，《历史研究》1978年第3期。

②《元史》卷二十六《仁宗纪》。

一、国家财政入不敷出，家底亏耗渐空

文宗天历（1328年）时，元朝财政支出比世祖和成宗时期大为增长，虽然赋税等收入也“日增月益”，仍赶不上支出的增长，没过多久，王朝家底为之一空。“世称元之治，以至元、大德为首”。此后“国用浸广。除税粮、科差二者之外，凡课之入，日增月益。至于天历之际，视至元、大德之数，盖增二十倍矣，而朝廷未尝有一日之蓄，则以其不能量入为出故也。虽然，前代告缗、借商、经总等制，元皆无之，亦可谓宽矣，而朝廷未尝有一日之蓄，则以其不能量入为出故也”。[①]元王朝疆域辽阔，财政危机迟早会引发各种社会矛盾，下面是几个致命的问题：

（一）海运问题

元朝海运，一般指海上漕运，连接浙江与元大都。这是一条载粮北上的海上运输线，将富庶之地浙江的粮食运送首都，维持统治中心大量人口的日常粮食供应，因而是关乎元大都存亡的经济命脉。

元朝海运曾有过巨大的进展，大致在世祖至元二十年（1283年）到文宗至顺（1330—1331年），不到五十年间，海运粮食从四万石增至三百多万石。但到了至正二十三年（1363年），海运因无以为继，戛然而止。“元自世祖用伯颜之言，岁漕东南粟，由海道以给京师，始自至元二十年（1283年），至于天历、至顺，由四万石以上增而为三百万以上，其所以为国计者大矣。”但到了至正元年（1341年），加上河南之粟和江南三省所运，元大都只获得二百八十万石粮食。此后，海运粮食数量一路下跌，至正二十三年（1363年）九月终止。[②]

（二）货币问题

为了适应商品交换，元朝建立起中国和世界上最早的以纸币为主的货币流通制度，但因纸币印行发放无节制，出现了历史上最早的严重通货膨胀。

元朝纸币最早是仿效南宋和金朝的做法。元朝官员刘宣曾探究元朝纸币制度的来源，说：“宋绍兴初，军饷不继，造此以诱商旅，为沿边粜买之计，比铜钱

①《元史》卷九十三《食货志》。

②《元史》卷九十七《食货志·海运》。

易于赍挈，民甚便之。稍有滞碍，即用见钱。”[1]这种说法有些偏颇。刘宣谈了交钞出现的两个原因：一个是军饷不济；二是纸币比铜钱易携带，便于商民的商品交易。其实，纸币出现的深层原因是商品交易规模大为扩展，需要更多和更便携的货币。铜钱受到铸造原料的限制，发行数量有限，本身比较笨重，不太适应大规模的交易。以铜钱为通货早在北宋和金朝就已越来越不能满足军事、行政和社会生活等方方面面的实际需要，所以一再出现“钱荒”，因而出现最初的纸币。元朝国土广大，东征西伐，需要更多和更便利的货币。纸钞在全国通行，因应了形势的需要。事实上，以当时的条件已经没有别的选项了。

纸币印制方便成本低，元朝又不坚决和负责任地维持其信用，没有严格掌控纸钞发行数额。纸钞全国通行之后，出现不少问题。这里举两个例子：

至元二十三年（1286年），元朝不顾官员对准备金不足，滥发钞票导致严重后果的顾虑，随意将印制权交给负责海运粮食的官员自行印制。结果掌握印钞权的官员，利用手中权力中饱私囊，为所欲为：“是年，以张瑄、朱清并为海道运粮万户，赐钞印，听其自印交钞。其钞色比官造加黑印，朱加红。自是，[张]瑄、[朱]清富埒朝廷，卒以汰侈伏诛。”[2]张瑄、朱清所印得交钞虽然在形式上与朝廷发行的纸钞有别，但也是合法的货币。这种做法的不合理之处在于，除了方便官员中饱私囊外，还扩大了货币投入，加大了中央王朝掌控货币流通量的难度。

元朝统治者热衷佛教，[3]且“徼福于僧道”。随着发行钞票的增加，他们以为自己可以为所欲为，更加任性无节制。从至元三十年到大德七年（1293—1303年），十年工夫，元朝“醮祠佛事之目”，从一百零二，增加到五百多，增加四倍有余；金银纸钞的给付不可胜计，每年仅仅是纸钞一项，便高达几千万锭。[4]在以铜钱为

①《元史》卷一六八《刘宣传》。

②《新元史》卷七十四《食货志·钞法》。

③《新元史》卷二四三《释老传》：“蒙古崇尚释教。”

④《元史》卷一七五《张珪传》：至元三十年（1293年），“醮祠佛事之目，止百有二。大德七年（1303年），再立功德使司，积五百有余，今年一增其目，明年即指为例，已倍四之上矣。僧徒又复营干近侍，买作佛事，指以算卦，欺昧奏请，增修布施莽斋，自称特奉、传奉，所司不敢较问，供给恐后。况佛以清净为本，不奔不欲，而僧徒贪慕货利，自违其教，一事所需，金银钞币不可数计，岁用钞数千万锭，数倍于至元间矣。”

支付手段的时代，这么大规模的货币支付和如此剧烈的增长，都是不可想象的。

货币大量发行，无疑会导致通货膨胀。元朝滥用货币发放流通权，必然要自食其果。至正十一年（1351年），元朝“置宝泉提举司，掌鼓铸至正通宝钱、印造交钞，令民间通用。行之未久，物价腾踊，价逾十倍。又值海内大乱，军储供给，赏赐犒劳，每日印造，不可数计。舟车装运，轴轳相接，交料之散满人间者，无处无之。昏软者不复行用。京师料钞十锭，易斗粟不可得。既而所在郡县，皆以物货相贸易，公私所积之钞，遂俱不行，人视之若弊楮，而国用由是遂乏矣”。[①]在元朝覆灭前七年左右，元朝币制已经溃烂，不可救药。

物价的高涨，从盐价的上升便可窥斑见豹。至大四年（1311年），户部报告盐课价钱：中统、至元年间，每引一十四两；至元二十二年（1285年），每引二十两。盐价继续递增，到元贞二年（1296年），每引高达中统钞六十五两。[②]至元二十二年到元贞二年，仅仅过了十一年，盐价已上升数倍。至元二十二年，元朝印钞数额，首次登上二百万锭的高位，达到二百零四万三千八十锭。[③]货币过度投放，通货膨胀、盐价上涨，不足为奇。

至正十年（1350年），经过一番庭辩，皇帝决定采用钱币兼行的货币制度，稳定纸币。元朝规定：中统交钞一贯文省，相当于铜钱一千文，至元纸钞二贯；铸造至正通宝钱，与历代铜钱并用。[④]次年，元朝设置宝泉提举司，无节制地疯狂印钞，导致货币充斥，物价疯涨，元朝币制彻底败坏。[⑤]至正十一年（1351年），离元朝覆灭还有七年，元朝币制已经无可救药。

元朝币制，有两个走向败坏的下行阶梯，一个在武宗至大年间（1308—1311年），一个在惠宗至正年间（1341—1368年）。“元之钞法，一变于至大，再变于至正，皆欲钱皆欲钱钞兼行，以实济虚，其言似近理，而座以致乱。”[⑥]惠

①《元史》卷九十七《食货志·钞法》。

②《新元史》卷七十一《食货志·盐课》。

③《元史》卷九十三《食货志·钞法》。

④《元史》卷九十七《食货志·钞法》。

⑤《元史》卷九十七《食货志·钞法》：“京师料钞十锭，易斗粟不可得。既而所在郡县，皆以物货相贸易，公私所积之钞，遂俱不行，人视之若弊楮，而国用由是遂乏矣。”

⑥《新元史》卷七十四《食货志·钞法》。

宗是元朝最后一个皇帝，至正是元朝最后一个年号。

纸币的问世是经济进步的结果和原因。但它印制方便，原料和技术都不受限制，很容易被不负责任的政府所利用，成为转嫁经济困难、获取军费、掠夺社会财产的手段。但在经济民生饱受祸害的同时，元王朝的通货膨胀政策也缩短了它的寿命，成为导致其覆灭的一个原因。

二、增加收入，节俭开支

财政吃紧，不但要增收还要节支。

元朝推行民族等级制度，把国人分为四等：蒙古人、色目人、汉人和南人。除了本族人外，其余三个等级以征服先后为高下。南人基本上是南宋汉族人，因为最晚被元朝征服，所以位列末座。这是粗略分类。细分下去还有许多等级。蒙古人中，权贵最尊贵。元朝统治者需要“徼福于僧道”[①]，于是僧道地位显赫，属于特权阶层。在元朝历史上，僧道一般都享有特权，受到优待，所以他们时常不顾王法，为所欲为。“元代漏失商税的主要原因是权贵、僧道的公开逃税与税务官吏的营私舞弊。”[②]

随着元朝财政渐趋紧张，僧道享有的特权便不那么优厚了。大德二年（1298年）六月，僧道在河南、江浙省的免除租赋特权被取消。[③]至大元年（1308年）和天历二年，朝廷又一再命令僧道等依照“旧制纳税”。[④]被削减经济特权的元朝特权阶层除僧道等外，还包括也里可温、答失蛮等。

武宗至大元年（1308年）十一月，中书省官员上奏：“行泉院专以守宝货为任，宜禁私献宝货者。”[⑤]为何禁止“私献宝货者”？从整句话的先后逻辑看，意思是行泉院主动寻觅宝货，垄断了这门好生意，其他的人别想染指。从后来的发展看，这是一个值得注意的动向。

---

①《元史》卷一七五《张珪传》。

②陈高华：《元代商税初探》，《中国社科院研究生院学报》1997年第1期。

③《元史》卷二十三《武宗纪》：“中书省臣言：‘河南、江浙省言，宣政院奏免僧、道、也里可温、答失蛮租税。臣等议，田有租，商有税，乃祖宗成法，今宣政院一体奏免，非制。有旨：依旧制征之。”

④《元史》卷二十二《武宗纪》，卷三十三《文宗纪》。

⑤《元史》卷二十二《武宗纪》。

泰定二年（1325年）闰正月，中书省臣上言“国用不足，请罢不急之费”，得到皇帝批准。[①]这里已经把“国用不足”提出来了。此事跟几个月前的一次廷议有联系：

> 泰定元年六月，车驾在上都。先是，帝以灾异，诏百官集议，[张]珪乃与枢密院、御史台、翰林、集贤两院官，极论当世得失，与左右司员外郎宋文瓒诣上都奏之。其议曰：……中卖宝物，世祖时不闻其事，自成宗以来，始有此弊。分珠寸石，售直数万，当时民怀愤怨，台察交言。且所酬之钞，率皆天下生民膏血，锱铢取之，从以捶挞，何其用之不吝！夫以经国有用之宝，而易此不济饥寒之物，又非有司聘要和买，大抵皆时贵与斡脱中宝之人，妄称呈献，冒给回赐，高其直且十倍，蚕蠹国财，暗行分用。如沙不丁之徒，顷以增价中宝事败，且存吏牍。陛下即位之初，首知其弊，下令禁止，天下欣幸。臣等比闻中书乃复奏给累朝未酬宝价四十余万锭，较其元直，利已数倍，有事经年远者三十余万锭，复令给以市舶番货，计今天下所征包银差发，岁入止十一万锭，已是四年征入之数，比以经费弗足，急于科征。臣等议：番舶之货，宜以资国用、纾民力，宝价请俟国用饶给之日议之。[②]

由此可见，中卖宝物始于成宗时期，武宗已经开始警觉并加以限制。泰定元年（1324年）虽经朝廷大臣猛烈批评，但并未停止。次年朝廷因“国用不足”，“罢不急之费”，并未指明要废掉哪些项目。此后中卖宝货似乎还在继续，甚至变本加厉。“泰定间，数有大变，地震水旱之异。时相多西域人。西域富商以异石为宝，诳取国帑。”[③]

再过几年中卖宝物才最终结束。“天历元年，以其蠹耗国财，诏加禁止，凡中献者以违制论云。”[④]“蠹耗国财”四个字显示，最终还是因为元朝囊箧萧索，

①《元史》卷二十九《泰定帝纪》。

②《元史》卷一七五《张珪传》。

③[元]苏天爵：《滋溪文稿》卷八《元故中奉大夫江浙行省参知政事追封南阳公谥文靖富珠哩公神道碑铭并序》。

④《元史》卷九十四《食货志·舶》。

才不得不痛下决心。

三、海洋盗贼活动越来越猖獗

日本海盗活动到了元朝有了进一步的发展。元人程端礼记载：延祐初年以前，倭寇已经到庆元路作乱。“中夜倭奴四十余人，擐甲操兵，乘汐入港。”他们还曾到昌国北界，“掳商货十有四，掠民财百三十家，渡其子女，拘能舟者役之。余氓奔窜”。[①]延祐三年（1316年），因浙东倭奴作乱，元朝大臣奏遣虎都铁木禄宣慰闽浙。[②]至正中，日本屡寇濒海州县。至正二十三年（1363年）八月，倭人寇位于山东半岛的蓬州，守将刘暹将其击败。[③]

海盗不限于日本，中国沿海也有，他们往往亦商亦盗，随时转换身份。在海盗活动逐渐猖炽的同时，元朝外贸性质在不知不觉之中发生了转变。脱离官府控制的非法贸易越来越多，官府就越来越难控制海外贸易。

四、私商航海贸易活跃，官营商贸逐渐遭到厌弃

元人汪大渊描绘了元朝后期中外航海贸易的全景。他说：“皇元混一声教，无远弗届，区宇宙之广，旷古所未闻。海外岛夷，无虑数千国，莫不执玉贡琛，以修民职；梯山航海，以通互市。中国之往复商贩于殊庭异域之中者，如东西州焉。”[④]至正己丑为顺帝至正九年（1349年）。这是元朝后期海外贸易的总形势，各个港口的情况下面还会讨论。

在这个时期，元人对官营工商业的固有弊端已经有所认识。

至正三四年间（1343—1344年），元朝接连下令取消食盐法这个国家直接销盐的一种主要形式。于是商旅销盐成了唯一的销盐办法。[⑤]官方不再直接销售食盐，与不久以前放弃官本船的做法有个共同点，就是官府退出盐和外贸的直接营销，把原先就属于工商业者的地盘还给他们。

①［元］程端礼：《畏斋集》卷六《谔勒哲图（完者都）公行状》

②《元史》卷一二二《虎都铁木禄传》。

③《新元史》卷二四三《日本传》。

④［元］汪大渊：《岛夷志略·后序》，辽宁教育出版社，1996，第172页。

⑤陈高华：《元代盐政及其社会影响》，《元史研究论稿》，中华书局，1991，第76页。

由于官本船的相关记载比较少，通过了解官府直接销盐的弊害及其放弃的原因，我们可以加深对官本船的认识。至正三年（1343年），监察御史王思诚、侯思礼等指出，掺假和缺斤短两是弊害之一：元统二年（1334年）恢复大都盐运司，于今十年，积弊渐多。盐在船，有侵盗掺水之患，在仓则有夹杂灰土之弊。名义上的一贯钱买二斤四两，实则不足一斤。这是多数地方出现的情况。官运盐船还带来另一弊害：盐运司所遣运盐之人，擅作威福，称霸水上运输线。他们或以索截河道，得重贿才肯放行。被拘留者，皆贫弱无力之人。客船受阻，京师百物涌贵。盐价不降反升，是又以弊害：置局设官，本为降低盐价，改变民食贵盐的状况，结果官盐售价反高于商贩，官府徒然耗费财力人力，无补于事。[①]

由此可见，官府本身就是盐在运销过程中的弊端制造者。食盐法的基本模式是官本官督商办，这跟官本船很相似。官府富有财力，商人善于营运，两相结合，给人以利好的期待。但实际运作后出现的问题，超乎设计者的想象。

官本船制度创立后不久就出现变数，难以维持垄断地位，跟商品质次价高、供应紧缺，以及浪费帑藏等弊端必有联系。到了元朝最后一个皇帝元顺帝统治初期，官本船已经退出历史舞台，即使是高官显贵，也无力起死回生。元统二年（1334年）十一月，“中书省臣请发两舟宗（两字合并为一）船下番，为皇后营利”。[②]这样的做法只是个别案例，不再获得制度保障。再往后，“中政近臣谋发番舶规取息”的提议被否决：“与商贾争利，恐远夷得以窥中国，事遂已。”[③]官府亲自垄断控制对外商贸的做法，在时人心目中已不合时宜。官本船不再继续，是统治者自己也摒弃官府垄断外贸的结果。

财政吃紧是宋元王朝允许商人发挥作用的重要动因。如果没有这个动因，如果统治者掌握大量社会财富，几乎不可能放弃自己对经济的直接控制。官本船的败亡，出现于元朝江河日下之际，绝非偶然。

①《元史》卷九十七《食货志盐法》。

②《元史》卷三十八《顺帝纪》。舟（造字：右加宗），即船队：方大琮《铁庵集》卷十八《郑金部》：“大艚，或以十余为舟（造字：右加宗）。”

③[元] 黄溍：《文献集》卷十上《敕赐喀喇氏先茔碑》。黄溍，至正十七年卒。

第九章
市舶司与沿海港口的布局

元朝东部和南部最主要的对外贸易港口，跟宋朝有相似之处，自东而南依然是三个：庆元、泉州、广州，其他几个港口都居于次要地位。但三大港口的重要性有所调整。泉州港在元初受到朝廷的特别重视，进出口贸易一枝独秀，压倒了历史悠久、长期独占鳌头的广州港。到了元朝中后期，一些不利因素逐渐退场，广州港获得正常发展机会，外贸盛况超越往日，并逐渐赶上或超越泉州。

元朝市舶贸易制度对宋朝有相当大的继承性，“大抵皆因宋旧制，而为之法焉”。[①]但因实行官本船和海禁，市舶司的运作曾受限制，出现过一些动荡。

下面以东部、东南部、南部港口为序，重点讨论元代最重要的三个港口并兼及另外几个曾有市舶机构的港口。

第一节　庆元等浙江港口

一、庆元港

庆元港是浙江也是中国东部沿海最重要的海外贸易港。良好的港口和内外交通条件，使它长时间以来一直是中国与东亚国家交往最重要的门户。庆元路的属县有四个，分别是鄞县、象山、慈溪和定海县，本路海外贸易港坐落在定海县。

①《元史》卷九十四《食货志·市舶》。

庆元市舶司是继泉州之后，元朝第二批设立的市舶司。[①]此后中国与日本之间的交通贸易，多从庆元出入。至元二十一年（1284年）正月，元朝遣王积翁赍诏使日本，赐锦衣、玉环、鞍辔。王积翁一行从庆元乘船前往日本。[②]至元二十九年（1292年）六月，一批日本商人来华互市，“风坏三舟，惟一舟达庆元路”。[③]因航海技术所限，庆元对东南亚贸易虽然不多，但还是有的。元人记载：“是邦控岛夷，走集聚商舸，珠香杂犀象，税入何其多。”[④]“是邦”指的是庆元。“珠香杂犀象”，是主要产自东南亚和西亚的物品。

由于交通便达，庆元港在中外失和、海寇扰攘时期，依然备受重视。庆元港之所以受重视，有时因为军事，有时因为商贸，似乎以前者为多。至元十八年（1281年），元朝东征日本。右丞范文虎等将兵十万，由庆元定海等处渡海，准备在日本一岐、平户等岛，合兵登岸。[⑤]元朝中后期，中国东部沿海盗贼活动逐渐猖獗，庆元港是元朝禁遏防范的重点。大德六年（1302年）十月，浙东宣慰司改名宣慰司都元帅府，治所被迁到庆元。庆元成为海防重镇。[⑥]大德十年（1306年）四月，倭商有庆等抵达庆元贸易，进献金铠甲。江浙行省平章阿老瓦丁等受命加意防备。[⑦]至大四年（1311年），庆元海防依然堪忧。这年十月，江浙行省官员提出：“两浙沿海濒江隘口，地接诸蕃，海寇出没，兼收附江南之后，三十余年，承平日久，将骄卒惰，帅领不得其人，军马安置不当，乞斟酌冲要去处，迁调镇遏。”[⑧]

定海是庆元港所在地，时人曾描述当地外贸盛况。延祐七年（1320年）成书的《（延祐）四明志》载：定海“受贡益倍于异代。信使香币，渡海岁不绝”。[⑨]“万舸待输中国饷，千金争买外蕃刀。”[⑩]“外蕃刀”当指日本刀具。日本出

①《元史》卷九十四《食货志·市舶》。
②《元史》卷十三《世祖纪》。
③《元史》卷十七《世祖纪》。
④[元]张翥：《元音》卷九《送黄中玉之庆元市舶》。
⑤《元史》卷一五四《洪福源附洪俊奇传》。
⑥《元史》卷二十《成宗纪》：“徙治庆元，镇遏海道。”
⑦《元史》卷二十一《成宗纪》。
⑧《元史》卷九十九《兵志》。
⑨[元]袁桷等：《（延佑）四明志》卷三《职官考》。
⑩[元]王逢：《梧溪集》卷四《送梅判官子玉之昆山》。

产的刀具早在宋代已名闻中国。刘仁本是元末明初人，曾亲临定海县，他一再谈到定海的情况："定海邑当鄞海口，东接三韩倭夷岛屿，南通闽广番舶，商贾往来，编氓灶丁衣食杂居，自昔为重镇。"[①]定海一带"象犀珠玉通番舶，楼橹旌旗捍海潮"。[②]

庆元主要面对东亚国家，东亚贸易与庆元港的繁荣息息相关。但元朝初建不久，就与日本关系紧张，东征结束以后，长期小心防范。成宗大德八年（1304）四月，"置千户所，戍定海，以防岁至倭船"。[③]两年后，皇上再次要求地方官员谨防日商。[④]武宗时，枢密院官员说："庆元与日本相接，且为倭商焚毁。"[⑤]仁宗延祐三年（1316年），朝廷大臣说，"浙东倭奴商舶贸致乱"，建议由虎都铁木禄"宣慰闽浙，抚戢兵民"。[⑥]中国对东亚国家贸易不活跃，庆元港也就不可能有很繁荣的外贸。

庆元市舶司在天历元年（1328年）前后不见了踪影。天历元年十一月，日本舶商至福建、庆元博易，江浙行省"选廉吏征其税"。[⑦]江浙行省"选廉吏征其税"，此时市舶司或许已经不存在了?

元朝末年庆元外贸仍在行进，不因倭寇骚扰而停步。定海之白砂，"绝海之商，通蕃之贾，往往贸迁于此"。夏荣达来此经营之数年，业绩不凡，"泉余于库，粟余于廪，而定海之言富室者归夏氏君"。[⑧]夏荣达生于延祐元年（1314年），卒于至正二十一年（1361年），其在定海经营商业贸易，当在顺帝时期。

有学者评论："元日之间始终未达成正式邦交，然而恰恰在这个历史时期内，市舶贸易却异常地活跃起来，以至在临战时期与"倭寇"猖獗之际，亦大致无妨于通商，这在中国历史上恐怕是极少见到的。"[⑨]倭寇与中日贸易并存的现象，说明不少倭寇本质上是海商，亦商亦盗；寇盗不是目的，生意不成才作乱。

①[元] 刘仁本：《羽庭集》卷五《饯定海县尹汪以敬诗序》。

②[元] 刘仁本：《羽庭集》卷三《泊定海县》。

③《元史》卷二十一《成宗纪》。

④《元史》卷二十一《成宗纪》："倭商有庆等抵庆元贸易，以金铠甲为献，命江浙行省平章阿老瓦丁等备之。"

⑤《元史》卷九十九《兵志》。

⑥《元史》卷一二二《虎都铁木禄传》。

⑦《元史》卷三十二《文宗纪》。

⑧[元] 戴良：《九灵山房集》卷二十三《元逸处士夏君（荣达）墓志铭》。

⑨高荣盛：《元代海外贸易研究》，四川人民出版社，1998，第17页。

二、杭州、上海、澉浦、温州港

这几个港口多在元初设置了市舶司，但作用都不大。元朝于至元十五年（1278年）设置杭州、上海、澉浦市舶司，后来又设立了温州市舶司，或多或少都有一定的合理性，下面做简单分析。

（一）杭州港

杭州是个历史较长的海外贸易港，位于长江三角洲南沿、钱塘江下游、京杭大运河南端，国内交通尤其便利。这是座繁华的都市，商业贸易发达，消费能力很强，是进口商品的一大消费地和出口商品的重要供应地，船舶修造等贸易必需品也容易获得。这是个著名的鱼米之乡，地处江南富庶之区，生活必需品供应充足，就地取材。但杭州的港口和海外交通条件不算好，远不及邻近的庆元。

在元代杭州作为江浙行省地方长官的治所，位尊权重，但外贸地位不高。

至元二十一年（1284年），江淮行省治所从扬州迁至杭州，改称江浙行省。[①]大德三年（1299年），福建行省撤销，并入江浙行省。以杭州为省治的江淮行省，管辖今江苏南部，浙江、福建二省及江西部分地区。

元人说，杭州"旁连诸蕃，椎结卉裳"，[②]有外国人驻足或定居。但史籍记载表明，在杭州驻足、定居的外国人，许多不是乘坐远洋商舶直接在杭州港靠岸登陆的，而是从广州、泉州、庆元港转口而来。

市舶司设置时间长短，多少反映了港口的外贸地位。元代杭州市舶司仅存在十五年时间。至元十五年（1278年）杭州有了市舶司。至元三十年（1293年）杭州市舶司被并入当地税务部门[③]，外贸船舶来到杭州，改由税务部门征税。延祐元年（1314年），杭州虽无市舶司，但有市舶库，直接由行省管理，"杭州依旧设立市舶库，知专市舶公事，直隶行省管领"。[④]杭州市舶库是存放各地市舶司运来的进口商品的处所。《市舶则法二十三条》第十六款，把杭州作为周边市舶司的一个进口商品送纳地："各处市舶司每年办到舶货，除合起解贵细之物外，据其余物色必须变卖者，附近杭州各司，舶货每年不过当年十二月终起解，赴杭州行泉府司官库交割。舶司画时开数具呈行省，令有司随即估体时价，比至

①《元史》卷九十一《百官志》："初置江淮行省，治扬州。[至元]二十一年，以地理民事非便，迁于杭州。"

②[元]黄溍：《金华先生文集》卷八《江浙行中书省题名记》。

③《元史》卷九十四《食货志·市舶》。

④《通制条格》卷十八《市舶》，浙江古籍出版社，1986。

次年正月终须要估体完备，行省预为选收。”[①]

（二）上海港

这是元代兴起的港口，坐落在海内外交通条件均衡的富庶之区，发展条件良好，前途无量。

元初的上海虽然尚未建县，但因地处海滨，已经发展起规模和能力相当可观的造船业。至元十五年（1278年），罗璧跟随元帅张弘范进取广南。几年以后，他“徙镇上海，督造海舟六十艘，两月而毕”。[②]

元朝东征日本，虽然以庆元港为重，但上海作为出入海口的重要性，也引起元朝的关注。至元十八年（1281年）十一月，“诏以征东留后军，分镇庆元、上海、澉浦三处上船海口”。[③]元朝此时把上海和澉浦作为东部沿海，地位仅次于庆元的港口。至元二十四年（1287年）五月，元世祖还采用桑哥的提议，“置上海、福州两万户府，以维制沙不丁、乌马儿等海运船”。[④]上海在中国沿海交通运输中的地位，得到统治者的认可。

北宋时期，秀州华亭县已是对外贸易港口。政和三年（1113年）七月二十四日，秀州华亭县曾经兴置市舶务。[⑤]元朝松江府管辖华亭和上海两县。[⑥]但元朝不是继续在华亭县设置市舶司，而是将市舶司放在上海县，原因应该是两个港口都在长江口附近，在长江三角洲形成过程中，上海港后来居上，取代了先前华亭港的地位。

至元十五年元朝设置上海市舶司，新兴的上海港，外贸地位很快超越杭州。杭州市舶司于至元三十年（1293年）被撤并。五年以后，即大德二年（1298年），上海市舶司才被并入庆元市舶司。[⑦]

（三）澉浦港

澉浦在元代是嘉兴路海盐属下的一个行政单位。元朝初年，海盐为县的建制，称海盐县；元贞元年（1295年）海盐改为州的建制，称海盐州。[⑧]

---

①《元典章》卷二十二《户部》卷八《市舶则法二十三条》。

②《元史》卷一六六《罗璧传》。

③《元史》卷九十九《兵志》。

④《元史》卷十四《世祖纪》。

⑤《宋会要辑稿·职官》四四之一一。

⑥《元史》卷六十二《地理志》。

⑦《元史》卷九十四《食货志》。

⑧《新元史》卷五十《地理志》。

澉浦港地势险要是东部地区的海防要地。南宋时，此地不但是海外贸易港，杭州的外港，还是一座军港。早在南宋时期，这里发生了几次外贸港和军港的转换。南宋光宗朝（1190—1194年），统治者出于防务上的考虑，下令禁止商贾前往澉浦贸易。①没过多久，开禧元年（1205年）正月，这里初置澉浦水军。②澉浦水军，属于殿前司，全称是“殿前澉浦水军”，初建时的编制是一千五百人。③但到了南宋后期，淳祐十年（1250年），这里又有了外贸机构“市舶场”。④澉浦位于行在临安的北面，兼有南宋首都的外港和防御北部海道双重功能。

到了元代，澉浦是“远涉诸番，近通福广，商贾往来”，被称为“冲要之地”⑤。当地国内外海洋贸易的渐兴，为元朝在此设置市舶司提供了条件。此后澉浦依然兼有军港和贸易港的功能。至元十八年（1281年）十一月，“诏以征东留后军分镇庆元、上海、澉浦三处上船海口。”⑥澉浦是东征军队出海的三个重要港口之一，另外两个是庆元和上海。

大德二年（1298年），澉浦市舶司与上海市舶司一起被撤销。但取消市舶司，并非取缔当地的海外贸易而是因外贸不太景气而精简机构。外贸还在继续，归庆元市舶司管辖。⑦至大三年（1310年）十月，江浙行省官员的奏疏中提到，“澉浦杨家等皆有舟，且深知漕事，乞以为海道运粮都漕万户府官”。⑧澉浦杨家是当地大户，除了海运米粮外，积累资本的另一个途径是外贸。

（四）温州港

这是历史比较长的海港，中外船舶经常在此过往和停靠。在宋代，温州港已经颇有名气。绍兴四年（1134年）十月，受金兵南下的威胁，宋朝后宫曾从温州泛海避退到泉州。⑨

在元代，温州变为路的建制，至元十三年（1276年）始称温州路。⑩温州既

①［宋］罗浚：《宝庆四明志》卷六《郡志六·叙赋下·市舶》。“光宗皇帝嗣服之初，禁贾舶至澉浦”。

②《宋史》卷三十八《宁宗纪》。

③《宋史》卷一八八《兵志》。

④［宋］常棠：《海盐澉水志》卷四《坊场门》。

⑤《元典章》卷五十九《工部·造作》。

⑥《元史》卷九十九《兵志》。

⑦《元史》卷九十四《食货志》《市舶》。

⑧《元史》卷二十三《武宗纪》。

⑨《宋史》卷二十七《高宗纪》。

⑩《元史》卷六十二《地理志》。

是浙东行政机关的治所，也是贸易商船往来之地。至元十九年（1282年）二月，“徙浙东宣慰司于温州”。[①]延祐四年（1317年）十月，“海外婆罗公之民往贾海番，遇风涛，存者十四人漂至温州永嘉县。敕江浙省资遣还乡”。[②]温州有专供商舶使用的码头。[③]13世纪末周达观前往真腊，今天的柬埔寨，便是自温州港口开洋的。[④]

温州市舶司于至元十五年（1278年）设置，至元三十年（1293年）被撤销。撤去市舶司的温州港，外贸管理责任归于庆元市舶司。[⑤]

第二节　泉州港

元代泉州外贸盛况空前。在泉州历史上，这是当地最受中原王朝青睐的一段时光。

一、元代泉州外贸的繁荣

由于天时地利人和的共同作用，元代的泉州城繁华富裕，中外巨商富贾云集其间，乐而忘返。

元代泉州城的繁盛景象，多位当代人描述过他们的感受。意大利人马可·波罗对这个海港的规模和繁荣情况称赞不已：“印度一切船舶运载香料及其它一切贵重货物咸莅此港。”[⑥]元人吴澄说：“泉，七闽之都会也。蕃货远物，异宝珍玩之所渊薮；殊方别域，富商巨贾之所窟宅，号为天下最。其民往往机巧趋利，能喻于义者鲜矣，而近年为尤甚。”[⑦]唐元说：“闽江东南大邑，凡货财珠玑犀象之所储积甲天下。”[⑧]唐元，约生于宋咸淳五年（1269年），至正五年（1345年）自题七十七岁。在他的心目中泉州是进口商品最多的地方。贡师泰用诗歌来描绘泉州的浮华逸乐：海商到岸才封舶，蕃国朝天亦赐骖。满市珠玑醉歌舞，几人为尔竟

①《元史》卷十二《世祖纪》。

②《元史》卷二十六《仁宗纪》。

③［元］黄溍：《金华先生文集》卷九《永嘉县重修海塘记》。

④［元］周达观：《真腊风土记·总序》中华书局，1981年，第15页。

⑤《元史》卷十七《世祖纪》。

⑥冯承钧译：《马可波罗行纪》，东方出版社，2007，第424页。

⑦［元］吴澄：《吴文正集》卷二十八《送姜曼卿赴泉州路录事序》。

⑧［元］唐元：《筠轩集》卷九《送花伯玉赴闽阃序》。

沉酣。”[①]贡师泰卒于至正二十二年（1362年），他传达出的当是元朝后期的情景。刘仁本："象犀珠翠海南香，万里归来水路长。薄幸又从何处去，十年海外不思乡。”[②]刘仁本元末明初人，为文赋诗多涉元顺帝至正间事。

元代富商的状况，史书也间有记载。“泉南之大贾挥金不啻于泥沙。”[③]“泉南有巨贾南蕃回回佛莲者，蒲氏之婿也。其家甚富，凡发海舶八十艘。”发海舶八十艘，佛莲家业之大，可以想见。至元三十年（1293年）佛莲去世，家中仅珍珠就达一百三十石。[④]泉州蒲氏，在南宋时已是泉州的富室。佛莲作为蒲家的女婿，其丰厚的家产至少有一部分是在入元后的十多年间积累起来的。

泉州的大好时光其实主要集中在元朝前期。下面我们将元代的泉州分成上下两个阶段分别讨论。

二、元朝泉州外贸发展的第一个阶段

这个阶段从元朝入主泉州，即至元十四年（1277年）到至元三十年（1293年），大约十六年时间。

泉州在宋元时代是福建最好的外贸港，港口深阔，海外交通四通八达。随着造船和航海技术的进步，国内沿海交通得到改善，与国内沿海地区的交往逐渐便利，泉州外贸的综合条件持续改善。但汇总海外交通、国内交通、区域经济、港口位置等条件综合分析，泉州是不能跟广州相比的。那么，元朝初年泉州外贸却把广州远远甩在后面，原因何在?

在元初，泉州的地位曾经非常显赫，在政治、军事和经济上都是如此，这是天时地利人和的结果。

元军进兵泉州时，蒲寿庚的配合与合作使他备受元朝统治者的关爱，泉州因此沾光，获得了特别有利的发展条件。早在南宋末年，蒲寿庚与元朝使者就有所接触。宋端宗景炎元年（1276年，即至元十三年）初，“伯颜遣不伯、周青招泉州蒲寿庚、寿晟兄弟”。[⑤]蒲寿庚并不是泉州的知州，但在南宋末年曾参与管理当地外

①[元]贡师泰:《玩斋集·拾遗·泉州道中》。
②[元]刘仁本:《羽庭集》卷四《闽中女四首》。
③[明]陶宗仪:《辍耕录》卷二十八《非程文》。
④[宋]周密:《癸辛杂识》续集卷下《佛莲家赀》。
⑤《元史》卷九《世祖纪》。

贸，[①]有影响有实力。他当时的态度如何，目前难以准确判断，但没有坚决抗元则可以肯定。当年十一月蒲寿庚与南宋小朝廷彻底决裂，下个月便公开倒向元朝。[②]

蒲寿庚与南宋小朝廷决裂，是元军赢得战争胜利的重要一环。张世杰等不得不放弃福建，转向中国南端的广东沿海，为南宋王朝的存续做最后的搏斗。[③]蒲寿庚立下大功，后来受到元朝格外奖赏，得到福建省左丞这个正二品高级职位。[④]元朝当时允许官员利用职权经商。蒲寿庚原先就经营泉州外贸，入元以后又出任福建行省高官，自然继续以泉州为基地发展个人和家族生意。元朝取得全国统治权后不久，蒲寿庚很快就提出招徕海外国家的建议。[⑤]元朝初年泉州取得元朝首要港口的地位，与蒲寿庚个人及其家族的经营有密切关系。

元朝也利用蒲寿庚和较为发达的泉州外贸实施其对外政策。元世祖时代对外扩张性很强。扩张的第一步往往是利用各种媒介包括商业媒介，劝诱或逼迫别国降服。这一步不成功，第二步便实施武力征服。蒲寿庚在南宋末在经营外贸多年，熟悉海外情况，又与外贸商人有密切联系，还掌握着数量不小的舰船，是元朝实现其战略目标的难得人才。元朝对蒲寿庚的种种优待既是目的，又是实现目的的手段。元朝急迫地要通过蒲寿庚、通过泉州外贸所形成的对外关系网，实现其软硬兼施，迫使海外国家“臣服”的军事政治意图。

泉州发展外贸的条件，在东部和南部港口中相当突出和优越。在东南沿海几个主要港口中，泉州不但东与日本、高丽交通较为便利，更与东南亚、南亚及其以西地区有频繁的商贸往来，自北宋开始，已逐渐发展成为中国海外贸易大港。南宋时期，泉州近迩行在临安，进出口商品在两地流动相当便捷，造就了泉州外贸的繁荣。从海外交通条件看，泉州此时联系海外国家的广度远远超过庆元、上海等港口，与广州港相比，也有政治军事上的优势，于是成为元朝统治者经营海

①《宋史》卷四十七《瀛国公纪》载：“提举泉州舶司，擅蕃舶利者三十年”。这条材料被广泛引用，但不准确。在本书上编，笔者写道：蒲寿庚即使曾经出任提举泉州市舶，时间也远不及三十年。南宋亡国在1279年，上溯三十年是1249年，即理宗淳佑九年。这期间王茂悦曾任泉州市舶提举。另外，南宋王朝让一位外国人出任市舶提举，可能性似乎不很大。

②《宋史》卷四十七《瀛国公纪》。

③[元]苏天爵：《元文类》卷四十一《政典·征伐·平宋》。

④《元史》卷十一《世祖纪》；卷九十一《百官志》。

⑤《元史》卷十《世祖纪》：至元十六年五月辛亥，“蒲寿庚请下诏招海外诸蕃。不允。”不同意招徕海外诸蕃，与元朝当时正在准备对外战争有关。

外贸易的首选地区。

出于政治、军事、经济的需要，加上大蒙古国时期已经形成的重商传统，元朝王公贵族对包括海外贸易在内的赢利活动兴趣浓厚，动用大量资金予以推进。泉州所拥有的天时地利，也使之成为这类交易和资金的重要活动场地。

当然，元初泉州社会发展也非一路平顺。元初政权更替时期，泉州受到过宋朝军队的重创。张世杰等护送二王南逃时，曾与蒲寿庚部发生激烈对抗，泉州的外贸船舶和贸易资本都因此受到损失。①

泉州经济贸易曾受破坏的情况，从《清源续志·序》的记载可以得见“国朝混一区域，至元丙子，郡既内附，继遭兵寇，郡域之外，莽为战区。虽值承平，未能复旧观。”清源指泉州。②但元世祖忽必烈看重泉州海外交通的政治军事地位，在政策上给予特别照顾，导致泉州外贸发展，战争创伤渐次修复，不久便成为新王朝获得海外奇珍异宝的主要来源地和联系海外国家的首要窗口。下面让我们来看这个阶段泉州外贸发展的军事政治条件和国内交通条件：

先看元朝初年泉州行政和军事地位及其变迁。

至元十七年（1280年）或更早些时候，元朝曾设置泉州行省，治所就在泉州。③至元十七年五月，福建行省并入泉州行省，④后者的权势大为增强。至元十八年（1281年），朝廷迁泉州行省于福州，次年迁回泉州。⑤在至元二十一年（1284年），我们还能见到泉州行省这个名称：当时“以福建宣慰使管如德为泉州行省参知政事”。⑥

但在至元二十二年（1285年）以后，我们只见福建行省，不再见到“泉州行省”的记载。⑦但泉州在福建行省中依然有重要地位。大德元年（1297年）二月，

①《宋史》卷四十七《瀛国公·二王附》：德祐二年（1276，即至元十三年）十一月，宋端宗赵昰“舟至泉，寿庚来谒，请驻跸，张世杰不可。或劝世杰留寿庚，则凡海舶不令自随，世杰不从，纵之归。继而舟不足，乃掠其舟并没其赀”。

②[元]汪大渊著，汪前进译注：《岛夷志略》，辽宁教育出版社，1996，第70—71页。

③《元史》卷十一《世祖纪》。

④《元史》卷十一《世祖纪》。

⑤《元史》卷六十二《地理志》。

⑥《元史》卷十三《世祖纪》。

⑦在世祖至元二十五年、二十八年、二十九年，以及成宗和元朝最后一个皇帝顺宗时期，都有关于福建行省的消息，见《元史》卷十一《兵志》，卷十六《世祖纪》，卷一六二《高兴传》，卷一二一《博罗欢伯都传》，卷九十二《百官志》，卷一四二《庆童传》，卷四十七《顺帝纪》等。

改福建省为福建平海等处行中书省，省治设在泉州。此时成宗想征伐琉球（琉求），平章政事高兴提出：泉州与琉求相近，“或招或取，易得其情”，以故省治迁到了泉州。[①]再往后，因元朝对外征伐明显减少，福建行省的省治迁回福州，不再移易。

元朝初年，泉州不但政治军事地位比较高，连当地海神也特别崇耀。至元十五年（1278年）八月，元朝制封泉州海神十二字封号为“护国明著灵惠协正善庆显济天妃”。[②]世俗王朝颁赐给神的封号，字数越多，地位越高。海神获得“护国明著灵惠协正善庆显济”十二字封号，达到了史无前例的最高级别。十年以后，至元二十五年（1288年）六月，广州南海神的封号，才从“明著”二个字增加到“广佑明著”四个字。[③]元朝前期，南海神的地位比泉州神女低得多。

再看泉州国内交通条件的改善。

泉州海外交通条件很好，但国内交通条件不够好，是外贸发展的瓶颈，官方设法改进。《元史》记载，至元二十六年（1289年）二月，尚书省官员提议兴建从泉州到杭州的海站，运输海外进口商品，同时执行海防任务：“行泉府所统海船万五千艘，以新附人驾之，缓急殊不可用。宜招集乃颜及胜纳合儿流散户为军，自泉州至杭州立海站十五，站置船五艘、水军二百，专运番夷贡物及商贩奇货，且防御海道为便。”这个建议得到世祖批准。[④]《永乐大典》也有类似的记载，至元二十六年二月十六日尚书省的一份奏疏称：“泉州至杭州，陆路窎远，外国使客进献奇异物货，劳民负荷，铺马多死。今有知海道者，沿海镇守言蔡泽言：旧有二千水军合于海道起立水站递运，免劳百姓，又可戢盗，可否取裁。上从之。事下江淮行省钦依施行讫。”[⑤]

兴建海站之前，泉州进口商货多经由内陆上京。由于有相当部分路程不能利用内河水运，需要人力和畜力艰难前行，故而“劳民负荷，铺马多死”。海站的兴建，对泉州外贸具有积极的推动作用。泉州进口商品的北运对内陆运输的依赖可以稍微减轻一些。但海站相当于陆路的驿站，依靠军兵一站一站运送商货，成本很高。至元二十八年（1291年）八月，“罢江西等处行泉府司、大都甲匠总管

①《元史》卷十九《成宗纪》。

②《元史》卷十《世祖纪》。

③《元史》卷十五《世祖纪》：至元二十五年六月，“诏加封南海明著天妃为‘广佑明著天妃’”。

④《元史》卷十五《世祖纪》。

⑤《永乐大典》卷一九四一八《站赤三》。

府、广州人匠提举司、广德路录事司，罢泉州至杭州海中水站十五所”。[①]泉州到杭州的海站只维续了两年半左右。

三、泉州外贸发展的第二个阶段

这个阶段始于至元三十年（1293年），到元朝灭亡为止。由于忽必烈的后继者改变了政策，泉州的光鲜亮丽随之褪色，昔日的显赫地位归于平淡。

泉州地处中国东南端，距离东亚和东南亚国家都不太远，海外交通是泉州外贸的最大优势。泉州外贸的其他条件则优劣相参。泉州在元代曾是区域政治军事经济中心，外贸发展获益不小，但这样的时间不长。泉州及附近出产的瓷器、丝绸等可供出口，但还不够，需要大量从外地补充。由于国内交通条件不太好，商货的南来北往不太方便。“闽南山险滩峻，道复多梗。”[②]自泉州向北，内陆通道，水路兼行，辛苦迂缓。沿海通道相对畅达，但海岸线附近地形复杂，暗沙浅滩时隐时现，危险隐患在在有之。

泉州北上江浙和京师的内陆通道，基本上是通过武夷山脉到浙江的仙霞岭山脉，再经杭州取道大运河上京。根据高荣盛的研究，忽必烈在位期间完成的三个海陆交通工程，加强了南方市舶口岸与大都的联系，其一“是从市舶主港泉州出发，经福州、建宁越武夷山，循信江至鄱阳湖入长江，至真州（治所在今江苏仪征市），再沿大运河北上的所谓‘新贡道’”。[③]这条通道也要经过仙霞岭。[④]

意大利人鄂多立克于元朝中期来到中国。约在英宗至治二年（1322年），他在广州登岸然后前往泉州，再从泉州前往杭州和京师。从泉州到杭州走的是内陆，经仙霞岭北上。[⑤]

仙霞岭是福建与江西内陆交通的必经之路，地势险要，有“东南锁钥”“八闽咽喉”之誉。明人谢肇淛说：“闽中自浙之江山入度仙霞岭，亦自险绝。”[⑥]此

①《元史》卷十六《世祖纪》。

②［元］贡师泰：《玩斋集》卷十《瓯宁县太君彭氏墓志铭》。

③高荣盛：《元代海外贸易研究·序论》，四川人民出版社，1998，第5页。

④［清］顾祖禹：《读史方舆纪要》卷九十三《浙江》衢江在城西。源出仙霞岭曰大溪，经江山县东，又北流至城西南，而信安溪流合焉，曰双港口。经城西，又绕出城北，东流至城东十五里鸡鸣山下，而定阳溪流合焉。亦曰衢港，亦曰信安江。

⑤［意］鄂多立克：《鄂多立克东游录》，何高济译，中华书局，1981。

⑥［明］谢肇淛：《五杂俎》卷四《地部》。

地不仅险要，且有七百多里的山路。清人顾炎武说："自衢州南至建州，山路凡七百里有奇，当即黄巢所开，今曰仙霞岭路。"[①]泉州与上京之间，内陆交通，路途艰难，旷日持久。

在当时，对外交通是一个港口能否繁荣的首要条件，但也要有其他条件相配合。泉州对外交通条件很好，加上港口深广、航道通畅等有利因素，发展外贸的综合条件堪称优良。即使没有朝廷的扶持，完全依靠自身的条件和力量，泉州外贸在沿海各海港中依然会有很强的竞争力。北宋前期和中期，朝廷不支持泉州外贸，当地外贸照样发展。北宋中后期设置市舶司后，泉州很快成为仅次于广州的外贸港口，就是明证。另外，由于元朝逐渐停止战争政策，泉州政策优惠结束了，承担的责任也减轻了。此后，泉州外贸依然有很好的表现。前面那些描述泉州外贸盛况的历史资料，许多就是元朝后期人的耳闻目睹。

泉州在元初受到朝廷的特别关照，外贸发展一路领先。至元十五年（1278年）朝廷授予泉州海神十二个字的封号，荣耀至极。[②]但大德三年，泉州海神的封号减为六个字，变成"护国庇民明著天妃"。[③]这是因为泉州不那么重要了吗？我们虽然还未知其来龙去脉，这对泉州应该不是利好之事。

在英宗时（1321—1323年），泉州外贸遇到一件不寻常的事。官员陈瑞于至治元年（1321年），奉旨"理算盐政"于海南、北两道；次年，又理算市舶于泉州。[④]

理算是元代的审计制度，以会计为基础，由御史台和廉访司负责。理算的内容包括会计是否属实，征收赋税是否符合规定，考核庶官的贪廉等。元代的理算制度对增加赋税收入，整肃吏治起到一定的作用，但弊痛不少。理算包括两种情况，一是程序性的理算。至元二十一年（1284年），诏："军官转入民职，已受宣敕不曾之任者，拟自准定资品换授，从礼任月日为始，理算资考升转。"[⑤]二是惩罚性的。《元典章》载："如拿获招了呵，依着他招了的理算。"[⑥]至元二十年（1283年），刑部尚书崔彧上疏谈时政，其中一条说：阿剌海牙掌兵民大权，

①[清]顾祖禹：《读史方舆纪要》卷六《历代州域形势》。

②《元史》卷十《世祖纪》。

③《元史》卷二十《成宗纪》。

④《新元史》卷一九六《陈端传》。

⑤《元史》卷八十四《选举志》。

⑥《元典章·刑部·强窃盗》。

“子侄姻党，分列权要，官吏出其门者，十之七八”，主张将阿剌海牙“罢职理算”，削弱其权势和影响。①

这是在海禁时期，朝廷理算泉州市舶，广州等其他港口却未见其事。理算作为元朝对财务的清查稽核，但后来却成了搜刮民财的手段。②朝廷理算泉州外贸有何深意，要达到什么目的还需探究，但对泉州不是好事则可以肯定。

到了英宗时（1321—1323年），泉州开始进入动荡年代，各种社会问题陆续出现，逐渐加剧。

首先是寇盗为乱。至治三年（1323年）正月，“泉州民留应总作乱”，朝廷江浙行省派兵讨捕。③泰定三年（1326年）三月，泉州人“阮凤子作乱，寇陷城邑”。④至正八年（1348年）三月，“福建盗起，地远难于讨捕，诏汀、漳二州立分元帅府辖之”。⑤至正十九年（1359年）以前，福建豪杰并起，“大者据州县，小者雄乡里”。⑥

元朝特权阶层，蒙古、色目人违法乱纪、兴风作浪，是元朝后期泉州的突出现象，并导致元末泉州港的渐衰。⑦蒙古、色目人借用权势在泉州大肆贪腐。天历二年（1328年）三月，御史台臣劾奏：“燕南廉访使卜咱儿，前为闽海廉访使，受赃计钞二万二千余锭、金五百余两、银三千余两、男女生口二十二人及它宝货无算。”⑧至正十七年（1357年）三月，义兵万户赛甫丁、阿迷里丁等，“叛据泉州”。⑨至正二十二年（1362年）五月，泉州赛甫丁据福州路，被福建行省章政事燕只不花击败，“余众航海还据泉州”。⑩至正二十二年（1362年）二月，阿巫那称霸泉州。⑪至正二十四年（1364年）四月，元

①《元史》卷一七三《崔彧传》。

②孙文学：《元朝失政之财政思考》，《财经问题研究》2001年第8期。

③《元史》卷二十八《英宗纪》。

④《元史》卷三〇《泰定帝纪》。

⑤《元史》卷四十一《顺帝纪》。

⑥［元］贡师泰：《玩斋集》卷六《送李尚书北还序》。

⑦见庄为玑：《宋元明泉州港的中外交通史迹》，《厦门大学学报（社会科学版）》1956年第1期。

⑧《元史》卷三十五《文宗纪》。

⑨《元史》卷四十五《顺帝纪》。

⑩《元史》卷四十六《顺帝纪》。

⑪（弘治）《八闽通志》卷八十七《拾遗》，北图古籍珍本丛刊，第33册，第1234页。

朝派遣福建行省左丞观孙自京师入闽，“分省兴泉，提调市舶军马”。[1]元朝的这个部署与对付阿巫那等在泉州一带的活动有关。当两年后元朝诸军克泉州，擒获阿巫那等人之后，“兴泉二郡始获免亦思巴奚之祸”。[2]亦思巴奚为波斯文Isbah的音译，原意有“军队”“特殊兵种”“民兵”“骑兵”“骑士”等。此处为泉州以穆斯林为首和主要组成部分的军队的专称。[3]

自然灾害也加剧了泉州社会的不安。至正十四年（1354年），“祥符旱魃再见，泉州种不入土，人相食”。[4]

盐税过重也加剧了泉州及其附近地区的不安定。福建“山多田少，土瘠民贫，民不加多，盐额增重。八路秋粮，每岁止二十七万八千九百余石，夏税不过一万一千五百余锭，而盐课十三万引，该钞三十九万锭。民力日弊，每遇催征，贫者质妻鬻子以输课，至无可规措，往往逃移他方。近年漳寇扰攘，亦由于此”。[5]这条史料没有注明是哪个年代，但引文里谈到盐课高达十三万引。从下面的表格可见，这是至大元年（1308）或这年前后的事。

下页表还显示，元代福建盐课比广东高出几倍到十倍。两地都有冗长的海岸线，盐课不应该差距这么大。盐课高企，地方官府括取民间、缴送京师的任务就特别重。

盐额是各地必须缴付给中央王朝的金额。表格中的“引”，可以折合为相应的金额。上面引用的史料记载，至大元年前后，福建盐课十三万引，折合钞三十九万锭。盐额高，上缴的金额就多，地方财政负担就重。盐额的高低本来应该跟当地盐的消费量建立联系，但实际上未必如此。为完成额定任务，盐额高的地方，官府就会强迫百姓买盐，无端加重对民众的榨取。当民众陷入穷困无告的困境时，官府的欺压就会引发民众的剧烈反抗。顺帝至正初年，福建漳州民众就曾因食盐抑配，群起暴动。[6]

①（弘治）《八闽通志》卷八十七《拾遗》，北图古籍珍本丛刊，第33册，第1235页。

②（弘治）《八闽通志》卷八十七《拾遗》，北图古籍珍本丛刊，第33册，第1237页。

③见陈达生：《泉州伊斯兰教派与元末亦思巴奚战乱性质试探》，《海交史研究》1982年4期，第115页注释4。

④《元史》卷五十一《五行志》。

⑤《元史》卷九十七《食货志》。

⑥《元史》卷九十七《食货志》。

元朝福建、广东盐额比较

时间	福建盐额（引）	广东盐额（引）
至元十三年（1276年）	6055	
至元十六年（1279年）		621
至元二十年（1283年）	54200	
至元二十二年（1285年）		10825
至元二十三年（1286年）		11725
至元二十四年（1287年）	60000	
至元二十九年（1292年）	70000	
大德四年（1300年）		21982
大德十年（1306年）	100000	30000
大德十一年（1307年）		35500
至大元年（1308年）	130000	50500
延祐二年（1315年）		50500
延祐五年（1318年）		50552

资料来源:《元史》卷九十四《食货志》。

元朝后期泉州已非富庶繁华的乐土，外国人纷纷撤出，另谋安居之地，其中有僧人，有商人。至正二十二年（1362年），刺桐港总主教佛罗伦斯市人哲姆斯等，在察合台汗国，“为基督教信守而死义焉”。哲姆斯等离开泉州的原因，是中国南方群雄纷起，他们在泉州已无大汗之资助，不能再事传教，故西走中央亚细亚之察合台汗国，以便返回欧洲。[①]

太仓是元代新兴的一座海港城市，元末在张士诚控制之下。张氏割据一方，优待地主，所控制的地区相对安定。有些苦于战乱的泉州舶商迁往太仓，以求保护。[②]由于元末明初延续的战乱，泉州地区的社会经济遭到严重破坏，侨居泉州的外商被迫纷纷归国，当地外贸由盛而衰。[③]

①张星烺:《中西交通史料汇编》，中华书局，1977，第一册，第230页。转引自亨利玉尔《古代中国闻见录》第三卷，第9—11、28页。

②参见陈高华:《元代泉州舶商》,《元史研究论稿》，中华书局，1991，第430页。

③沈玉水:《泉州港兴衰的启迪》,《福建论坛》1982年第2期，第83—4页。

第三节　广州港

自秦汉时代开始，在现今中国版图内，广州长期高居中国外贸第一大港的地位，几乎没有例外。但元代前半期广州港地位却下降了，排在泉州之后。这是中国古代外贸史上罕见的一页。

一、广州外贸的挫折与复兴

宋元易代，广州曾是两军反复争夺、一再拉锯的战场。在南宋王朝的最后二三年，广州是宋军残余部队与元军交战的最后战场和激烈争夺之地。广州争夺战在至元十三年（1276年）五月打响，当年六月元军首次进入广州。但经过几次得而复失，两年半后元军才最终获得此地。从现存史籍看，广州城争夺战并非宋元两军的实力较量，也无久攻不下的壮阔场面，但战争对社会及其经济造成了破坏。元朝统治者对广州军民的韧性抗争恼羞成怒，于至元十五年（1278年）初"夷广州城"，更使长期繁荣富庶的广州遭受灾难性打击。情况的严重性在元人陈大震笔下得到反映："自王师灭宋、平广以前，兵革之间，[广州百姓]或罹锋镝，或被驱掠，或死于寇盗，或转徙于他所，不可胜计。"[①]就外贸而言，战乱不但使它直接受到重创，伴随而来的人才和资本的流失具有更大的影响。

在元朝初年，泉州港就已受到统治者的倚重。宋末元初广州军民对元军的顽强抵抗，加上广州饱受战争之害，经济贸易备受摧残，都使元初统治者不满广州，对广州对外贸易的发展比较忽视。

但在元朝前期，广州外贸恢复和发展的步伐却比较快。

至元十九年（1282年），世祖下令用兵占城，元军将士由广州出发。[②]这意味着什么？进攻占城不是非取道广州不可。广州西面的广西钦州、廉州港距离占城更近；广州东面的泉州港，当时的物质条件应该比较优越。三个港口随后也都向占城派出部分舰船。至元十九年，元朝派出"淮、浙、福建、湖广军五千、海船

①[元]陈大震：《大德南海志》卷六《户口》。

②《元史》卷二一〇《占城传》。

百艘、战船二百五十”，以唆都为将领，进攻占城。[①]参加此役的主力显然来自广东以外地区，主将唆都还是福建行省的官员。元朝选择广州，此处不是地理上特别近便、不是综合物质条件特别优越，也不是兵强马壮，原因何在?

我们不妨从舰船供应的角度考察元朝选择广州的原因。

首先，从江淮、福建派遣大批战船到广州，再赴占城可能性不大。

江浙一带因为东征，民力财力严重消耗。世祖即位不久就想臣服日本，见对方并不情愿，便试图武力屈服，于是就有了东征之役。至元十一年（1274年）元朝首次东征，未达预期目标。这年十月元军攻入日本，但未能立足，“入其国，败之。而我军不整，箭又尽，第虏掠四境而归”。至元十八年（1281年）六月，元朝第二次征日，军队包括阿勒哈、范文虎等率领的十万人。但在八月间，“诸将未见敌，丧全师以返”。[②]滞留日本的将士后来多被日本军队消灭，仅有少数人陆续逃回。约略匡算，出征军人十四万，得以回归的仅五分之一左右。[③]第二次征日，准备两年，负责建造战船的包括潭州、扬州、湖南、赣州、泉州等省。[④]元军丢盔弃甲，亡失惨重，没有多少战船回归。世祖很快又打算第三次东征。建造舰船任务繁重，精疲力竭，可想而知。

泉州造船能力已基本耗尽。泉州在前代已是重要的造船基地，所产多为吃水较深、抗风浪能力强、适应远洋航行的尖底船。至元十八年（1281年）二月，福建行省左丞蒲寿庚提出：朝廷先前命令造海船二百艘，当时仅造好五十艘，百姓实在艰苦，难于建造其余船舶。朝廷只得同意停止造船。[⑤]泉州在宋元之交虽受战争动乱之苦，但破坏不甚严重，又得到蒲寿庚等的扶持，造船力量不弱。此次完不成造船任务，可能包含蒲寿庚对泉州的特别维护，但泉州自归属元朝以来，与东部其他地区一道，因应付东征等需要而承受了过分的索取应该是更重要的原

①《元史》卷十二《世祖纪》。《元史》卷一二九《唆都传》载：唆都“率战船千艘”，误。《元史》卷二一〇《爪哇传》：“世祖抚有四夷，其出师海外诸蕃者，惟爪哇之役为大。”元朝征爪哇，“兵凡二万”，派出舰船有五百和千艘两说；唆都兵仅五千，派出五百艘舰船已经不少，千艘不可能。

②［元］苏天爵：《元文类》卷四十一《征伐·日本》。

③韩儒林主编《元朝史》下册，人民出版社，1986，第413页。

④《元史》卷十《世祖纪》。

⑤《元史》卷十一《世祖纪》。

因，否则元朝未必会如此痛快地同意停止造船。发兵占城在此后一年多，泉州等地情况不会有大的改变。

其次，其他建造战船的内陆行省提供大量船舶的可能性也不大。我们已经知道，湖南、赣州、潭州参与建造征日战船。至元十六年（1279年）七月以前，潭州行省不仅参与建造征日本船，还有征交趾战船。①刚刚建造东征战船和征交趾战船，很快又能造出大量船舶以供占城之役，除非出现奇迹。而且，这些地区以打造江船为主，海船则非其所长，即使勉为其难，造出的是否足够好，是个问题。宋人说“海舟以福建船为上，广东、西船次之，温、明州船又次之”。②优质海船的建造基地全在沿海地区，合乎逻辑。

假设泉州能勉强供应所需船舶，或者加上东部和南部沿海地区，以及一些内陆行省的战船可以满足需要，朝廷能否同意全数发赴占城还是个疑问。至元十九年（1282年），新一轮征日的准备已经开始，东线战场也需要相近地区保有较多舰船随时征调。

总之，此时各地可供远洋的船舰都没有多少余裕。至元十九年，出征占城大军所以取道广州，主要是要利用广州的舰船。

从广州出发的船舶可以来自附近地区，不必皆由广州建造。从宋代情况看，两广沿海实力较强的地方可以说只有广州。排名第二的潮州可能提供部分船舶，但不会很多。潮州经济实力原先就远不如广州，宋末元初又经二十多天的围城之役，城市受创、经济凋残，同样处于恢复时期。③广西此时已在做征战交趾的准备。广西与交趾虽然壤地相接，但也需要战船。如果钦州、廉州有较多战船，它们就会是这支大军最近便的出发地或者出发地之一。从广州出发前往占城的船舰，看来主要来自广州本地。

宋元战争的最后一仗在广州新会海域进行。宋军动用“海舰千余艘”，当已尽力搜罗当地的合用船舶。战争过后，元军虽然在“焚溺之余，尚得八百余艘”④，其中受损残败船舶当不在少数。

---

①《元史》卷十《世祖纪》。

②［宋］吕颐浩：《忠穆集》卷二《论舟楫之利》。

③《元史》卷一二九《唆都传，百家奴传附》。

④［元］苏天爵：《元文类》卷四十一《政典·征伐·平宋》

朝廷决定把广州作为征伐占城的出发地，意味着广州要承担格外艰巨的船舶建造和维修任务，也意味着当地船舶修造和其他行业正快速复苏。

唐宋以来海外贸易一直是拉动广州经济进步的龙头。海外贸易推动造船业进步；造船业的进步反过来也为海外贸易的发展提供了条件。元初广州船舶修造业的复苏，可能与修复废旧船舶有关，其动力则来自海外贸易和沿海捕鱼、运输等需要；而适合远洋航行船舶的建造，主要起因于海外贸易。元朝人陈大震指出：广州“市舶亭在朝宗门外，至元十九年创建”。[①]市舶亭是以往商船停泊处的一座引人注目的建筑，既有实用意义，也有情感价值，在中外商民间颇有名气。广州创建市舶亭，表明当地外贸已经走在复苏路上。此时距宋元战争最后结束仅四年，与往后年代相比广州经济发展虽是很初步的，但与几年前的情形相比变化颇大。

古代的广州城，外贸发达，船舶往来，货物流动，人员穿梭，欣欣向荣。这个城市坐落在林海苍茫、河流纵横的蛮荒之地上，南面是一望无际的海洋，就像镶嵌在大陆边缘的一颗大珍珠，光华闪耀。外贸是广州经济进步的火车头，带起生机勃勃的都市经济。元朝初年经过短短的四年时间，广州外贸已有相当程度的恢复和发展。

到了元朝中期，在各地人口增长、国内外市场扩大、航海技术进步等因素共同作用下，广州外贸规模逐步达到甚至超过宋代水平。据时人陈大震记载，大德八年（1304年）以前，广州市场上的奇珍异宝之多，超过了往日地方文献的记录。[②]泉州聚集了不少蒙古、色目人，他们依仗特权经营商业贸易，广州外贸规模尚不足以与之相比。泉州此时仍是中国第一外贸大港。

在元朝后期，广州繁盛的图景从时人的笔下得以展现：“海外大蛮夷岁时蕃舶金珠、犀象、香药、杂产之富，充溢耳目。抽赋帑藏，盖不下巨万计。”[③]此处所记史事，当在英宗至治三年（1323年）以后。[④]吴师道说：“炎州际沧溟，万舶

①[元]陈大震：《大德南海志》卷十《局务仓库》。

②[元]陈大震：《大德南海志》卷七《舶货》：“广为蕃舶凑集之所，宝货丛聚，实为外府……其来者视昔有加焉，而珍货之盛，亦倍于前志之所书者。”

③[元]吴莱：《渊颖集》卷九《南海山水人物古迹记》。。

④高荣盛：《元代海外贸易研究》，四川人民出版社，1998，第275页。

集奇货。有司慎委寄，资用邦国佐。”[①]吴师道，至治元年（1322年）进士，此文作于其后。虞集说：广州为“服岭以南一大都会，临治海岛，近岁以来，贡赋货殖充斥，瑰异比于中州。”[②]元统年间（1333—1334年）虞集写成此文，元后期广州繁荣景象跃然纸上。至元四年，欧阳玄在为傅若金出任广州儒学教授而写的序文中有“其民庶而富”之句。[③]杨翮说：“世传岭南诸郡近南海，海外真腊、占城、流求诸国蕃舶岁至，象犀、珠玑、金贝、名香、宝布，诸凡瑰奇珍异之物宝于中州者，咸萃于是。”[④]杨翮写此文在至正元年以后。刘仁本描述了顺帝至正年间广州的情况：“广海在南服，万里为天子外府。联属岛夷，聚落作大藩。贾舶所辏，象犀珍珠，翡翠玳瑁，委积如山。”[⑤]

从外贸政策的角度，广州外贸的阶段性跟泉州相似，也是分成两个阶段，以至元三十年（1293年）为界。

二、广州外贸发展的前期

这个阶段，广州外贸最初不仅不受重视，甚至多少有点受压，市舶司姗姗来迟便是实例。

现存史籍没有提到元朝什么时候在广州设置市舶司。在至元十九年（1282年），广州有“市舶亭”，[⑥]有学者据此认为，存在市舶亭，意味着广州已经有市舶司了。这个推论不够严谨。市舶亭的“创建”，不能作为广州有市舶司的确证。第一，市舶作为外贸船舶，并不代表或专属于市舶司。第二，广州早有市舶亭。天禧三年（1019年）九月，供备库使侍其旭言：“广州多蕃汉大商，无城池郛郭，虽有海上巡检，又往复不常，或有剽劫则乏御备。请徙广恩州海上巡检一员廨于广州市舶亭南，所冀便于防遏。”[⑦]至元十九年是公元1283年。市舶亭早在

①[元]吴师道：《礼部集》卷三《送王正善提举广东市舶》。

②[元]虞集：《道园类稿》卷二十三《广州路文成庙记》。

③[元]傅若金：《傅与砺文集·附录·欧阳文公送之广州儒学序》。

④[元]杨翮：《佩玉斋类稿》卷四《送玉庭训赴惠州照磨序》。

⑤[元]刘仁本：《羽庭集》卷五《送吴明仲赴广东帅阃经历序》。

⑥[元]陈大震：《大德南海志》卷十《局务仓库》。

⑦《续资治通鉴长编》卷九十四，天禧三年九月乙卯。

二百六十多年以前就已经矗立于广州，陈大震用“创建”二字不准确，比较合适的表达应该是“重建”或“改建”。第三，至元三十年（1293年）杭州撤销市舶司后，延祐元年（1314年）七月十九日，在没有市舶司的前提下，“杭州依旧设立市舶库，知专市舶公事，直隶行省管领”。①这说明，带有“市舶”二字的名称与市舶司不一定有天然联系，市舶库如此，市舶亭亦然。

但下一年，至元二十年（1283年），广州有了市舶司。这年六月，元朝“定市舶抽分例，舶货精者取十之一，粗者十五之一”。②这是《元史》的记载。这次的市舶贸易税收制度在哪里、由什么机构操作？编入《元文类》的《经世大典序录·市舶》也记录了这件事，还回答了上面的问题：“国朝平定江南，幅员既广，贡赋益伙。于是泉州、上海、澉浦、温州、庆元、广东、杭州邻海诸郡与远夷蕃民往复互易舶货，因宋制细物十分而取一，粗物十五分而取一，以市舶官主之。”③上列七个地点中，有六个史书明确记载当时已经有了市舶司，“市舶官”指的是市舶司官员。两条史料互相参照，情况就比较清楚了。至元二十年（1283年）六月，已经存在广东市舶司。广州是广东最大的外贸港口，广东市舶司设置地点当在广州。

元代广州有市舶司，比较明确的记载见于至元二十三年（1286年）十一月：“改广东转运市舶提举司为盐课市舶提举司。”④《元史》“市舶提举司”条载：“至元二十三年，立盐课市舶提举司，隶广东宣慰司。”⑤盐课与市舶岁入，都是元朝的重要收入，“岁课山林川泽之产，若金银、珠玉、铜铁、水银、朱砂、碧甸子、铅锡、矾碱、竹木之类，其利最广者，盐法、茶法、商税、市舶”。⑥显然，掌管盐和外贸收入的“盐课市舶提举司”责任重大。但盐课与外贸管理，事务繁多，市舶与盐课管理机构合一，表明外贸发展规模还不大，或是朝廷尚未予以高度重视。

至元三十年（1293年）四月，行大司农燕公楠、翰林学士承旨留梦炎言：

---

①《通制条格》卷十八《市舶》，浙江古籍出版社，1986，第230—1页：

②《元史》卷十二《世祖纪》。

③[元]苏天爵：《元文类》卷四十《经世大典序录·市舶》。

④《元史》卷十四《世祖纪》。

⑤《元史》卷九十一《百官志》。

⑥[明]丘浚：《大学衍义补》卷三〇《治国平天下之要·制国用·征榷之课》。

"杭州、上海、澉浦、温州、庆元、广东、泉州置市舶司凡七所"。[①]值得注意的是，此处写的是广东而不是广州。广州的外贸管理机构市舶司，称广东市舶司，并不以广州冠名，终元之世大抵如此。[②]

三、广州外贸发展的后期

在这个阶段，形势的变化给广州外贸发展带来了一些有利的条件，增加了广州港的吸引力。

首先，让我们看看广州外贸的传统优势。广州海外交通条件在中国沿海所有港口中，具有特别优势。第一，中国的主要外贸对象是东南亚、南亚、西亚海路相通的国家，广州是中国距离这些国家和地区最近的理想港口。第二，广州有优质的港口，港口深阔，位于珠江三角洲纵深处，有利于防风防盗。第三，珠江三角洲是鱼米之乡，生活必须品供应充足，船舶建造和维修可以就地取材。第四，广州是历史悠久的贸易都会，吸引着大批流动人口，包括海外贸易港需要的熟练和非熟练劳动力，他们从事船舶修造、货物搬运和水上作业等。这是远洋运输和海内外商品交换中非常宝贵的人力资源。

其次，让我们看看广州外贸传统缺陷的改进。广州外贸也有些短板。但在元代，随着经济和技术的进步，情况正在改善。历史上，对广州外贸不够有利的情况是：第一，国内交通条件不够优越，广州主要有四条北上通道，其中三条是内陆通道，一条为海路通道。北江、南岭、赣江一线，除了在大庾岭上需要肩挑车载走一段山路外，其他路段全部可以利用水路，是比较径直快捷的北上通道。唐中叶张九龄主持开拓大庾岭山道后，历宋元明清各朝，这都是广州联系江南、京师的主要通道。西江、越城岭、湘江通道，相比上一条，路程相对辽远迂回，但越城岭一段不必下船徒步，全程水路接续。这是一条比较省力的通道。海路基本上沿海岸而行，风险相对大些，但全程水运，商货承载量大。

第二，进出口商品的主要供应和消费地距离比较远。到了元代，广州外贸不

①《元史》卷十七《世祖纪》。

②"广州市舶司"的说法见《元典章》和黄溍：《文献集》卷九下《王公［艮］墓志铭》。但《元史》一般都写"广东市舶司"。

够理想的状况都在改善。广州与华北、京师的交通，越来越多地借助海运。航海和造船技术的进步，使近海航行的安全性、便捷性都在提高。广州所在的珠江三角洲和邻近的韩江三角洲经济都在加速发展，本地供应出口商品的能力在提高，例如广州和潮州烧造的陶瓷器已经大量用于外销；随着岭南社会进步速度的加快，越来越多的进口商品被本地人就地消费。

最后，让我们看看这个阶段出现的新情况：贸易条件的相对改善。广州港贸易条件的相对改善，主要始于至元三十年（1293年）。首先表现在各个港口实施相同税率。至元三十年的外贸税收条例，规定所有市舶司都采用十五取一的抽分制度，于是广州与泉州这对竞争对手，竞争的条件趋向于平等。意义更大的变化是海禁的逐步解除。在这个阶段还有过两次海禁，但时间不长。英宗至治年间（1321–1323年）以后，海禁完全停止。官方垄断贸易的退场，不平等贸易政策的解除，打开了私人商业贸易发展的通道，对广州外贸的发展特别有利。

上个阶段后期和这个阶段早期（大致在至元二十一年到至治三年），影响外贸的一个重要因素是实行官本船贸易和大量官本的注入。卢世荣实行官本官船贸易时，朝廷投入了十万锭钞作为经费。[①]十万锭钞当时在元大都可买上等白米三十余万石，是个很大的数字。[②]行泉府司成为市舶司上级机关后，也领官本经营外贸：以"至元钞千锭为行泉府司，岁输珍异物为息"。[③]元贞二年（1296年），因"禁海商以细货于马八儿、呗喃、梵答剌亦纳三蕃国交易"，朝廷又拿出五万锭钞，"令沙不丁等议规运之法"。[④]官本之外，还有许多掌握在达官贵人手中的钱财也交由斡脱或其他商人经营，注入海外贸易。大量官本及其他钱财的投入，或多或少都会给外贸市场带来繁荣。

但政府和权势集团多不把广州作为经营的重点。最早的官本船制度，就只在杭州和泉州落地，虽然当时广州已经有了市舶司。[⑤]泉州、庆元等港口所在的江

①《元典章》卷二十二《户部·市舶·合并市舶转运司》。

②陈高华、吴泰：《宋元时期的海外贸易》，天津人民出版社，1981，第22页。

③《元史》卷十五《世祖纪》。

④《元史》卷九十四《食货志》。

⑤《元史》卷九十四《食货志·市舶》。"至元二十一年，设市舶都转运司于杭、泉二州，官自具船、给本，选人入蕃，贸易诸货。"

淮行省，行泉府司是在尚书右丞桑哥的建议下设置的。广州所在的江西行省，行泉府司依靠本行省官员奏请才得以设置。两个行泉府司虽然都获官本一千锭，朝廷重视程度并不相同。

权贵们的航海贸易大本营也多远离广州。目前所知元代最著名的商人有蒲寿庚、朱清、张瑄、沙不丁，以及浙东杨氏家族等，他们经营基地多在江浙、福建行省。

蒲寿庚及其家族经营重点在泉州。他的女婿回回人佛莲，前面我们已经谈过。"其家甚富，凡发海舶八十艘"，佛莲去世留下的财产，仅珍珠就有一百三十石。他也主要是在泉州经营外贸。①

朱清、张瑄风光一时，"父子致位宰相，弟侄甥婿皆大官，田园宅馆遍天下，库藏仓庾相望，巨艘大舶帆交番夷中"。②他们及其家族主要在江浙一带活动，日常居住的宅第则座落在平江路的太仓。

至大三年（1310年），江浙行省左丞沙不丁说：澉浦杨家等，"皆有舟，且深知漕事"。③"澉浦杨家"的家族成员，包括元初福建安抚使杨发和大德五年（1301年）"以官本船浮海至西洋，十一年乃还"的杨枢。④"澉浦杨家"的起家和主要活动地盘在江浙行省。

元代外贸政策与宋代外贸政策的一个重要区别，是元朝官方和权豪势要用其钱财构筑起一个特殊的贸易体系。这个系统虽然由商人具体运作，而资本来自官方和权贵，因而相当雄厚；又凭借政府的有力支持，具有很强的垄断性、排他性，给民间商贸系统带来破坏性冲击。这个贸易体系使外贸经济失去原有的自由度，从贸易地点选择到资金分布都不由市场决定，而取决于政府和权势集团的意愿与便利。从卢世荣实行官本官船贸易开始，到元朝中后期的几十年，朝廷虽然没有明文规定各主要港口地位的高下，但官本可以决定外贸重心所在，并在很大程度上引导市场的迁转。这是宋朝没有的特殊情况。宋朝没有将官本投入于外贸

①［宋］周密：《癸辛杂识》续集卷下《佛莲家赀》。

②［元］陶宗仪：《辍耕录》卷五《朱张》。

③《元史》卷二十三《武宗纪》。

④［元］黄溍：《文献集》卷八上《杨君（枢）墓志铭》。

经营，宋初派遣官船出海与元朝官本官船不可同日而语。朝廷曾经设法用行政手段压制泉州等港口的外贸，却很快面临失控的形势，不得不改变政策。

因此在这个阶段，广州外贸地位不高。加上元朝多次禁商下海都拿普通商人开刀，对主要由普通商人支撑的广州外贸市场特别不利。

但元朝外贸政策第二阶段对广州外贸也存在有利的一面。我们已经看到，政府与权势集团既互相联合，也互相冲突。广州远离权力和利益中心，外贸经济既难以凭借特权而获利，也不易在矛盾冲突中大受其害。

元代许多巨商大贾最终都难逃家赀被籍没的结局。蒲寿庚的女婿回回佛莲看来并没有被定罪，但他死后，家产归官府所有。[①]朱清、张瑄情况则被冠以恶名，籍没家产。[②]家产不保很大程度上是中国古代许多富商大贾的共同命运。从西汉武帝时，“杨可告缗遍天下”，“于是商贾中家以上大氐（抵）破”[③]开始，官府财政越紧张，民间产业就越不安全。

朱清、张瑄大肆聚敛之时，另一富人何敬德却“布衣蔬食，汲汲以施贫赈乏为事”，还劝张瑄父子“毋嗜进厚藏以速祸”。朱张事发，而他“固无一毫发累”。[④]可见“嗜进厚藏”在时人意识和经验中是会惹祸的。越是巨商富贾聚集之处，这类事情密度越高。

外贸经营资本罚没充公总是对航海贸易的打击，广州就较少承受这样的打击。但如果将上述情况视为广州的幸运，那么这样的幸运远不足以与较少得到官本大量注入的不幸相抵。元朝外贸政策带给广州外贸的负面作用比全国范围的负面作用要大。

英宗至治三年（1323年），元朝决定，“听海商贸易，归征其税”。[⑤]此后官本船制度不再，外贸相对自由。形势朝着有利于广州外贸发展的方向演进。

此时东南沿海外贸大港只剩下三处：庆元、泉州、广州。庆元和泉州港各有各的困难，广州虽然也是如此，但有些方面似乎稍微好些。

①［宋］周密：《癸辛杂识》续集卷下《佛莲家赀》。

②［元］苏天爵：《元文类》卷六十九《何长者（敬德）传》。

③《汉书》卷二十四下《食货志》。

④［元］苏天爵：《元文类》卷六十九《何长者（敬德）传》。

⑤《元史》卷九十四《食货志·市舶》。

从市舶贸易机构的角度看，广州的市舶司似乎比较稳定。天历元年（1328年）十一月，“日本舶商至福建、庆元博易者，江浙行省选廉吏征其税”。[①]在福建和庆元，朝廷为何特别指定让江浙行省征税，这是市舶司的职责。两地的市舶司是否还健在？是个疑问。顺帝元统元年（1333年），“罢广东提举二司”。[②]这里的“提举二司”包括市舶司。至正二年（1342年），“复立广东提举，申严市舶之禁”。[③]由此可见，废弃市舶司的九年以后，朝廷恢复了广东市舶司，同时要求市舶司严格管理海外贸易。

此时广州社会总体上比较和平安定，元末社会动荡爆发的时间较晚。自元初战乱过后，广州城基本上不再有大的破坏。广州的管辖区域及其附近地区，在元世祖时有过不少小规模暴动，到元朝中期和中后期，类似变故已较少见到。至正间，广州进入不稳定时期，“朝政不行，盗贼蜂起，寓民各专武断，聚兵自卫”。[④]至正二十一年（1361年）是个重要时间点。这年二月，江南行台侍御史八撒剌不花杀广东廉访使完者笃、副使李思诚、佥事迭麦赤，“以兵自卫，据广州”。[⑤]一时间，四邻豪杰并起，山头林立，广东大乱。当年十月，八撒剌不花被杀，[⑥]历时八月的动乱暂告一段落。但很快新的动荡又起，断续相接，直至归属明朝。

①《元史》卷三十二《文宗纪》。

②《广东通志》卷五十八《外番志》。

③《广东通志》卷五十八《外番志》。

④《王叔英文集》卷二《凌府君行录》，民国嘉业堂丛书。

⑤《元史》卷四十六《顺帝纪》。

⑥《元史》卷四十六《顺帝纪》。

第十章
元朝市舶司及市舶贸易制度

第一节 元朝市舶司的布局

元代海外贸易的主要港口，主要分布在今天的浙江、福建和广东。元朝的市舶司最多时有七个，从北而南分别是上海（宋代称秀州华亭）、澉浦、杭州、庆元、温州、泉州、广州。这些港口当时分属江浙行省的浙江、福建，和江西行省的广东。

江浙行省密集地分布着五个市舶司，但起主要作用的是庆元市舶司。福建和广东虽然都只有孤零零的一个市舶司，却是最为繁忙、作用最大的市舶司。

这里有个问题：为何元朝在短短的一两年间，就在浙江匆忙设置了五个市舶司？

宋朝主要在浙江的杭州、明州设置市舶司，杭州市舶司外贸的实际作用始终不太大，南宋光宗朝（1190—1194年）初年，彻底废弃；在北宋末和南宋时期，宋朝经费短绌，希望多收税，便在秀州、温州和澉浦设置市舶务和市舶场，但作用不大，时间都比较短。

可能的原因是：元朝统治欲和控制欲都非常强，相继消灭金朝和南宋之外，还出兵四外征讨，希望海外各国跪拜臣服。由于筹集军费的任务很重，于是元朝希望通过市舶司获得可观的外贸收入。东部沿海对东亚国家贸易比较方便，元朝便在设置市舶司的同时，于至元十五年（1278年），“诏谕沿海官司通日本国人市舶”。[1]但这个如意算盘并不高明。首先，东亚也就日本和朝鲜两国，两国对华人贸易额从来不大；另外，日本人不太配合，元朝碰了个软钉子。

①《元史》卷十《世祖纪》。

元朝市舶司从存在时间看，泉州设置最早，广州则稍晚几年，是元朝设置最晚的市舶司。元朝后来陆续撤销了一些市舶司。至元三十年（1293年）四月以后减少了两个市舶司：温州市舶司并入庆元市舶司，杭州市舶司并入税务机构。[①]大德二年（1298年），澉浦和上海市舶司也被取消，有关职事归入庆元市舶司。[②]至治二年（1322年）三月海禁结束，朝廷复置的市舶司只有三个，分别在泉州、庆元和广州。[③]后来，庆元市舶司也不见踪影。可以说在元代，泉州市舶司存续时间最长，广州次之。

从分工看，元朝三个比较重要的市舶司中，庆元市舶司主要对东亚国家贸易，泉州主要对东亚和东南亚及其以西国家贸易，广州主要对东南亚及其以西国家贸易。东南亚及其以西国家历来是中国海外贸易的重心所在，贸易对象多，贸易规模也大。因此泉州和广州外贸较为繁盛。

第二节　管理市舶司的机关

元朝延续大蒙古国时期形成的经商传统，并接受了宋朝的做法，建立起自上而下的赢利系统。市舶司属于元朝赢利系统的基层。

掌管市舶司的上级机关并不固定，有过几次变动，但基本上是在地方官府和泉府司系统之间转换，并以前者为主。

在至元二十一年（1284年）首次撤销市舶司以前和元朝中后期，是地方官府掌管市舶司的时期。

至元二十一年以前，市舶司管理基本循行从前的做法，由地方官兼领。至元十四年，泉州市舶司由“忙古䚟领之”，庆元、上海、澉浦市舶司，“安抚使杨发督之”。[④]约在至元十五（1278年）或十六年，百家奴升任镇国上将军、海外诸蕃宣慰使，兼福建道市舶提举。[⑤]宋朝重文抑武，不会让武将手握大权，以军官身份兼任市舶提举是元代不同于宋代之处，但这并未突破前代地方官兼任市舶司长官

①《元史》卷十七《世祖纪》。

②《元史》卷九十四《食货志》。

③《元史》卷二十八《英宗纪》。

④《元史》卷九十四《食货志·市舶》。

⑤《元史》卷一二九《百家奴传》。

的框架，几年间市舶司的上司基本上是行省和宣慰司。行省的全称是行中书省，元朝地方最高行政机构，由朝廷直接管辖。宣慰司地位在行省之下、州郡之上，掌管军民之事。

设置在广州的市舶司，曾由广东都转运盐使兼管。合剌普华卒于至元二十一年（1284年），曾以广东转运盐使的身份“兼领诸蕃市舶”。①泉州的市舶司，曾由福建市舶总管府管辖，在至元二十（1283年）年三月，福建市舶总管府被取消。②

延祐四年（1317年）五月撤罢泉府司。③市舶司及外贸回归元朝初年由宣慰司、行中书省等行政系统管辖的单纯状态，直至元朝末年。

在元代，地方官府管理市舶司历时长，作用较大，统治者主要通过这个系统获取外贸收益。

在至元二十一年（1284年）到延祐四年（1317年）的三十多年间，有些时候市舶司归泉府司系统管辖。

这是一段“禁商下海”频发时期。海禁时期，市舶司多被撤并；海禁过后市舶司恢复，有时处在泉府司系统的管辖之下。市舶司处于泉府司系统管辖之下，大致有以下几个时点：

第一，至元二十二年（1285年）八月，元朝取消首次海禁，“罢禁海商”。④次年八月，因海禁归并掉的市舶司被复置，归属于泉府司。⑤泉府司管辖市舶司的历史由此开始。

第二，至元二十五年（1288年）四月，市舶司因泉府司官员沙不丁、乌马儿的奏请而复置，⑥泉府司又成为市舶司的上司。

第三，至元二十六年（1289年）闰十月，江西行泉府司获得朝廷拨给的至元宝钞一千锭为本，每年向朝廷输送奇珍异宝。⑦江西行泉府司所以能每年向朝廷输送奇珍异宝，因为管辖着本行省广州港的市舶司。

---

①[元]许有壬：《至正集》卷五十四《哈喇布哈（合剌普华）公墓志铭》。

②《元史》卷十二《世祖纪》。

③《元史》卷二十四《仁宗纪》。

④《元史》卷十三《世祖纪》。

⑤《元史》卷十四《世祖纪》。

⑥《元史》卷十五《世祖纪》。

⑦《元史》卷十五《世祖纪》。

第四，至元三十年（1293年），在元朝第二次海禁结束后制定的《至元法则》，将市舶司置于行泉府司的管辖之下。[①]

第五，至大元年（1308年），第四次海禁结束，当局恢复泉府院，“整治市舶司事”。[②]市舶司又在泉府司的系统之中。

但在泉府司管辖市舶司的时候，行省依然掌握外贸管理权。至元三十年（1293年）颁布的《至元法则》第四条规定：“如有进呈希罕贵细之物，亦仰经由市舶司见数，泉府司具呈行省，行省开坐移咨中书省闻奏”；[③]第二十条：“行省、行泉府司、市舶司官，每岁若至舶船回帆时月，预期前去抽解处所，以待舶船到来，依例封堵，检次先后，随时抽收”；[④]第二十二条：“抽分市舶关防节目，若有该载不尽，合行事理，行省、行泉府司、各处市舶司所在官员奉行谨守，不得灭裂违犯。”[⑤]上面的三条规定显示，外贸管理架构包含行省。行省的地位高于行泉府司。延祐四年（1317年）五月，元朝废罢泉府司，[⑥]市舶司受泉府司领导的历史就此终结。

第三节　市舶司的内部管理制度

元代市舶司内部管理人员包括：提举二员，从五品；同提举二员，从六品；副提举二员，从七品；知事一员，以及提控、照磨等。[⑦]元朝市舶司内部管理人员的构成，与宋朝有显著差别：

第一，采取双提举、双副提举、双同提举制度。这是元朝特有的做法，其他一些经济部门也有大同小异的制度。例如：大都宣课提举司，“提举二员，从五品；同提举一员，从六品”。[⑧]尚牧所，“提举二员，从五品；同提举一员”。[⑨]广海盐课提

①见《元史》卷九十四《食货志》。

②《元史》卷九十四《食货志》。

③《元典章》卷二十二《户部》卷八《市舶则法二十三条》。

④《元典章》卷二十二《户部》卷八《市舶则法二十三条》。

⑤《元典章》卷二十二《户部》卷八《市舶则法二十三条》。

⑥《元史》卷二十四《仁宗纪》。

⑦《元史》卷九十一《百官志》；弘治《八闽通志》卷三〇《秩官》，北图古籍珍本丛刊，第33册，第404页。

⑧《元史》卷九十五《百官志》。

⑨《元史》卷八十七《百官志》。

举司，“都提举二员，从四品；同提举二员，从五品；副提举二员，从六品”。[①]

第二，双提举，从五品；双同提举，从六品。这样的品阶，以宋朝为标准算是相当高的。在宋代，一般只有“大藩府”，即像广州这样的大州知州才能获得从五品的高位。[②]但在元代这似乎不算什么。诸路金玉人匠总管府品阶更高，“秩正三品”。[③]元朝的路，相当于宋代的州。各路金玉人匠等事务的管理机构，竟然是正三品的岗位。前面提到的，广海盐课提举司的正职和副职，为正四品和从四品的岗位，也高于市舶司。元朝实行民族等级制度，这样的高品阶，往往是为特权阶层准备的。

第四节　泉州市舶司主要负责人的种族构成

泉州市舶司主要负责人的种族构成，从目前所见资料，以色目人为主。

蒲寿庚是色目人。他是宋元之交的著名穆斯林海商，先辈是10世纪前定居占城的阿拉伯人。继蒲寿庚掌管泉州市舶外贸后，又有多位色目人掌管泉州市舶贸易，据乾隆《泉州府志》卷二十六《文职官上》记载，元代担任市舶提举及同提举的色目人列表如下：[④]

元代在泉州出任市舶提举及同提举的色目人

人名	任职时间	人名	任职时间
马合谋	大德间	暗都剌	
沙的	至大间	忽都鲁沙	
海寿	至大间	回回	至大间
赡思丁		乌马儿	大德间
木八剌沙	延祐间	马合麻	至治间
哈散	延祐间	怯烈	
倒剌沙	至治间	怯来	
八都鲁丁		马合马沙	
亦思马因		忻都	

①《元史》卷九十一《百官志》。

②参见章深：《宋代广东军事行政长官的选任》，《广东社会科学》2005年第2期。

③《元史》卷八十八《百官志》。

④刘政：《斡脱商业与元代社会》，兰州大学硕士学位论文，2010年，第35页。

第五节　元代市舶司的主要作用

元代市舶司的功能与宋朝既相似又有差别，除了为中央王朝控制外贸和获取经济利益外，有时还毫不掩饰地为权贵及其家族牟取私利。

一、管理外贸和征收外贸税

管理市舶贸易和征收外贸税是元初设置市舶司的重要目的。

市舶司管理外贸的职责，包括以下几点：第一，船舶出发前，根据舶商的申请发放出海通行证，并限定商船回返的时间，"给以公文，为之期日"。第二，每年贸易季节到来之前，召集商民驾驶船舶，装载商品前往海外国家，开展中外贸易。"每岁招集舶商，于蕃邦博易珠翠、香货等物。"第三，商船回返时的检查验收，包括出海时间、所到国家地区、购买到的海外商品等。"其发船回帆，必著其所至之地，验其所易之物"。第四，为商人之间交易进出口商品提供条件，"听其货卖"。第五，执行朝廷的各项指令。至元十九年，市舶司受命收购海外金珠宝货，朝廷"令市舶司以钱易海外金珠货物"。至元二十年（1283年），朝廷下令禁止舶商"以金银易香木"。[①]这道禁令的执行者包括市舶司。

市舶司的征税责任是：主持并且实际征收外贸税。市舶司官员根据规定的税率，对进口商品，"依例抽解，然后听其货卖"，另外还兼收国内沿海贸易税。"客船自泉、福贩土产之物者，其所征亦与蕃货等。上海市舶司提控王楠以为言，于是定双抽、单抽之制。双抽者蕃货也，单抽者土货也。"[②]对外贸易和国内沿海贸易，两种税收此前一致笼统含混，未做明确区分。

元朝市舶司管理市舶贸易的职能，跟宋朝大体相同，但有些区别。宋朝市舶司：进口商品的"官市"，是其一项经常性任务，官市商品中有相当部分是进口专卖品；有些时候，会受官方之命让商人在海外购买特定商品。[③]元朝市舶司：直接参与贸易活动大为减少，没有进口专卖品，也没有官市任务，只是临时性地为朝廷采购某些特别指定的商品。对比宋朝和元朝市舶司的任务，前者作为管理者，又参与商品交易，后者则相对超脱。官方较少参与商品交易，意味着管理权

①《元史》卷九十四《食货志·市舶》。

②《元史》卷九十四《食货志·市舶》。

③《续资治通鉴长编》卷三四三，元丰七年二月丁丑。

和经营权较高程度的分离，是一个值得注意的进步。这是元朝外贸制度的一个重要改进。

二、官本船与市舶司

官本船在起始阶段完全排斥异己，民间商人不得经营航海贸易。市舶司的任务是管理外贸和征收外贸税，此时基本上无税可征，机构裁并撤销，便在情理之中。至元二十一年（1284年）九月，“并市舶司入盐运司，立福建等处盐课市舶都转运司”。[①]在这里，我们看到，市舶司被并入盐运司。新成立的是个转输机构，专门运送盐和进出口商品。这是发生在福建的机构调整。官本船实行于福建和两浙，两浙地区市舶机构的调整情况未见。无论如何，市舶司因官本船而遭遇生存危机。

在元朝中后期，官本船失去了最初的权势，既不能排斥民间商人，更无力取消市舶司，成了与民间外贸共存，但竞争力较弱的一种商贸模式。

三、泉府司管辖下的市舶司

市舶司有时归地方官府管辖，有时归泉府司系统管辖。当然，即使在归泉府司管辖的时候，地方官府对市舶司仍有一定的管理权。

元朝曾经几次把市舶司纳入泉府司系统。至元二十三年（1286年）八月，“以市舶司隶泉府司”。[②]这条史料很清楚，市舶司隶属于泉府司是通行全国的制度。至元二十五年（1288年）四月，世祖“从行泉府司沙不丁、乌马儿请，置镇抚司、海船千户所、市舶提举司”。[③]沙不丁的行泉府司在江浙行省。[④]该行省的市舶司应该是在至元二十三年（1286年）八月之后被撤销的，此时恢复并由泉府司掌管。武宗至大元年（1308年）开放海禁，朝廷“复立泉府院，整治市舶司事”。[⑤]这道全国性命令又把市舶司归于泉府院管辖。但这种状态维持不久，次年二月，朝廷“罢行泉府院，以市舶归之行省”。[⑥]

①《元史》卷十三《世祖纪》。

②《元史》卷十四《世祖纪》。

③《元史》卷十五《世祖纪》。

④[元]吴澄：《吴文正集》卷六十四《董忠宣公（士选）神道碑》。

⑤《元史》卷九十四《食货志》。

⑥《元史》卷二十三《武宗纪》，卷九十四《食货志》。

泉府司对市舶司的管理权是不完整的，地方官府对市舶司的运作依然有管辖权。市舶司抽解进口商品，需要在地方官吏检查船货之后才开始，还要在地方官员的监督下进行。至正三年（1343年）冬，监抽庆元市舶的是江浙等处行省右丞约苏穆尔。[①]这是港口所在地行政系统的例行公事，泉府司是理财机构，无权做这件事。就连市舶司抽分得到的商品也需要经过转运部门北运，而不是由泉府司自己操作。

泉府司是斡脱机构的放大版，主要为元朝权贵及其家族谋取经济利益，曾经位高权重，气势炎炎。至元十七年（1280年）十一月，置泉府司“掌领御位下及皇太子、皇太后、诸王出纳金银事”。[②]至元二十二年（1285年）八月，复立泉府司，“秩从二品”。[③]大德十一年（1307年）十二月，“升行泉府司为泉府院”，官阶提升到正二品。[④]泉府司管辖市舶司，意味着外贸收入中的一部分归属权豪势要。市舶司管理下的海外贸易除了为国家财政和地方财政服务，还为元朝皇太子、皇太后、诸王等权豪贵戚服务。在这个意义上，元朝市舶司集中财权于中央的功能，相比宋朝稍有减弱，被权豪势要分走了一部分。

从成宗朝开始，泉府司系统的权势出现缩减的趋势。到武宗和仁宗统治时期，泉府司的权势每况愈下。至大四年（1311年）六月，“拘收泉府司元给诸商贩玺书”。[⑤]延祐四年（1317年）五月“罢泉府司”，[⑥]这是权豪势要的一个挫折，他们对外贸收入的制度性侵占失去了一个重要手段。

四、海禁时期的市舶司

海禁时市舶司往往被撤销。元朝实行过几次禁商下海，每到这时市舶司多被撤销。

元朝首次禁商下海的情况有点特殊，需要专门讨论。至元二十一年（1284年），元朝因建立官本船制度而在杭州和泉州设置“市舶都转运司”。[⑦]“市舶都转运司”

①［元］程端礼：《畏斋集》卷五《监抽庆元市舶右丞资德约苏穆尔公去思碑》。

②《元史》卷十一《世祖纪》。

③《元史》卷十三《世祖纪》。

④《元史》卷二十二《武宗纪》。

⑤《元史》卷二十四《仁宗纪》。

⑥《元史》卷二十四《仁宗纪》。

⑦《元史》卷九十四《食货志·市舶》。

六个字之中，市舶是都转运司的定语，主语是“都转运司”。这是负责转运外贸商品的机构，不是先前那个负责贸易商品和征收外贸税的市舶司。由此我们知道，官本船、海禁，和以“市舶都转运司”取代市舶司大致是同步的。

撤销市舶司的具体月份，上文没有说明，当在这年九月。“至元二十一年九月，并市舶司入盐运司，立福建等处盐课市舶都转运司。”[①]但史书中，对于市舶司被撤销的年月记载不一。《元史·世祖纪》提供了两个相关时间，一在至元二十二年（1285年）正月，“诏立市舶都转运司”；[②]一在至元二十二年六月：至元二十二年（1285年）六月，“省市舶司入转运司”。[③]几个时间相比，后面两个不太可靠。

世祖末年的海禁，市舶司是否存在，未见史书记载。但后面三次海禁，都撤销了市舶司；海禁一结束，市舶司便很快恢复。

成宗大德七年（1303年）到武宗至大元年（1308年）有过一次海禁，市舶司被关闭。大德七年“禁商下海”，并同时革罢各市舶衙门。[④]

武宗至大四年（1311年）到仁宗延祐元年（1314年）七月，元朝再一次海禁。市舶提举司“至大四年罢之，禁下番船只”。[⑤]海禁与撤销市舶司大致同步。延祐元年，元朝结束海禁，允许商人独立经营航海贸易，“弛其禁，改立泉州、广东、庆元三市舶提举司”。[⑥]取消海禁与恢复市舶司同步。

元朝最后一次海禁发生在仁宗延祐七年（1320年）四月到英宗至治二年（1322年）三月之间。延祐七年四月“罢市舶司，禁贾人下番”。[⑦]至治二年（1322年）三月，“复置市舶提举司于泉州、庆元、广东三路”。[⑧]至治三年（1323年），“听海商贸易，归征其税”。[⑨]这一次，复置市舶司比撤销海禁令稍早些。

海禁就是禁止商民航海贸易。海禁的同时，撤掉了市舶司，说明在海禁时

---

①《元史》卷十三《世祖纪》。

②《元史》卷十三《世祖纪》。

③《元史》卷十三《世祖纪》。

④陈高华、吴泰：《宋元时期的海外贸易》，第176页。

⑤《元史》卷九十一《百官志》。

⑥《元史》卷九十一《百官志》。

⑦《元史》卷二十七《英宗纪》。

⑧《元史》卷二十八《英宗纪》。

⑨《元史》卷九十四，《食货志·市舶》。

期，市舶司成为无用的累赘。市舶司与商民自主经营的航海贸易，即通常所说的市舶贸易、商舶贸易密切相关，没有市舶贸易，市舶司存在的必要性便成了问题。

综合以上各点，我们看到，元朝市舶司的功能与宋朝的情况大致相当，但有些变化。管理外贸，征收外贸税，以供给元朝统治集团是两朝市舶司一致之处。在每年贸易季节到来之前，市舶司召集商民驾驶船舶，装载商品前往海外国家，开展中外贸易的做法，对外贸是积极有效的推动。这种做法初见于南宋，当时可能只是地方性的局部行为，但在元代制度化了。宋代市舶司要执行进口商品专卖和官市等常规性任务，元朝取消了专卖和官市，进口商品商业性经营程度得以提高。元朝为市舶司制度的改进和发展做出了贡献。

但元朝的外贸政策又使市舶司屡屡受挫。官本船贸易和海禁，前者垄断外贸，后者排斥私商，都使市舶司的存在变得多余，因而一再被兼并或关闭。泉府司管辖市舶司使原先归中央和地方官府的财源出现了分流，部分流向权豪势要。元朝市舶司制度的困扰，不是一时和偶然的现象。外贸发展带来了滚滚财富，但自己不能决定自己的未来，它的命运却掌握在统治集团手中。官商进而夺取私商的利权，是元朝灭亡之后很长一段时间中国海外贸易的走向。

第十一章 远洋船舶出入管理制度

元朝制定颁布的外贸管理法则，以全国通行、内容丰富、系统性较强而载入史册。至元三十年（1293年），朝廷颁布市舶法则二十二条。原南宋市舶的官员参与了制定。延祐元年（1314年），朝廷根据新的外贸政策对该条例做了修改和增补，编成延祐法则。元朝市舶制度，“大抵皆因宋旧制，而为之法焉”。[①]两个法则的内容差别不大，都包含市舶抽分抽税办法、船舶出海手续、禁运物资种类、市舶司职责范围，以及外国商船的管理制度等。跟宋朝的市舶法规相似，“这些法则的主要精神是使海外贸易处于元朝征服的严密控制之下”。[②]

两个法则与北宋“元丰广州市舶条”一样都是通行全国的外贸管理法则，但北宋广州市舶条和元朝法则相比，从保存情况到具体规定都有不小差别：北宋条法已经散佚，只能从现存史籍中搜求其大略，元朝法则比较完整，可借以全面了解元代当时的外贸管理制度；北宋条法强调各地不同的任务和分工，元朝法则不做这样的区别，所有规定对各地市舶司基本无差别；北宋条法侧重商船出入管理，元朝法则却对征税，商船、商品管理，中外商人使者管理与限制等各个方面做出系统规定。下面我们依据至元和延祐法则，加上一些零散规定，从船、货、人等方面探讨元朝对外贸的管理制度。[③]

①《元史》卷九十四《食货志·市舶》。

②陈高华：《元代的海外贸易》，《历史研究》1978年第3期。

③见《元典章》卷二十二《户部·市舶·市舶则法二十三条》；《通制条格》卷十八《市舶》。

第一节　外贸商船出入港口管理

元代商船出入港口管理制度在宋朝制度的基础上又有所发展，表现为管控更加严密细致。例如，商人在海外的活动情况要详细记录，回国后向官府汇报。蚕丝及其织品是中国传统的出口拳头产品，此时却限制甚至不许出口了。

一、商船出海前的各项手续

（一）申请出海凭证

商船出海之前，船主须向所在地市舶司报告，得到准许后，领取外贸管理机构“总司衙门”发放的“公验”“公凭”。“总司衙门”，在制定《至元法》的至元三十年（1293年）为泉府司，在制定《延祐法》的延祐元年（1314年）为行省。

出海商船分大船、小船。大船是主要的，装载货物和人员，要获得“总司衙门”发放的“公验”才能出海；小船是附带、备用的，要获得“总司衙门”发放的“公凭”才能出海。小船有大船不具备的功能：可以作为大船与海岸之间的桥梁。船舶行驶在海洋上，时常需要与沿途的港口联系，交易商货，修理船上用具，补充食物、柴草和淡水等；船员航行在外，年长日久，中途需要上陆休息和活动。但海岸地形复杂，或礁石险阻，或滩涂砂渍，吃水深的大船往往不得近岸，这时就需要小船充当媒介，穿行于船舶与陆地之间。在大船严重损坏等危急时刻，小船还是载人逃出生天的救生艇。

一般情况，批准商船出海的“总司衙门”①就坐落在港口附近，便于市舶机构为商人办理手续。但延祐元年十月份的一个敕令称：“下番商贩须江浙省给牒以往，归则征税如制，私往者没其物。”②敕令要求经营海外贸易的商船要到江浙行省申请出海凭证。此时江浙行省包括福建，省会在杭州。从泉州准备前往印度洋贸易的商船，也要去杭州申请出海许可证吗？更远的广州，出海商船是否也要申领江浙行省发放的许可证？目前尚未找到跟这件事情相关的其他史料，因此上面的这个问题尚不可解。这个敕令发布前三个月，即这年七月间，元朝刚刚解除海禁。这个敕令反映了开海之初统治者的心态，他们要设法保持对外贸的有效控制。

①《通制条格》卷十八《市舶》：“诸处舶商每遇冬汛北风发舶，从舶商经所在舶司陈告，请领总司衙门元发公验公凭，并依在先旧行关防体例填付”。

②《元史》卷二十五《仁宗纪》。

（二）延请保证人

申请公验的条件包括：船商需请有相当财力的人作为“保舶牙人”，为招募到的纲首、直库、杂事、部领、梢工、碇手等出海人员，申请文凭。出海人员每五人结成一保，互相担保，互相制约。

（三）填写出海凭证

公验包含的主要内容有：第一，随同船舶出海的人员，“本船财主某人，直库某人，稍工某人，杂事等某人，部领等某人，碇手某人，作伴某人，船只力胜若干”。第二，船舶的长度和宽度，“船面阔若干，船身长若干”。第三，保证人和互相保证的情况，“召到物力户某人委保；与某人结为一甲，互相作保”。第四，违法行为的连坐责任，携带“金银违禁等物下海，或将奸细歹人回舶，并元委保人及同结甲人一体坐罪。”

至元法则规定只许带柴水船一只，延祐法则增加八橹船一只。柴水和八橹小船的详细情况，要在公凭内填写，公验中也应记录小船承载力和体积等内容。

“公验”、“公凭”，要随船同行。如有“公验”而无“公凭”，或额外多带，便是私贩。

二、商船出入海岸和在海外必须遵守的命令

（一）不得携带、附带违禁物品出海

至大二年（1309年）九月，元朝规定：“金银、铜钱、铁货、男子、妇女、人口、丝绵段疋、销金绫罗、米粮军器，并不许下海私贩诸番。”“违者，舶商、船主、纲首、事头、火长各决一百七下，船物俱行没官。若有人首告，得实，于没官物内一半充赏。重者从重论。发船之际，仰本道廉访司严加体察。”[①]

在此条例中，不许出口的商品较至元三十年为多。至元三十年（1294年），“定市舶抽分杂禁，凡二十二条”，“凡金银、铜铁、男女，并不许私贩入蕃”。[②]跟宋代制度相比，有以下改变。第一，宋代从不禁止和限制丝绸及其制成品的出口。第二，发船前的检查，宋代由地方最高行政和财经官员负责，元朝则托付监察官员。

（二）出海凭证必须完整无缺

出海凭证不完整，不按公验和公凭登载的数量，自行多带货物的，要受杖刑

①《通制条格》卷十八《市舶》，《元史》卷一〇四《食货志》。

②《元史》卷九十四《食货志》。引文中的“男女”指的是男性和女性人口。

和罚没财产等处罚，跟携带违禁品出海的处罚类：“诸舶商、大船给公验，小船给公凭，每大船一，带柴水船、八橹船各一，验凭随船而行。或有验无凭，及数外夹带，即同私贩，犯人杖一百七，船物并没官，内一半付告人充赏。公验内批写物货不实，及转变渗泄作弊，同漏舶法，杖一百七，财物没官。”[①]

（三）舶商出海前官员的检查

舶商出海前，市舶司轮派一名正官，亲自检察大小船内有无违禁人货。如无违禁，船舶即可出发。与此同时，检视官要出具保证书，“重甘罢职结罪文状”。如事后发现商船将违禁物携带出境，检视官也要受到严厉处罚。

三、商人在海外的活动

（一）纲首在海外要逐日填写商品交易情况

公验除了正文外，后面还附上八张空白纸，用以填写商船带出海外的货物名称及其重量。“先行开写贩去货物各各名件斤重若干，仰纲首某人亲行填写”。[②]到海外国家贸易时，纲首还要将每日所买到物品的名称、种类和重量在空白纸上填写清楚，以便将来市舶司据以“点秤抽分”。违反上述规定者，也是处以杖刑并罚没财产。“公验后空纸八张，行省用迄缝印于上。先行开写贩去货物各各名件斤重若干，仰纲首某人亲行填写，如到彼国博易物货，亦仰纲首于空纸内，就于地头即时日逐批写所博到物货名件色数，点秤抽分。如曾停泊他处，将贩至物货转变渗泄作弊，及抄填不尽，或因事败露到官，既从漏舶法，决杖一百七下，财物没官。”[③]

（二）船舶不得前往公验、公凭没有写明的国家和地区

如不到预先约定的国家，而转赴别国交易，即使是风水不便等偶然因素使然，也要受到处罚。泰定（1324—1327年）初年，王克敬出任绍兴路总管，行省令他抽分进口商品。当时的惯例是，商人前往公验没有记载的国家和地区是违法的，官府要没收其商货。“拗蕃者，例籍其货，商人以风水为解，有司不听。”王克敬认为，商人冒涉风涛艰险，远洋贸易，不会愿意舍近求远，放弃价值高的商品而去购买没多少赚头的商货。海洋风浪海流瞬息万变，渺小的船舶随风漂移

①《元史》卷一〇四《食货志》。

②《通制条格》卷十八《市舶》。

③《通制条格》卷十八《市舶》。

到原先并不打算去的地方，并不奇怪。出海者的解释合理，理应获得接纳。“某货出某国，地有远近，货有轻重，冒重险，出万死，舍近而趋远，弃重而取轻，岂人情邪！”具以上闻，众不能夺，商人德之。”①

四、商船返回时必须遵守的规定

（一）商船在港口内外都不得设法规避纳税

每年夏季是商船回帆的日子。到岸之前，船舶不得在口外州县久留，以防偷税漏税；不得利用小船供应食物之便，将贵细货物偷运上岸。船舶到岸后，全部应税货物都要接受市舶司抽分，不允许“梢碇、水手、搭客等人乘时怀袖偷藏贵细物货，上岸博易物件”；也不得将应税商品藏在船上逃避征税。②

（二）商船要在出发港口靠岸

“其发舶、其回帆，必著其所至之地”。③出海时所携带的兵器、铜锣等防身武器装备，回港后要交给有关部门寄存。船主还要将“公验”、“公凭”还给市舶司，并接受其检查核对。“公验”列出的事项，包括航行海外所到的国家和地区，在海外交易商品的情况，在海外逗留时间是否超出先前的约定，以及出海人员是否如数返回等，船主都要一一写明。如果有人没有随船回国，要在“公验”空白纸上写明缘由，发现违法情况，船主便要受到追究。“金银铜铁货、男子妇女人口，并不许下海私贩诸蕃物。如到蕃国不复前来，亦于元赍去公验空纸内明白开除，附写缘故。若有一切违犯，止坐商舶主。”④

第二节　进出口商品管理

陈大震在《南海志》中说：元代广州海外贸易繁荣，“珍货之盛”“倍于前志之所书者”。可惜，宋代广州进口物品缺乏详细记载，难以比较。但庆元地区的进口商品，宋元两代史料都有记载，可资比较。据南宋《（宝庆）四明志》所载，

①《元史》卷一八四《王克敬传》。越过原申请地区到其它国家贸易，称为“拗蕃”，见陈高华《元史研究论稿》，中华书局，1991，第110页。

②《通制条格》卷十八《市舶》。

③苏天爵编：《元文类》卷四十《经世大典序录·市舶》。

④见《元典章》卷二十二《户部》卷八《市舶则法二十三条》。

海外进口商品共一百六十余种。而元代至正年间成书的《四明续志》记载，多达二百二十余种。陈高华认为，这两个数字说明，“元代海外贸易比起前代来有更大的规模”。[①]

元朝海外贸易进出口商品种类跟宋朝大同小异。比较明显的差异是：第一，在进口商品中，乳香等香药由于元朝统治者不太重视，不再专卖，官方文献较少提及。其实这类商品继续输入，民间仍然大量使用。元人危亦林在《世医得效方》一书中，提到薰陆香、乳香达126次之多。第二，出口商品中，以往禁止出口不严格的金银，被严禁输出；以往从不限制的丝绸开始限制出口。第三，元朝始终禁止出口人口和兵器等；始终通行无阻的商品包括陶瓷器和一些日用品等。

下面重点讨论几个相关问题。

一、金银出口问题

金银是宋朝始通而后禁止的商品，但在元朝是最早被列入禁止出口名单的商品，只能进口不能出口。

蒙古人将金银视为贵重财产，特别重视和宝爱。皇上一再把金银和金银制品等赏赐给权贵近臣、有功人员，以及投附而来的外族部落。中统二年（1261年）十二月，刚登上皇位的忽必烈按照往年的惯例，赏赐诸王金银及其他财物。[②]中统三年四月，“赐诸王合必赤金银海青符各二”。[③]海青符又称海青牌，是元朝乘驿凭证的一种，有海青金牌、银牌之分。这是元朝以金银驿券赏赐权贵的例子。中统二年正月，宋兵围涟州，李璮率将士迎战获胜，元朝“赐诏奖谕，给金银符以赏将士”。[④]这是元朝以金银符赏赐作战有功人员的例子。至元四年（1267年）五月，“威州山后大番弄麻等十一族来附，赐以玺书、金银符”。[⑤]至元四年十月，“鱼通岩州等处达鲁花赤李福招谕西番诸族酋长以其民入附，以阿奴版的哥等为喝吾等处总管，并授玺书及金银符”。[⑥]这是元朝以金银符赏赐归附者的例子。至

①陈高华：《元代的海外贸易》，《历史研究》1978年第3期。

②《元史》卷四《世祖纪》。

③《元史》卷五《世祖纪》。

④《元史》卷四《世祖纪》。

⑤《元史》卷六《世祖纪》。

⑥《元史》卷六《世祖纪》。

元十二年（1275年）正月，世祖命令追诸王海都、八剌金银符三十四个。[①]仅仅追缴两个人的金银符，数量就多达三十多个。显然，元朝赏赐金银符数量很大，官手工业制作金银牌、金银符消耗了很多的金银。

元朝发行的宝钞，以金银为准备金，进一步抬升了金银的重要性。至元二十三年（1286年）十二月，朝臣讨论“更钞用钱”问题。刘宣警告道，印造新钞需要以金银为本金，“无金银作本称提”，三几年后新钞便会像先前的纸币一样贬值，失去信用。[②]元朝虽然对维持纸币信用不很负责任，但长期、大量印造纸币，不能没有一定数量的金银准备金。

官方设置的泉府司，一个重要任务，是掌管皇亲国戚出纳金银等事务。“掌领御位下及皇太子、皇太后、诸王出纳金银事。”[③]

金银和金银制成品的需求量很大，且相当重要，因而元朝不希望商人因交易海外产品而导致金银流出境外。至元二十年（1283年）六月，官方重申严格禁止民间私自交易金银：“申严私易金银之禁。”[④]同年十月，元朝禁止外贸商人用金银交易产自海外的“香木”。[⑤]从至元二十三年起到至治二年，元朝不下八次申明禁止金银出海，此后在至元二十三年（1286年）正月、二十九年正月、三十年、元贞二年（1296年）八月、大德七年（1303年）二月、至大二年（1309年）九月、延祐元年（1314年）七月、至治二年（1322年）三月，禁止金银出口的法令一再颁布。[⑥]

二、铜钱出口问题

我们知道，在宋代，铜钱外流一直为法律所禁，只有北宋神宗朝的十多年是例外。元朝的情况有所不同。

元朝发行纸钞在全国通行。纸钞制作成本低，原料不缺，发行量不受原料和技术条件限制，加上携带轻便容易，比铜钱优越便利得多。铜钱重要性随之一落

---

①《元史》卷八《世祖纪》。

②《元史》卷一六八《刘宣传》。

③《元史》卷十一《世祖纪》。

④《元史》卷十二《世祖纪》。

⑤《元史》卷九十四《食货志·市舶》：“忙古解言，舶商皆以金银易香木，于是下令禁之。”

⑥见《元史》卷十四，卷十七，卷十九，卷二十一，卷二十三，卷二十八，卷九十四，《通制条格》卷十八《市舶》。

千丈，官方一再不许以铜钱为交换媒介在市场上流通。

大约有三四次，元朝允许铜钱作为商品，出口海外国家。在这些时候铜钱往往别无所有，因为国内禁止铜钱流通。

至元十四年（1277年），日本遣商人持金来华交换铜钱，得到世祖批准。[①]金银是元朝特别重视的宝物，而当时铜钱在国内不得流通，[②]用处不大。用铜钱交换日本的金，有利无害，因而中国官府满足了日本商人的愿望。这是个别的例子。但在至元十九年（1282年），类似做法遍及各海外贸易港，“又用耿左丞言，以钞易铜钱，令市舶司以钱易海外金珠货物”。[③]这是元朝第一次正式允许铜钱出口。

元朝因内外战争、军费等开支浩大，几代皇帝无节制地奖赏自己的亲信和功臣，加上其他一些原因，需要大量补充经费。新的货币制度也方便了王朝对社会的榨取。于是元朝纸币越发越滥，购买力下降，通货膨胀走向失控。纸币失去信用的补救办法之一，是重新起用铜钱。铜钱本身有价值，在通货膨胀的环境中其价值进一步凸显。于是，元朝除了将纸币作为主要货币外，一再把铜钱作为辅助性货币，相伴而行。在这个时候，铜钱恢复了商品流通媒介的身份，统治者便不能同意其流失海外。但两种货币相兼而行也有问题。因此，元朝货币政策一再摇摆，后来又出现三次铜钱出口在禁止和开放之间翻来覆去、颠来倒去的现象。

至元二十二年（1285年），中书右丞卢世荣建议将铜钱与纸币相参而用，铜钱骤然成为宝物。次年正月，“禁赍金银、铜钱越海互市”。[④]“禁海外博易者，毋用铜钱”。[⑤]但这个做法持续时间很短，这年年底禁止铜钱出海的政策便被开放钱禁所取代。[⑥]

钞法的问题是发行太多。恢复行用废弃已久的铜钱，需要新铸大量铜钱，受限于铸钱的材料，受制于巨大的工本，结果不但劳民伤财，效果也未必理想。于是元世祖决定放弃“更钞用钱”。这是元朝第二次允许铜钱出口。

①《元史》卷二〇八《日本传》。

②《元史》卷九《世祖纪》至元十四年四月，元朝禁江南行用铜钱。此前元朝境内已经广泛使用纸币。拿下宋朝占据的江南地区后，元朝又明令禁止当地行用铜钱，说明此时元朝至少已在相当广大的范围内禁用铜钱。

③《元史》卷九十四《食货志·市舶》。

④《元史》卷十四《世祖纪》。

⑤《元史》卷九十四《食货志》

⑥《元史》卷一六八《刘宣传》。

大德十一年（1307年）十一月，武宗登基不久，阔儿伯牙里主张铜钱恢复国内流通，“更用银钞、铜钱便”。新登基不久的武宗命中书与枢密院、御史台、集贤、翰林诸老臣集议。后来中书省臣阿沙不花、孛罗铁木儿提出：“臣等与阔儿伯牙里面论，折银钞、铜钱，非便。”有旨：“卿等以为不便，勿行可也。”[①]皇帝接受了阿沙不花等人的意见，不行用铜钱。

但没多久，武宗本人改变了主意。至大二年（1309年）九月的禁令显示，铜钱不能出口：“金银私相买卖及海舶兴贩金银、铜钱、绵丝、布帛下海者，并禁之。”[②]此事又跟铜钱开禁，允许在国内流通有关。武宗于至大二年十月和至大三年（1310年）八月，一再宣布全国通行铜钱。[③]这是元朝第三次允许铜钱出口。

武宗辞世，仁宗登基。武宗时，铜钱在国内流通，至大二年九月，“金银私相买卖及海舶兴贩金银、铜钱、绵丝、布帛下海者，并禁之”。[④]但新皇帝即位伊始，至大四年四月仁宗便叫停铸造至大铜钱。[⑤]不仅至大铜钱被封存，所有铜钱也都退出国内流通。[⑥]

但没过几年，仁宗改变了主意。延祐元年（1314年）公布的禁止出口商品包括铜钱，“金银、铜钱、铁货、男子妇女人口、丝绵段疋、销金绫罗、米粮、军器”。[⑦]元末顺帝时也是钞钱兼行。至正十年（1350年）十月，元朝设置诸路宝泉都提举司，任务之一：“鼓铸至正铜钱，印造交钞。”[⑧]十一月，“诏天下以中统

---

①《元史》卷二十二《武宗纪》。

②《元史》卷二十三《武宗纪》。

③《元史》卷二十三《武宗纪》。

④《元史》卷二十三《武宗纪》。

⑤《元史》卷二十四《仁宗纪》：至大四年四月仁宗说：“我世祖皇帝，参酌古今，立中统、至元钞法，天下流行，公私蒙利，五十年于兹矣。比者尚书省不究利病，辄意变更，既创至大银钞，又铸大元、至大铜钱。钞以倍数太多，轻重失宜；钱以鼓铸弗给，新旧恣用，曾未再期，其弊滋甚。爰咨廷议，允协舆言，皆愿变通，以复旧制。其罢资国院及各处泉货监提举司，买卖铜器，听民自便。应尚书省已发各处至大钞本及至大铜钱，截日封贮，民间行使者，赴行用库倒换。”

⑥《元史》卷一七九《杨朵儿只传》：仁宗始总大政，执误国者，将尽按诛之……初，尚书省改作至大银钞，视中统一当其二十五，又铸铜为至大钱，至是议罢之。朵儿只曰：“法有便否，不当视立法之人为废置。银钞固当废，铜钱与楮币相权而用之，昔之道也。国无弃宝，民无失利，钱未可遽废也。”言虽不尽用，时论是之。

⑦《通制条格》卷十八《市舶》：“金银、铜钱、铁货、男子妇女人口、丝绵段疋、销金绫罗、米粮、军器，并不许下海私贩诸番。违者，舶商、船主、纲首、事头、火长各决一百七下，船物俱行没官．若有人首告，得实，于没官物内一半充赏。重者从重论。发船之际，仰本道廉访司严加体察。”

⑧《元史》卷九十二《百官志》。

交钞一贯文，权铜钱一千文，准至元宝钞贰贯，仍铸至正通宝钱并用，以实钞法，至元宝钞通行如故”。[①]至正十六年（1356年）二月，“禁销毁、贩卖铜钱”。[②]

元朝禁止铜钱外流与国内流通铜钱是互相连接、互为表里的。铜钱在国内无所用，统治者才允许商船带出海外，交换进口商品。在元朝末世，币制大坏之时，统治者恢复铜钱的交换媒介功能。但此时元朝的社会控制力大为减弱，法律的规定在很大程度上不被遵守，铜钱实际上的出口量估计不在少数。

三、丝和丝绵织物

丝和丝织品在宋朝从不禁止出口。但在元朝，丝和丝绵织物成了确定无疑的禁止出口的商品。元朝在大德七年（1303年）二月，禁止出口丝线，“禁诸人毋以金银、丝线等物下番”；[③]至大二年（1309年）九月，禁止出口的是绵丝、布帛，“金银私相买卖及海舶兴贩金银、铜钱、绵丝、布帛下海者，并禁之”；[④]延祐元年（1314年），禁止出口的是丝绵段疋、销金绫罗，“金银、铜钱、铁货、男子妇女人口、丝绵段疋、销金绫罗、米粮、军器，并不许下海私贩诸番”。[⑤]

对于元朝禁止丝和丝织品出口的原因，专门和深入的研究还不多见，这里仅讨论其中的部分因素。

丝和丝织品在元朝具有相当重要的财政地位，需求量很大。一方面，丝是在元朝赋税中所占比重很大。天历二年（1329年）十二月，元朝官员汇总当年岁入：金三百二十七锭、银千一百六十九锭、钞九百二十九万七千八百锭、币帛四十万七千五百匹、丝八十八万四千四百五十斤、绵七万六百四十五斤、粮千九十六万五十三石。[⑥]币帛是丝织品。币帛和丝是赋税的重要组成部分，在七个重要税收项目中占了两项。另一方面，丝有时还作为纸币的保证金，即钞本，用于支撑纸币的价值。世祖中统元年（1260年），“始造交钞，以丝为本。每银五十两易丝钞一千两，诸物之直，并从丝例。是年十月，又造中统元宝钞。其文以十计者四：曰一十文、二十文、三十文、五十文。以百计者三：曰一百文、二百

①《元史》卷四十二《顺帝纪》至正十年十一月己巳。

②《元史》卷四十四《顺帝纪》。

③《元史》卷二十一《成宗纪》。

④《元史》卷二十三《武宗纪》。

⑤《通制条格》卷十八《市舶》。

⑥《元史》卷三十三《文宗纪》。

文、五百文。以贯计者二：曰一贯文、二贯文。每一贯同交钞一两，两贯同白银一两。又以文绫织为中统银货”。[①]“先是，王文统创造交钞，以丝为本，每银五十两易丝钞一千两，诸物之直，并求丝例。”[②]丝和丝织品在元朝财政上拥有较高的地位，因而有必要保持数量上的充裕，这是价格稳定的基础。

蒙元兴起于远离丝绸产地的北方，这些稀有之物特别受到统治者的宝爱。同样远离丝绸产地的金朝也有类似情况。在金朝，丝绸被看作是比茶盐更可宝贵的产品。金章宗泰和八年（1208，宋宁宗嘉定元年）七月，有官员提出：“茶乃宋土草芽，而易中国丝、绵、锦、绢有益之物，不可也。国家之盐货出于卤水，岁取不竭，可令易茶。”这个意见被朝廷认可，并部分接受，“省臣以谓所易不广，遂奏令兼以杂物博易”。[③]蒙元帝国所宝爱的丝和丝织品用途广泛，经常作为重要赏赐品，赏给皇亲贵戚、大臣僚属和有功将领。蒙元帝国疆土广大，横跨欧亚，维持统治的军费等各项支出浩大，历来受欧亚各民族欢迎的丝和丝织品则是换取军费等必要支出的绝好商品。

第三节　进口商品征税制度

一、税率

元朝史料只见征收进口税，不见征收出口税。

进口商品征收的是实物税，称“抽分”，就是将商品分作若干份，官府取走其中的一份或两份。负责抽分的是市舶司官员，“以市舶官主之”。[④]

抽分的比例有过一些变动。最早是至元二十年（1283年）六月制定的《市舶抽分例》，规定进口商品中的精品十分取一，粗色十五分取一：“定市舶抽分例，舶货精者取十之一，粗者十五之一。”[⑤]

接着是至元三十年（1293年）制定的《至元法则》。《至元法则》依然是进

①《元史》卷九十三《食货志》。

②《续资治通鉴》卷一六七，景定元年，蒙古中统元年十月。

③《金史》卷四十九《食货四》。

④《元史》卷九十四《食货志·市舶》。

⑤《元史》卷十二《世祖纪》。又见苏天爵编《元文类》卷四十《经世大典序录·市舶》。

口商品中，细货十分中抽一分，粗货十五分中抽一分。但要在此基础上，再征三十分之一的税钱。“更于抽讫货物内，以三十分为率，抽要舶税钱一分。”[①]加征的三十分之一的税，是税钱，不是实物。

《延祐法则》又在《至元法则》基础上，大幅度提高税收：粗货十五分中抽二分，细货十分中抽二分，此外再从已经抽解的物货中，抽取三十分之一。“抽分则例：粗货十五分中抽二分，细货十分中抽二分。据舶商回帆已经抽解讫物货，市舶司并依旧例，于抽讫物货内，以参拾分为率，抽要舶税壹分，通行结课，不许非理刁蹬舶商，取受钱物。违责计赃，以枉法论罪。”[②]

相比《至元法则》,《延祐法则》有两个变化，前半部分是税收加倍，后半部分似乎是货币税变为实物税。

货币税与实物税相比，虽各有利弊，但前者比较稳定确定，后者难以做到稳定确定，偏离实际税率的几率很大。征收税钱是在确定了货值之后，可以做到相对公平合理。这批货物值钱若干，征取其中若干分之一或之二不是难事，比较明确。进口商品贵细、粗重差距很大，价值悬殊也大。细色之间和粗色之间价格也高下不同。例如同样是珍珠，抽大不抽小和大小公平抽取，实际税率差别很大。官方是法规的制定者和征税者，法律的解释和操作都由官方说了算。征税官员是公正抽取还是任意为之，差别很大。征税官员素质参差，清廉不一，也增加了结果的不确定性。当王朝财政紧张和官员贪腐时，法律的解释和操作都可以向着他们的需要变动。实际税率不稳定不确定，官方权力过大，商人的财产权便得不到保障。货币税变为实物税，对于商民和外贸来说，增加了不确定因素，不是利好的消息。

元朝通过三个征税条例，使外贸税呈现越来越重的趋势。名义税率如此，实际税率上涨幅度会更大。

至元十八年（1281年），元朝规定：“商贾市舶物货已经泉州抽分者，诸处贸易，止令输税。”[③]这个规定将抽分与输税相区别，前者指的是实物税，后者指的是货币税。官府将商货经过抽分之后在别处只需缴付货币税，作为一种优惠商人的政策。

①《元典章》卷二十二《户部》卷八《市舶则法二十三条》。

②《通制条格》卷十八《市舶》，浙江古籍出版社，1986，第231页。

③《元史》卷十一《世祖纪》。

二、保证税收的相关程序

元朝的海外贸易港主要分布在广东、福建和浙江。因地理位置不同，贸易区域不同，船舶到港的时间也不同。在广州，为防止走私漏税，每年四月间，有关官员就要到达商船抽解地点等候船舶到岸。五六月份是船舶到岸的旺季。船舶到岸后，官员先将货物入库封存，仔细检察船舶以免有所遗漏，仔细检察出海人员身上有无携带应税货物，随后依次对进口商品进行抽分。至元法则颁行后，元朝曾将此条例加以修改，让官员在港口附近不固定地点检察船货。成宗元贞元年（1295年），“以舶船至岸，隐漏物货者多，命就海中逆而阅之”。[①]但延祐法则没有采纳这条规定，有关规定沿用至元法则。

防止走私透漏的措施。由于舶商多在海南州县走漏细货，元贞元年闰四月，朝廷诏令禁止行省和行泉府司在抽分市舶船货时，将珍贵的细色藏匿起来，谋取私利。[②]元贞元年规定：商船尚未靠岸，有关部门就应上船检查商货：“舶船至岸，隐漏物货者多，命就海中逆而阅之。”[③]至治三年（1323年）颁行的《通制条格》要求海南海北广东道沿海州县镇市军兵、官吏协助防范走私漏税。“舶商去来不定，多在海南州县走泄细货。仰籍定姓名，仍令海南海北广东道沿海州县镇市地面军民官司用心关防。如遇回舶船只到岸，严切催赶起离，前赴市舶司抽分。如官吏知情纵容，决五拾七下；受赂者，计赃，以枉法论罪。”[④]

三、进口商品的国内贸易

元朝完全取消了进口商品的专卖制度，“官市”制度也不见踪影。宋朝进口商品专卖制度绵延二百多年，几乎与王朝相始终。但到了元朝，这个制度顿然消失，无影无踪。官市制度也不见了。进口商品专卖和官市制度的终结，与蒙古人的好恶和习惯有关，他们特别珍重的是金银、珠宝，对香药这类产自热带地区的芳香类产品，既不太习惯也没有多大兴趣，尽管外国朝贡使者会带来香药、犀牙等传统进口商品，宫廷节庆祭祀等活动也用这些商品。由于统治者不热衷，不推动，进口量必然下降。另一个重要因素是元朝全国已经通行宝钞，纸币不存在短

①《元史》卷九十四《食货志·市舶》。

②《元史》卷十八《成宗纪》。

③《元史》卷九十四《食货志·市舶》。

④《通制条格》卷十八《市舶》。

缺问题，只会发行过量，跟宋朝通货不足，需要用专卖商品代行货币职能，换取军饷等物资不可同日而语。取消官市也是一个进步，原因同上。

市舶司征税完毕，舶商便可出卖进口商品。进口商品的销售可以在市舶司所在地，也可以向市舶司申请“公遣”，将进口商品运往其他州县，缴纳当地商税后出卖。“本舶司依见定例抽解讫，从舶商发卖与般贩客人，亦依旧例就于所在舶司请给公遣，从便于各处州县依例投税货卖。”[①]

各地市舶司直接掌握的进口商品，除规定运送京师的贵细部分外，其余基本上是就地变卖。具体程序是：商品进口后，先由市舶司上报数目，估算价钱，行省核实，再由与市舶司职事无关的机构，即“不干碍官司”委派廉洁能干的官员进行最后一轮估价。如结果都大致相同，公认“别无亏官损民”，则将民众有用但不急迫的进口商品，按照一定比例搭配起来，凑在一起推销出去。推销进口商品得来的宝钞，要解送京师。[②]

在没有进口商品专卖、没有官市制度的元朝，统治者依然通过市舶司和其它机构，把外贸控制权牢牢掌握在自己手中。

四、官本船制度下的收益与税入

元朝多次海禁。海禁期间多实行官本船贸易，至元二十九年（1292年）因为征爪哇而暂时禁止商民出海除外。

官本船贸易是特殊形式的官营外贸。它由官方提供贸易本钱、航海船舶；以官商主导，民间商人等也参与其中；收益百分之七十归于官府，其余归商人、水手、搬运等具体劳作者。至元二十一年（1284年），初行官本船贸易时，“官自具船、给本，选人入蕃，贸易诸货。其所获之息，以十分为率，官取其七，所易人得其三”。[③]在这个场合，官府的收入当然不是税，是投资经营所得。但在实行官本船贸易时期，官府也有税入。官本船并不排斥外国商船来华贸易，该制度规定，遇到外国商船前来贸易，当局要按规定抽分：“其诸蕃客旅就官船卖买者，依例抽之。”[④]抽分，我们知道是征收实物税。

①《通制条格》卷十八《市舶》。

②《通制条格》卷十八《市舶》。

③《元史》卷九十四《食货志·市舶》。

④《元史》卷九十四《食货志·市舶》。

第四节　人员出入境规则与管理

在中国古代，边境出入人员的管理制度早已建立，贩卖人口出境的行为受到特别严厉的禁止。统治者把人口视为劳动工具和财产，对边境地区人口流入时常持欢迎态度，但不愿境内人口流出境外。元朝的做法大致相同。

元朝多次制定禁止和限制国人出境的政策。统治者曾特别禁止蒙古人乘坐海船前往海外国家。至元二十八年（1291年）六月，皇帝命令："泉州那里没海船里，蒙古男子妇女人每，做买卖的往回回地里、忻都地里将去的有，么道听得来。如今行文书禁约者，休教将去者。将去人有罪过者。"①

官方还一再将男女百姓跟违禁品并提，禁止船舶运载他们出境。至元法则规定，"金银铜铁货、男子妇女人口，并不许下海私贩诸蕃物"。②成宗大德三年（1299年）六月，"申禁海商以人马、兵仗往诸番贸易者"。③仁宗延祐元年（1314年）七月十九日，下令"金银、铜钱、铁货、男子妇女人口、丝绵段疋、销金绫罗、米粮军器，并不许下海私贩诸番"。④英宗至治二年（1322年）三月，在结束海禁，恢复泉州、庆元、广东市舶司的同时，下令"禁子女、金银、丝绵下番"。⑤

法律防范商民临时改变主意，到公验未具明的国家和地区贸易。泰定（1324—1327年）初，王克敬出任绍兴路总管，受行省之命，抽解进口商品，见有船舶越过原申请地区到其他国家贸易而归。根据当时的规定和惯例，这艘船舶运回的商货一律要被没收，"拗蕃者例籍其货"。商人诉称这是风浪海流造成的，并非他们的本意，但处理此事的官吏不肯通融。王克敬认为商人出海贸易冒着生命危险，不会成心舍近求远，专挑价值不高的商品运回贩卖，善意地解决了这个纠纷。⑥船舶航行海外，经常会被风浪洋流带到意想不到的地方，因此拗蕃是很正常的现象，司空见惯。官方对拗蕃者的处刑很重，非常不合理也不明智。这样的处罚，除了迫使出海人员编造谎言、蒙骗官司之外，不会有任何官方期望的积

---

①《通制条格》卷二十七《蒙古男女过海》。

②《元典章》卷二十二《户部》卷八《市舶则法二十三条》第14条，页77—8。

③《元史》卷二十《成宗纪》。

④《通制条格》卷十八《市舶》。

⑤《元史》卷二十八《英宗纪》。

⑥《元史》卷十八4《王克敬传》。"拗蕃"的意思是越过原申请地区到其它国家贸易。见陈高华：《元史研究论稿》，中华书局，1991，第110页。

极作用。

《元典章》还规定，滞留海外不回国者，船主要在公验中写明情况，如有违法行为，船主要负连带责任。[1]

元朝关于国人出入境及逗留海外的法律法规，比前代稍微具体了一些。

①《新元史》所载。《元典章》卷二十二《户部》卷八《市舶则法二十三条》第14条，页77—8：金银铜铁货、男子妇女人口，并不许下海私贩诸蕃物。如到蕃国不复前来，亦于元赍去公验空纸内明白开除，附写缘故。若有一切违犯，止坐商舶主。

结语
宋元两朝中外海路贸易的遗产

在中外海路贸易的历史上，宋元两朝所处的历史地位我们大致看清楚了，而它留给后世的遗产是什么？明清两朝又是怎样对待这些遗产的？下面简要归纳我对这些问题的思考。

一

唐朝中叶前后所发生的一些事情，是我们考察宋元中外海路贸易不可忽视的客观存在。

唐中叶中央王朝设立市舶使，直接控制岭南这个当时中国对外贸易最重要的港口。宦官作为皇帝的私人代表出任市舶使，方便维护朝廷利益，有利于将岭南外贸收入置于朝廷掌控之下。这不是海外贸易才有的孤立的现象，它反映了当时政治经济和社会生活的走向。

唐中叶建中元年（780年），唐朝以两税法取代了均田制。这是影响深远的一件大事，中国古代社会由此出现了历史性转折。中国古代社会以此为界，进入了后期。

两税法要求居民按资产数量向政府交税，一般在夏季和秋季分两次交纳。[①]这造成了政治和经济一系列重大变化，最重要的有以下两点：第一，均田制的取消，宣告了以对生产者进行直接控制为基础的社会发展阶段彻底结束。作为这个

①《旧唐书》卷一一八《杨炎传》。

社会发展阶段的产物，曾经具有巨大势力的士族贵族也完全退出历史舞台。此后，在正常情况下，没有任何力量能够长期有效地牵制皇权，掌权者可以更加随心所欲，为所欲为，皇权加强成为不可抗拒的历史趋势。第二，均田制取消后，历朝政府都不立田制，不限制土地买卖，土地兼并日益严重。两税法不限制居民迁徙，人身束缚大大放松。居民获得了较多的经营自由，商品经济以空前的速度向前发展。

商品经济与中国古代宗法专制统治，多数时候并不对立，经常互相促进。春秋时期齐国管仲提出“官山海”，开始了盐铁专卖。秦朝实行商鞅变法，掌控山泽之利，也实行盐铁专卖。他们的目的都是利用商品货币经济以增强自己的经济实力，而不是抑商；民间商人及其财产和经营活动因此所受的排挤掠夺，是官府损人利己行为的后果。通过盐铁专卖，中国古代宗法专制王朝早已具有把商品经济作为自己统治基础的技巧和能力。而处于统治者直接管控之外的城乡工商业，对于繁荣社会经济、增加社会财富和各级官府的收入，进而巩固王朝的统治，也起了很大作用。

唐朝中叶发生的另一件大事是安史之乱，那是唐朝由盛转衰的时间节点。

安史之乱是玄宗末年至代宗初年（755—763年），由唐朝将领安禄山与史思明发动的同唐朝争夺统治权的内战。战争绵延八年之久，给唐朝带来不可弥补的重创。富庶的中原地区在战争过后十室九空，荒凉凄楚。唐王朝虽然平定了叛乱，但统治力量遭到极大削弱。

安禄山是范阳、平卢、河东三镇节度使，是唐代藩镇割据势力最初建立者之一。节度使是各藩镇的长官，掌握军队，并拥有财权和人事权。统治者已经意识到藩镇的危害，却没有足够的实力将其铲除。为防止藩镇再次出现一家独大的局面，皇帝册封更多的藩镇和节度使，试图分而治之，却造成了更大面积的藩镇割据。唐朝中后期的大部分时候，藩镇割据还算稳定，未出大的乱子。唐朝末年，社会矛盾不断激化。王仙芝、黄巢领导的暴动，虽然没有推倒唐王朝，却打破了藩镇之间的平衡和相互制约的格局。各个藩镇的节度使趁机大肆招兵买马，扩充实力，并以镇压农民军为名，抢占地盘。最终，在一片乱象中，唐王朝走到了历史的尽头。

唐中叶以后，为保持中央王朝对各地的控制，皇帝通过派出自己的家臣宦官分布各地，包括出任监军、市舶使等，结果却出乎意料。宦官专权几乎贯穿了唐朝的中后期，一批批的宦官逼宫弑帝，专权霸道，恶贯满盈。在宦官出任市舶使的广州，就曾发生市舶太监吕太一凌驾于节度使之上，放任部下大肆掠夺广州商民的恶性事件。

早在唐前期，中外海路贸易已经逐步取得了压倒陆路的优势地位。到唐中叶，中外航海贸易有了更大的规模和迅猛的升势。市舶使出现于唐中叶前后，因为中央王朝要充分利用商品经济发展的成果，增厚自己的经济基础；要在藩镇扩张的环境中，最大限度地掌控外贸经济，加强中央王朝的力量。经过唐末五代的变乱，这种努力与目标成为唐王朝的遗产，被后来的统治者继承并发展。就连市舶贸易制度衰微的明朝，统治者对市舶司的作用依然明确，毫不含糊：设置市舶司，“使利权在上”。[①]

二

市舶贸易制度有两个要点：第一，中央王朝有效掌控外贸收入；第二，以中外商业资本和商人为经营主体。私商长期以来一直是经营市舶贸易的主角，不但带来了贸易的繁荣，还为王朝创造了大量财富。[②]

宋朝很快改进了市舶司制度，推进市舶贸易的发展。具体表现在：市舶司和市舶贸易制度从广州推广到别的沿海港口，制订实施市舶贸易条例，用各种措施推动和扩大市舶贸易。宋朝还不断修正政策上的疏漏和偏差，为市舶贸易顺利发展扫除障碍。因此，这是中国古代航海贸易体量快速增大、联系国家众多、挫折较少的时代；是民间商人航海贸易占绝对优势，私人外贸活动比较自由的时代；还是外贸资源配置比较合理，效率特别高的时代。

这个局面在宋代出现，原因何在？

---

①《明太祖实录》卷之九十三。洪武七年九月辛未。

②有学者提出：在隋唐国际贸易范围内，虽然存在着私人交易，但是在整个国际贸易范围内居支配地位的是封建国家（即皇族地主集团）而不是私商。表现在交易形态上，主要是通过“朝贡”来进行贸易（巫廷玉：《隋唐时期的国际贸易》,《历史教学》1957年第2期）。实际情况正好相反。能够长期支撑海外贸易发展的从来不是朝贡贸易和其它官营贸易，而是中外商人从事的商业贸易。《南史》卷五十一《吴平侯景附子劢传》载，“广州边海，旧饶，外国舶至，多为刺史所侵，每年舶至不过三数。及励至，纤毫不犯，岁十余至。”“多为刺史所侵”的显然不是官船。中外贸易发展就是靠日益增多的这类船舶往返于中国和海外国家之间。

宋朝多数时候国家财政紧张，官府手头拮据。宋朝开支中的大项目，一是维持边界安全的费用；二是官员俸禄，都是很大的数目。以军费而论，由于宋朝军队战斗力不强，精兵悍将不足，需要部署大量军队，因而必须筹集很多军饷。在北宋，北部有辽国、西北部有夏国；在南宋，淮河与大散关以北有金国，几个敌国的军队都让宋军闻风丧胆。因此，宋朝不但需要在边境大量部署军队，还需要拿出巨额财物，以“岁币”形式侍奉强邻，缓解紧张关系。边防前线之外，北宋首都开封坐落在平原地带，无险可恃，也需要重兵把守。

宋朝社会较为安定，经济快速发展，规模增大，多数时候铜钱短缺，无法满足市场的需求。由于铜钱不足，官方和民间早就在寻找替代品。在铜钱特别缺乏的地区，例如宋初四川等地就曾通行铁钱；铁钱使用不便，于是出现了纸币“交子”。北宋中期官交子产生后，使用范围不断扩大，弥补通货不足的作用明显。交子之外，宋朝还曾用过钱引、关子、会子等。除了铜钱，各种纸币后来都因发行过滥，出现严重贬值，引发通货膨胀，最终难以为继。在劣币驱良的作用下，铜钱逐渐被官私藏匿，更为缺乏。

财政紧张和通货短缺是普遍存在的现象。在北部和西北部边防要地解决军饷供应，还有更多的困难。边境地区的驻军人数很多，需要大量军饷。军饷包含薪俸和给养。给养中的粮草和衣装，固然可以从外地调运，但购买和运输成本很大；就地购买当然最经济，但用铜钱购买，就要准备承受铜钱外流的代价。境外辽国和西夏对铜钱也有很强的需求，铜钱投放到宋辽、宋夏边境周边，势必加速外流，出现更严重的钱荒。

在宋朝初年，统治者已经掌握了供给北部和西北部边饷的一些办法，这就是把政府手中的专卖品茶盐等，运到边境地区销售，以此交换军饷，并减少铜钱投放。太宗统治初年，统治者看到一些进口商品在西北边境地区也有销路，也可以用来交换军饷，于是在京师和西北边境地区设置榷易院，出卖府库中的香药宝货。后来在“三说法”和“四说法”中，都配置了一定数量的香药、犀牙，将进口商品与茶盐、铜钱等按比例捆绑，交易军用品。

进口商品以往一般都定位为奢侈品，在宋代成了支持边防前线的重要战略物资。这是北宋的情况。南宋与金朝对峙，宋朝北部边界向南退到了淮河与大散关一线，金朝对香药、犀牙也有需求，但数量减少。南宋财政比北宋更为紧张，进口商品的销路虽然有所下降，依然不无小补，直至南宋末年依然被用作支付手段。

中外海路贸易为宋人所重，是环境和条件造成的。因此，我们见到，宋朝海外贸易虽然波澜起伏，但得到统治者长期持续的关注，相关政策不时地有所调整和改进。

因此，宋朝海外贸易的风格与别的朝代有些差异。为最大限度地利用这个财源，宋朝对海外贸易的态度相当务实，外贸资源得到比较好的配置，具体表现在以下几个方面：

第一，终宋之世，统治者极少动用国家财力推进和介入外贸经营。官方自行采购海外商品的行为在宋初曾有过记载，此后几乎不见于各类文献。

第二，外国官使来华的朝贡贸易不太受重视。历代王朝为获得万国来朝、跪拜称臣的虚名，装点升平，对外国朝贡使团贡献的礼品，都报以远超其经济价值的回赐，还给予减免贸易税、交通食宿优待等特权，这就是人们早已耳熟能详的、以重金笼络收买为标志的“厚往薄来”。宋朝对这类活动多数时候并不热衷，宋朝皇帝接受外国礼品后的回赐也不丰厚，对朝贡使团贡期、贡使上京人数等的限制，大多认真执行。外国官使来华朝贡，物质上的好处不大，因而朝贡贸易不冷不热；偶有热潮，维续时间不长。

第三，中国商人驾驶船舶涌出国门，成为推动海外贸易发展的生力军。唐末五代以前的海外贸易主要依靠外国商人来华。宋代是个转折点，造船和航海技术的进步，使中国商人越来越多地自主经营海外贸易。与此同时，阿拉伯、印度、东南亚、东亚商人继续积极来华贸易。

宋代海外贸易官营比重比较低，以中外商人占绝对优势，外贸资源得到最佳配置。相比其他朝代，务实高效是宋朝海外贸易的突出特征。

宋朝是中国古代航海贸易的黄金时代，从发展规模和贸易性质看都是如此。但宋朝海外贸易绝不完美；中国古代海外贸易后来走的歧路，有些肇始于宋朝，突出表现在以下两点：

第一，进口商品中销路最广的货物定为专卖品，由官府垄断经营将近三百年。航海贸易放手民间经营的同时，宋朝却将部分进口商品列为专卖，由官府直接销售，缓解财政困乏，替代铜钱以减轻交换媒介的短缺。专卖进口商品固然缓解了财政紧张，但人为地提高商品价格，让商品经营者和消费者付出了额外的代价，实际上是把财政困难传递转嫁给了社会。在北宋和南宋，一些地方官府为获得收入，曾一再强迫民众购买进口专卖品，加重了平民百姓的负担，激起民愤，引发社会动荡。

第二，海外贸易垄断制度从宋朝开始。北宋初期曾经以广州、明州、杭州为经营对外贸易港口，在北宋前期和中期的一百年左右，外贸已经相当发达的泉州港被剥夺了经营进口专卖品的权利。北宋中期制定的《元丰广州市舶条》，将港口的自然形成的分工固定化，把海外国家分为两部分，东南亚及其以西国家分拨给广州，东亚分拨给明州。海外贸易很大程度上成为这两个港口的专利。规定少数港口独占外贸的思维，后来被元明清朝的统治者所承袭，最极端的形式就是清乾隆二十二年（1757年）开始实行的广州一口通商制度。

三

1796年，元军进入南宋行在临安（今杭州）。几年后，南宋小朝廷在珠江口附近的厓山海域被消灭。中国东部和南部沿海海外贸易港全部为元朝所有。政权更迭在杭州、明州、泉州等港口依次顺利完成，损伤不大，只有广州港一再遇到阻滞。广州军民的顽强抵抗，惹恼了元朝统治者，繁华的广州城一度被严重损毁。

元朝幅员辽阔，海外联系面广，加上航海技术条件的进步，海外贸易的体量，海外联系国家有了更大的拓展。

元朝也重视海外贸易。元朝前期，即忽必烈时代，军事需要是财政压力的重要原因。蒙古人立志建立横跨欧亚的大帝国，囊括草原民族和农耕民族，兼有陆路和海洋，财政经费的有力支持是必要条件。东征日本、南征占城和爪哇等，都发生在这个时期。忽必烈去世后，他的孙子登基，是为元成宗。此后，对外战争虽然减少，但用度越来越无节制，用于赏赐大臣的费用更是大幅度增加。再往后的皇帝也多照此办理，甚至更有过之。朝廷挥霍无度、财政入不敷出。元朝在全国范围内流通纸币，为了解救财政困乏，一方面增发纸币，一方面一再挪用发行纸币的准备金，导致严重通货膨胀，引发剧烈的社会动荡。英宗以后，元朝不再海禁，纵任商人航海贸易。

从财政需要角度看，元朝跟宋朝相比的不同点在于：元朝在军事上积极进取，宋朝在军事上被动防御。元朝还有经略海外，臣服海外国家的意图，对于忤逆元朝意志的国家便以兵舰相待，宋朝没有这样的宏图大略，只是通过和平经商，贸通有无，增加收入而已。因此，元朝中外海路贸易发展起伏很大，远远没有宋朝那么和平稳定。

元朝有特权商人斡脱为达官贵人放高利贷和经商的传统，这个传统沿用到航海贸易，形成了官本船贸易等与民争利的局面。官本船制度是官府利用特权商人海外牟利的产物，最大的获利者是官府、权豪势要和特权商人。官本船采用的是商业化运营，以牟利为中心，有利于扩大外贸体量、拓宽海外交往，但这类制度标志着官府之手已经伸向海外贸易，跟宋朝的做法拉开了距离。官本船贸易对东南沿海正常的商业运作和民间资本带来了冲击和挤压，对外贸的生机活力，造成负面影响。

元代不再实行进口商品专卖、官市与博买。这一改变为明清两朝统治者承接，因而具有终结进口商品专卖制度的积极历史意义。这与元朝在全国通行纸币有关。铜钱受到铜等铸造材料限制，数量有限，加上笨重难携带，不易满足大规模贸易的需要。纸币以纸张为原料，在造纸和印刷技术已经相当进步的元代，纸币的印制不成问题，携带更为轻便。

与此相联系，乳香在财政上的重要性也显著降低。第一，乳香曾经在交易中替代货币，这个角色此时已完成历史任务。第二，元朝统治集团对乳香的兴趣远远不如宋朝。我们看到，元代史籍很少提到乳香。第三，将乳香作为专卖品，为国家财政带来的收益，远远不能跟茶盐相提并论。乳香主要用于医药、宗教和手工业活动中，不是日常生活必需品，需求弹性比较大。专卖提高了乳香的价格，需求便会相应减少，市场就会缩小。第四，在宋代，有些地方当局强迫百姓购买乳香，引发社会动荡。南宋理学家朱熹就记载了官府抑配乳香、官逼民反的事件。朱熹影响很大，乳香抑配使当地官府臭名昭彰。元朝统治者没有必要去沾惹那些恶名。明朝和清朝的货币制度也和宋朝不同，也无垄断经营乳香等进口商品的必要。

进口商品专卖制度随着宋朝的灭亡和元朝的放弃而成为绝响，但类似的做法却不绝如缕，花样翻新。统治王朝一缺钱就伸手民间，运用政治权力控制和强占社会财富的行为，得到根基异常坚厚的制度和文化传统的有力支撑。

在中国古代，统治者历来将老百姓视为实现自己目标的手段，从未意识到民众与生俱来的权利。否定和剥夺民众财产所有权的现象屡见不鲜。“藏富于民”这句话流传几千年，一直作为统治者的宽仁慈爱、体恤民众而广为褒扬，其间却暗含着很不合理的观念。统治者并不生产和经营，民众才是社会财富的创造和拥有者。藏富于民的行为主体是统治者，言下之意是：社会财富为统治者所有，寄藏于民间；当统治者遇到经济困难时，可以从民间索回。索回方式因形势条件而异，予取予夺视皇上需要而定，无需征得民众同意。西汉时代的告缗、算缗，唐代的税间架，都是站在道德制高点，以抑商的名义对商民百姓的掠夺。每当王朝交替，旧王朝行将覆灭的关口，民众的生命和财产便大量成为没落王朝的陪葬品。所有这些，都是制度和文化结出的果。

四

几十年来，不少历史学者热衷于谈论唐宋变革。这个话题从日本历史学界开始，并逐渐影响到中国。

本书已经指出，唐宋时代中国发生了重要的变化，但它并未带来转向现代社会的发展。中国社会政治经济文化继续运行在原有轨道上，声势或大或小，进度或快或慢，或顿挫颠簸或灿烂辉煌，都无缘得见现代文明的曙光，直至西方列强破门而入改变中国的历史轨迹。

宋元海上丝绸之路史留下了重要的样本。

市舶贸易在唐朝起步后，到宋代进入黄金时代，在元朝续宋辉煌的同时，危机与之俱来。进入明朝，市舶贸易脱离常轨发生质变。清朝初年曾有市舶司，但已基本无用。

这反映了中央王朝因应商业贸易发展，进而加以利用控制的历史行程。

唐中叶前后有了市舶使，这是中国古代海外贸易的一个值得重视的事情。在此之前，海外贸易由港口所在的最高地方官员和当地豪酋负责，收入主要归他们掌控。朝廷通过地方的上贡、进奉等形式获得进口奢侈品。市舶使的出现，意味着朝廷已经有效把控外贸及其收入。

宋代外贸黄金时代是中外商人的创造，朝廷则因势利导并从中获益。宋王朝迫于财政压力和辽、夏、金国的威胁，抑制自己直接经营外贸的冲动，收敛天朝大国的虚荣心，推动中外商人航海贸易，设立具有垄断特权的市舶司，制定进口商品专卖的制度，使外贸收益最大化并加以控制。

元朝市舶贸易进一步发展，但呈现出发生质变的早期迹象。外贸依然发达，贸易体量和交往国家等都超越宋代，但已经迈出进一步加强外贸直接控制的步伐。官本船贸易以及早期海禁一度给外贸带来损害。民间商业资本受到排挤打击。元朝中后期国力下降，统治者急需钱财，于是放弃原来的做法，放手让民间商人经营海外贸易。但排挤民间贸易作为曾经的存在，已嵌入统治者的大脑。

明朝统治者承接被元朝废弃的做法并推向极端，完全排斥民间商人，用官营贸易取代商舶贸易。这是直接控制外贸极端和失败的举措。明朝二百多年中，曾经开放广州和澳门的陆路贸易；有过每年两度的广州“交易会”；以及隆庆开海，开放漳州月港外贸，但海禁政策从未全面废止。清朝入主，转而以新的方式，继续加强天朝帝国对外贸的控制。

本书研究宋元时代海外贸易历史获得的启示是：

第一，王朝财政状况不好，可能是海外贸易的福音。财政吃紧是两个王朝理性制定外贸政策的主要原因。在此之前，建都中原的王朝，多数时候并不看重规模有限的航海贸易的财政价值。他们关注进口商品的使用价值，以满足宫廷、贵戚等特权阶层的奢华享乐。到了宋代和元代，海外贸易规模已经相当大，两个王朝又急需扩大财源，因而制定了有利于外贸，有助于获得外贸收入的务实政策。

中国古代的王朝早已习惯于最大限度地利用商品经济为自己的统治服务。唐中叶以后，中国社会确实进入了一个新的历史阶段。这个阶段的突出特征是：日益加强的皇权与迅猛发展的商品经济密切联系，前者将后者牢固地捆绑在自己的龙椅上，迫令其亦步亦趋。商品经济越发达，创造的财富越多，王朝能够获得的资金就越丰厚，政治统治就越稳固。跟中世纪得到独立城市保护的西方商业不同，中国古代的商品经济受到专制王朝的控制，被豢养、被抽血，在被设定的框架内前行，不可能走自己的路，更不能推动经济向近代转轨。

第二，明朝的海禁肇始于元朝，明朝是元朝海禁的后继者。元明清三朝都有海禁，一般人却只对明清海禁印象深刻。明朝海禁主要针对中外民间商人。中国官方船队出入港口规模大、次数多，贸易中外产品无禁限，外国官船也可以来华贸易。这种只阻挡中外民间商人的海禁，跟清朝以巩固政权为主要目标的海禁差别很大，却跟元朝一脉相承。元朝海禁的标准表达是“禁商下海”，商指的是中国民间商人。以官方为背景的官本船贸易是挤压私商航海贸易的主要力量。

但元明的海禁有些不同。首先，元朝海禁时间较短，明朝海禁时间很长。元朝海禁时断时续，分作六次，其中有两次跟军事行动有关，为防止战前泄密而暂时禁商下海；元朝的初年和中后期并无海禁。明朝海禁从朱元璋登基初年就已开始，紧箍咒长期有效，到明朝灭亡未曾全面取消。另外，元朝市舶司的功能变化不大，明朝则有很大改变。市舶司一直是管理市舶贸易的机构，元朝在禁商下海时期，市舶司因为无用曾被归并，但多数时候运作正常；明朝长期实行海禁，市舶司变为主要服务于朝贡贸易的机构，跟民间贸易基本脱离关系。①

第三，宋元相比，元朝不如宋朝开放。开放就是减少限制，使出入通畅。外贸政策的开放性具体说来有以下指标：人员和商货出入海港的自由度、商船出入海港的自由度。关于第一条，元朝在中国历史上开创了禁止丝绸出口的先例。丝绸是中国的传统拳头出口产品，外销数量越来越大，并拉动了国内丝绸业产量和质量的提高。宋朝从不禁止丝绸出口。禁止出口丝绸是元朝开放程度不如宋朝的一个表现。关于第二条，商船出入海港自由度指的是民间船舶。官府是政策的制定者，一般不会为难自己，限制自家船舶出入。官府派遣兵舰远征别国是对外侵略扩张，派出大批船舶从事外交活动和官营贸易，也与对外开放不相干。宋朝从不禁止民间商人航海贸易，元朝则多次禁止。元朝曾经多次派遣兵舰远征日本、占城、爪哇，而对外开放程度则不如宋朝。

第四，两朝都给后世留下了不好的遗产。宋元两朝外贸存在着一些缺陷和错谬，官吏军兵的贪腐违法等，是宋元两朝都存在的严重问题，每当王朝统治力量减弱，它便野蛮生长起来。宋元两朝的外贸政策法规完全体现了统治者的意志，与民众无关，后者也没有任何参与决策的权利和力量；如果有些方面符合公众的利益，那纯属巧合，统治者并不代表也不在乎民意，更不受民众意愿的制约。上述现象皆非宋元王朝所独有，只要宗法专制制度存在，必定如影随形、无所不在、不可遏止。

宋元两朝遗产中，直接带来恶劣而深远影响的是：宋朝开始的垄断贸易制度和元朝开始的海禁。宋朝开始的垄断贸易制度，包括市舶司对部分商品和部分海外国家的贸易垄断权。明清王朝将宋朝开启的垄断制度发展到了新的高度。明朝初期和中期，官营贸易取代了以民间商人为主体的市舶贸易，私人海外贸易归为非法，完全被排斥。清代乾隆二十二年（1757年）开始实行的广州一口通商制度，把整个中西航海贸易纳入广州贸易体系，不许别的海港染指，也不许西方贸

①《明武宗实录》卷之六十五，正德五年七月壬午："市舶职司进贡方物，其泛海客商及风泊番船，非敕书非载，例不当预。"

易商船前往广州、澳门以外的中国港口，并下大力维护这种制度。这是中国古代官府控制外贸的极致。元朝开始的海禁是禁止民间商船远洋贸易，但不禁限官船和外国官私船舶，明朝海禁与此相似而延续时间长得多。宋元王朝的遗产与明清时期中国海外贸易和在国际航道上的失势退缩以及走向闭关自守存在关联。

垄断贸易与海禁都是宗法专制王朝政治利益的产物，两者归根到底都不利于中国商品经济的发展和国际地位的提高。去除障碍，开放贸易，有利于社会资源实现最佳配置，有利于外贸的健康发展，减少沿海违禁贸易和官吏军兵的违法行为。私营贸易的效率和发展前景远远超过官营贸易。这些是历史研究和直接观察轻易就能得到的认识。统治者之所以反其道而行，是要巩固自己的统治。

尽管存在这样那样的缺陷，但与别的时期相比，宋元两朝仍不愧是中国古代海路贸易的黄金时代，盛况空前，后无来者。两个朝代都以其独特鲜明的形象存在于历史之中，供后人审视和借鉴，成为后人思考和探索前路的宝贵历史遗产和精神财富。